Investigadores de reconhecido mérito, nos mais diversos campos do pensamento filosófico, contribuem, com o seu trabalho, para transmitir ao leitor, especialista ou não, o saber que encerra a Filosofia.

O SABER DA FILOSOFIA

1. *A Epistemologia*, Gaston Bachelard
2. *Ideologia e Racionalidade nas Ciências da Vida*, Georges Canguilhem
3. *A Filosofia Crítica de Kant*, Gilles Deleuze
4. *O Novo Espírito Científico*, Gaston Bachelard
5. *A Filosofia Chinesa*, Max Kaltenmark
6. *A Filosofia da Matemática*, Ambrogio Giacomo Manno
7. *Prolegómenos a Toda a Metafísica Futura*, Immanuel Kant (agora na colecção TEXTOS FILOSÓFICOS, n.º 13)
8. *Rousseau e Marx (A Liberdade Igualitária)*, Galvanno Delia Volpe
9. *Breve História do Ateísmo Ocidental*, James Thrower
10. *Filosofia da Física*, Mário Bunge
11. *A Tradição Intelectual do Ocidente*, Jacob Bronowski e Bruce Mazlish
12. *Lógica como Ciência Histórica*, Galvano Delia Volpe
13. *História da Lógica*, Robert Blanché e lacques Dubucs
14. *A Razão*, Gilles-Gaston Granger
15. *Hermenêutica*, Richard E. Palmer
16. *A Filosofia Antiga*, Emanuele Severino
17. *A Filosofia Moderna*, Emanuele Severino
18. *A Filosofia Contemporânea*, Emanuele Severino
19. *Exposição e Interpretação da Filosofia Teórica de Kant*, Felix Grayeff
20. *Teorias da Linguagem, Teorias da Aprendizagem*, Jean Piaget e Moam Chomsky
21. *A Revolução na Ciência (1500-1750)*, A. Rupert Hall
22. *Introdução à Filosofia da História de Hegel*, Jean Hyppolite
23. *As Filosofias da Ciência*, Rom Harré
24. *Einstein: uma leitura de Galileu a Newton*, Françoise Balibar
25. *As Razões da Ciência*, Ludovico Geymonat e Giulio Giorello
26. *A Filosofia de Descartes*, John Cottingham
27. *Introdução a Heidegger*, Gianni Vattimo
28. *Hermenêutica e Sociologia do Conhecimento*, Susan J. Hekman
29. *Epistemologia Contemporânea*, Jonathan Darcy
30. *Hermenêutica Contemporânea*, Josef Bleicher
31. *Crítica da Razão Científica*, Kurt Hubner
32. *As Políticas da Razão*, Isabelle Stenghers
33. *O Nascimento da Filosofia*, Giorgio Colli
34. *Filosofia da Religião*, Richard Schaeffler
35. *A Fenomenologia*, Jean-François Lyotard
36. *A Aristocracia e os Seus Críticos*, Miguel Morgado
37. *As Andanças de Cândido. Introdução ao Pensamento Político do Século XX*, Miguel Nogueira de Brito
38. *Introdução ao Pensamento Islâmico*, Abdullah Saeed
39. *Um Mundo sem Deus. Ensaios sobre o Ateísmo*, Michael Martin
40. *Emmanuel Levinas. Entre Reconhecimento e Hospitalidade*, aavv
41. *Concepções da Justiça*, João Cardoso Rosas
42. *Filosofia da Matemática*, Stewart Shapiro

Filosofia
da Matemática

Título original:
Thinking about Mathematics, The Philosophy of Mathematics

Thinking about Mathematics, The Philosophy of Mathematics
foi originalmente publicado em língua inglesa em 2000.
Esta tradução é publicada por acordo celebrado com a Oxford University Press.
Edições 70 é apenas responsável por esta tradução a partir da obra original
e a Oxford University Press não tem qualquer responsabilidade sobre quaisquer erros,
omissões, discrepâncias ou ambiguidades desta tradução ou
por quaisquer falhas nela expressas.

Copyright © Stewart Shapiro, 2000

Tradução: Augusto J. Franco de Oliveira

Capa: FBA

Depósito Legal n.º

Biblioteca Nacional de Portugal – Catalogação na Publicação

SHAPIRO, Stewart, 1951-

Filosofia da matemática. - (O saber da filosofia ; 42)
ISBN 978-972-44-1850-6

CDU 164

Paginação:
MA

Junho de 2015

Direitos reservados para todos os países de língua portuguesa
por Edições 70

EDIÇÕES 70, uma chancela de Edições Almedina, S.A.
Avenida Fontes Pereira de Melo, 31 – 3.º C – 1050-117 Lisboa / Portugal
e-mail: geral@edicoes70.pt

www.edicoes70.pt

Esta obra está protegida pela lei. Não pode ser reproduzida,
no todo ou em parte, qualquer que seja o modo utilizado,
incluindo fotocópia e xerocópia, sem prévia autorização do Editor.
Qualquer transgressão à lei dos Direitos de Autor será passível
de procedimento judicial.

Filosofia da Matemática
Stewart Shapiro

Tradução e Notas de Augusto J. Franco de Oliveira
Professor Emérito (Universidade de Évora)
Centro de Filosofia das Ciências
da Universidade de Lisboa

Para Rachel, Yonah, e Aviva,
que cresceram demasiado rapidamente

PREFÁCIO:
FILOSOFIA DA MATEMÁTICA

Este é um livro de filosofia, sobre matemática. Há, primeiro, questões de metafísica: de que trata a matemática? Tem um conteúdo? Qual é esse conteúdo? O que são números, conjuntos, pontos, linhas, funções, e por aí adiante? E depois há questões semânticas: o que é que as proposições matemáticas significam? Qual é a natureza da verdade matemática? E de epistemologia: como se conhece a matemática? Qual é a sua metodologia? Está envolvida a observação, ou trata-se de um exercício puramente mental? Como são adjudicadas as disputas entre matemáticos? O que é uma demonstração? As demonstrações são absolutamente certas, imunes à dúvida racional? O que é a lógica da matemática? Há verdades matemáticas incognoscíveis?

A matemática tem uma reputação de disciplina predeterminada, o mais distante da filosofia (a este respeito) que pode ser imaginado. Na matemática as coisas parecem ficar definidas, por norma, de uma vez por todas. É assim? Tem havido revoluções em matemática, em que crenças de longa data tenham sido abandonadas? Considere-se a profundidade da matemática utilizada – e necessária – nas ciências naturais e sociais. Como é que a matemática, que se apresenta como sendo principalmente uma actividade mental, lança luz sobre o mundo físico, humano, e social estudado na ciência? Por que é que não podemos ir muito longe no entendimento do mundo (em termos científicos) se não entendemos muita matemática? O que é que isto diz sobre a matemática? O que é que isto diz sobre o mundo físico, humano e social?

A filosofia da matemática pertence a um género que inclui a filosofia da física, a filosofia da biologia, a filosofia da psicologia, a filosofia da linguagem, a filosofia da lógica, e até filosofia da filosofia. O tema é lidar com questões filosóficas que concernem a uma disciplina académica, questões sobre a metafísica, epistemologia, semântica, lógica e metodologia da disciplina. Tipicamente, a filosofia de X é prosseguida por aqueles que se preocupam com X, e querem destacar o seu lugar no empreendimento intelectual global. Idealmente, alguém que pratica X deve ganhar algo por adoptar uma filosofia de X: uma apreciação da sua disciplina, uma orientação sobre ela, e uma visão do seu papel no entendimento do mundo. O filósofo da matemática tem de dizer algo sobre a própria matemática, algo sobre o matemático humano, e algo sobre o mundo onde a matemática é aplicada. Uma tarefa de vulto.

O livro divide-se em quatro partes. A primeira, "Perspectiva", proporciona um panorama geral da filosofia da matemática. O Cap. 1 ocupa-se do lugar que a matemática tem tido na história da filosofia, e o relacionamento entre matemática e filosofia da matemática. O Cap. 2 proporciona uma visão ampla dos problemas na filosofia da matemática, e as posições mais importantes, ou categorias de posições, nestas questões.

A Parte II, "História", esboça os pontos de vista de alguns filósofos históricos no que respeita à matemática, e indica a importância da matemática no seu desenvolvimento filosófico geral. O Cap. 3 lida com Platão e Aristóteles no mundo antigo, e o Cap. 4 avança para o chamado "período moderno", e considera principalmente Immanuel Kant e John Stuart Mill. A ideia por detrás desta parte do livro é ilustrar um racionalista implacável (Platão) – um filósofo que defende que a mente humana não assistida é capaz de conhecimento substancial do mundo – e um filósofo empirista implacável (Mill) – um filósofo que fundamenta todo, ou quase todo, o conhecimento na observação. Kant tentou uma síntese heróica entre racionalismo e empirismo, adoptando as forças e evitando as fraquezas de cada. Estes filósofos são precursores de muito do pensamento contemporâneo sobre a matemática.

A parte seguinte, "As Três Grandes", cobre as posições filosóficas importantes que dominaram os debates do início do século passado, e ainda proporcionam muitas linhas de combate na literatura contemporânea. O Cap. 5 diz respeito ao logicismo, o ponto de vista de que a matemática é, ou pode ser reduzida à lógica. O Cap. 6 trata do formalismo, um ponto de vista que se focaliza no facto de que muita da matemática consiste na manipulação de caracteres linguísticos. O Cap. 7 diz respeito ao intuicionismo, um ponto de vista de que a matemática consiste em construções mentais. Cada uma das "três grandes" tem apoiantes hoje em dia, alguns dos quais são tomados em conta nesta parte do livro.

A Parte IV intitula-se "A Cena Contemporânea". O Cap. 8 incide sobre pontos de vista que tomam a linguagem matemática literalmente, pelo seu valor nominal, e defende que as afirmações dos matemáticos são, na maioria, verdadeiras. Estes filósofos defendem que números, funções, pontos, e assim por diante têm existência independente do matemático. Eles tentam então mostrar como podemos ter conhecimento sobre tais itens, e como a matemática, assim interpretada, se relaciona com o mundo físico. O Cap. 9 diz respeito aos filósofos que negam a existência de objectos especificamente matemáticos. Os autores considerados aqui ou reinterpretam as asserções matemáticas de modo que elas resultem verdadeiras sem pressupor a existência de objectos matemáticos, ou delimitam outro papel sério para a matemática que não o de afirmar verdades e negar falsidades. O Cap. 10 trata do estruturalismo, o ponto de vista de que a matemática diz respeito a padrões em vez de objectos individuais. Esta é a minha posição (Shapiro 1997), logo podemos dizer que guardei o melhor para o fim. Com excepção deste atrevimento temporário, tentei ser imparcial no resto do livro.

Desde o começo que o plano foi tentar escrever um livro que oferecesse algo àquelas pessoas interessadas em matemática que tivessem pouca experiência em filosofia, assim como aos interessados em filosofia que tivessem pouca experiência em matemática. Para a maioria, alguma familiaridade com a matemática do nível secundário ou universitário básico, e talvez uma introdução à filosofia deve bastar. Evitei a simbolização excessiva, e tentei explicar os símbolos que realmente utilizo. Posso ter suposto de mais, em alguns locais, para os não iniciados na matemática superior, e de mais noutros locais para aqueles que são pouco familiarizados com a terminologia filosófica, mas espero que esses locais sejam muito raros e esparsos, e que não interrompam a fluência do livro. O Dicionário de Oxford de Filosofia (*The Oxford Dictionary of Philosophy*, Blackburn 1994) pode constituir uma fonte conveniente para os iniciandos à filosofia académica.

As minhas dívidas relativas a este projecto são muitas. Agradeço primeiramente a John Skorupski por me ter sugerido este livro, e a Peter Momtchiloff, George Miller, Lesley Wilson, e Tim Barton da Oxford University Press, pelo encorajamento e acompanhamento durante o processo de publicação. Quando a ideia para este livro foi primeiramente levantada, o conselho mais frequente que recebi de colegas e amigos foi o de que seria impressionante se um livro como este existisse, e que eu seria uma boa escolha para o escrever. Fiquei lisonjeado pelos elogios, e assustado pela tarefa que me esperava. Espero ter mantido a decepção num nível mínimo. Agradeço especialmente a Penelope Maddy por ter lido e dado conselhos detalhados sobre primeiras versões da maioria dos capítulos. Muitos colegas e amigos leram partes deste livro em esboço e generosamente deram-se a sua ajuda. Aprecio especialmente a ajuda em material histórico que recebi. A minha lista de conselheiros inclui: Jody Azzouni, Mark Balaguer, Lee Brown, John Burgess, Jacob Busch, Charles Chihara, Julian Cole, Michael Detlefsen, Jill Dieterle, John Divers, Bob Hale, Peter King, Fraser MacBride, George Pappas, Charles Parsons, Michael Resnik, Lisa Shabel, Allan Silverman, John Skorupski, Mark Steiner, Leslie Stevenson, Neil Tennant, Alan Weir, e Crispin Wright. As omissões desta lista não são intencionais, e peço desculpa por elas. Agradeço também ao Departamento de Lógica e Metafísica da Universidade de St. Andrews por me ter permitido oferecer um curso no período outonal de 1996 sobre a matéria deste livro. Apresentei o meio-capítulo sobre Kant a um pequeno grupo de docentes e alunos na Universidade de Leeds, e beneficiei consideravelmente da discussão subsequente. Agradeço a Benjamin Beebe que ajudou na edição final.

Devo um tipo diferente de dívida à minha esposa, Beverly Roseman Shapiro, e aos meus filhos. Eles estariam justificadamente incomodados com o tempo que despendi neste projecto. Dedico afeiçoadamente o livro aos meus filhos, Rachel, Yonah, e Aviva. Sem eles, até uma vida filosoficamente rica ficaria vazia.

PREFÁCIO DO TRADUTOR

Durante os últimos quatro anos regi a disciplina de Filosofia da Matemática no Mestrado em História e Filosofia das Ciências na Faculdade de Ciências de Lisboa. Para benefício próprio, apoio das aulas e trabalhos de seminário no Centro de Filosofia das Ciências da Universidade de Lisboa (CFCUL) utilizei, entre outros, o livro cuja tradução fui fazendo e agora se apresenta. A escolha não foi imediata. Há diversos bons livros de (introdução à) filosofia da matemática, uns mais técnicos, outros mais históricos, e ainda outros que cobrem apenas algumas doutrinas ou dão mais ênfase às doutrinas preferidas dos seus autores. Penso ter feito uma boa opção: o livro de Shapiro é equilibrado na história, na escolha dos assuntos e no nível de tratamento. De pendor mais filosófico do que matemático, interessa a filósofos, matemáticos, estudantes e professores destas disciplinas do nível secundário ao superior, bem como ao público geral interessado naquelas matérias.

A minha principal preocupação foi manter o estilo levemente colorido e idiomático sem prejudicar a compreensão. Para benefício do leitor português acrescentei algumas notas técnicas e/ou editoriais, que se distinguem das notas do autor por estarem incluídas entre colchetes. Nelas também se referenciou, ocasionalmente, uma actualização bibliográfica. Agradeço ao Dr. José Manuel Mestre, ao Prof. José Roquette e ao Dr. Aires Almeida a colaboração na revisão de terminologia de pendor filosófico, e aos restantes alunos o desafio de uma nova e rica experiência. Espero que o prazer da leitura possa corresponder aos prazeres lectivos e de tradução que me foram proporcionados.

AJFO

Cotovia,

Janeiro de 2015

PARTE I

PERSPECTIVA

1
O QUE TEM A MATEMÁTICA DE TÃO INTERESSANTE (PARA UM FILÓSOFO)?

1. Atracção – de opostos?

Os filósofos tiveram, ao longo da História, uma atracção especial pela matemática. Diz-se que no pórtico da entrada da Academia de Platão se podia ler a frase "Que ninguém ignorante de geometria entre aqui". De acordo com a filosofia platónica, o treino matemático é o mais adequado para entender o Universo tal como ele é, por oposição a como ele parece. Platão chegou aos seus pontos de vista ao reflectir sobre o lugar da matemática na aquisição do conhecimento racional (ver Cap. 3, §§2-3). Antes da extensiva compartimentalização das instituições académicas, muitos matemáticos eram também filósofos. Os nomes de René Descartes, Wilhelm Gottfried Leibniz, e Blaise Pascal vêm prontamente à mente, e mais perto do presente há Bernard Bolzano, Bertrand Russell, Alfred North Whitehead, David Hilbert, Gottlob Frege, Alonzo Church, Kurt Gödel, e Alfred Tarski. Até há pouco tempo, praticamente todo o filósofo estava ciente do estado da matemática e tomava um interesse profissional por ela.

O racionalismo é uma escola filosófica longamente estabelecida que pode ser caracterizada como uma tentativa para estender a metodologia percebida da matemática a todo o conhecimento. Os racionalistas ficaram impressionados com as aparentemente inabaláveis fundações da matemática, e a sua base na racionalidade pura. Tentaram pôr todo o conhecimento no mesmo pé. Ciência, ética e tudo o mais devem também continuar a proporcionar demonstrações justas das suas proposições, usando apenas a razão. O racionalismo remonta a Platão, e desenvolveu-se durante os séculos XVII e XVIII nos escritos de Descartes, Bento de Espinosa, e Leibniz. A oposição principal ao racionalismo vem do empirismo, o ponto de vista de que a experiência sensorial, e não a razão pura, é a fonte do conhecimento. Esta posição é atribuída a Aristóteles e foi desenvolvida por pensadores britânicos como John Locke, George Berkeley, David Hume, e John Stuart Mill (ver Cap. 4, §1). A tradição empirista foi legada aos positivistas lógicos e ao Círculo de Viena, incluindo Moritz Schlick, Rudolf Carnap e A. J. Ayer, e reside hoje no trabalho de Bas van Fraassen e W. V. O. Quine.([1]) Visto que o conhecimento matemático parece ser baseado na *demonstração*, não na observação, a matemática é um contra-exemplo aparente à principal tese empirista. De facto, a matemática é por vezes apresentada como um paradigma do conhecimento *a priori* – conhecimento que precede e é independente da experiência. Praticamente todos os empiristas tomaram a sério o desafio colocado pela matemática, e alguns deles fizeram grandes esforços para acomodar a matemática, por vezes deturpando-a para além de todo o reconhecimento (ver Parsons 1983: Ensaio 1).

Assistimos hoje a uma enorme especialização em todas as áreas académicas. Matemáticos e filósofos têm frequentemente problemas em entender a pesquisa de colegas nos

---

([1]) [Falecido em Dezembro de 2000.]

seus próprios departamentos. Os algebristas não podem acompanhar os desenvolvimentos em análise; o trabalho em filosofia da física é incompreensível para a maioria dos éticos. Por consequência, não há muita ligação directa e consciente entre as correntes principais da matemática e da filosofia. Não obstante, a matemática não fica longe dos interesses de campos tão filosóficos como a epistemologia, a metafísica, a lógica, as ciências cognitivas, a filosofia da linguagem e a filosofia das ciências sociais e naturais. E a filosofia não é distante dos interesses principais de campos tão matemáticos como a lógica, a teoria dos conjuntos, a teoria das categorias, a computabilidade, e até a análise e geometria. A lógica é ensinada a toda a gente, tanto em departamentos de matemática como de filosofia. Muitas técnicas e ferramentas usadas na filosofia contemporânea foram desenvolvidas e afinadas com a matemática – apenas matemática – em mente, às vezes para melhor e outras vezes para pior. A lógica cresceu prosperamente nas mãos de matemáticos com queda algebrista como George Boole, Ernst Schröder, Bolzano, Frege, e Hilbert. O seu enfoque explícito era a lógica e fundamentos da matemática. Da lógica obtemos a semântica baseada na teoria dos modelos, e desta, a análise dos mundos possíveis dos discursos modal e epistémico. Não é exagerado dizer que a semântica e os sistemas dedutivos da lógica formal tornaram-se na língua franca de todas as questões e preocupações da filosofia contemporânea.([2]) Num sentido,

---

([2]) Alguns estudantes que sofrem da chamada "ansiedade matemática" são atraídos para a filosofia por causa do seu lugar nas humanidades – distante das ciências. Ficam desanimados ao encontrar cursos de lógica matemática necessários para o *major* na maioria das instituições. O requisito facilmente é justificado, dado o papel das linguagens formais em muito da literatura filosófica contemporânea. Por outro lado, estudantes de ciência e de engenharia, talvez sofrendo do que pode ser chamado "evitar as humanidades", ficam encantados ao saber que os cursos de lógica às vezes contam para os seus requisitos nas humanidades.

muita da filosofia analítica é uma tentativa de estender o êxito da lógica das linguagens da matemática à linguagem natural e à epistemologia geral. Isto pode ser uma herança do racionalismo.

Há várias razões para a ligação entre matemática e filosofia. Ambas estão entre as primeiras tentativas intelectuais para entender o mundo em redor, e ambas nasceram na Grécia Antiga ou aí sofreram transformações profundas (dependendo do que contar como matemática e do que contar como filosofia). Segundo, e mais centralmente, a matemática é um importante caso de estudo para o filósofo. Muitas questões na agenda da filosofia contemporânea têm formulações notavelmente claras quando focalizadas na matemática. Estas incluem questões de epistemologia, ontologia, semântica e lógica. Temos notado o sucesso da lógica quando nos centramos no raciocínio matemático. Os filósofos interessam-se pelas questões da referência: o que significa um item lexical denotar, ou representar, um objecto? Como conseguimos ligar um nome ao seu referente? As linguagens da matemática proporcionam um centro de interesse para estas questões. Os filósofos também estão interessados em questões de normatividade: o que significa uma pessoa A ser obrigada a realizar a acção B? O que queremos dizer quando dizemos que devemos fazer algo, como praticar a caridade? A matemática e a lógica matemática proporcionam pelo menos um caso importante e, possivelmente, simples. Se alguma coisa o é, a lógica é normativa. Em que sentido é requerido que sigamos os cânones do raciocínio quando fazemos matemática correcta? Platão aconselhou os seus discípulos a começar com casos relativamente simples e directos.([3])

([3]) Durante os verões de 1967-69, tive o privilégio de frequentar um Programa de Verão da NSF ["National Science Foundation"] em Matemática para alunos do secundário na Universidade Estadual de Ohio. O Director, Arnold Ross, disse para nos concentrarmos profundamente sobre coisas simples. Um bom conselho tanto para matemáticos como para filósofos.

Talvez a normatividade da lógica matemática seja um tal caso.

Uma terceira razão para a ligação entre matemática e filosofia reside na epistemologia – o estudo do conhecimento. A matemática é vitalmente importante por causa do seu papel central em praticamente todo o esforço científico centrado no entendimento do mundo material. Consideremos, por exemplo, a matemática pressuposta em praticamente quaisquer ciências naturais ou sociais. Um olhar casual à brochura de apresentação de qualquer faculdade mostrará que os programas educacionais em todas as ciências e engenharias seguem o exemplo da Academia de Platão e têm requisitos substanciais em matemática. Todavia, a razão para isto é diferente da daquela Academia. Com o declínio do racionalismo, a matemática deixou de ser um modelo ou caso de estudo para as ciências empíricas. Ao invés, as ciências *utilizam* a matemática. Por causa desta função de serviço, os departamentos de matemática estão entre os maiores na maioria das universidades.([4]) Se a matemática é ou não ela própria uma actividade de aquisição de conhecimento é uma questão filosófica substancial (ver caps. 8 e 9). Não obstante, é claro que a matemática é uma *ferramenta* primordial dos nossos melhores esforços para compreender o mundo. Isto sugere que a filosofia da matemática é um ramo da epistemologia, e a matemática é um caso importante para a epistemologia e a metafísica geral. O que tem a matemática que a torna necessária para a compreensão científica do universo físico e social? O que tem o universo – ou nós próprios – que permite que a matemática possua um papel central na sua compreensão? Galileu escreveu que o livro da natureza está escrito em linguagem matemática. Esta metáfora perspicaz e enigmática destaca o lugar da matemática no empreendimento científico/filosófico de

---

([4]) Nas universidades americanas, só os departamentos de Inglês poderão ter igual dimensão.

compreensão do mundo, mas nem sequer sugere uma solução para o problema (ver Cap. 2, §3).

2. Filosofia e matemática: galinha ou ovo?

Esta secção trata resumidamente da relação entre matemática e filosofia da matemática (ver Shapiro 1994 e 1997: Cap. 1 para uma discussão mais desenvolvida). Em que medida podemos esperar que a filosofia determine ou simplesmente sugira a correcta prática matemática? Inversamente, em que medida podemos esperar que a prática autónoma da matemática determine a filosofia correcta da matemática? Isto é um caso particular de uma questão mais geral relativa ao lugar da filosofia entre as suas progénitas – as várias disciplinas académicas. Questões semelhantes se colocam para, digamos, a filosofia da física e a filosofia da psicologia. As respostas a estas questões proporcionam motivação e experiência para as questões principais e problemas para a filosofia da matemática, alguns dos quais são delimitados no próximo capítulo.

Durante muito tempo, os filósofos e alguns matemáticos acreditaram que as questões filosóficas, como a metafísica e a ontologia, determinaram a prática correcta da matemática. Platão, por exemplo, sustentou que o conteúdo da matemática é um reino ideal, eterno e imutável. Os objectos matemáticos, como números e objectos geométricos, não são criados e destruídos, e não podem ser modificados (ver Cap. 2, §2). No Livro 7 da *República*, ele queixou-se de que os matemáticos não sabem do que falam, e por esta razão fazem matemática incorrectamente:

> A ciência [da geometria] está em contradição directa com a linguagem empregue pelos seus adeptos... A sua linguagem é burlesca... pois eles falam como se estivessem a fazer alguma coisa e como se todas as suas palavras fossem dirigidas à acção... [Falam] em quadrar e aplicar e adicio-

nar e coisas semelhantes... quando na realidade o objecto real de todo o assunto é... conhecimento... do que existe eternamente, não de qualquer coisa que se torna nisto ou naquilo alguma vez e cessa de ser. (Platão, 1961, 527a na numeração normal das edições de Platão)

Praticamente todas as fontes da geometria antiga, incluindo os *Elementos* de Euclides, fazem grande uso da linguagem dinâmica e construtiva: traçam-se linhas, movem-se figuras, aplicam-se funções. A este respeito, a prática não mudou muito até hoje. Se a filosofia de Platão é correcta, a linguagem dinâmica não faz sentido algum. Objectos eternos e imutáveis não são sujeitos a construção e movimento. Não podemos traçar uma linha ou uma circunferência que sempre existiu. Não podemos tomar um segmento de linha recta eterno e imutável e cortá-lo em metade e depois mover uma das partes para sobrepor a outra figura.

Podemos pensar que esta disputa respeita a pouco mais do que terminologia. Euclides escreveu que entre quaisquer dois pontos *podemos traçar* uma linha recta [segmento]. De acordo com os platonistas, não podemos fazer tal coisa, mas talvez eles possam reinterpretar este princípio. O *Fundamentos da Geometria* de Hilbert([5]) (1899) contém um axioma platonisticamente correcto, o de que por quaisquer dois pontos *passa* uma linha recta. Talvez Hilbert e Euclides tenham dito a mesma coisa desde que as suas linguagens sejam adequadamente entendidas. Platão não teve problema em interpretar os seus geómetras

---

([5]) [David Hilbert, *Fundamentos da Geometria*. Trad. port. por Maria Pilar Ribeiro, Paulino L. Fortes e A. J. Franco de Oliveira, com a colaboração de J. da Silva Paulo e A. Vaz Ferreira, baseada na 10.ª edição alemã (1930), com dez apêndices do autor e suplementos por P. Bernays, H. Poincaré e F. Enriques, 2.ª edição portuguesa, Gradiva, 2003 (Trad. ingl. *Foundations of Geometry*. Second English Edition, Revised and Enlarged by Paul Bernays, Open Court, 1971).]

em termos menos "bizarros". A sua queixa diz respeito à linguagem, não à geometria.

Todavia, a situação não é tão simples assim, nem do ponto de vista matemático nem do filosófico. *Prima facie*, os problemas clássicos da trisseção do ângulo, da quadratura do círculo e da duplicação do cubo [com régua lisa e compasso] não são questões de *existência*. Os geómetras antigos e modernos indagaram, por exemplo, se *existe* um ângulo de 20°, ou se a questão era antes se tal ângulo pode ser construído, e, se sim, com que instrumentos?

Os debates sobre o intuicionismo, no século XX, proporcionaram outro exemplo claro e simples de um desafio filosófico à matemática tal como era praticada (ver Cap. 7). Os intuicionistas tradicionais eram o exacto oposto de Platão, defendendo que os objectos matemáticos são *construções* mentais, e as proposições matemáticas devem de alguma maneira referir-se a construções mentais. L. E. J. Brouwer (1948), por exemplo, escreveu: "A matemática tratada rigorosamente do ponto de vista da dedução de teoremas exclusivamente por meio da construção introspectiva, é chamada matemática intuicionista... Ela desvia-se da matemática clássica... porque a matemática clássica acredita na existência de verdades desconhecidas." E Arend Heyting (1956): "o programa de Brouwer... consistiu na investigação da construção matemática mental enquanto tal... No estudo de construções matemáticas mentais, 'existir' deve ser sinónimo de 'ser construído'... Aliás, a matemática, do ponto de vista intuicionista, é um estudo de certas funções da mente humana. "Os intuicionistas contendem que a filosofia tem consequências respeitantes à prática adequada da matemática. Mais notavelmente, eles negam a validade da chamada lei do terceiro excluído, a tese de que para qualquer proposição Φ, ou Φ é verdadeira ou não – em símbolos, $\Phi \lor \neg\Phi$. Os intuicionistas argumentam que o terceiro excluído, e os princípios relacionados nele baseados, são sintomáticos da crença na existência transcendente de objectos matemáticos e/ou na verdade transcendente das proposições matemáticas. A disputa impregna toda a matemática. Para um intuicionista, o conteúdo de uma proposição que declara que nem todos os números naturais têm uma certa propriedade P – simbolizado por $\neg \forall x Px$ – consiste em ser refutável que se possa encontrar uma construção que mostre que P é satisfeita por cada número. O conteúdo de uma proposição de que há um número que não satisfaz P – $\exists x \neg Px$ – é podermos construir um número x e mostrar que P não é satisfeita por x. Os intuicionistas concordam que a última proposição, $\exists x \neg Px$, implica a primeira $\neg \forall x Px$, mas recusam a implicação recíproca porque é possível mostrar que uma propriedade não é satisfeita universalmente sem construir um número para o qual ela falhe.([6]) Heyting observa que um realista, alguém que defende que os números existem independentemente do matemático, aceitará a lei do terceiro excluído e inferências relacionadas. Na perspectiva do realista, o conteúdo de $\neg \forall x Px$ é simplesmente que é falso que P seja universalmente satisfeita, e $\exists x \neg Px$ significa que há um número para o qual P falha. Ambas as fórmulas se referem aos próprios números; nenhuma delas tem algo a ver com as capacidades de aquisição de conhecimentos pelos matemáticos. Portanto, as duas fórmulas são equivalentes. Qualquer uma delas pode ser derivada da outra em sistemas lógicos ordinários, que codificam a chamada *lógica clássica*. Parece então que a correcção da lógica clássica assenta mais ou menos numa consideração filosófica tradicional. Se os números são independentes da mente, então a lógica clássica parece apropriada. Os intuicionistas acima referidos disputam que, como os números são mentais, a lógica clássica deva ceder o lugar à *intuicionista*, também chamada por vezes lógica *construtiva*.

([6]) [Na lógica clássica (ver abaixo) a demonstração de que $\neg \forall x Px$ implica $\exists x \neg Px$ não se pode fazer sem utilizar a lei do 3.º excluído ou algo que lhe seja equivalente.]

Consideremos uma outra batalha metodológica que se pensava depender de considerações filosóficas, que nos ocupará várias vezes neste livro.(⁷) Uma definição de uma entidade matemática é *impredicativa* se refere uma colecção que contém a entidade definida. Por exemplo, a definição usual de "supremo"(⁸) é impredicativa visto que se refere um conjunto de majorantes e caracteriza um membro deste conjunto. Henri Poincaré baseou um ataque sistemático à legitimidade das definições impredicativas na ideia de que os objectos matemáticos não existem independentemente do matemático (por exemplo, Poincaré 1906; ver Goldfarb 1988 e Chihara 1973). Em termos filosóficos tradicionais, Poincaré rejeitou o infinito actual, e insistiu que a única alternativa sensata é o infinito potencial. Não existe um conjunto estático de, digamos, todos os números reais, determinado antes da actividade matemática. De esta perspectiva, as definições impredicativas são viciosamente circulares. Não podemos construir um objecto utilizando uma colecção que *já* o contém.

Entra a oposição. Gödel (1944) fez uma defesa explícita das definições impredicativas, baseada nas suas posições filosóficas sobre a existência de objectos matemáticos:

> (...) O círculo vicioso... só se aplica se as entidades são construídas por nós próprios. Neste caso, deve claramente existir uma definição... que não refira uma totalidade a que o objecto definido pertença, porque a construção de uma coisa certamente não pode ser baseada numa totalidade de coisas a que a coisa a ser construída pertence. Se, no entanto, se trata de objectos que existem independentemente das nossas construções, nada há de absurdo na existência de totalidades contendo membros que podem

---

(⁷) Outros exemplos incluem o Axioma da Escolha e a extensionalidade geral. Ver Shapiro 1997: Cap. 1.

(⁸) [O mesmo que "o menor dos majorantes". Um majorante de um conjunto S de números reais é um número a que é maior ou igual a todos os elementos de S: para todo $x \in S$, $x \leq a$. Note que a pode pertencer ou não a S.]

ser descritos (isto é, univocamente caracterizados) só por referência a esta totalidade... As classes e conceitos podem... ser concebidos como objectos reais... que existem independentemente das nossas definições e construções. Parece-me que a assumpção de tais objectos é tão legítima como a assumpção de corpos físicos e há pelo menos igual razão para acreditar na sua existência.

De acordo com este realismo, uma definição não representa uma receita para construir, nem contrariamente criar, um objecto. Antes é uma maneira de caracterizar ou apontar uma coisa já existente. Assim, uma definição impredicativa não é viciosamente circular. "O supremo" não é mais problemático que outras definições "impredicativas", como o uso de "o idiota da aldeia" para designar a pessoa mais burra na vila, "o borracho" para referir o pior alcoólico no povoado.

A orientação sugerida por estes exemplos é que a filosofia *precede* a prática em algum sentido metafísico profundo. Ao nível fundamental, a filosofia *determina* a prática. O panorama é o de que primeiro descrevemos ou descobrimos de que trata a matemática – se, por exemplo, as entidades matemáticas são objectivas ou dependentes da mente. Isto fixa a maneira como se deve fazer matemática. Quem acredita na existência independente de objectos matemáticos aceitará a lei do terceiro excluído e definições impredicativas. Chamemos *princípio da filosofia--primeiro* a esta perspectiva. A ideia é que primeiro tentamos perceber de que estamos a falar e só depois tentamos perceber o que há a dizer sobre isso na própria matemática. A filosofia tem assim a tarefa nobre de determinar a matemática. Em termos tradicionais, o ponto de vista é o de que a filosofia fornece primeiros princípios para as ciências especiais como a matemática.

Apesar dos exemplos acima, o princípio da filosofia-primeiro não é fiel à história da matemática. Embora a matemática intuicionista e predicativa seja ainda praticada aqui e ali, a lógica clássica e as definições impredicativas estão na maior parte completamente entrincheiradas na matemática contemporânea. Apesar de um debate persistente entre filósofos, em matemática as batalhas estão essencialmente terminadas. De acordo com o cenário acima, poderíamos pensar que a esmagadora maioria dos matemáticos assentou num realismo como o de Gödel. Todavia, nunca os grandes senhores da comunidade matemática trajaram chapéus filosóficos e decidiram que os objectos matemáticos, os números, por exemplo, realmente existem, independentemente das mentes dos matemáticos, e *por essa razão* tenham decidido todavia que está certo empenharem-se em metodologias outrora questionáveis.

Se alguma coisa, é exactamente ao contrário. Na primeira metade do século xx assistiu-se a um estudo intensivo do papel da lógica clássica e das definições impredicativas (assim como outros princípios em disputa) nos ramos centrais da matemática: análise, álgebra, topologia, e assim por diante. Aprendemos que o terceiro excluído e as definições impredicativas são essenciais à prática destes ramos como se tinham desenvolvido até então. Em suma, os princípios em questão não foram aceites por terem sido sancionados pelo realismo, mas porque são necessários à prática escorreita da matemática. Num sentido, os matemáticos não podiam deixar de usar os princípios, e com alguma percepção tardia vemos como a matemática ficaria empobrecida sem eles. Muitas distinções subtis teriam de ser feitas, as definições teriam de ser verificadas constantemente quanto à linhagem construtiva ou predicativa, e o matemático necessitaria de prestar atenção cuidada à linguagem. Estes inconvenientes mostraram-se artificiais e improdutivos. Crucialmente, muitos resultados importantes teriam de ser abandonados. Os matemáticos não acham atraentes os sistemas resultantes.([9])

([9]) Ver Maddy 1993 para considerações semelhantes a respeito da definibilidade.

O parágrafo inicial da brochura de Richard Dedekind (1888) sobre os números naturais rejeita explicitamente a perspectiva construtivista. Além disso, há uma nota de rodapé: "menciono isto expressamente porque Kronecker, não há muito tempo... se esforçou por impor certas limitações sobre... a matemática, que eu não acredito serem justificadas; mas não parece haver razão alguma para entrar numa discussão sobre isto enquanto o distinto matemático não tiver publicado as suas razões para a necessidade ou meramente a conveniência destas limitações." O distinto matemático Leopold Kronecker enunciou as suas razões, de natureza filosófica. Dedekind aparentemente queria saber por que deveria o matemático, como tal, restringir os seus métodos. Ao que parece, ele defendia que a filosofia, por si mesma, não fornece estas razões. Assim, Dedekind rejeitou o princípio da filosofia-primeiro.

O princípio da filosofia-primeiro não é um tema dominante nos artigos filosóficos publicados de Gödel. O propósito de Gödel (1944) é *responder* a um ataque de base filosófica a princípios matemáticos. O seu argumento é que as críticas metodológicas são baseadas numa filosofia que não precisamos de adoptar. Outras filosofias apoiam outros princípios. Gödel não argumentou a favor do realismo com base em primeiros princípios, anteriores à prática. Os seus artigos filosóficos (1944 e 1964) contêm articulações lúcidas do realismo, argumentos de que o realismo se ajusta bem à prática da matemática, e, talvez, argumentos de que o realismo proporciona um bom guia para esta prática. Gödel é conhecido pelo seu ponto de vista de que o argumento a favor da existência de objectos matemáticos é um paralelo exacto do argumento a favor da existência de objectos físicos (ver Cap. 8, §1). A sua ideia, segundo depreendi, é que tiramos ambas as conclusões com base em teorias (matemáticas e físicas) bem articuladas e sucedidas. Isto não é, ou não é necessariamente, a filosofia-primeiro.

Alguns filósofos inclinam-se a ignorar o facto (se for um facto) que a filosofia-primeiro não está em concordância com a história da matemática. Concedem os "dados" da prática e história, e mantêm uma reivindicação normativa de que a matemática devia ser dominada pela filosofia e, com Platão, Brouwer, Poincaré, Kronecker, *et al.*, são críticos dos matemáticos quando estes negligenciam ou transgridem os verdadeiros primeiros princípios filosóficos. Alguns destes filósofos reivindicam que partes da matemática contemporânea são incoerentes, o que é ignorado pelos profissionais que alegremente prosseguem com a sua prática faltosa. Perseguindo a vindicação normativa, um filósofo poderá formular um objectivo para a matemática e então argumentar, ou que os matemáticos não aceitam mas deviam aceitar esse objectivo, ou que os matemáticos aceitam implicitamente o objectivo mas não actuam de maneira a persegui-lo. Podemos estar a regredir, ou ser apenas uma disputa verbal sobre o que se vem a chamar "matemática".

Outros filósofos, talvez a maioria, rejeitam a filosofia-primeiro exactamente porque ela não é conforme à prática. Eles afirmam que a meta da filosofia da matemática é fornecer uma visão coerente da *matemática* e, goste-se ou não, a matemática é o que os matemáticos fazem.

A orientação geral nesta questão meta-filosófica global determina a nossa reacção a alguma literatura filosófica contemporânea – não apenas as questões locais da matemática. Um item central é a medida em que a matemática contemporânea (ou qualquer outra coisa) é internamente consistente ou de alguma maneira coerente, em conformidade com as reflexões ponderadas do filósofo sobre o que é ser consistente ou coerente. Quais os padrões que contam? Como colocaria a questão o Humpty Dumpty de Lewis Carroll, quem é que manda?

Tomando um exemplo, Michael Dummett (por exemplo, 1973) faz uma série de considerações sobre a capacidade de aprender a linguagem e o uso de linguagem como um veículo de comunicação. Uma consequência é que a lei do terceiro excluído não é válida em geral e portanto a lógica clássica deve ser substituída pela lógica intuicionista (ver Cap. 7, §3). Dummett, naturalmente, está ciente de que, se está certo acerca da linguagem, então a prática matemática contemporânea é faltosa – e até incoerente. Aqueles que se inclinam para a filosofia-primeiro poderão levar a sério os argumentos de Dummett sobre a linguagem. É uma possibilidade real que Dummett esteja certo e que praticamente todo o matemático seja incoerente, ou pelo menos bastante equivocado numa base sistemática e regular. Por outro lado, filósofos anti-revisionistas inclinados para longe da filosofia-primeiro provavelmente rejeitariam, talvez de imediato, as considerações de Dummett sobre a linguagem. Defendem que os argumentos de Dummett sobre a linguagem *devem* estar errados, se exigem revisões na matemática. A questão retórica é esta: é mais segura e provavelmente mais correcta a matemática tal como é praticada ou a filosofia da linguagem de Dummett? Pondo a questão de maneira mais neutral, Dummett argumenta que a matemática contemporânea não goza de um certo tipo de justificação. Um anti-revisionista poderá concordar com isto, mas rapidamente acrescentará que a matemática não necessita dessa justificação.

Consideremos, por momentos, o extremo oposto da filosofia-primeiro, a tese de que a filosofia é irrelevante para a matemática. Nesta perspectiva, a matemática tem uma vida própria bem independente de quaisquer considerações filosóficas. Um ponto de vista filosófico nada tem a contribuir para a matemática e, na pior das hipóteses, constitui uma sofística sem sentido, uma divagação e intromissão (tentada) de forasteiros. No melhor dos casos, a filosofia da matemática é uma servente indigna da matemática. Se tem algum trabalho a desempenhar, é dar uma perspectiva coerente da matemática como praticada até então. O filósofo deve estar preparado para rejeitar o seu trabalho, sem demora, se os desenvolvimentos em matemática ficarem em conflito com ele. Chamemos a este o *princípio da filosofia-última-se-alguma-vez*.

Em defesa da filosofia-última, o facto (infeliz) é que tantos matemáticos, talvez a maioria, não estejam de modo algum interessados na filosofia, e sejam os matemáticos, afinal de contas, que mais praticam e articulam a sua área. Para melhor ou pior, a disciplina prossegue independentemente das inspirações dos filósofos.

É talvez irónico que existam sentimentos a favor da filosofia-última da parte de alguns filósofos. Os escritos de membros do Círculo de Viena contêm pronunciamentos contra questões filosóficas tradicionais, especialmente as da metafísica. Rudolf Carnap, por exemplo, argumenta que as questões filosóficas sobre a existência real de objectos matemáticos são "externas" à linguagem matemática e, por esta razão, são meras "pseudoquestões" (ver Cap. 5, §3).

Presumo (ou pelo menos espero) que os anti-revisionistas não pretendem idolatrar a matemática e os matemáticos. Nenhuma prática é sacrossanta. Como seres humanos falíveis, os matemáticos erram ocasionalmente, e até fazem erros sistemáticos; e alguns erros podem ser descobertos por algo reconhecível como filosofia. Então talvez uma posição anti-revisionista razoável seja a de que qualquer princípio dado usado em matemática seja tomado como correcto por omissão, mas não incorrigivelmente. A correcção do *grosso* da matemática é um princípio teórico de alto nível bem entrincheirado. Dado o êxito enorme da matemática – incluindo a lógica clássica, definições impredicativas, e assim por diante – seria preciso *muito* para o desalojar. Algumas reflexões sobre as crenças intuitivas do filósofo, ou generalizações de observações sobre a linguagem comum, não anularão a matemática estabelecida, pelo menos não apenas por si próprias. A ideia subjacente é que os cientistas e matemáticos sabem normalmente o que fazem, e que o que fazem é interessante e vale a pena.

Talvez a filosofia-última e a filosofia-primeiro constituam um contraste agudo demasiado forte. Como foi observado acima, alguns matemáticos preocuparam-se com a filosofia, e usaram-na pelo menos como guia para o seu trabalho. Mesmo que não haja primeiros princípios filosóficos, a filosofia pode estabelecer a direcção da pesquisa matemática. Paul Bernays (1935), por exemplo, pode ser visto como tendo rejeitado a filosofia-última, quando escreveu que o "valor de concepções matemáticas platonisticamente inspiradas é fornecerem modelos que se destacam pela sua simplicidade e pelo seu poder lógico". Alguns observadores reclamam que a matemática se tornou numa série de disciplinas altamente especializadas e desorientadas, com peritos em campos que até estão relacionados incapazes de entenderem os trabalhos uns dos outros. A filosofia poderá ajudar a proporcionar orientação e direcção, mesmo que não forneça primeiros princípios.

Para um exemplo marcante, Gödel afirmou que o seu realismo foi um factor importante na descoberta tanto da completude da lógica de primeira ordem como da incompletude da aritmética. O teorema de completude é uma consequência fácil de alguns resultados de Thoralf Skolem. Todavia, Skolem não tirou a conclusão. A razão pode ser atribuída às diferentes orientações que Skolem e Gödel tiveram para com a matemática, orientações que podem vagamente ser descritas como filosóficas.([10])

Não vamos resolver aqui a questão da filosofia-primeiro, a filosofia-última ou filosofia-entre. Com toda a probabilidade, as pessoas inclinadas para uma versão extrema da filosofia-última não acham interessante o tema deste livro. Talvez os que restam possam concordar que os filósofos têm os seus próprios interesses, para além dos dos seus colegas noutros departamentos, e a busca desses

---

([10]) Ver cartas de Gödel a Hao Wang, publicadas em Wang 1974, e as introduções, por Burton Dreben e Jan van Heijenoort, aos resultados de completude em Gödel 1986. Ver também Gödel 1951. [Ver também a propósito, o artigo "Kurt Gödel, Viena", *Bol. da Soc. Portuguesa de Matemática* 55 (2006), 25-38.]

interesses seja interessante e vantajosa. O trabalho do filósofo da matemática deve fundir-se com o do matemático, mas pelo menos em parte é diferente do deste. A filosofia e a matemática estão intimamente ligadas, e nenhuma domina a outra. Deste ponto de vista, a maneira correcta de fazer matemática não é uma consequência directa da filosofia verdadeira, nem a correcta filosofia da matemática é uma consequência imediata da matemática tal como é praticada.

O trabalho do filósofo é dar conta da matemática e do seu lugar nas nossas vidas intelectuais. O que é o conteúdo da matemática (ontologia)? Qual é o relacionamento entre o conteúdo da matemática e o conteúdo da ciência que permite aplicações e fertilização cruzada tão extensivas? Como conseguimos fazer e saber matemática (epistemologia)? Como se pode ensinar a matemática? Como se compreende a linguagem matemática (semântica)? Em resumo, o filósofo deve dizer algo sobre a matemática, algo sobre as aplicações da matemática, algo sobre a linguagem matemática, e algo sobre nós próprios. Uma tarefa intimidante, mesmo sem o trabalho de extrair primeiros princípios.

Tal como eu o vejo, o propósito primário da filosofia da matemática é *interpretar* a matemática, e assim iluminar o lugar da matemática no empreendimento intelectual global. De acordo com o anti-revisionismo, o que interpretamos é a *matemática*, não o que uma teoria filosófica prévia diz que a matemática deve ser. Em geral, a interpretação pode e deve envolver a crítica, mas de acordo com o anti-revisionismo, a crítica não vem de fora – de primeiros princípios preconcebidos. Um revisionista, talvez cativo das garras da filosofia-primeiro, pode argumentar que a matemática, tal como é praticada, não possui qualquer interpretação coerente. Propõe correcções, ou substituições, para dar melhores fundações à matemática, mas mantendo a sua função própria. Permaneceremos neutros neste ponto, de modo a proporcionar cobertura a uma variedade de posições importantes.

Talvez todas as partes possam concordar que a filosofia da matemática é feita por aqueles que se preocupam com a matemática e querem compreender o seu papel na aventura intelectual. Um matemático que adopta uma filosofia da matemática deve ganhar algo com isso, uma orientação para o trabalho, alguma visão sobre a sua perspectiva e papel, e pelo menos um guia tentativo quanto à sua direcção – que tipos de problemas são importantes, que questões devem ser postas, que metodologias são razoáveis, o que é passível de sucesso, e assim por diante.

3. Naturalismo e Matemática

Quine (1981: 72) caracteriza o *naturalismo* como "o abandono da meta da filosofia-primeiro" e "o reconhecimento de que é dentro da própria ciência... que a realidade deve ser identificada e descrita" (ver também Quine 1969). De esta perspectiva, a questão epistemológica primordial é determinar como os seres humanos, enquanto organismos naturais no mundo físico, conseguem aprender alguma coisa sobre o mundo ao seu redor. O naturalista quineano alega que a ciência tem a postura mais plausível a este respeito, e portanto a epistemologia deve ser contígua à ciência, em última análise à física. Uma divisa é que a epistemologia é um ramo da psicologia cognitiva. Qualquer conhecimento que nós humanos reivindiquemos deve ser consistente com a melhor impressão psicológica de nós próprios como conhecedores. O mesmo se aplica à ontologia e a qualquer outro questionamento filosófico legítimo: "O filósofo naturalista começa o seu raciocínio dentro da teoria do mundo herdada como um interesse em curso... A teoria do mundo herdada é principalmente científica, o produto actual do empreendimento científico" (Quine 1981: 72).

De uma forma ou de outra, o naturalismo tornou-se popular entre filósofos, especialmente na América do

Norte onde a influência de Quine é maior. Fecho este capítulo com algumas palavras sobre as ramificações para a filosofia da matemática. O tópico repercute-se por todo o livro.

Para reafirmar o óbvio, o naturalismo de Quine implica uma rejeição do que eu chamo filosofia-primeiro. O naturalista olha para as ciências físicas "como uma indagação da realidade, falível e corrigível, mas não respondível perante qualquer tribunal supra-científico, e sem necessidade de qualquer justificação além da observação e o método hipotético-dedutivo" (Quine 1981: 72). Podemos interpretar as passagens chave como um endosso da filosofia-última, mas Quine não vai tão longe. Ele considera a ciência e pelo menos partes da filosofia como uma "teia de crenças" sem remendos. Um ponto de vista filosófico que seja *totalmente* divorciado da ciência como praticada deve ser rejeitado – boa-viagem – mas é de encorajar o tráfego ao longo da fronteira imprecisa. A epígrafe ao seu influente *Word and Object* (1960) é uma citação de Otto Neurath (1932), "somos como marinheiros que têm que reconstruir o seu navio no mar alto, sem poder desmantelá-lo em doca seca e reconstrui-lo com os melhores materiais." Quine não inclui a próxima frase do texto de Neurath, que é: "Só a metafísica pode desaparecer sem deixar vestígio." Pelo menos parte da metafísica é uma parte integral do "navio" científico e não pode ser exorcizada dele.

Se a metáfora do navio de Neurath de Quine for tomada seriamente, a questão da filosofia-primeiro e filosofia-última perde muita da sua força, se não do seu sentido. Antes de poder determinar se a parte restante//legítima da filosofia é primeira, última, ou entre, (com respeito à matemática ou qualquer outra coisa), temos de separar a filosofia da teia de crenças, e Quine argumenta famosamente que não podemos fazer tal coisa (ver também Resnik 1997: caps. 6-7). Isto é, partes largas da filosofia são essencialmente *parte* do empreendimento científico. Isto é filosofia naturalizada.

No que concerne à filosofia da matemática, há uma ironia importante no enfoque de Quine sobre a ciência. Para o empirista moderno que é Quine, a força directriz do objectivo do empreendimento ciência/filosofia é explicar e predizer a experiência sensorial (ver Cap. 8, §2 para mais sobre o empirismo de Quine). Ele argumenta que a ciência constitui a única via plausível para isto, e aceita a *matemática* só na medida em que é necessária para o empreendimento científico/filosófico (talvez com um pequeno acréscimo de matemática, para "arredondamento"). Ele não aceita (como verdadeiras) as partes da matemática, tal como a teoria dos conjuntos (avançada), que vão além deste papel de auxiliar da ciência empírica. Isto é, Quine defende que se uma parte da matemática não desempenha um papel inferencial (ainda que indirecto) nas partes do tecido científico que incide na percepção sensorial, então essa parte deve ser alijada, aplicando a navalha de Occam.[11] Quine faz assim propostas aos matemáticos, baseadas nesta filosofia global da matemática e ciência. Sugere, por exemplo, que os teóricos da teoria dos conjuntos adoptem um certo princípio, designado "$V = L$",[12] visto que o resultado desta adopção será uma teoria limpa, e presumivelmente mais fácil de aplicar. Devemos ignorar o facto de a maioria dos teóricos conjuntistas serem cépticos em relação a este princípio. O argumento de Quine

---

[11] [Preceito ou princípio lógico-metodológico de parcimónia e simplicidade: "Se em tudo o mais forem idênticas as várias explicações de um fenómeno, a mais simples tende a ser a melhor" (Guilherme de Occam, *c.* 1287-1347).]

[12] [Trata-se do chamado *Axioma da Construtibilidade*, um princípio introduzido por Gödel em 1939 na sua demonstração de consistência da Hipótese do Contínuo com a teoria axiomática dos conjuntos, o qual afirma essencialmente que todos os conjuntos (universo V) são construtíveis (universo L), onde ser *construtível* é uma noção restringida de conjunto. Este sentido de "construtível" nada tem que ver com o sentido do termo para os intuicionistas/construtivistas.]

aqui está no espírito da filosofia-primeiro com respeito à matemática, mesmo se é ciência/filosofia-primeiro.

A versão de Penelope Maddy do naturalismo (1997) prescreve uma atitude de deferência para com os matemáticos tal como a que Quine exibe em relação aos cientistas. O argumento, em parte, é que o tecido científico de crenças – da ciência tal como é praticada – não é tão liso como Quine pretende que seja. Não há uma teoria única que governe todos os ramos das ciências naturais e da matemática. A matemática tem a sua própria metodologia, que se tem mostrado bem sucedida ao longo dos séculos. O sucesso da matemática é medido em termos matemáticos, não em termos científicos.

Pode-se argumentar, contra Quine, que se os matemáticos só dessem desenvolvimento sério àqueles ramos que se sabe terem aplicações às ciências naturais, então não teríamos muita da matemática que temos hoje, nem teríamos toda a *ciência* que temos hoje. A história da ciência está cheia de exemplos onde ramos de matemática "pura" acabaram por ter aplicações na ciência. Por outras palavras, as metas globais do empreendimento científico foram bem servidas por matemáticos perseguindo as suas disciplinas com as metodologias próprias.

Este argumento tem força no seio da figura empirista holística geral de Quine. Este mantém que a matemática é importante ou legítima só na medida em que ajuda a ciência. De um ponto de vista alargado de "ajuda", vemos que a ciência foi bem servida ao deixar os matemáticos proceder de acordo com os seus próprios padrões, ignorando a ciência se necessário. Assim, não necessitamos de um elo inferencial directo entre um pedaço de matemática e a experiência sensorial antes de poder aceitar a matemática como uma parte legítima do tecido. Em qualquer caso, Maddy não aprova o holismo abrangente de Quine. Ela toma os remendos na teia de crenças seriamente, e defende que não temos de mostrar que existe uma conexão última com a ciência para justificar a matemática, nem local nem globalmente. A matemática não procura críticas ou justificação quer para a ciência quer para a filosofia. Maddy objecta assim ao empirismo de Quine. Os remendos na teia de crenças – o navio de Neurath – indicam que há metas legítimas para além da predição e controlo da experiência sensorial.

Um defensor da astrologia poderá fazer uma reivindicação correspondente de que a astrologia teve sucesso nos seus próprios termos (quaisquer que estes sejam).([13]) Goza ela da mesma autonomia e apoio que a matemática? O naturalismo de Quine e Maddy aconselhariam que não há qualquer necessidade de proporcionar *justificação* extra-científica e extra-matemática para a atitude diferenciada em relação a coisas como a astrologia, por um lado, e matemática e ciência, por outro. Lembremos que não há tribunal extra-científico (ou extra-matemático) legítimo. Os critérios científicos ordinários são suficientes para rejeitar a astrologia. Talvez também não haja necessidade de *explicar* a atitude diferenciada, mas podemos apelar ao papel da matemática no tecido global de crenças. Seguir Maddy e atribuir autonomia à matemática não significa ignorar as conexões profundas entre matemática e ciência (ver Cap. 2, §3).

Em suma, tanto Maddy como Quine rejeitam firmemente a filosofia-primeiro. A filosofia não critica a matemática. A filosofia também não justifica a matemática. Só a matemática faz isso. Como acima, daqui não emana a filosofia-última-se-alguma; Maddy (1997: Cap. 3) distingue aquelas partes da filosofia tradicional que são "contínuas com a matemática", aquelas partes que estão fora da matemática mas são "contínuas com a ciência", e

---

([13]) Superficialmente, ciência e astrologia perseguem as mesmas metas, a saber, a predição, logo não podem ser comparadas por critérios comuns, pelo menos em princípio. Um observador neutro poderia tornar as predições precisas e depois comparar os resultados registados. Naturalmente, os astrólogos não submetem a sua "disciplina" aos testes científicos usuais.

aquelas partes que estão totalmente fora da ciência e da matemática. Embora as fronteiras entre estas partes não sejam distintas, só itens no primeiro grupo têm qualquer incidência na crucial tarefa de delinear (ou criticar, ou melhorar) a metodologia matemática. Os itens no último grupo – aqueles que estão fora da matemática e da ciência – são os aspectos da filosofia tradicional rejeitados como filosofia-primeiro. Desaparecida sem deixar rasto. O grupo intermédio – as partes da filosofia fora da matemática e contínuas com a ciência – incluem a "filosofia naturalizada" de Quine.

A questão, como eu a vejo, diz respeito à medida em que uma parte da filosofia supostamente justifica ou fundamenta a matemática ou a ciência, e não tanto à extensão em que a filosofia se supõe científica ou "contínua" com a ciência. Talvez isto seja pouco mais do que preferência terminológica, visto que a maioria dos ataques de Maddy e Quine são dirigidos à filosofia-primeiro, a ideia que a filosofia proporciona a justificação última da matemática.

2
POT-POURRI DE QUESTÕES E RESPOSTAS TENTATIVAS

O propósito deste capítulo é esboçar os problemas mais importantes e algumas posições principais no empreendimento interpretativo da filosofia da matemática. A que questões deve uma filosofia da matemática responder para iluminar o lugar da matemática no empreendimento intelectual global – o navio de Neurath? Que tipos de respostas foram propostas?

1. Necessidade e conhecimento *a priori*

Uma pesquisa casual das ciências mostra que a matemática está envolvida em muitos dos nossos melhores esforços para adquirir conhecimento. Assim, a filosofia da matemática é, em grande parte, um ramo da epistemologia – aquela parte da filosofia que lida com a cognição e o conhecimento. Todavia, a matemática, pelo menos, parece ser diferente de outros esforços epistémicos e, em particular, de outros aspectos do desenvolvimento da ciência. As proposições matemáticas básicas não parecem ter a contingência de proposições científicas. Intuitivamente, não tem de haver nove planetas do Sol. Podia ter havido sete, ou nenhum. A gravidade não tem de obedecer a uma lei do inverso do quadrado, nem sequer aproximadamente. Em contraste, proposições matemáticas, como 7 + 5 = 12 são às vezes elevadas a paradigmas de *verdades necessárias*. As coisas simplesmente não podem ser diferentes.

O cientista admite prontamente que as suas teses mais fundamentais podem ser falsas. Esta modéstia é apoiada por uma história de revoluções científicas, nas quais crenças longamente estabelecidas e profundamente sentidas foram rejeitadas. Pode manter-se seriamente a mesma modéstia para a matemática? Pode duvidar-se de que o Princípio de Indução Matemática é satisfeito pelos números naturais? Pode duvidar-se que 7 + 5 = 12? Houve revoluções *matemáticas* que resultaram na rejeição de crenças matemáticas longamente estabelecidas? Pelo contrário, a metodologia matemática não parece ser probabilista da maneira que a ciência o é. Há ao menos uma noção coerente de probabilidade de uma proposição matemática? Pelo menos *prima facie*, a base epistémica do princípio de indução, ou "7 + 5 = 12", ou a infinidade dos números primos, é mais firme, e diferente em espécie, que a do princípio de gravitação. Ao contrário da ciência, a matemática procede via *demonstração*. Uma demonstração bem sucedida e correcta elimina toda a dúvida racional, não só toda a dúvida razoável. Uma demonstração matemática deve mostrar que as suas premissas implicam logicamente a sua conclusão. Não é possível as premissas serem verdadeiras e a conclusão falsa.

Em qualquer caso, a maioria dos pensadores concorda que as proposições matemáticas básicas gozam de um alto grau de certeza. Como podem ser falsas?, como podem ser duvidadas por qualquer ser racional – abaixo de um céptico total que defende que tudo deve ser duvidado? A matemática parece essencial a qualquer tipo de raciocínio. Se, como parte de uma experiência filosófica conceptual, entretemos dúvidas sobre a matemática básica, é claro que podemos continuar a pensar de todo?

A expressão "*a priori*" significa algo como "anterior à experiência" ou "independente da experiência". É uma noção epistémica. Definamos uma proposição com sendo *conhecida a priori* se o conhecimento não é baseado em qualquer "experiência do curso específico de acontecimentos do mundo real" (Blackburn 1994: 21). Podemos necessitar da experiência para apreender os conceitos envolvidos na proposição, mas nenhuma outra experiência específica com o mundo é necessária. Uma proposição é conhecida *a posteriori* ou *empiricamente* se não é conhecida *a priori*. Isto é, uma proposição é conhecida *a posteriori* se o conhecimento é baseado na experiência de como o mundo funciona. Uma proposição verdadeira é ela mesma *a priori* se pode tornar-se conhecida *a priori*, e uma proposição verdadeira é *a posteriori* se não pode – se a experiência com o mundo (além da que é necessária para apreender os conceitos) é necessária para vir a conhecê-la.

Exemplos típicos de proposições *a posteriori* são "o gato está no tapete" e "a gravidade obedece aproximadamente a uma lei do inverso do quadrado". Como veremos (Cap. 4, §3; Cap. 8, §2), alguns filósofos defendem que não há conhecimento *a priori*, mas para os restantes, as proposições *a priori* típicas incluem "todos os objectos vermelhos são coloridos" e "nada é completamente vermelho e completamente verde ao mesmo tempo". Provavelmente os exemplos mais citados são as proposições da lógica e da matemática, que estamos a considerar de momento. A matemática não parece ser baseada na observação da mesma maneira que a ciência o é. Novamente, a matemática é baseada na demonstração.

É, assim, uma incumbência de qualquer filosofia completa da matemática explicar a necessidade pelo menos aparente da matemática *a priori*. A opção simples seria talvez articular as noções de necessidade e aprioridade, e depois mostrar como aplicar a matemática. Chamemos a esta a "rota tradicional". Ela segue a máxima de que as coisas são como parecem ser. A obrigação da rota tradicional é mostrar exactamente em que consiste algo ser necessário e conhecível *a priori*. Ninguém pode legitimamente alegar, no presente, que estas noções são suficientemente claras e distintas. Se o filósofo vai invocar as noções gémeas de necessidade e aprioridade, então deve dizer o que é que está sendo invocado.

Há uma tensão importante no retrato tradicional. Neste, a matemática é necessária e conhecível *a priori*, mas a matemática tem *algo* que ver com o mundo físico. Como foi observado, a matemática é essencial à abordagem científica do mundo, e a ciência é empírica, se alguma coisa o é – não obstante o racionalismo. Então de que forma é que o conhecimento *a priori* de verdades necessárias participa na aquisição de conhecimentos empíricos comuns? A tese de Immanuel Kant de que a aritmética e a geometria são "sintéticas *a priori*" foi uma tentativa heróica para reconciliar estas características da matemática (ver Cap. 4, §2). De acordo com Kant, a matemática diz respeito às formas de percepção. Ela trata das maneiras como percebemos o mundo material. A geometria euclidiana ocupa-se das formas de intuição espacial, e aritmética diz respeito às formas de intuição temporal e espacial. A matemática é assim necessária porque não podemos estruturar o mundo de qualquer outra maneira. *Devemos* perceber o mundo por meio destas formas de intuição. Nenhumas outras formas estão à nossa disposição. O conhecimento matemático é um conhecimento *a priori* visto que não necessitamos de qualquer experiência particular com o mundo para adquirir as formas de intuição perceptiva.

Afirmar que os pontos de vista de Kant eram, e permanecem influentes, quando os seus pontos de vista sobre a matemática foram vistos como problemáticos, quase desde o princípio, constitui um sofisma grosseiro. Os kantianos podem ser culpados por trocarem alguns problemas difíceis e noções obscuras como apriodidade e necessidade por outros ainda mais difíceis, relativos à intuição. Alberto Coffa (1991) salienta que um elemento importante na agenda da filosofia ocidental durante todo o século XIX era explicar a necessidade (pelo menos) aparente e a natureza *a priori* da matemática, e as aplicações da matemática, sem invocar a intuição kantiana. Este item da agenda ainda hoje está operante.

Outra opção para o filósofo é argumentar que os princípios matemáticos não são necessários ou conhecíveis *a priori*, talvez porque nenhumas proposições gozem destas duas honras. Alguns empiristas acham atraente esta abordagem não tradicional, rejeitando ou limitando severamente o *a priori*. Hoje este ponto de vista é mais popular do que nunca, principalmente na América do Norte sob a influência do naturalismo/empirismo de W. V. O. Quine (ver Cap. 1, §3 e Cap. 8, §3). Cabe a um filósofo que persiga esta opção não tradicional mostrar por que *parece* que a matemática é necessária e *a priori*. Não podemos simplesmente ignorar a crença de longa data relativa ao estatuto especial da matemática. Isto é, mesmo que as crenças tradicionais estejam equivocadas, deve haver algo acerca da matemática que levou tantos a acreditar que ela é necessária e conhecível *a priori*.

2. Questões globais: objectos e objectividade

Como foi observado no capítulo precedente, o filósofo da matemática enfrenta imediatamente questões avassaladoras. De que trata a matemática, se de alguma coisa? Como se desenvolve a matemática? Como sabemos matemática? O que é a metodologia da matemática, e em que medida é esta metodologia de confiança? Que significam as asserções matemáticas? Possuímos concepções determinadas e não ambíguas dos conceitos e ideias matemáticas básicas? A verdade matemática é bivalente, no sentido de cada proposição gramaticalmente bem formada ser determinadamente verdadeira ou determinadamente falsa? Qual é a lógica adequada para a matemática? Em que medida são os princípios da matemática objectivos e independentes da mente, linguagem, e estrutura social dos matemáticos? Será toda a verdade matemática conhecível? Qual é a relação entre matemática e ciência que torna possível a sua aplicação?

Algumas destas questões, naturalmente, não são limitadas à matemática. Desde quase o começo da história registada, o problema metafísico básico foi determinar a que se reporta (se a alguma coisa) a linguagem comum, ou linguagem científica, e os filósofos sempre se perguntaram se a verdade comum é independente da mente humana. A questão sobre qual a lógica e a semântica adequadas para o discurso comum tornou-se recentemente um tema importante em filosofia, com os filósofos a aventurarem-se na linguística. Como se observou no Cap. 1, devemos aprender a lição do racionalismo e ter cuidado quando estendemos conclusões relativas à matemática ao resto da linguagem e ao resto do empreendimento intelectual. E vice-versa: devemos ter cuidado quando estendemos conclusões sobre a linguagem e a ciência comuns à matemática.

2.1. *Objecto*

Uma questão global diz respeito ao conteúdo da matemática. O discurso matemático tem marcas de referência a tipos especiais de objectos, tais como números, pontos, funções e conjuntos. Considere o teorema clássico de que para cada número natural n há um número primo $m > n$. Segue-se que não há número primo máximo, e portanto há infinitos primos. Pelo menos à superfície, este teorema parece dizer respeito a *números*. O que são estas coisas? Devemos considerar a linguagem da matemática literalmente e concluir que números, pontos, funções, e conjuntos existem? Se existem, são independentes do matemático, da sua mente, linguagem, e assim por diante? Definamos *realismo em ontologia* como sendo o ponto de vista de que pelo menos alguns objectos matemáticos existem objectivamente, independentemente do matemático. O realismo em ontologia opõe-se a pontos de vista como o idealismo e o nominalismo. O *idealista* concorda que os objectos matemáticos existem, mas defende que dependem da mente (humana). Poderá propor que os objectos matemáticos são construções que emergem da actividade mental de cada matemático. Isto seria um idealismo subjectivo, análogo a um ponto de vista semelhante sobre objectos físicos comuns. Estritamente falando, nesta perspectiva cada matemático tem os seus próprios números naturais, plano euclidiano, e assim por diante. Outros idealistas tomam os objectos matemáticos como sendo parte do tecido mental partilhado por todos os humanos. Talvez a matemática diga respeito à *possibilidade* omnipresente de construção. Isto é uma espécie de idealismo inter-subjectivo. Todos os idealistas concordam na contrafactual de que se não houvesse mentes, não haveria objectos matemáticos. Os realistas ontológicos negam a contrafactual, insistindo que os objectos matemáticos são independentes da mente.

O *nominalismo* é uma negação mais radical da existência objectiva de objectos matemáticos. Uma versão defende que os objectos matemáticos são meras construções linguísticas. No discurso comum distinguimos um dado item, tal como o autor deste livro, de um nome do item. Stewart Shapiro não é o mesmo que "Stewart Shapiro". Um é uma pessoa e o outro um par de palavras. Alguns nominalistas negam esta distinção relativa a objectos matemáticos, sugerindo que o número nove, por exemplo, é apenas o numeral correspondente "9" (ou "nove", "IX", etc.).([1]) Isto é uma variação de um nominalismo

---

([1]) Há questões ontológicas relativas a itens linguísticos tais como os numerais. Alguns filósofos defendem que são abstractos, eternos,

mais tradicional relativamente aos chamados "universais", como cores e formas. Para este ponto de vista, popular durante o período medieval, só os nomes são universais. Nada mais é preciso para um objecto ser vermelho que ter a palavra "vermelho" correctamente aplicada a (um nome de) esse objecto.

Hoje em dia é mais comum um céptico negar a existência de objectos matemáticos do que construí-los a partir da linguagem. Este niilismo matemático também é chamado "nominalismo" (ver Cap. 9).

Alguns filósofos defendem que números, pontos, funções, e conjuntos são *propriedades* ou *conceitos*, distinguindo estes dos objectos mediante algum critério metafísico ou semântico. Classificaria estes filósofos de acordo com o que eles dizem sobre propriedades ou conceitos. Por exemplo, se um tal filósofo defendesse que as propriedades têm existência independente da linguagem e da mente – um realismo relativo a propriedades – então classificá-lo-ia como um realista em ontologia no que respeita à matemática, visto que defende que a matemática tem um conteúdo distinto e este conteúdo é independente da linguagem e da mente do matemático. Analogamente, se um filósofo defende que os números, digamos, são conceitos e que os conceitos são mentais, então é idealista relativamente à matemática, e se é um nominalista tradicional relativamente a propriedades ou conceitos, então é um nominalista relativamente à matemática.

O realismo em ontologia não tem, por si mesmo, quaisquer ramificações relativas à natureza dos objectos mate-

---

objectos sem causa, muito semelhante ao que os realistas ontológicos dizem sobre os números. Os numerais neste sentido são chamados *tipos*. Em contraste, os numerais *espécimes* são objectos físicos – riscos de tinta, toner queimado, etc. – que exemplificam os tipos. Ao contrário dos tipos, os espécimes são criados e destruídos à vontade. Para que o nosso nominalista seja anti-realista em ontologia relativa à matemática, ele tem de negar a existência objectiva de tipos. Esta questão é retomada várias vezes abaixo.

máticos postulados (nem propriedades nem conceitos), além da mera tese de que eles existem objectivamente. Como são os números? Como se relacionam com objectos mais banais como pedras e pessoas? Entre os realistas ontológicos, o ponto de vista mais comum é que os objectos matemáticos não têm causa aparente(^{2}), são eternos, indestrutíveis, e não parte do espaço-tempo. As práticas matemática e científica seguem isto, como a uma moda, uma vez admitida a existência de objectos matemáticos. A literatura científica não contém referência alguma à localização dos números ou à sua eficácia causal em fenómenos naturais ou a como se poderia proceder para criar ou destruir um número. Não há menção de experiências para captar a presença de números ou determinar as suas propriedades matemáticas. Tal discussão seria patentemente absurda. O realismo em ontologia é por vezes chamado "platonismo", porque as Formas de Platão também não têm causa aparente, são eternas, indestrutíveis, e não fazem parte do espaço-tempo (ver Cap. 3, §1).

As versões comuns do realismo em ontologia explicam bem a *necessidade* da matemática: se o conteúdo da matemática é como estes realistas dizem que é, então as verdades da matemática são independentes de qualquer coisa contingente sobre o universo físico e de qualquer coisa contingente sobre a mente humana, a comunidade de matemáticos, e assim por diante. Até agora, tudo bem.

E quanto ao conhecimento *a priori*? A conexão com Platão poderá sugerir a existência de uma conexão quase-mística entre os seres humanos e o reino matemático, desprendido e abstracto. Esta faculdade, às vezes chamada "intuição matemática", leva supostamente ao conhecimento de proposições matemáticas básicas, tal como os axiomas de várias teorias. A analogia é com a percepção sensorial, que leva ao conhecimento do mundo externo.

(^{2}) [Em Inglês: *acausal*, que pode significar "sem causa", "sem explicação", "hipotético".]

Kurt Gödel (1964) parece ter algo como isto em mente com a sua sugestão de que alguns princípios da teoria dos conjuntos "se nos impõem como verdadeiros" (ver Cap. 8, §1). Visto que, presumivelmente, a conexão entre a mente e o reino matemático é independente de qualquer experiência sensorial, a manobra quase-mística tornaria o conhecimento matemático *a priori por excelência*. Apesar da autoridade de Gödel, todavia, os filósofos contemporâneos rejeitam esta mais ou menos intuição matemática directa. Esta faculdade está praticamente ausente na tese naturalista do conhecedor humano como organismo físico no mundo natural (ver Cap. 1, §3). De acordo com o naturalista, qualquer faculdade epistémica reivindicada pelo filósofo deve ficar sujeita a escrutínio científico comum. Quer dizer, um filósofo/cientista não pode invocar uma conexão directa entre a mente e o universo matemático enquanto não tiver encontrado uma base natural, científica para ela. Uma tal base parece bem improvável se os números, pontos, e assim por diante forem tão eternos e sem causa como o realista típico diz que são. Como vamos estabelecer uma ligação a tais objectos? Assim talvez o platonista tenha ido longe de mais com esta conexão mente-matemático via intuição matemática. Às vezes, o "platonismo" do realismo em ontologia é escrito com um "p" minúsculo([3]), para temperar a ligação a Platão. O realista em ontologia típico defende algo como uma ontologia platónica para a matemática, sem epistemologia platónica.

Com a rejeição de uma conexão quase-mística, todavia, o realista ontológico fica com um mistério epistémico profundo. Se os objectos matemáticos são parte de um reino matemático destacado, eterno e sem causa aparente, como

---

([3]) [Esta observação só se pode compreender se tivermos em conta que a ortografia correcta comum em Inglês é "Platonism", com "P" maiúsculo, enquanto em Português é "platonismo", e analogamente para outras escolas ou doutrinas.]

é possível aos seres humanos obterem conhecimento dele? Parece próximo de um dado imutável que possuímos pelo menos algum conhecimento matemático, seja ele qual for. Se o realismo em ontologia é correcto, o conhecimento matemático é conhecimento de um domínio matemático abstracto e sem causas. Como é este conhecimento possível? Como podemos saber qualquer coisa acerca do universo matemático supostamente desprendido? Se o nosso realista é também um naturalista, o desafio é mostrar como um ser físico num universo físico pode vir a saber alguma coisa sobre objectos abstractos como números, pontos, e conjuntos.

Consideremos agora os anti-realismos. Como defendem os idealistas, se os números, por exemplo, forem criações da mente humana ou forem inerentes ao pensamento humano, então o conhecimento matemático é, em algum sentido, conhecimento das nossas próprias mentes. A matemática seria *a priori* na medida em que este auto-conhecimento é independente da experiência sensorial. Semelhantemente, as verdades matemáticas seriam necessárias na medida em que a estrutura do pensamento humano é necessária. O maior problema de pontos de vista como este é enquadrar a visão postulada dos objectos matemáticos e o conhecimento matemático com o reino pleno da matemática, tal como esta é praticada. Há infinitos números naturais, e até mais números reais do que números naturais. O idealista deve enquadrar o nosso conhecimento dos números reais e naturais com a finitude aparente da mente.

Se os objectos matemáticos são construídos a partir de itens linguísticos, então o conhecimento matemático é conhecimento da linguagem. Não é claro o que adviria da tese de que as verdades matemáticas são necessárias e conhecíveis *a priori*. Isso dependeria dos pontos de vista nominalista sobre a linguagem. O conhecimento matemático seria conhecível *a priori* na medida em que o nosso conhecimento da linguagem é *a priori*. Aqui, novamente, o problema principal é o de reconciliar este ponto de vista com o vasto campo das matemáticas. Finalmente, se não há objectos matemáticos, como alguns nominalistas alegam, então o filósofo deve interpretar as proposições matemáticas como não envolvendo referências a objectos matemáticos, ou então o nominalista deve defender que as proposições matemáticas são sistematicamente falsas (logo não necessárias) ou vácuas. Semelhantemente, o nosso nominalista deverá interpretar o conhecimento matemático em termos que não os de conhecimento de objectos matemáticos, ou então argumentar que não há conhecimento matemático (logo, nenhum conhecimento matemático *a priori*) de todo.

2.2. *Verdade*

À luz da natureza interpretativa da filosofia da matemática, e da tendência da filosofia analítica em geral, é natural virarmos a nossa atenção para a *linguagem* da matemática. O que é que as asserções matemáticas significam? Qual é a sua forma lógica? Qual é a melhor semântica para a linguagem matemática? Georg Kreisel é frequentemente creditado com a mudança de enfoque da existência de objectos matemáticos para a *objectividade* do discurso matemático. Definamos *realismo em valor de verdade* como sendo o ponto de vista de que as proposições matemáticas têm valores de verdade objectivos, independentes das mentes, linguagens, convenções, etc., dos matemáticos.

O oposto é o *anti-realismo em valor de verdade*, a tese de que, se as proposições matemáticas realmente possuem valores de verdade, então estes valores de verdade são dependentes do matemático. Uma versão do anti-realismo em valor de verdade é que as proposições matemáticas não ambíguas recebem os seus valores de verdade em virtude da mente humana ou em virtude de actividade mental humana, real ou possível. Deste ponto de vista, *tornamos* algumas proposições verdadeiras ou falsas, no sentido de que a estrutura da mente humana é de algum modo constitutiva da verdade matemática. Este ponto de vista é uma espécie de idealismo em valor de verdade. Não segue que *decidimos* se uma proposição dada é verdadeira ou falsa, assim como um idealista sobre objectos físicos defende que não decidimos que percepções ter. Parte do que significa as proposições matemáticas serem objectivas é a possibilidade de a verdade de algumas proposições estar além das capacidades do ser humano em conhecer esta verdade. Isto é, o realista em valor de verdade admite a possibilidade de que possa haver verdades matemáticas incognoscíveis. De acordo com aquele ponto de vista, verdade é uma coisa, conhecibilidade é outra. O anti-realista em valor de verdade poderá tomar a posição oposta, argumentando que todas as verdades matemáticas são conhecíveis. Se, em algum sentido, as proposições matemáticas recebem os seus valores de verdade em virtude da mente, então seria razoável defender que nenhuma verdade matemática está para além da capacidade humana para conhecer: para qualquer proposição matemática Φ, se Φ é verdadeira, então, pelo menos em princípio, Φ pode tornar-se conhecida.

Há uma linha de fogo semelhante ao longo da frente semântica. O realista em valor de verdade defende presumivelmente que a linguagem matemática é bivalente, no sentido de que cada frase não ambígua é ou determinadamente verdadeira ou determinadamente falsa. A bivalência parece fazer parte do pacote de objectividade (desde que a imprecisão ou ambiguidade não faça parte do retrato). Muitos anti-realistas objectam à bivalência, argumentando que a mente e/ou o mundo pode não determinar, para cada frase matemática não ambígua, se ela é verdadeira ou falsa. Se, como sugerido acima, o anti--realista defendesse que todas as verdades são conhecíveis, então a modéstia aconselharia contra a bivalência. Pensar que a mente humana é capaz de determinar, de cada frase matemática não ambígua, se é verdadeira ou falsa, é uma manifestação de arrogância. Alguns anti-realistas concebem o seu ponto de vista como implicando que a lógica clássica deva ser substituída pela lógica intuicionista, o que remonta a uma exigência filosoficamente fundamentada para revisões da matemática (ver Cap. 1, §2 e Cap. 7).

Uma segunda versão mais radical do anti-realismo em valor de verdade é que as asserções matemáticas carecem absolutamente de valor de verdade (não trivial, não vazio). Estritamente falando, resultaria daí que também não há conhecimento matemático de todo, se concordarmos que "Φ é conhecida" implica "Φ é verdadeira". Se este anti-realismo não deseja que seja imputado erro massivo e confusão a toda a comunidade científica e matemática, então necessita dar conta do que passa por ser conhecimento matemático. Se a matemática não é uma actividade de obtenção de conhecimento, então o que é? Este anti-realista radical em valor de verdade concorda presumivelmente que a matemática é uma parte vitalmente importante e significativa do empreendimento intelectual, logo necessita de dar conta desta importância. Se a boa matemática não é matemática verdadeira (visto que as frases não têm valores de verdade não-triviais, não vácuos), então o que é boa matemática?

Há uma aliança *prima facie* entre realismo em valor de verdade e realismo em ontologia. O realismo em valor de verdade é uma tentativa para desenvolver um ponto de vista de que a matemática lida com características objectivas do mundo. A maneira simples e directa de interpretar a linguagem da matemática é tomá-la pelo seu valor nominal, e não optar por uma reinterpretação global do discurso. *Prima facie*, os numerais são termos singulares, nomes próprios. A função linguística dos termos singulares é denotar objectos. Assim, se a linguagem deve ser tomada literalmente, então os seus termos singulares denotam algo. Os numerais denotam números. Se as frases não-triviais contendo numerais são verdadeiras, então os números existem. O realista em valor de verdade defende ainda que algumas frases são objectivamente verdadeiras – independentemente do matemático. A tese *ontológica* de que os números existem objectivamente pode não se seguir directamente da tese semântica do realismo em valor de verdade. Pode haver verdades objectivas sobre entidades dependentes da mente. Todavia, a existência objectiva de objectos matemáticos é pelo menos sugerida pela verdade objectiva das asserções matemáticas.

Esta perspectiva recapitula metade de um dilema proposto em "Mathematical Truth" (1973) de Paul Benacerraf, um artigo que continua a dominar a discussão contemporânea na filosofia da matemática. Um forte desiderato é que as proposições matemáticas devem ser entendidas da mesma maneira que as proposições comuns, ou pelo menos proposições científicas respeitáveis. Isto é, devemos tentar obter uma semântica uniforme que cubra a linguagem comum/cien-tífica bem como a linguagem matemática. Se assumirmos que algum tipo de realismo em valor de verdade vale para as ciências, então somos levados ao realismo em valor de verdade para a matemática, e a uma tentativa para entender as asserções matemáticas no seu valor nominal – da mesma maneira que as afirmações científicas comuns são entendidas. Outra motivação para o desiderato deriva do facto de a linguagem científica estar completamente entrelaçada com a linguagem matemática. Seria desajeitado e contra-intuitivo proporcionar explicações semânticas separadas para as linguagens matemática e científica, e ainda outra explicação de como os dois discursos interagem.

Isto conduz aos nossos dois realismos, em ontologia e em valor de verdade. De acordo com estes dois pontos de vista, os matemáticos querem dizer o que dizem e a maior parte do que dizem é verdade. Na literatura recente de filosofia da matemática, Gödel (1944, 1964), Penelope Maddy (1990), Michael Resnik (1997), e eu próprio (Shapiro 1997) somos realistas extremos, defendendo tanto o realismo em ontologia como em valor de verdade (ver caps. 8 e 10).

Chegamos agora ao outro ponto do dilema de Benacerraf. Os nossos realismos vêm com problemas epistemológicos aparentemente intratáveis. Do realismo em ontologia, temos a existência objectiva de objectos matemáticos. Visto que os objectos matemáticos parecem ser abstractos e fora do nexo causal, como podemos saber qualquer coisa sobre eles? Como podemos ter qualquer confiança naquilo que os matemáticos dizem sobre os objectos matemáticos? Isto é uma motivação primordial para procurar uma alternativa a um ou outro dos realismos. Benacerraf argumenta que as filosofias anti-realistas da matemática têm uma linha mais tratável na epistemologia, mas então o desiderato semântico está em perigo. O dilema, então, é este: a continuidade desejada entre linguagem matemática e linguagem científica quotidiana sugere os dois realismos, mas isto deixa-nos com problemas epistémicos aparentemente intratáveis. Temos de optar entre resolver os problemas com realismo, desistindo da continuidade entre discurso quotidiano e discurso matemático, ou então desistir das descrições semânticas predominantes das linguagens científica e comum.

Há outra aliança próxima entre o que eu chamo idealismo em ontologia e idealismo em valor de verdade. O primeiro defende que os números, por exemplo, são dependentes da mente humana. Isto sugere pelo menos que a verdade matemática é também dependente da mente. O mesmo se aplica aos outros tipos de anti-realismos. Seja o que for que se diga sobre números sugere pelo menos algo semelhante sobre a verdade matemática. Na cena contemporânea, Hartry Field (1980), Michael Dummett (1973, 1977), e os intuicionistas tradicionais L. E. J. Brouwer e Arend Heyting são completamente anti-realistas, quer ontológicos quer em valor de verdade. Field defende que os objectos matemáticos não existem e que as proposições matemáticas têm apenas valores de verdade vácuos (ver Cap. 9, §1). Os intuicionistas tradicionais são idealistas matemáticos (ver Cap. 7, §2).

Apesar das alianças naturais, uma pesquisa da literatura não revela qualquer consenso ou qualquer conexão lógica entre as duas teses realistas ou as suas negações. Talvez o dilema de Benacerraf conduza alguns a aproximações diferentes. Cada uma das quatro posições possíveis é articulada e defendida por filósofos da matemática estabelecidos e influentes.

Um programa relativamente comum actualmente, desenvolvido por Charles Chihara (1990) e Geoffrey Hellman (1989), é o realismo em valor de verdade combinado com um completo anti-realismo (nominalista) em ontologia (ver Cap. 9, §2, Cap. 10, §3). O objectivo é explicar a objectividade do discurso matemático sem postular uma ontologia especificamente matemática. Os números não existem (ou podem não existir), mas algumas proposições da aritmética são objectivamente verdadeiras. Naturalmente, estes pontos de vista exigem que as proposições matemáticas comuns não devam ser entendidas literal e nominalmente. Os defensores desta perspectiva sugerem interpretações alternativas do discurso matemático, e defendem que as proposições matemáticas assim interpretadas são objectivamente verdadeiras ou objectivamente falsas. Sei de um único exemplo proeminente de um realista em ontologia que é anti-realista em valor de verdade, Neil Tennant (1987, 1997, 1997a). Defende, com Frege, que alguns objectos matemáticos existem objectivamente (como questão de necessidade), mas junta-se a Dummett como um anti-realista em valor de verdade *global*, ao defender que todas as verdades, e não só todas as verdades matemáticas, são conhecíveis.

Os defensores destes pontos de vista "mistos" captam o primeiro ponto do dilema de Benacerraf, visto que eles implicam que o discurso matemático não tenha a mesma semântica que o mesmo discurso comum ou científico (assumindo algum tipo de realismo para este último).

Naturalmente, não há que negar as conexões extensas entre os discursos. Hellman, por exemplo, mostra como o discurso matemático, adequadamente reinterpretado, encaixa perfeitamente com o discurso científico, enquanto Tennant (1997) argumenta que os dois discursos são complementares de maneiras importantes.

3. O matemático e o físico

As interacções entre matemática e ciência são extensas, indo bem além desses poucos ramos da por vezes chamada "matemática aplicada". Os ricos e variados caminhos que ligam a matemática e a ciência correm em ambos os sentidos. Como disse Nicolas Goodman (1979: 550): "a maioria dos ramos da matemática lança claramente luz directa sobre alguma parte da natureza. A geometria ocupa-se do espaço. A teoria da probabilidade ensina-nos sobre processos aleatórios. A teoria dos grupos ilumina a simetria. A lógica descreve a inferência racional. Muitas partes da análise infinitesimal foram criadas para estudar processos particulares e são ainda indispensáveis no estudo desses processos... É uma realidade prática que os nossos melhores teoremas fornecem informação sobre o mundo concreto." Ver Polya (1954, 1977) para uma mão cheia de exemplos.

Resulta sem qualquer reserva que uma preocupação central da filosofia da matemática é entender o relacionamento entre a matemática e o resto do discurso científico comum. Dadas as extensas interacções existentes, o filósofo deve pelo menos começar com a hipótese de que existe um relacionamento entre o conteúdo da matemática (seja ela qual for) e o conteúdo da ciência (seja o que for também), e que não é nenhum acidente que a matemática se aplique à realidade material. Qualquer filosofia da matemática ou filosofia da ciência que não proporcione uma descrição deste relacionamento é incompleta no melhor dos casos. Os problemas associados com as aplicações da matemática adquiriram uma maior urgência em décadas mais recentes.

Uma anedota que já relatei antes (Shapiro 1983a, 1997: Cap. 8) ilustra algumas questões. A estória baseia-se na memória incerta de mais de uma pessoa, mas a situação é típica. Um amigo contou-me uma vez que durante uma experiência num laboratório de física ele notou um fenómeno que o intrigou. A classe observava um osciloscópio e uma forma engraçada surgia no final do ecrã. Embora não tivesse nada que ver com a lição daquele dia, o meu amigo pediu uma explicação. O assistente de laboratório escreveu algo no quadro (provavelmente uma equação diferencial) e disse que a forma engraçada ocorre porque uma função que resolve a equação tem um zero num valor particular. O meu amigo contou-me que ficou ainda mais intrigado que a ocorrência de um zero de uma função contasse como explicação de um acontecimento físico, mas não quis prosseguir a questão naquele momento.

Este exemplo indica que muito do trabalho teórico e prático na ciência consiste em construir ou descobrir modelos matemáticos de fenómenos físicos. Muitos problemas científicos e de engenharia são tarefas de encontrar uma equação diferencial, uma fórmula, ou uma função associada a uma classe de fenómenos. Uma "explicação" científica de um acontecimento físico frequentemente não é mais do que uma descrição matemática dele, mas o que é que isto significa? O que é uma descrição matemática de um acontecimento físico?

Crowell e Fox (1963) é um manual básico da teoria dos nós, a matemática dos pedaços de corda torcidos. No começo, os autores discutem o problema de utilizar matemática para estudar estes objectos físicos, ou, melhor, as possíveis manipulações destes objectos físicos:

> Definição de Nó: Quase Toda a gente conhece o mais simples dos nós comuns, por exemplo, o nó de meia-volta...

e o nó em oito [nó de fiador]... Um pouco de experimentação com um pedaço de corda convencerá qualquer um que estes dois nós são diferentes: não podemos transformar um no outro sem... "atar" ou "desatar". Não obstante, o fracasso em mudar um nó em oito num nó de meia-volta ao fim de horas de pacientes torções não é prova de que não possa ser feito. O problema que consideraremos é o problema de mostrar matematicamente que estes dois nós... são distintos entre si.

A matemática nunca demonstra o que quer que seja acerca de qualquer coisa excepto matemática, e um pedaço de corda é um objecto físico e não matemático. Então antes de nos preocuparmos com demonstrações, devemos ter uma definição matemática do que é um nó... Este problema... surge sempre que aplicamos a matemática a uma situação física. As definições devem definir objectos matemáticos que aproximam os objectos físicos sob consideração tão proximamente quanto possível. (p. 3)

A pretensão aqui parece ser a de que relacionamentos e interconexões possíveis de pedaços de corda formados em nós podem ser descritos ou modelados nos relacionamentos de um espaço topológico. Esta pretensão realça os nossos problemas.

A literatura filosófica sobre a explicação científica é longa, funda, e perturbada, mas aqui podemos permanecer num nível mais básico. Uma situação curiosa ou intrigante incita um pedido de explicação. De acordo com o *New Twentieth Century Unabridged Dictionnary* da Webster, uma explicação deve clarificar algo da obscuridade e torná-la inteligível. Claramente, uma estrutura matemática, descrição, modelo, ou teoria não podem servir como uma explicação de um acontecimento não matemático sem alguma descrição do relacionamento entre matemática *per se* e a realidade científica. Na sua falta, como podem as explicações matemáticas/científicas ter sucesso na remoção de qualquer obscuridade – especialmente se forem introduzidas novas obscuridades ainda mais incómodas?(⁴) Num nível mais geral, não podemos começar a entender como a ciência contribui para o conhecimento sem alguma compreensão daquilo que a matemática tem a ver com a realidade da qual a ciência contribui com conhecimento.

Temos pelo menos duas questões: como é aplicada a matemática em explicações e descrições científicas? Qual é a explicação (filosófica) para a aplicabilidade da matemática à ciência? Aplicamos os *conceitos* da matemática – números, funções, integrais, espaços de Hilbert – ao descrever fenómenos não matemáticos. Também aplicamos os *teoremas* da matemática na determinação de factos sobre o mundo e de como este funciona.

Mark Steiner (1995) distingue vários problemas filosóficos que caem sob a rubrica de "aplicando a matemática". Alguns destes são versões aguçadas de questões encontradas na secção anterior. Há, primeiro, um problema *semântico*: descrições científicas típicas e explicações invocam termos físicos e matemáticos. Isto vale para as proposições simples como "Júpiter tem quatro luas" e os aspectos mais investigados da ciência moderna. O problema é achar uma interpretação da linguagem que cubra contextos "puros" e "mistos", de modo que as demonstrações dentro da matemática possam ser empregues directamente em contextos científicos.

Um segundo grupo de problemas é *metafísico*. Como é que os objectos da matemática (se os há) se relacionam com o mundo físico, de modo que as aplicações sejam possíveis? Num realismo ontológico típico, por exemplo, a matemática diz respeito a um reino causalmente inerte de objectos abstractos. Num idealismo típico, a matemática diz respeito à actividade mental. Em qualquer dos casos,

---

(⁴) Steiner (1978) distingue entre uma explicação de um fenómeno físico mediante o uso da matemática, e uma explicação especificamente matemática.

como pode matéria como essa contar-nos qualquer coisa sobre como funciona o mundo físico?

Um terceiro grupo de questões concerne o porquê de os conceitos e formalismos específicos da matemática serem tão frequentemente úteis na descrição da realidade empírica. O que é que o mundo físico tem que torna a aritmética tão aplicável? O que é que o mundo físico tem que faz a teoria dos grupos e os espaços de Hilbert serem tão centrais na sua descrição? Steiner sugere que temos aqui realmente um problema diferente para cada conceito aplicado, e portanto não devemos esperar uma solução uniforme.

Os problemas ocorrem em vários níveis. Primeiro, pode-se perguntar como é possível um facto matemático *particular* servir como uma explicação de um acontecimento não matemático particular. A perplexidade do meu amigo estava neste nível. Como pode um zero de uma função explicar um padrão num osciloscópio? Como é que o facto matemático torna o acontecimento físico inteligível? Neste caso, uma resposta adequada consiste numa descrição detalhada da teoria científica relevante que associa uma certa classe de funções com uma classe de fenómenos físicos. Seria razoável o assistente de laboratório sugerir que se o meu amigo queria uma explicação plena, então devia frequentar alguns cursos.

Ludwig Wittgenstein escreveu que todas as explicações devem "ceder" em algum ponto, onde a nossa curiosidade é satisfeita ou tomamos consciência de que devemos parar de perguntar, mas talvez ainda não tenhamos chegado a este ponto. Quer frequentemos ou não mais cursos de física, podemos perguntar-nos o que é que uma classe de objectos matemáticos, tal como funções reais, pode ter a ver com fenómenos físicos. Isto eleva a pergunta a um nível diferente. Agora ponderamos a relevância da *teoria* matemático/científica como um todo. Por que funciona? Isto é certamente outro motivo de curiosidade, a exigir uma explicação. Uma possível resposta a esta segunda questão seria indicar que utilizações semelhantes da matemática têm um papel importante na metodologia científica. Se as questões persistem, o nosso interlocutor pode observar o vasto êxito desta metodologia em predizer e controlar o mundo. Esta última resposta explica por que razão podemos empenhar-nos na pesquisa matemático/científica, e proporciona uma garantia de que a metodologia continuará a predizer e a controlar, supondo que resolvemos ou ignoramos os problemas usuais com a indução (e permitimos o raciocínio circular). Todavia, se ainda não batemos no ponto de saída wittegensteiniano, há um terceiro nível na nossa questão. Que dizer de todo o empreendimento matemático/científico, ou pelo menos da sua parte "matemática"? Por que é a matemática essencial à ciência? Qual é o seu papel? No espírito de David Hume, não desejo *questionar* a totalidade do empreendimento matemático//científico, muito menos levantar dúvidas sobre ele. Como continuam a questionar Quine e os outros naturalistas, o que pode ser mais seguro do que a ciência? Todavia, o problema de entender como o empreendimento funciona, nos seus próprios termos, é em si mesmo um empreendimento filosófico legítimo, e aquele problema não é respondido pela última resposta relativa ao êxito do empreendimento.

Um argumento popular a favor do realismo em valor de verdade na matemática incide nas conexões entre matemática e ciência (ver Cap. 8, §2). Uma premissa é que a matemática é indispensável à ciência e outra é que os princípios básicos da ciência são (mais ou menos) verdadeiros. Partindo do holismo quineano (ou do desiderato acima de Benacerraf 1973), o argumento conclui que a matemática é objectivamente verdadeira também – realismo em valor de verdade. Todavia, mesmo que as premissas sejam verdadeiras e mesmo que o argumento da indispensabilidade seja convincente, é também muito cómodo deixar as coisas nesta etapa. Para reforçar o argumento, o realista deve proporcionar uma descrição exacta de *como* a matemática é aplicada na ciência. O ponto desta secção é que a primeira premissa do argumento – a indispensabilidade da matemática na ciência – necessita ela própria de explicação. O que têm a ver as proposições sobre números e conjuntos com o mundo físico estudado na ciência? Como podem tais proposições lançar luz sobre electrões, estabilidade de pontes, e estabilidade de mercado? Não podemos apoiar a conclusão do argumento da indispensabilidade até sabermos isso. Por certo, o filósofo não se deve contentar simplesmente em observar a indispensabilidade aparente, e depois tirar conclusões que geram tantas questões como as que respondem.

Gödel também reconheceu a importância das conexões entre matemática e realidade física. Como foi observado acima, para um realista em valor de verdade, as proposições matemáticas não ambíguas têm valores de verdade objectivos. Como determinamos esses valores de verdade quando as demonstrações matemáticas ordinárias não o fazem? Gödel (1964) sugeriu um "critério de verdade" probabilístico para uma proposição matemática pela sua "fecundidade em matemática e... *possivelmente também em física*" (ênfase minha). É claro, a fecundidade em física não pode ser um critério para a verdade *matemática* a menos que o reino matemático esteja de algum modo relacionado com o reino físico, de uma maneira epistemologicamente reveladora.

As questões da aplicabilidade são também potencialmente incómodas para os vários anti-realistas. O idealista ontológico, por exemplo, defende que os objectos matemáticos são dependentes da mente. Então como é que as construções mentais da matemática lançam luz sobre o (presumivelmente objectivo) universo físico não matemático? O que é que, no mundo externo, nos permite compreendê-lo mediante o reino matemático mental? Se o filósofo é também idealista acerca do mundo físico, então o seu problema é mostrar como o mundo matemático ideal se relaciona com o mundo físico ideal. Que incidência tem a construção da matemática na construção do mundo físico externo?

Os filósofos que negam absolutamente que as proposições matemáticas têm valores de verdade (não-vácuos), ou que as proposições matemáticas são na maioria sistematicamente falsas, parecem ter nas mãos um problema ainda mais intratável. Como é que proposições dessas podem lançar qualquer luz sobre qualquer coisa não matemática?

Deixo ao leitor a determinação de qual destas versões do problema é a menos formidável. Retornaremos a esta questão ao longo de todo este livro, à medida que desenvolvermos várias filosofias com mais pormenor.

Steiner (1995, 1997) delimita um convincente grupo de problemas relacionados, que não revisitaremos frequentemente, principalmente porque eu não tenho nada a dizer, e (tanto quanto sei) o problema não tem solução simples em qualquer das filosofias globais da matemática. Ocasionalmente, áreas da matemática pura, tais como álgebra abstracta e análise, encontram aplicações inesperadas muito depois da sua maturidade matemática. Os matemáticos têm uma capacidade misteriosa de surgir com estruturas, conceitos, e disciplinas que encontram aplicações inesperadas na ciência. Ao longo da história, a seguinte cena foi repetidamente representada. Os matemáticos estudam uma dada estrutura, por qualquer razão. Estendem o estudo a outra estrutura pelas suas próprias razões internas (digamos, considerando dimensões infinitas); e então, mais tarde, a nova estrutura recentemente definida encontra aplicação em alguma ciência. Como escreveu S. Weinberg (1986: 725): "é positivamente assustador como o físico descobre que o matemático já lá esteve antes dele ou dela". E Richard Feynman (1967: 171): "Acho bem surpreendente que seja possível predizer o que acontecerá através da matemática, que consiste simplesmente em seguir regras que realmente não têm nada que ver com a coisa original." Do lado matemático, o mesmo sentimento foi reverberado pela conglomeração Bourbaki (1950: 231): "a matemática aparece... como um armazém de formas abstractas – as estruturas matemáticas; e então acontece – sem sabermos porquê – que certos aspectos da realidade empírica se ajustam a estas formas, como se fosse por uma espécie de pré-adaptação..."

4. Questões locais: teoremas, teorias, e conceitos

As questões de longo alcance e questões das secções anteriores dizem respeito a toda a matemática e até a toda a ciência. Esta secção esboça algumas questões mais restritas para o filósofo da matemática. Tipicamente, o filósofo não vai muito longe com estas questões locais antes de encontrar as questões globais.

Um grupo de questões diz respeito a tentativas para interpretar resultados matemáticos ou científicos específicos. Até certo ponto, questões relativas às aplicações da matemática estão entre este grupo. Que pode um teorema da matemática contar-nos sobre o mundo natural estudado pela ciência? Até que ponto podemos *provar* coisas acerca de nós, estabilidade de pontes, finais de jogos de xadrez, e tendências económicas? Alguns filósofos tomam a matemática como não sendo mais do que um jogo sem sentido jogado com símbolos (ver Cap. 6), mas toda a outra gente defende que a matemática tem algum tipo de significado. Que significado é este, e como se relaciona com o significado do discurso não matemático comum? O que pode um teorema contar-nos sobre o mundo físico, sobre a capacidade de conhecimento humano, sobre as capacidades-em-princípio de computadores programados, e assim por diante?

Alguns resultados da lógica matemática têm potencialmente ramificações filosóficas. Seja T uma teoria matemática formal e seja M uma estrutura matemática, como os números naturais ou os números reais. Se a teoria T

é verdadeira na estrutura *M*, dizemos que *M* é um *modelo* de *T*.([5]) O teorema da compacidade([6]) e os teoremas de Löwenheim-Skolem dizem respeito a certos tipos de teoria, chamadas de "primeira ordem". Os resultados implicam que se uma tal teoria tem um modelo infinito, então para qualquer cardinal infinito κ, a teoria tem um modelo de cardinal exactamente κ. Segue-se que existem modelos da análise real de primeira ordem([7]) e da teoria dos conjuntos de primeira ordem([8]) que têm o mesmo cardinal que o dos números naturais. Isto é assim, apesar do facto de ser um teorema da teoria dos conjuntos, devido a Georg Cantor, que há mais conjuntos, e mais números

---

([5]) [Note que os lógicos utilizam o termo "modelo" com um significado bastante diferente (digamos "inverso") do que é usual nas outras ciências. Nestas, são as teorias (matemáticas) que *modelam* ou são *modelos de* algum pedaço da realidade, enquanto para os lógicos, são os sistemas matemáticos (pedaços da realidade matemática, por assim dizer) que podem ser *modelos (ou realizações) das* teorias.]

([6]) [Trata-se de um poderoso teorema da lógica matemática que afirma que se toda a subteoria *finita* de uma teoria de primeira ordem possui um modelo, então a teoria possui um modelo. Para todos os efeitos neste e noutros enunciados, podemos considerar como teoria qualquer conjunto de proposições (numa dada linguagem formal).]

([7]) [Esta é uma análise real estritamente mais fraca do que a praticada pela grande maioria dos matemáticos. Nela não vale, por exemplo, a propriedade de completude à Dedekind, também conhecida por *propriedade do supremo,* de que todo o conjunto de números reais não vazio e majorado tem supremo, mas vale somente uma propriedade mais fraca do esta, nomeadamente, a propriedade do supremo restringida a conjuntos de números reais *definíveis* por fórmulas da linguagem de primeira ordem da teoria. É este facto que permite a existência de modelos não isomorfos ao modelo standard dos números reais, ditos por isso *não-standard*. Para uma introdução histórica a este assunto ver Apêndice B de A. J. Franco Oliveira & I. Van den Berg, *Matemática Não-standard, Uma Introdução com Aplicações*. Fundação Calouste Gulbenkian, 2007.]

([8]) [Por exemplo, a conhecida teoria axiomática dos conjuntos de Zermelo-Fraenkel + Axioma da Escolha, abreviada pela sigla ZFC (ver adiante).]

reais, do que números naturais.(⁹) Além disso, a teoria de primeira ordem dos números naturais, às vezes chamada "aritmética de primeira ordem", tem modelos que são maiores que o conjunto dos números naturais. Há modelos da aritmética de primeira ordem que têm o cardinal dos números reais. Esta situação intrigante é chamada o "paradoxo de Skolem", em memória ao lógico Thoralf Skolem. Não é um paradoxo no sentido de uma contradição genuína derivável de premissas plausíveis. Tecnicamente, a aparência de paradoxo é resolvida quando observamos que noções como "é do tamanho dos números naturais" significa coisas diferentes em estruturas [universos] diferentes. Uma estrutura dada pode satisfazer a fórmula que exprime que um certo conjunto é maior que os números naturais mesmo que o conjunto (considerado numa estrutura diferente) não tenha mais membros que o conjunto dos números naturais.

Ainda assim, o paradoxo de Skolem é curioso, e alguns filósofos e lógicos defendem que tem ramificações filosóficas relativas à capacidade humana para caracterizar e comunicar vários conceitos, tais como os de número natural, número real, conjunto, e até o de cardinalidade. Possuímos concepções bem definidas e não ambíguas destas noções? Se sim, como apreendemos estas noções e como as comunicamos aos outros? Os teoremas de Löwenheim--Skolem indicam que qualquer coisa que *digamos* sobre estes conceitos e objectos pode ser vertida numa teoria que possui interpretações não intencionais. Então como podemos estar seguros de que os outros entendem o que pretendemos que eles entendam? Como sei que eu próprio tenho concepções não ambíguas destes itens? É certo que há problemas filosóficos gerais sobre a compreensão

---

(⁹) [No caso do conjunto dos números reais, "mais" deve entender--se no sentido da ordenação dos números cardinais (infinitos). No caso dos conjuntos, "mais" deve entender-se apenas intuitivamente, já que a classe universal (classe de todos os conjuntos) é "demasiado grande" para ter cardinal, pois não é conjunto, e só os conjuntos possuem cardinal.]

e a comunicação, mas o paradoxo de Skolem dá-lhes um enfoque especial quando se trata da matemática. O próprio Skolem (por exemplo 1922, 1941) encarou os resultados como mostrando que praticamente todas as noções matemáticas são inteiramente "relativas". Não há certezas sobre o que ele quis dizer, mas a ideia parece ser a de que não há noções absolutas, independentes (ou objectivas) de, digamos, número natural e cardinal. Por outras palavras, Skolem sustentou que nenhum conjunto é finito ou do tamanho dos números naturais incondicionalmente, mas só é finito ou do tamanho dos números naturais relativamente a algum domínio [universo] ou modelo. Mais recentemente, Hilary Putnam (1980) argumenta a favor de uma relatividade semelhante na base destes e de outros resultados em lógica matemática. A relatividade de Skolem-Putnam é um anti-realismo em ontologia de longo alcance, visto que o ponto de vista requer que uma teoria matemática dada como a aritmética ou a análise real não possui um conteúdo fixo. Assim, os termos matemáticos não têm referência fixa.

A maioria dos filósofos resiste à relatividade skolemita, seja ela entendida como for. Um exame cuidadoso dos teoremas de Löwenheim-Skolem revela que eles não excluem noções objectivas absolutas de número natural, finitude, e assim por diante. Todavia, os teoremas mostram que se há noções tão absolutas, elas não podem ser capturadas nas teorias formais de primeira ordem. Qualquer teoria de primeira ordem destas noções, se tem modelos infinitos de todo, então tem modelos não intencionais que estragam essas noções. Alguns filósofos respondem que a matemática *informal* é mais expressiva, e mais determinada do que a teoria de modelos de primeira ordem.([10]) Este passo

---

([10]) [A *teoria dos modelos* é precisamente o ramo da lógica matemática que estuda em geral as relações entre as noções sintácticas (linguagem, teoria, dedução, ...) e as noções semânticas (estrutura, verdade, consequência, ...).]

deixa em aberto a questão de como as noções informais de número natural, finitude, e assim por diante são entendidas e comunicadas. Qual é, então, a semântica do discurso matemático informal, a linguagem que sem ambiguidade se refere a noções absolutas de finitude, número natural, e assim por diante? Como é esta referência realizada? Os teoremas de Löwenheim-Skolem não são válidos para as linguagens formais e semântica chamadas de "segunda ordem", e então talvez proporcionem o retrato correcto para a compreensão e a comunicação. Todavia, o debate azeda sobre se, ou como, as linguagens de segunda ordem podem ser entendidas e podem ser comunicadas (ver Shapiro 1991: caps. 3-5). É difícil iludir a questão.

Outros exemplos de resultados matemáticos filosoficamente ricos são a abundância de resultados de independência na teoria dos conjuntos. A teoria dos conjuntos de Zermelo-Fraenkel com Escolha, designada ZFC, é uma das teorias matemáticas mais poderosas sobre as quais há algum consenso. Praticamente toda a análise clássica, a análise real conhecida, a análise complexa, a análise funcional, e assim por diante podem ser vertidas na linguagem da teoria dos conjuntos, e todos os teoremas conhecidos nesses campos podem ser demonstrados em ZFC. Todavia, os lógicos estabeleceram que muitas questões matemáticas importantes e interessantes não podem ser decididas pelos axiomas de ZFC. A mais notória destas é a *Hipótese do Contínuo* de Cantor. Como mencionado acima, é um teorema (em ZFC) que há mais números reais do que números naturais. A Hipótese do Contínuo é a afirmação que não há cardinalidades infinitas estritamente entre esses dois cardinais. Por outras palavras, a Hipótese do Contínuo é que não há conjuntos que sejam estritamente maiores que o conjunto dos números naturais e estritamente menores que o conjunto dos números reais. Nem a Hipótese do Contínuo nem a sua negação podem ser demonstradas nas axiomatizações usuais da teoria dos conjuntos.

O que é que esta independência diz acerca dos conceitos matemáticos? Temos aqui outra oferenda tipo relatividade? Só podemos especificar o tamanho de um conjunto relativamente a uma interpretação ou extensão da teoria dos conjuntos? Alguns filósofos sustentam que estes resultados indicam que não há matéria alguma de facto relativa à Hipótese do Contínuo, ou ao "tamanho" relativo do conjunto dos números reais. O mesmo se passa com as outras proposições independentes. Estes filósofos defendem que há uma indeterminação relativa à *verdade* matemática, e portanto são anti-realistas em valor de verdade.

A questão possui ramificações concernentes à prática matemática. Se um matemático alinha com os realistas em valor de verdade e defende que a Hipótese do Contínuo tem um valor de verdade determinado, ele pode dedicar o seu esforço a tentar determinar este valor de verdade. Neste caso, um quebra-cabeças filosófico é determinar a metodologia que um tal matemático pode utilizar. Atendendo ao poder expressivo de ZFC, é pouco provável que exista uma *demonstração* convincente para qualquer dos lados, visto que tal demonstração teria de invocar conceitos ou princípios não captados por ZFC. Por outro lado, se um matemático defende que a Hipótese do Contínuo não tem valor de verdade determinado, então ele é livre para adoptá-lo ou não, baseado no que é mais conveniente para a teoria dos conjuntos. Não é claro se os critérios que o realista poderá adoptar para decidir a Hipótese do Contínuo são diferentes dos critérios que o anti-realista usaria para determinar o que torna mais conveniente uma teoria. Um naturalista, como Maddy (1988), inicia a tarefa filosófica aqui com um exame da prática dos teóricos da teoria dos conjuntos relativa a resultados de independência.

Um terceiro exemplo é o célebre *teorema de incompletude* de Gödel. Seja T uma axiomatização da aritmética. Suponhamos que T é efectiva, no sentido de que há um procedimento mecânico para determinar se uma sequência de frases na linguagem de T é ou não uma derivação correcta em *T*. *Grosso modo*, o teorema de incompletude implica que se *T* é suficientemente rica [e não contraditória], então há uma frase Φ na linguagem de *T* tal que nem Φ nem a sua negação são deriváveis em *T*. Por outras palavras, *T* não decide Φ.

Um anti-realista em valor de verdade poderá argumentar que o resultado de incompletude confirma que pelo menos algumas proposições da aritmética carecem de valor de verdade determinado, mas o argumento pressuporia que o único caminho para a verdade é através da demonstração num sistema dedutivo efectivo, fixo. Um realista em valor de verdade relativamente à aritmética interpreta o teorema de incompletude como mostrando que não há axiomatização efectiva cujos teoremas sejam todas e só as verdades da aritmética. O resultado indica que há mais verdade do que demonstrabilidade em qualquer sistema dedutivo dado. Naturalmente, não é suficiente para o realista dizer *apenas* isto. A sua aflição é mostrar em que consiste a verdade aritmética, e como a verdade aritmética ultrapassa a derivabilidade formal.

A propósito, um exame da demonstração do teorema de incompletude mostra que a frase indecidível Φ é verdadeira acerca dos números naturais. Temos assim, *prima facie*, uma prova informal da verdade da frase formalmente indecidível. Então o nosso realista defenderia que há mais *demonstrabilidade* aritmética do que pode ser derivado em qualquer axiomatização formal determinada.

Alguns filósofos pensam que o teorema de incompletude refuta o mecanicismo, a tese de que a mente humana opera como uma máquina. Se identificarmos plausivelmente a produção de uma máquina dada com os teoremas de um sistema dedutivo efectivo, e se idealizarmos suficientemente, o teorema de incompletude mostra que a verdade aritmética e a demonstrabilidade aritmética informal escapam ambas ao que pode ser produzido por uma máquina (ver Lucas 1961 e, mais recentemente, Penrose 1994). O próprio Gödel teve cuidado ao concluir que ou a mente não é uma máquina ou há questões aritméticas que são "absolutamente indecidíveis", questões que são irrespondíveis por nós, humanos, mesmo em princípio. Todavia, os argumentos destes pensadores não são geralmente aceites. Judson Webb (1980) encara os resultados de incompletude como apoiando o mecanicismo.

Outro grupo de questões consiste em tentativas para articular e interpretar *teorias* e *conceitos* matemáticos particulares. Um exemplo é o trabalho fundacional em geometria, aritmética, e análise. Às vezes, este tipo de actividade tem ramificações para a própria matemática, e assim desafia e turva a fronteira entre a matemática e a sua filosofia. Técnicas de pesquisa poderosas e interessantes são frequentemente sugeridas por trabalho fundacional que estabelece conexões entre campos matemáticos. Considere-se, por exemplo, a conexão entre números reais e pontos no espaço revelado na geometria analítica. Isto diz algo sobre o que é um ponto ou sobre o que é um número? Há também o mergulhar dos números complexos no plano euclidiano e o mergulhar dos números naturais no plano complexo, via teoria analítica dos números.([11]) Este tipo de actividade fundacional gerou ramos inteiros da matemática, além de lançar luz sobre questões ontológicas básicas.

Os desenvolvimentos na matemática levam, por vezes, a incertezas sobre aquilo que um certo conceito é. Num caso famoso, os trabalhos que levaram aos fundamentos da análise levantaram incertezas sobre o que é exactamente uma função, levando finalmente à noção moderna de função como correspondência arbitrária (como oposto a uma fórmula ou a uma regra). A metodologia adequada e a lógica da matemática estavam em causa. Num outro exemplo, a reconstrução histórica em Lakatos (1976)

([11]) [Ramo altamente sofisticado das matemáticas, na medida em que utiliza conceitos e métodos da análise infinitesimal para estudar os números naturais, como, por exemplo, a distribuição dos números primos.]

mostra como uma série de "demonstrações e refutações" levantou questões interessantes e importantes sobre o que é um poliedro. As questões são pelo menos parcialmente ontológicas, dizendo respeito à essência dos vários objectos e conceitos matemáticos.

Este grupo de questões enfatiza a natureza *interpretativa* da filosofia da matemática. A tarefa em mãos consiste em compreender o que um conceito matemático dado *é*, e o que um trecho do discurso matemático *diz*. O estudo de Lakatos, por exemplo, começa com uma "prova que consiste numa experiência mental na qual se remove uma face de um poliedro dado, se estira o resto numa superfície plana, e depois se desenham linhas e cortes, e se removem as várias partes – mantendo certas concordâncias ao longo do caminho. O desenvolvimento é convincente e tem o sabor de uma demonstração, mas não é de todo claro como o discurso descaradamente dinâmico deve ser entendido. A linguagem não assenta prontamente no molde dos modernos tratados de lógica. Qual é a forma lógica do discurso e qual é a sua lógica? Qual é a sua ontologia? Muito do subsequente trabalho matemático/filosófico aborda precisamente estas questões.

Virando no sentido das tendências predominantes, consideremos a linguagem básica do cálculo e análise real. A gramática superficial sugeriria que a expressão "dx" é um termo singular, como um pronome ou um nome próprio, que denota um objecto. Todavia, requereu considerável desenvolvimento matemático ver que "dx" não denota nada. Não tem significado autónomo. Todavia, a expressão "dy/dx" é um termo singular e denota algo – uma função, não um quociente. A história da análise mostra como foi difícil e tortuosa a tarefa de mostrar o que expressões como esta designam.

Naturalmente, a matemática pode frequentemente passar sem este trabalho filosófico interpretativo, e às vezes o trabalho interpretativo é prematuro e no melhor dos casos é uma diversão. A famosa e logicamente penetrante crítica da análise feita por George Berkeley foi em grande parte ignorada pelos matemáticos – enquanto soubessem "como prosseguir", no dizer de Wittgenstein. No contexto presente, a pergunta é se o matemático deve suspender a matemática enquanto não tiver elaborado completamente uma semântica para o seu discurso. Certamente que não. De tempos a tempos, todavia, as tensões dentro da matemática conduzem à tarefa filosófica/semântica interpretativa. Às vezes o matemático não está seguro de como "continuar como antes", nem está seguro do que sejam exactamente os conceitos. Além disso, nunca temos a certeza de que o projecto interpretativo é exacto e completo, e de que outros problemas não espreitem adiante.

PARTE II
HISTÓRIA

3
O RACIONALISMO DE PLATÃO E ARISTÓTELES

> Comecemos mesmo no princípio.
> Um sítio muito bom para começar.
> (*Música no Coração*)

É natural começar o nosso esboço histórico na Grécia Antiga, visto que existe larga concordância em que tanto a matemática como a filosofia, como as conhecemos hoje, nasceram aí. Aparentemente, a matemática pré-grega consistiu principalmente em técnicas de cálculo e sistemas de numeração, preocupada com a religião ou com questões práticas como dividir terrenos. Para melhor ou para pior, os matemáticos gregos introduziram o interesse pela exactidão e a demonstração rigorosa.

Diz a lenda que o oráculo de Apolo previu uma vez que uma praga cessaria se um certo altar fosse duplicado em tamanho, mantendo a sua forma [cúbica]. Se os cidadãos preocupados tivessem aumentado cada aresta do altar em um terço, o resultado seria um objecto aproximadamente 2,37 vezes o tamanho do objecto original. Pensar-se-ia que o deus ficaria agradado com estes adicionais 37%, mas a lenda é que a praga continuou depois de duplicarem cada aresta do altar, aumentando *oito vezes* o seu tamanho. Se os cidadãos aumentassem os lados originais em 26%, o altar ficaria aproximadamente 2,0004 vezes o seu volume original. Isto agradaria certamente ao deus. A diferença entre duas vezes o tamanho e 2,0004 vezes o tamanho não é detectável experimentalmente, pelo menos pelos seres humanos. Todavia, os matemáticos Gregos assumiram a tarefa de duplicar *exactamente* o tamanho do altar. Eles não estavam interessados numa aproximação, por melhor que pudesse ser. Esta questão "prática" de prevenir o desastre levou supostamente ao problema geométrico da duplicação do cubo: dado um segmento de linha recta, e utilizando somente um compasso e régua lisa [não marcada], produzir um segmento de recta cujo cubo seja exactamente o dobro do cubo do original. Os matemáticos quiseram-no exacto e quiseram-no demonstrado. Havia dois problemas semelhantes: a trisseção do ângulo e produzir um segmento de recta cujo quadrado tivesse a mesma área que um círculo dado. Na época estavam disponíveis aproximações arbitrariamente próximas, mas não contavam. Estes problemas ocuparam os matemáticos durante séculos, e culminaram cerca de 2000 anos mais tarde com o resultado de que não há soluções algumas – as tarefas são impossíveis de realizar [com régua lisa e compasso].

O influente livro *The Structure of Scientific Revolutions* (1970) de Thomas Kuhn fala das revoluções e "mudanças de paradigma" que tornam difícil entender os trabalhos científicos do passado. De acordo com Kuhn, para entender trabalhos prévios temos de desaprender a nossa ciência actual e tentar mergulhar na maneira ultrapassada de ver o mundo. As revoluções intervenientes mudaram eternamente os conceitos e ferramentas do dia-a-dia, tornando o trabalho passado "incomensurável" com o nosso. E que dizer da matemática? Se a filosofia de Kuhn e a historiografia da ciência se aplicam à matemática, as revoluções e mudanças de paradigma são muito mais subtis. Um matemático contemporâneo não tem de fazer muito (se algum) reapetrechamento conceptual para ler e admirar os *Elementos* de Euclides. As técnicas lógicas modernas descobriram algumas lacunas no raciocínio, mas as preocupações de Euclides parecem-se com as nossas, do mesmo modo que as suas demonstrações e construções. Não obstante as lacunas lógicas, os *Elementos* são um modelo de rigor matemático. Acredita-se largamente que os *Elementos* são uma culminação de um programa de pesquisa que estava bastante desenvolvido na época em que Platão viveu.

A Grécia Antiga foi também o lugar de nascimento da filosofia secular ocidental. Vemos Sócrates, Platão, e Aristóteles (assim como alguns filósofos pré-socráticos) debaterem-se com muitas das questões que interessam os filósofos de hoje, incluindo algumas das questões tratadas neste livro. Platão encima uma longa tradição em filosofia chamada por vezes de *racionalismo* ou "Platonismo" (ou "platonismo", se quisermos manter uma pequena distância do mestre[1]). A secção seguinte é uma breve descrição da filosofia geral de Platão, ou teoria das Formas. A isto segue-se uma discussão dos pontos de vista de Platão sobre a matemática – aritmética e geometria em particular. A secção seguinte inverte a orientação, e lida com a influência da matemática no desenvolvimento filosófico de Platão. A secção final deste capítulo é sobre Aristóteles, discípulo de Platão e o seu principal opositor. Serve como uma transição para o tratamento do empirismo mais adiante no livro (por exemplo, Cap. 4, §3; Cap. 8, §2).

1. O mundo do Ser

Platão foi motivado por uma falha entre as ideias que podemos conceber e o mundo físico à nossa volta. Por

---

(1) [Ver nota 3, pág. 40.]

exemplo, embora tenhamos imagens mentais razoavelmente claras da justiça, tudo o que vemos e ouvimos fica aquém da justiça perfeita. Temos uma visão da beleza e todavia nada é completamente belo. Nada é completamente devoto, virtuoso, e assim por diante. Tudo no mundo material tem defeitos. É claro que o questionamento socrático revelaria certamente que as nossas concepções de justiça, beleza, e similares não são tão claras como elas às vezes parecem ser, mas isto não invalida as observações presentes relativas a defeitos no reino físico. Temos *algum* entendimento dos ideais perfeitos, porém nunca os encontramos. Por que é assim?

A resposta de Platão é que há um reino de Formas, que contém itens perfeitos como Beleza, Justiça, e Religiosidade. Ele às vezes fala de "a própria Beleza", "a própria Justiça", e "a própria Religiosidade". Um objecto físico, tal como uma pintura, é belo na medida em que se "assemelha", ou "participa em", ou "tem uma parte da" própria Beleza. Uma pessoa é justa na medida em que ela se assemelha à própria Justiça. Platão chama ao reino físico o mundo do Devir, porque os objectos físicos são sujeitos à mudança e corrupção. Melhoram e pioram. O que é belo pode tornar-se feio. O que é virtuoso pode tornar-se vicioso. Em contraste, as Formas são eternas e imutáveis. A própria beleza era, é, e será sempre a mesma; coisas individuais são belas na medida em que elas se adaptam a este padrão eterno, imutável. É claro, então, que Platão não subscreveria o lema de que a beleza está nos olhos do observador. O mesmo se aplica à justiça e às outras Formas. Nelas nada há de subjectivo, ou convencional, ou relativo à cultura.

Isto, em resumo, é a ontologia das Formas de Platão. E quanto à sua epistemologia? Como sabemos acerca de, ou apreendemos estas Formas? Entendemos o mundo físico – o mundo do Devir – através dos sentidos. Ele chama a este o reino das "visões e sons". Em contraste, apreendemos as Formas somente por reflexão mental. Vemos e ouvimos coisas belas e apenas pessoas, mas temos de *pensar* para chegar à Beleza e à Justiça. A seguinte passagem do Livro 6 da *República* é típica:

> Deixa-me lembrar-te a distinção que fizemos antes e temos frequentemente feito em outras ocasiões, entre a multiplicidade de coisas que chamamos bom ou belo ou o que mais possa ser e, por outro lado, a própria Bondade ou a própria Beleza e assim por diante. Para cada um destes conjuntos de muitas coisas, postulamos uma única Forma ou essência real correspondente, como lhe chamamos...; Além disso, dizemos que as muitas coisas podem ser vistas, mas não são objectos do pensamento racional; ao passo que as Formas são objectos do pensamento, mas invisíveis.

O *Ménon* sugere outra epistemologia. Aí, Platão faz Sócrates conduzir um escravo ao teorema de que o quadrado da diagonal de um quadrado dado tem área dupla da do quadrado original [ver Fig. 3.1]. Sócrates realça que nem ele, nem qualquer outro, ensinaram o teorema ao escravo. Ao fazer perguntas cuidadosamente escolhidas, e apontando aspectos de um diagrama desenhado, Sócrates

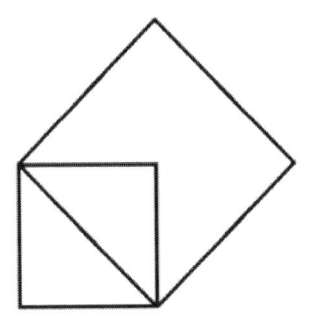

FIG. 3.1. *Figura descrita no Ménon de Platão.*
O quadrado maior tem o dobro da área do quadrado mais pequeno.

faz com que o escravo descubra o teorema por si mesmo. Platão usa esta experiência para apoiar a doutrina de que, no que concerne a geometria – ou o mundo do Ser em geral – o que se chama "aprender" é realmente *relembrar* de uma vida passada, presumivelmente de um tempo quando a alma tinha acesso directo ao mundo do Ser.

Os estudiosos discordam na natureza e papel desta "reminiscência" na epistemologia de Platão, e a maioria dos platonistas subsequentes opõe-se a ela. Em todo o caso, Platão defendeu que a alma está numa terceira categoria ontológica, com a capacidade de apreender ambos o mundo do Ser e o mundo do Devir.

Com ou sem os elementos "místicos" de epistemologia, os diálogos deixam-nos a impressão de que o mundo físico é construído tal como é, precisamente para nos içarmos além dos sentidos para investigar o mundo do Ser. Para Platão, a matemática é um passo chave neste processo. Eleva a alma, alcançando, para além do mundo material, o mundo eterno do Ser.

2. **Platão sobre a matemática**

A matemática, ou pelo menos a geometria, proporciona um exemplo simples do fosso entre o mundo material imperfeito à nossa volta e o mundo sereno, ideal, perfeito do pensamento. Desde antes do tempo de Platão até hoje temos tido definições completamente rigorosas de linha recta, circunferência, e assim por diante, mas o mundo físico não contém linhas rectas perfeitas sem espessura, nem circunferências perfeitas, pelo menos daquelas que podemos ver. Talvez as linhas rectas sem espessura e as circunferências perfeitas e similares façam parte do espaço físico (ou espaço-tempo) que todos ocupamos, mas, mesmo assim, não as encontramos, como tais, de qualquer maneira física. Então o que é que estudamos em geometria, e como o fazemos?

Para insistir no óbvio, Platão acreditava que as proposições da geometria são objectivamente verdadeiras ou falsas, independentes da mente, linguagem, etc., dos matemáticos. Na terminologia do Cap. 2, ele era realista em valor de verdade. Este realismo é mais ou menos assumido, mas não defendido, ao longo dos diálogos. Talvez não houvesse alternativas sérias. Mas de que trata a geometria? Qual é a sua ontologia? Como é que a geometria se torna conhecida? Platão defendeu que o conteúdo da geometria é um reino de objectos que tem existência independente da mente humana, da linguagem, e assim por diante. Ele argumentou do realismo em valor de verdade ao realismo em ontologia, um tema que ecoa por toda a história subsequente. As principais alegações controversas de Platão dizem respeito à *natureza* dos objectos geométricos e à *fonte* do conhecimento geométrico. Acreditou que os objectos geométricos não são físicos, e que são eternos e imutáveis. Neste sentido, pelo menos, os objectos geométricos são como Formas e estão no mundo do Ser. Ele rejeitaria assim a sugestão acima de que os objectos geométricos existem no espaço físico.

No final de Livro 6 da *República*, Platão oferece uma metáfora de uma linha dividida (ver Fig. 3.2). O mundo do Devir está na base e o mundo do Ser no topo (com a Forma do Bem no topo de tudo). Cada parte da linha é novamente dividida. O mundo do Devir é dividido no reino dos objectos físicos no topo e seus reflexos (por exemplo, na água) na base. O mundo do Ser é dividido nas Formas no topo e os objectos da matemática na base.([2])

([2]) As divisões são desiguais, com as Formas a receber o espaço maior. Tem lugar a seguinte proporção dupla: As Formas estão para os objectos matemáticos como os objectos físicos estão para os reflexos, como o Ser (isto é, Formas mais objectos matemáticos) está para o Devir (isto é, objectos físicos e reflexos). Embora Platão não mencione isto, segue-se que o segmento "objectos matemáticos" é exactamente do mesmo tamanho que o segmento "objectos físicos".

Isto sugere que os objectos físicos são "reflexos" de objectos matemáticos que, por sua vez, são "reflexos" de Formas.

Há indícios, no entanto, incluindo algumas referências por Aristóteles, de que Platão tomou pelo menos alguns objectos matemáticos como sendo Formas. Há indicações de que durante o seu tardio período neo-pitagórico Platão tomou todas as Formas como sendo matemáticas. Há descrições de um discurso público sobre o Bem, onde, para decepção de parte da audiência, Platão falou quase exclusivamente de questões matemáticas.

O BEM

FORMAS

SER

Objectos matemáticos

Objectos físicos

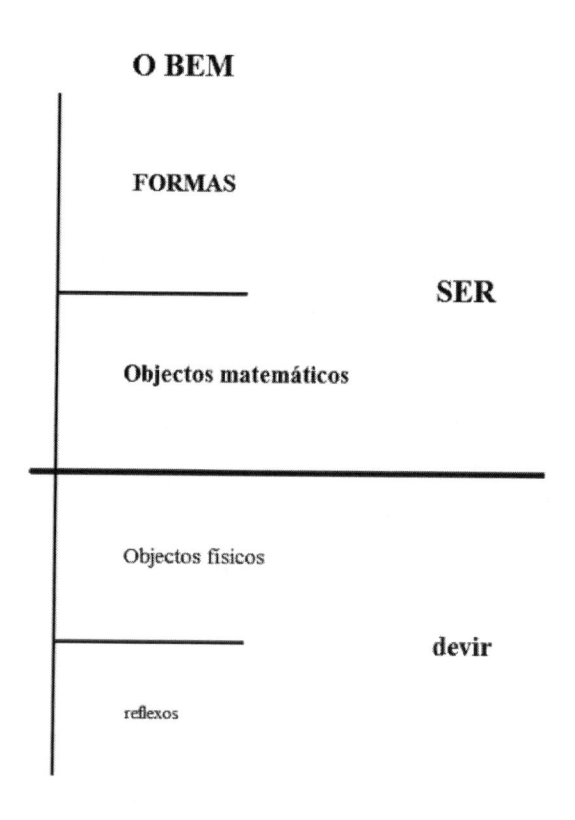

devir

reflexos

FIG. 3.2. *A linha dividida*

Não precisamos decidir estes detalhes esplanatórios. Um fio comum a todos os períodos e todas as interpretações, é que o mundo da geometria de Platão é divorciado do mundo físico e, o que é mais importante, o conhecimento geométrico é divorciado da observação sensorial. O conhecimento geométrico é obtido pelo puro pensamento, ou recordando o nosso convívio passado com o reino geométrico, como acima.

No que concerne à ontologia, e pelo menos o lado negativo da epistemologia, o argumento de Platão é enganadoramente simples. As proposições da geometria dizem respeito a pontos sem dimensões, linhas rectas perfeitas sem espessura, e circunferências perfeitas. O mundo físico não contém nenhuns tais elementos, e não vemos pontos, linhas, e circunferências euclidianas. Assim, a geometria não diz respeito a qualquer coisa no mundo físico, o mundo do Devir, e não apreendemos os objectos geométricos via sentidos. Naturalmente, alguns objectos físicos *aproximam-se* de figuras euclidianas. A circunferência máxima de uma laranja e uma circunferência cuidadosamente traçada no papel assemelham-se mais ou menos a circunferências euclidianas, menos a laranja, mais a circunferência traçada. Mas os teoremas geométricos não se aplicam a estas aproximações. Considere-se, por exemplo, o teorema de que uma tangente a uma circunferência corta esta num único ponto. Mesmo que a circunferência e uma linha recta tangente sejam cuidadosamente traçados, utilizando ferramentas caras e extravagantes ou um lápis muito afiado (ou uma impressora de alta resolução), ver-se-á que a linha recta sobrepõe a fronteira do círculo numa região pequena, não num único ponto (ver Fig. 3.3). Se usarmos um quadro negro e giz ou um pau na areia para o exercício, a sobreposição será consideravelmente maior. Naturalmente, nada disto contradiz o teorema familiar de que a intersecção de uma circunferência com uma tangente é um único ponto. A explicação de Platão é simples. As circunferências e as linhas traçadas são apenas

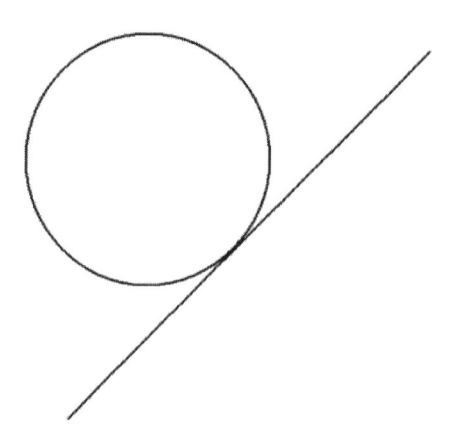

FIG. 3.3. *Tangente a uma circunferência*

aproximações pobres da Circunferência real e da Recta real, que apreendemos somente com a mente (ou recordamos). A pequena sobreposição das duas figuras traçadas é uma aproximação grosseira de um ponto.

Estamos em posição de melhor entender a observação de Platão na passagem do Livro 7 da *República*, citada no Cap. 1:

> A ciência [da geometria] está em contradição directa com a linguagem empregue pelos seus adeptos... A sua linguagem é ridícula... pois eles falam como se estivessem a fazer alguma coisa e como se todas as suas palavras fossem dirigidas à acção... [Falam] em quadrar e aplicar e adicionar e coisas semelhantes... quando na realidade o objecto real de todo o assunto é... o conhecimento... do que existe eternamente, não de qualquer coisa que se torna nisto ou naquilo algumas vez e cessa de ser. (Platão, 1961, 527a na numeração habitual.)

Se Platão está correcto ao pretender que a geometria se ocupa de coisas eternas e imutáveis no mundo do Ser, então na geometria não deve haver uma linguagem dinâmica. É difícil para um platonista encontrar sentido nas construções dos *Elementos* de Euclides, por exemplo. De acordo com o neo-platonista do século v Próclo (1970), o problema de "como podemos introduzir movimento em objectos geométricos estáticos" ocupou muitas das melhores mentes na Academia de Platão durante muitas gerações.

Há uma questão semelhante relativa a diagramas que normalmente acompanham as demonstrações geométricas. Um platonista preocupar-se-ia certamente que aqueles pudessem confundir o leitor levando-o a pensar que o teorema diz respeito ao diagrama fisicamente traçado. Afinal de contas, qual é o propósito dos diagramas? A explicação de Platão é que o diagrama ajuda de alguma maneira a mente a compreender o imutável e eterno reino geométrico, ou nos ajuda a recordar o mundo do Ser. Todavia, podemos admirar-nos de como isto é possível, visto que o mundo do Ser não é acessível através dos sentidos. Na *República* (510d), Platão escreve:

> Vós... sabeis como [os geómetras] utilizam figuras visíveis e discorrem sobre elas, embora o que eles realmente têm em mente sejam os originais de que estas figuras são imagens. Eles não estão a raciocinar, por exemplo, sobre este quadrado e diagonal particulares que desenharam, mas sobre o Quadrado e a Diagonal; e assim em todos os casos. Os diagramas que eles desenham e os modelos que eles fabricam são coisas reais, que podem ter as suas sombras ou imagens na água; mas agora servem por sua vez como imagens, enquanto o discípulo procura ver essas realidades que só o pensamento pode compreender.

Temos aqui a mesma metáfora que na linha dividida: reflexos e imagens. Suponho que o matemático avançado não teria necessidade alguma de diagramas, visto que está em contacto mais directo com o universo geométrico. Platão não foi o último filósofo a interrogar-se sobre o papel dos diagramas na demonstração geométrica.

Embora os platonistas subsequentes não tenham adoptado os aspectos mais místicos da epistemologia de Platão, como foi observado acima, a maioria deles manteve que o conhecimento geométrico é *a priori*, independente da experiência sensorial. Pode ser que alguma experiência sensorial seja necessária para apreender os conceitos relevantes, ou poderemos necessitar de diagramas desenhados como uma ajuda visual à mente, ou talvez acordar as nossas mentes para o eterno e imutável reino geométrico do espaço euclidiano. Todavia, é crucial que o conhecimento matemático seja em princípio independente da experiência sensorial. A razão principal para isto resulta da ontologia platonista. A geometria não é sobre objectos físicos no espaço físico.

Este ponto de vista deixa em aberto o problema de explicar por que razão a geometria se aplica ao mundo físico, mesmo aproximadamente. Platão proporciona no *Timeu* um relato detalhado mas especulativo de como o mundo físico foi construído geometricamente, a partir dos chamados cinco sólidos platónicos: tetraedro (pirâmide), octaedro, hexaedro (cubo), icosaedro e dodecaedro.

Os pormenores dos pontos de vista de Platão relativos à aritmética e à álgebra não são tão simples como a sua explicação da geometria, mas o retrato global é o mesmo. Ele era simplesmente realista tanto em valor de verdade como em ontologia, defendendo que as proposições da aritmética e da álgebra são verdadeiras ou falsas independentemente do matemático, do mundo físico, e até da mente, e manteve que as proposições da aritmética são acerca de um domínio de objectos abstractos chamados "números". No *Sofista* (238a), o Estrangeiro diz que "entre as coisas que existem incluímos o número em geral", Teeteto responde, "Sim, se alguma coisa existe, o número deve existir".

Os diálogos contêm várias passagens que aplicam as distinções platónicas aos números. Há, naturalmente, números de objectos materiais, que podemos chamar "números físicos". Isto é número no mundo do Devir. Estes são distinguidos de "os próprios números", que não são apreendidos pelos sentidos, mas somente pelo puro pensamento. No *Filebo* (56), por exemplo, Platão faz Sócrates distinguir entre "o homem comum" e "o filósofo" quando se trata da aritmética. Há, num sentido, duas aritméticas diferentes. O interlocutor, Protarco, pergunta "em que princípio... é que esta distinção... se pode basear?" Sócrates responde: "O aritmético comum, certamente opera com unidades desiguais; os seus 'dois' podem ser dois exércitos ou duas vacas ou coisas quaisquer da mais pequena à maior coisa do mundo, enquanto o filósofo não terá nada que ver com ele, a menos que consinta tornar cada exemplo singular da sua unidade precisamente igual a qualquer outro dos seus infinitos exemplos." Ver também *Teeteto*, 196, e *República*, 525. Vemos assim que a aritmética, tal como a geometria, se aplica ao mundo material só aproximadamente, ou só na medida em que os objectos podem ser distinguidos uns dos outros. A aritmética do filósofo aplica-se precisamente e estritamente só ao mundo do Ser.

Não há consenso sobre as opiniões de Platão quanto à natureza do número. Segundo uma interpretação, ele considerou os números como sendo razões de magnitudes geométricas.([3]) O número quatro, por exemplo, seria a razão do perímetro de um quadrado para um dos seus lados e também a razão da área de um quadrado para a área de um outro quadrado cujo lado é metade do original. Esta abordagem tem a vantagem de cobrir não apenas números naturais, mas também números racionais e irracionais (positivos) (como discutido em diálogos como *Teeteto*). A desvantagem desta interpretação é que não explica o uso de números em contextos outros que a geometria.

([3]) Isto é, com efeito, como Euclides procedeu nos *Elementos*, Livro X. A aritmética euclidiana é um ramo da geometria.

Mesmo se nos restringirmos ao mundo do Ser, contamos mais coisas do que magnitudes geométricas. Dizemos, por exemplo, que uma dada equação tem duas raízes, que há cinco sólidos platónicos, e que há quatro números primos menores do que dez.

A passagem acima do *Filebo* sugere outra explicação da aritmética de Platão. Quando um aritmético comum conta um par de sapatos, cada sapato é uma unidade, mas os dois sapatos não são da mesma forma nem são sequer exactamente do mesmo tamanho. Em contraste, quando um filósofo conta "dois", ele refere-se a um par de unidades que são as mesmas em qualquer sentido. Para o filósofo, os números naturais são colecções de unidades puras, que são indistinguíveis entre si (*República*, 425; *Sofista*, 245).

Observemos, de passagem, que tanto para a pessoa comum como para o filósofo, "número" é sempre número *de* alguma ou outra coisa. Os números da pessoa comum são números de colecções como exércitos e vacas. Os números do filósofo são números de unidades puras.

Várias fontes antigas distinguem a teoria dos números, chamada "aritmética", da teoria do cálculo aritmético, chamada "logística". A maioria dos autores considera a última como sendo uma disciplina prática, relativa a actividades de medição e negócios comerciais (por exemplo, Próclo 1970: 20). Poderia pensar-se que esta distinção serviria bem a Platão, dado o seu marcado contraste entre o mundo do Ser e o mundo do Devir. A aritmética preocupar-se-ia com o Ser, enquanto a logística se preocuparia com o Devir. Todavia, Platão coloca tanto a aritmética como a logística no mundo do Ser. A diferença diz respeito a como os próprios números naturais são estudados. A aritmética "lida com o par e o ímpar, com referência a quantos são de uns e outros" (*Górgias*, 451). Se "nos tornamos perfeitos na arte aritmética", então "também sabemos tudo dos números" (*Teeteto*, 198). A logística de Platão difere da aritmética "na medida em que estuda o par e o ímpar com respeito à multitude que eles constituem tanto por si como um com o outro" (*Górgias*, 451). A aritmética lida assim com os números naturais individualmente e a logística com as relações entre os números. Platão propôs para a logística princípios de como os números naturais são "gerados" de outros números naturais (através do gnómon[4]). Isto é algo próximo de um tratamento axiomático da génese da ontologia.

Platão disse que devemos perseguir tanto a aritmética como a logística em nome do saber. É pelo estudo dos próprios números, e das relações entre eles, que a alma é capaz de apreender a *natureza* dos números tal como são. Como disse Jacob Klein (1968: 23), a teoria logística "eleva a ciência explícita àquele conhecimento de relações entre números que... precede, e de facto deve preceder, todos os cálculos". A logística de Platão está para o cálculo prático como a sua geometria está para figuras desenhadas no papel ou na areia.

Podemos indagar, com Klein (1968: 20), exactamente o que deve ser estudado na aritmética de Platão, como oposta à sua logística. Presumivelmente, a arte da contagem – recitando os numerais – é aritmética *par excellence*. Todavia, "a adição e também a subtracção são apenas uma extensão da contagem". Além disso, "o contar já de si pressupõe um relacionar ininterrupto e o distinguir das coisas numeradas assim como dos números." Klein (1968: 24) conclui tentativamente que a logística diz respeito às *razões* entre unidades puras, enquanto a aritmética diz respeito à contagem, adição, e subtracção. Em linha com os diálogos posteriores, pode ser melhor pensar na logística de Platão como sendo o que actualmente chamaríamos "aritmética", a saber, o estudo matemático dos números naturais. A aritmética de Platão é uma parte da alta filosofia, onde tentamos apreender a natureza metafísica do próprio número.

---

(4) [Espécie de ponteiro triângular, parte do relógio solar que possibilita a projecção da sombra.]

3. Matemática sobre Platão

A admiração de Platão pelas realizações excitantes dos matemáticos é abundantemente clara, mesmo para um leitor casual dos diálogos. Como diz Gregory Vlastos (1991: 107), Platão "era capaz de se associar sem dificuldade com os bons matemáticos do seu tempo na Academia, compartilhando e encorajando o entusiasmo pelo seu trabalho". Alguns estudiosos recentes concentraram-se na influência do desenvolvimento da matemática na filosofia de Platão. De uma maneira dramática, é lançada luz sobre alguns contrastes nítidos entre Platão e o seu mestre Sócrates.

Tanto quanto se sabe, os interesses principais de Sócrates residiam na ética e na política, não na matemática e ciência. Considerou-se como imbuído de um mandato divino para espalhar a filosofia a toda a gente. Todos ficamos encantados com a imagem de Sócrates a vaguear pelas ruas de Atenas, a discutir a justiça e a virtude com qualquer pessoa que o escutasse e com ele conversasse. Fosse quem fosse. Viveu o lema de que a reflexão filosófica é a essência do viver. Nascíamos para pensar. No seu juízo, Sócrates declarou que seria desobediência a Deus calar-se e cuidar apenas de si (*Apologia*, 38a): "Digo-vos que não deixar passar dia algum sem discutir a bondade e todos os outros assuntos sobre os quais me escutam, examinando-me a mim e aos outros é realmente a melhor coisa que um homem pode fazer, e que a vida sem este tipo de exame não vale a pena ser vivida."

Sócrates começa tipicamente por identificar as crenças de um interlocutor e, então, mediante um interrogatório cuidadoso, tenta deduzir consequências surpreendentes e indesejáveis dessas crenças. Na maioria dos casos o encontro não acaba com o *reductio ad absurdum* da posição original do interlocutor. Ao invés, o interlocutor é desafiado a reexaminar as suas crenças e a aprender a formular crenças novas. Sócrates até procede assim no seu próprio julgamento, contra os seus acusadores.(⁵)

O método socrático é, então, uma técnica para a extirpação de crenças falsas. Se o método produz verdade, é só por um processo de eliminação ou talvez tentativa e erro. Sócrates nunca alegou qualquer conhecimento positivo especial da justiça, virtude, e assim por diante. Bem pelo contrário. Tomou a sua sabedoria como consistindo no facto de que sabe que não sabe. Provavelmente chegou a esta conclusão negativa examinando-se a si próprio.

Além disso, o método socrático não resulta em certeza. Pode informar-nos que algumas das nossas crenças são falsas ou confusas, mas inevitavelmente não assinala *quais* crenças são falsas ou confusas. O método é falível e hipotético, mas é o melhor que temos.

A metodologia do Platão maduro não se assemelha à de Sócrates em qualquer destas maneiras. Platão observa de passagem que a matemática é "universalmente útil em todos os ofícios e em cada forma de conhecimento e operação intelectual – a primeira coisa que toda a gente tem de aprender" (*República*, de 523).(⁶) Na época de Platão era necessário um estudo intenso e prolongado para dominar a matemática. Um conhecimento casual dela não levaria muito longe. Assim, Platão percebeu que precisamos de estudo intenso e prolongado para qualquer "forma de conhecimento e operação intelectual". Especialmente a filosofia.

Ao contrário do seu mestre, Platão defendeu que a filosofia não é para toda a gente. Na Comunidade vislumbrada na *República* só alguns líderes cuidadosamente

---

(⁵) Tivessem os acusadores, ou os juízes, compreendido o absurdo dos seus pressupostos, e a vida de Sócrates teria sido poupada. Mas a maioria das vezes os julgamentos não são ganhos nem perdidos com base na doce racionalidade.

(⁶) Como se observou no Cap. 1, não constitui grande exagero dizer que isto também é válido hoje. Considere-se o largo espectro de requisitos em matemática de todas as ciências naturais e sociais.

escolhidos se empenham na reflexão filosófica, e só depois de um período de treino que dura até terem pelo menos 50 anos de idade. A vasta maioria dos habitantes é advertida para receberem a sua orientação destes líderes e cuidarem da sua vida. Os fazendeiros que cuidem da agricultura, os cozinheiros da cozinha. Toda a gente faz apenas aquilo que sabe fazer melhor. A filosofia também é deixada aos especialistas – os Guardiões. Platão até sustentou que é *perigoso* para as massas dedicarem-se à filosofia. É mesmo perigoso para os futuros Guardiões empenharem-se na filosofia antes de serem adequadamente treinados. Platão insistiu que para a vasta maioria das pessoas vale a pena viver a vida não examinada. Se Platão tivesse as coisas a seu modo, a vida escrutinada seria proibida a quase toda a gente. A este respeito, é difícil imaginar um contraste mais nítido do que aquele entre Sócrates e o seu discípulo mais célebre.

É notável que, para Platão, uma década inteira de treino dos Guardiões seja dedicada à matemática. Eles pouco mais fazem entre as idades de 20 e 30 anos. Isto é mais do que esperamos de um treino de futuros profissionais hoje em dia. A razão de Platão para isto é clara. Para reinar bem, os Guardiões precisam de virar a sua atenção do mundo do Devir para o mundo do Ser. Assim, uma parte crucial da sua educação "tem de virar a alma de um dia que é tão escuro quanto a noite para o dia verdadeiro, aquela viagem que ascende ao mundo da verdade a que chamaremos a verdadeira busca da sabedoria" (*República*, 521). A matemática "retira a alma do mundo da mudança para a realidade". Ela "acorda naturalmente o poder do pensamento... para nos elevar na direcção da realidade" – pelo menos, para as poucas almas capazes de tal ascensão.

O afastamento de Platão do seu mestre é compreensível, se não admirável. Sócrates não deu às matemáticas um lugar de destaque, enquanto Platão via a matemática como o portão de acesso ao mundo do Ser, um portão que deve ser transposto se queremos ter esperança de entender alguma coisa real.(⁷) A Matemática, pré-requisito dos estudos filosóficos, exige um período longo de estudo intenso. Não admira que a maioria de nós tenha de viver a nossa vida ignorando a verdadeira realidade, e deve contar com os Guardiões para orientação de como vivê-la bem. O fascínio de Platão pela matemática também pode ser responsável pelo seu desagrado com a hipotética e falível metodologia socrática. A matemática procede (ou devia proceder) via *demonstração*, e não mera tentativa e erro. À medida que Platão amadurece, o método socrático é gradualmente suplantado. No *Ménon*, Platão usa o conhecimento geométrico e a demonstração geométrica como paradigma para todo o conhecimento, incluindo o conhecimento moral e a metafísica. Naquele diálogo, Platão quer demonstrar um ponto de vista sobre *ética*, e o nosso conhecimento da ética, e estabelece explicitamente uma analogia com o conhecimento geométrico. Constitui uma estratégia socrática e platónica habitual começar com exemplos claros e prosseguir em direcção a casos mais problemáticos, por meio da analogia. Platão acha as coisas claras e directas quando se trata de matemática e conhecimento matemático, e tenta estender os seus achados aí a todo o conhecimento. No diálogo, ninguém questiona a analogia entre matemática e ética ou metafísica. O racionalismo é baseado nessa mesma analogia (ver Cap. 4, §1).

Durante os seus dez anos de estudo matemático os futuros Guardiões procedem "hipoteticamente" a partir de postulados e axiomas. Eles devem simplesmente aceitar essas "hipóteses", e não sabem qual é o seu fundamento último. Como indicado pela metáfora da linha dividida, os matemáticos também usam diagramas e outros auxílios do mundo do Devir. Nesta etapa, os futuros Guardiões procedem do mundo do Devir para o mundo do Ser. Esta etapa é necessária, mas não é uma conclusão adequada

---

(⁷) Lembremos o aviso à entrada da Academia: "Que ninguém ignorante de geometria entre aqui."

dos seus estudos. Platão sugeriu uma metodologia mais segura e certa para a filosofia. Começando na idade de 30 anos – depois da década da matemática – os futuros líderes passam alguns anos empenhados na "dialética", onde encontram e apreendem as próprias Formas, independentes de quaisquer exemplos poluídos no mundo material, e chegam aos inquestionáveis primeiros princípios, a base final para todo o conhecimento e entendimento. Os melhores de entre eles ascenderão então à contemplação do Bem.

Portanto, em suma, para Platão o desajeitado mas excitante e igualitário método socrático dá lugar, primeiro, ao rigor elitista da demonstração matemática grega. Isto é posteriormente substituído por um encontro "dialético" com as Formas ainda mais elitista.

4. Aristóteles, o digno oponente

A maior parte do que Aristóteles diz sobre a matemática polemiza com os pontos de vista de Platão, e não há muito consenso entre os estudiosos sobre as observações positivas dispersas que ele faz. Não obstante, há pelo menos a direcção principal de uma descrição (ou descrições) da matemática que prenuncia alguns pensadores modernos. A filosofia de Aristóteles contém sementes de empirismo.

Como foi observado acima, a filosofia da matemática de Platão está amarrada à sua teoria das Formas como entidades eternas e imutáveis no reino separado do Ser. Paralelamente, a filosofia da matemática de Aristóteles está presa à sua *rejeição* de um mundo separado do Ser. Aristóteles aceitou a existência de Formas, ou universais, mas sustentou que elas não estão separadas dos objectos individuais de que são Formas. A Beleza, por exemplo, é o que todas as coisas belas têm em comum, e não algo além ou acima dessas coisas belas. Se alguém conseguir

destruir todas as coisas belas, destruirá a própria Beleza
– pois deixará de haver alguma coisa na qual a Beleza
possa habitar. O mesmo acontece com a Justiça, a Virtude, o Homem, e as outras Formas. Em resumo, para
Aristóteles as coisas do mundo físico têm Formas, mas não
há um mundo separado onde as Formas possam residir.
As formas existem nos objectos individuais.

Aristóteles sugere por vezes que a pergunta importante diz respeito à *natureza* dos objectos matemáticos,
não a sua mera existência ou inexistência: "Se os objectos matemáticos existem, devem existir em objectos perceptíveis, como alguns dizem, ou separados dos objectos
perceptíveis (como também dizem alguns outros), ou,
se nem uma nem outra coisa, então eles ou não existem
de todo ou existem de alguma outra maneira. Então o
nosso debate não será se existem, mas sim de que maneira
existem" (*Metafísica*, Livro M, 1076a; a tradução seguida
aqui e subsequentemente é de Annas 1976). Um problema para Aristóteles é que, se queremos rejeitar as
Formas platónicas, então que razão há para acreditar
em objectos matemáticos? Qual é a sua natureza (se existem), e, bem mais importante, para que necessitamos
de objectos matemáticos? O que ajudam eles a explicar, ou sobre o que lançam a sua luz? Como ele próprio
escreve:

> Podemos também fixar-nos nesta pergunta sobre números: onde vamos encontrar razões para acreditar que eles
> existem? Para alguém que aceita as Formas, elas proporcionam alguma espécie de explicação das coisas, visto que
> cada número é uma Forma e uma Forma é uma explicação
> da existência de outras coisas de uma maneira ou de outra
> (concedemos-lhes esta suposição). Mas que dizer da pessoa
> que não defende este tipo de posição por ver as dificuldades
> nela latente sobre as Formas, de modo que isto não é a sua
> razão para aceitar que haja números...? Porque devemos
> acreditá-lo quando diz que este tipo de número existe, e

qual a sua utilidade para qualquer outra coisa? Não há coisa alguma de que o homem que acredita nisso diga que é causa... (*Metafísica*, Livro N, 1090a)

A explicação de Aristóteles dos objectos matemáticos segue a sua explicação das Formas. Como na primeira passagem citada, ele sustentou que os objectos matemáticos "existem em objectos perceptíveis, não separados deles". Todavia, não há muito consenso sobre o que isto representa exactamente. Há uma discussão na obra *Física* (Livro II) sobre o que é característico da metodologia matemática da qual resulta alguma percepção:

> O próximo ponto a considerar é o de como o matemático difere do físico. É óbvio que os corpos físicos contêm superfícies, volumes, linhas, e pontos, e estes constituem o tema principal da matemática... Ora, o matemático, embora também trate destas coisas (por exemplo, superfícies, volumes, comprimentos, e pontos), não trata delas como (*qua*) os limites de um corpo físico; nem considera os atributos indicados como os atributos de tais corpos. É por isto que ele os separa, pois no pensamento eles estão separados do movimento, e não faz diferença alguma nem daí resulta qualquer falsidade se estiverem separados... Ao passo que a geometria investiga comprimentos físicos, mas não enquanto físicos, a óptica investiga comprimentos matemáticos, mas não enquanto matemáticos. (193b-194a)

O Livro M da *Metafísica* contém sentimentos semelhantes:

> É possível haver proposições e demonstrações sobre magnitudes perceptíveis, não como perceptíveis mas como sendo de uma certa espécie... No caso de coisas em movimento haverá afirmações e ramos de conhecimento sobre eles, não como estando em movimento mas meramente como corpos, e de novo meramente como planos e mera-

mente como comprimentos, divisíveis e indivisíveis mas com posição... Também é verdade afirmar sem qualificação que os objectos matemáticos existem e são como se diz que são... Os ramos matemáticos do conhecimento não serão acerca de objectos perceptíveis apenas porque os seus objectos são perceptíveis, ... mas também não serão sobre outros objectos isolados, além destes... Então, se propusermos objectos separados do que lhes é acidental e os estudamos como tais, não vamos, por causa disto, falar mais falsamente do que se desenharmos um pé no chão e dissermos que mede um pé quando não tem esse comprimento... Um homem é uno e indivisível como homem, e o aritmético apresenta-o como um indivisível e estuda o que é acidental ao homem enquanto indivisível; o geómetra, por outro lado, estuda-o não como um homem nem como indivisível, mas como um objecto sólido... Essa é a razão pela qual os geómetras falam correctamente: falam sobre coisas existentes e elas realmente existem... (1077b-1078a)

Continuando por mais um momento na geometria, a ideia aqui parece ser a de que os objectos físicos contêm de algum modo as superfícies, linhas e pontos estudados em matemática. O geómetra, todavia, não trata destas superfícies, por exemplo, como superfícies de objectos físicos. Podemos, em pensamento, separar superfícies, linhas, e pontos dos objectos físicos que os contêm. Isto apenas significa que podemos concentrar-nos nas superfícies, linhas, e planos e ignorar o facto de eles serem objectos físicos. Esta separação é psicológica, ou talvez lógica. Ela diz respeito a como pensamos sobre objectos físicos. Para Aristóteles, o erro de Platão foi concluir que os objectos geométricos são metafisicamente separados das suas individualizações físicas, apenas porque os matemáticos conseguem ignorar certos aspectos físicos do conteúdo matemático.

Há aqui várias interpretações de Aristóteles. Uma, é tomar a sério a sua discussão sobre *objectos* matemáticos, e mais ou menos literalmente. Assim, Aristóteles postulou uma faculdade de *abstracção* mediante a qual os objectos são criados, ou de alguma maneira obtidos ou apreendidos, ao contemplar objectos físicos. Abstraímos algumas das suas características (ver, por exemplo, Mueller 1970 e a Introdução a Annas 1976).

Suponhamos, por exemplo, que começamos com uma esfera de latão. Se ignoramos selectivamente o latão e só prestamos atenção à forma do objecto, obtemos a esfera do geómetra. Se nos concentramos na superfície de um dos lados de um cubo de gelo obtemos um segmento de um plano e se focalizamos numa borda deste plano, obtemos um segmento de linha recta. Assim, os objectos geométricos são muito parecidos com as Formas. Num sentido, os objectos geométricos são as formas de objectos físicos. Mas, naturalmente, Formas aristotélicas e não Formas platónicas. Os objectos matemáticos obtidos por abstracção não existem antes de, nem são independentes de, os objectos físicos dos quais são abstraídos.

Nesta interpretação, os números naturais são obtidos via abstracção de colecções de objectos físicos. Começamos com um grupo de, digamos, cinco borregos e selectivamente ignoramos as diferenças entre os borregos, ou até o facto de eles serem borregos. Concentramo-nos apenas no facto de serem objectos diferentes, e chegamos ao número 5, que é uma espécie de forma do grupo. Então os números existem, como Formas aristotélicas, nos grupos de objectos de que eles são os números.

Observe-se que a aritmética e a geometria resultam literalmente verdadeiras numa leitura como esta, enquanto estiver disponível uma descrição aceitável da abstracção. A geometria diz respeito a objectos geométricos, que possuem as propriedades que lhes são atribuídas nos tratados de geometria. A aritmética trata dos números naturais.[8]

---

[8] Uma consequência infeliz (para não dizer condenável) desta descrição é que um número natural não existe a menos que exista uma colecção de objectos físicos com aquele tamanho. Analogamente, um

Isto constitui um agradável realismo em valor de verdade e um realismo em ontologia, consistente com passagens como "os geómetras falam correctamente: conversam sobre coisas existentes e elas realmente existem..." (*Metafísica*, M1078a).

Alguns intérpretes fazem Aristóteles distinguir as "ciências" com base no seu grau de abstracção das matérias. Assim, a física interessa-se pela matéria em movimento, abstraindo do tipo de matéria que possa ser. A matemática ocupa-se de matérias (geométricas ou numéricas) como quantidade, abstraindo do movimento. A metafísica diz respeito ao ser enquanto tal, abstraindo de tudo o mais.

Este tipo da abstracção tem sido violentamente criticado por toda a história da filosofia. Se me é permitido um salto de aproximadamente 2000 anos, um dos ataques mais violentos contra a abstracção foi lançado pelo lógico Gottlob Frege (escrevendo sobre alguns dos seus contemporâneos). Frege (1971: 125) discute o chamado processo pelo qual consideramos um grupo de "blocos de contagem" e abstraímos das diferenças entre eles, de modo que os blocos se tornam "iguais", muito como as unidades ideais de Platão. Chegamos então supostamente ao seu número, como na presente leitura de Aristóteles. Frege riposta que se, por abstracção, "os blocos de contagem se tornam idênticos, então agora só temos um único bloco; a contagem não prosseguirá além de 'um'. Quem não pode distinguir entre as coisas que tem para contar, também não pode contá-las." Isto é, se conseguimos abstrair das diferenças entre os blocos, então não podemos diferenciá-los, para os poder contar:

> Se a abstracção causasse o desaparecimento de todas as diferenças, então acabaria com a possibilidade de contar. Por outro lado, se a palavra "igual" não fosse suposto

---

objecto geométrico, tal como um polígono dado, só existe se houver um objecto físico que tem aquela forma.

designar a identidade, então os objectos que são o mesmo difeririam portanto com respeito a algumas propriedades e concordarão com respeito a outras. Mas, para saber isto, não temos primeiro de abstrair das suas diferenças... A abstracção é não distinguidora e não observadora; não é um poder de introspecção nem de clareza, mas sim de obscurantismo e confusão.

Frege (1980a: 84-85) defende um ponto semelhante com mais sarcasmo:

> A desatenção é um detergente muito forte; não deve ser aplicado numa grande concentração, de modo que nem tudo fique dissolvido, e de igual modo não deve ser muito diluído, para que os seus efeitos na mudança suficiente das coisas não deixem de se fazer sentir. Assim, é uma questão de acertar no grau exacto da diluição; isto é difícil de gerir, e eu de qualquer forma nunca o consegui... [A abstracção] é particularmente eficiente. Atendemos menos a uma propriedade, e ela desaparece. Fazendo desaparecer uma característica após outra, obtemos mais e mais conceitos abstractos... Suponhamos que há um gato preto e um gato branco sentados lado a lado à nossa frente. Deixamos de atender à sua cor, e eles tornam-se descoloridos, mas ainda sentados lado a lado. Deixamos de atender à sua postura, e eles não mais estão sentados (embora não tenham assumido outra postura), mas cada um está ainda no seu lugar. Deixamos de atender à sua posição; eles cessam de estar num lugar, mas ainda permanecem distintos. Desta maneira, talvez, obtemos de cada um deles um conceito geral de Gato. Por aplicação continuada deste procedimento, obtemos de cada objecto um fantasma cada vez mais pálido. Finalmente, obtemos assim de cada um *algo* que é totalmente desprovido de conteúdo; mas o *algo* que é obtido de um objecto é diferente do *algo* que é obtido do outro – embora não seja fácil ver como.

Ver também Frege 1884: §§13, 34. Parafraseando Berkeley, os itens abstraídos parecem ser os fantasmas de objectos desaparecidos.(⁹) Uma segunda interpretação das observações de Aristóteles sobre a matemática é uma objecção à abstracção ontológica, e portanto uma rejeição do realismo em ontologia. Não chegamos aos *objectos* geométricos ou aritméticos via qualquer processo. Estritamente falando, não existem tais objectos. O truque é manter o realismo em valor de verdade e, assim, a objectividade da matemática. Jonathon Lear (1982) interpreta o Aristóteles geómetra como estudando aspectos específicos de (alguns) objectos físicos comuns, talvez ao longo de linhas como as que foram sugeridas por Frege. Considere-se, mais uma vez, uma esfera de latão. O geómetra não abstrai do latão para chegar à esfera geométrica. Ele simplesmente ignora o latão e só considera as propriedades do objecto físico que resultam do facto de ele ser esférico. Seja qual for a conclusão a que chega, ela valerá igualmente para uma esfera de madeira.

Como foi indicado pelas passagens acima, um geómetra supõe tipicamente que há um objecto geométrico que tem todas e somente as propriedades que atribuímos à esfera. Fazer isto é postular objectos geométricos especiais, o que vai contra a segunda interpretação de Aristóteles. Aristóteles observa, todavia, que a postulação de objectos geométricos é inofensiva, visto que a esfera física real também possui todas aquelas propriedades que atribuí-

---

(⁹) [O Bispo anglicano George Berkeley publicou em 1734 o opúsculo *The Analyst*, onde faz uma violenta crítica aos fundamentos e princípios do cálculo infinitesimal, especificamente sobre as noções de fluxão de Newton e a noção de infinitesimal de Leibniz. A passagem mais citada é: "E o que são essas Fluxões? As velocidades de acréscimos evanescentes? E o que são realmente esses acréscimos evanescentes? Eles não são nem quantidades finitas, nem quantidades infinitamente pequenas, nem mesmo assim nada. Não podemos chamá-los de fantasmas de quantidades desaparecidas?"]

mos à esfera postulada. Precisa e literalmente, o geómetra fala só de objectos físicos (embora não "como físicos"). Todavia, é inofensivo pretender que a esfera geométrica é separada. Por outras palavras, os objectos da geometria são ficções úteis. Suponhamos que um geómetra diz, "seja A um triângulo isósceles". Ele então atribui a A somente propriedades que se seguem do facto de ser um triângulo isósceles. Os matemáticos às vezes dizem que A é um triângulo isósceles "arbitrário", mas tudo o que eles querem dizer é que A pode ser um qualquer triângulo desses. Por analogia com a discussão presente, constituiria uma ficção inofensiva dizer em vez disso que A é um objecto especial que tem todas as propriedades comuns a todos os triângulos isósceles.

Uma explicação semelhante da aritmética resultaria de tratar um objecto dado numa colecção "como indivisível" ou "como uma unidade". Na colecção de cinco borregos, por exemplo, consideramos cada borrego como indivisível. Naturalmente, como bem sabem os talhantes, cada borrego é bem divisível, logo a suposição do matemático é falsa. A ideia é que o matemático ignora quaisquer propriedades da colecção que resultem da divisibilidade do borrego individual. Fingimos que cada borrego é indivisível, e então encaramo-lo como indivisível.

Aristóteles concorda com Platão que número é sempre número de alguma coisa, mas para Aristóteles os números são números de colecções de objectos comuns. Os números de Aristóteles são os números físicos de Platão. Tal como na geometria, ao fornecer a heurística da aritmética não faz mal introduzir os números como ficções úteis.

Em ambas as interpretações da filosofia da matemática de Aristóteles, a aplicabilidade da matemática ao mundo físico é simples. O matemático estuda as propriedades reais de objectos físicos reais. Não há necessidade de postular um elo entre o reino matemático e o reino físico, visto que não lidamos com dois reinos separados. Temos aqui um grão de empirismo, ou pelo menos de certas formas dele.

Ao contrário de Platão, ambas as interpretações de Aristóteles dão sentido à linguagem dinâmica típica da geometria. Visto que a geometria lida com objectos físicos ou abstracções directas de objectos físicos, falar de "quadrar e aplicar e adicionar e tudo o mais" é natural. Certamente que nós "quadramos e aplicamos e adicionamos" objectos físicos e esta maneira de falar estende-se quase literalmente à geometria. Considere-se o princípio de Euclides de que entre quaisquer dois pontos *pode-se traçar* uma linha recta. Para Platão, isto é uma afirmação disfarçada sobre a existência de Linhas. Aristóteles poderia considerar o princípio literalmente, como uma afirmação de permissões indicando o que se pode *fazer*.

Há um problema potencial relativo ao *desajuste* entre objectos físicos reais e objectos geométricos ou propriedades geométricas. Isto constitui, naturalmente, um exemplo do desajuste entre objecto e Forma que motiva o platonismo. Considere-se a esfera de latão e o lado do cubo de gelo. A esfera contém de certeza imperfeições e a superfície do cubo certamente não é completamente plana. Lembremos o teorema de que uma tangente a uma circunferência corta esta num único ponto (ver Fig. 3.3 acima). Este teorema é falso relativamente a circunferências reais e linhas rectas reais. Então o que pensar da afirmação de Aristóteles de que "os objectos matemáticos existem e são como se diz que eles são", e a afirmação de que "os geómetras falam correctamente"?

Na interpretação abstraccionista, queremos obter finalmente objectos que satisfazem *exactamente* a descrição matemática de esferas, planos, e linhas. Para poder realizar isto, temos de abstrair de quaisquer imperfeições nos espécimes físicos, tal como altos na superfície do cubo. Isto é, não abstraímos só do latão, abstraímos das imperfeições para chegar a uma esfera perfeita. Se esta abstracção adicional é permitida, então podemos indagar como é que a visão de Aristóteles difere da de Platão. Em que sentido são as figuras abstraídas finais ainda parte do mundo físico? Como é que as Formas perfeitas existem *nos* objectos físicos imperfeitos? Parece que reentrámos no mundo de Platão do Ser, pela porta de trás, ou pelo menos enfrentamos os problemas maiores com o mundo do Ser. A manobra contemplada corta o laço íntimo entre a matemática e o mundo físico observado acima.

Na segunda interpretação (ficcionista), o geómetra estuda as consequências de um certo número limitado de propriedades de objectos físicos. Para resolver o problema do desajuste, Aristóteles poderia defender que há objectos físicos que não possuem as imperfeições. Por outras palavras, há esferas fisicamente reais perfeitas, cubos com superfícies perfeitamente planas e arestas perfeitamente rectas, triângulos perfeitos, e assim por diante. Aristóteles defendeu que os corpos celestes são esferas (perfeitas) e as suas órbitas são esféricas. Todavia, os céus não nos dão objectos suficientes para uma geometria rica, e esta sugestão não explica a aplicação da geometria aqui no reino sub-lunar. Poderá ser suficiente para Aristóteles defender que é *possível* haver esferas, linhas, e planos perfeitos, e semelhantes – mesmo que nenhuns (ou poucos) objectos reais haja para o matemático estudar. Muita demonstração geométrica procede por via de construção. Pede-se ao leitor que produza uma certa linha recta ou uma circunferência. Na segunda interpretação, Aristóteles deve permitir que esta construção seja possível – no mundo físico, utilizando apenas ferramentas físicas. Analogamente, na aritmética o princípio do sucessor é afirmado quando observamos que para qualquer colecção possível de objectos físicos, *poderia* haver uma colecção com mais um objecto. Este movimento na direcção da modalidade poderia trazer de volta os problemas epistémicos com o platonismo. Aristóteles poderia sugerir que a geometria é aplicável ao mundo material na medida em que os objectos nele *aproximam* os objectos perfeitos descritos nos tratados matemáticos, mas esta resposta está igualmente disponível para Platão.

Podemos pensar que os objectos perfeitos de geometria (e aritmética) são partes do espaço físico, mas, como acima, isto cortaria a ligação com objectos observados. Circunferências e linhas ideais não estariam "nos" objectos que observamos. Como foi observado, Aristóteles partilha com o empirismo uma ligação íntima entre o conteúdo da matemática e o mundo físico. Tais pontos de vista soçobram nos ramos da matemática que não têm ligação tão directa com o universo material. Aristóteles defendeu que os números racionais não são números, mas estão relacionados com os números naturais enquanto relações. A análise racional, ou até talvez a análise real poderia emergir de uma compreensão aristotélica da geometria. Segundo Euclides, podemos desenvolver uma teoria das razões de segmentos de linha recta ou então recapturar os números reais via segmentos de linha recta, tomando um segmento de linha recta arbitrário como unidade (na linha do que Aristóteles diz sobre unidades aritméticas). Todavia, pelo menos *prima facie*, não é de esperar muito mais de um tal ponto de vista. Como entenderia um aristotélico a análise complexa, a análise funcional, a topologia geral, ou a teoria axiomática dos conjuntos? Naturalmente, não é razoável culpar Aristóteles por esta lacuna, mas quaisquer aristotélicos modernos teriam de enfrentar este problema.

5. Leituras recomendadas

As observações de Platão sobre a matemática estão dispersas por todos os diálogos, mas a matemática surge com especial atenção na *República* e *Teeteto*. A filosofia da matemática de Aristóteles encontra-se principalmente nos livros M e N da *Metafísica*, especialmente no Cap. 3 de M. Annas 1976 é uma tradução legível, e contém uma descrição lúcida da filosofia da matemática de Platão e Aristóteles. Uma fonte standard para Platão em matemática é Wedberg 1955; ver também Vlastos 1991: Cap. 4, Mueller 1992, e Turnbull 1998. Uma fonte clássica para Aristóteles sobre matemática é Apostle 1952; ver também Lear 1982 e Mueller 1970.

4
OPOSTOS PRÓXIMOS: KANT E MILL

1. Reorientação

Retomamos a nossa história no século XVIII, com Immanuel Kant. Havia, é claro, considerável actividade filosófica na Antiguidade depois de Aristóteles e durante a Idade Média, mas pouco focalizada directamente na matemática.[1]

O século XVII assistiu a revoluções importantes na ciência e na matemática, por pessoas como René Descartes, Isaac Newton, e Wilhelm Gottfried Leibniz. Kant estava em posição de tomar o pulso filosófico aos novos desenvolvimentos científicos. As exigências da física emergente levaram ao desenvolvimento de novos ramos da matemática e

---

[1] Não é incomum ver relatos sequenciais de história da filosofia saltarem de Aristóteles para o chamado "período moderno", com Bacon ou Hobbes, ou até Descartes. Os cursos de história da matemática têm frequentemente uma lacuna semelhante, talvez ligeiramente preenchida. A implicação errónea é que muito pouco de substancial ocorreu durante aqueles dois milénios. Neste livro, as justificações para a lacuna são as limitações de espaço e a minha competência, e o facto de estarmos a explorar precursores directos de posições contemporâneas na filosofia da matemática.

a novas concepções dos ramos tradicionais. As inovações importantes incluíram novos métodos de análise ligando a geometria com a álgebra e a aritmética (Pierre de Fermat e Descartes), e o desenvolvimento do cálculo (Newton e Leibniz) para o estudo da gravitação e do movimento. Estes últimos requeriam noções de continuidade, derivada, e limite, nenhuma das quais assentava facilmente em paradigmas matemáticos anteriores. (Ver Mancosu 1996 para um tratamento lúcido sobre a matemática e a sua filosofia durante o século xvii.)

Naquela época havia duas escolas importantes de filosofia. No continente Europeu, *racionalistas* como Descartes, Bento de Espinosa, e Leibniz eram herdeiros naturais de Platão. Realçaram o papel da razão, como oposto à experiência sensorial, na obtenção do conhecimento. Versões extremas deste ponto de vista mantêm que todo o conhecimento é, ou idealmente devia ser, baseado na razão. O modelo racionalista para aquisição do conhecimento é a matemática – a demonstração matemática, em particular. Por exemplo, a *Ética* de Espinosa tem o mesmo formato que os *Elementos* de Euclides, contendo "proposições" [teoremas] e "demonstrações". Muito do trabalho filosófico de Descartes é uma tentativa para dar à ciência o mesmo grau de certeza que a matemática. A ciência deve ser fundada em primeiros princípios filosóficos. Descartes tentou uma derivação das leis do movimento num estilo matemático.

O *empirismo*, principal doutrina oposta ao racionalismo, é uma tentativa de basear o conhecimento, ou os materiais em que o conhecimento se baseia, na experiência dos cinco sentidos. Durante o período em questão os autores importantes foram John Locke, George Berkeley, David Hume, e Thomas Reid, todos eles vivendo nas Ilhas Britânicas. Um tema empirista comum é que *qualquer* coisa que saibamos sobre o mundo deve em última análise derivar da observação imparcial e neutra. O único acesso ao universo é por meio dos nossos olhos, ouvidos, e assim por diante. Os empiristas apresentam às vezes uma imagem da mente como um quadro branco no qual a informação é impressa, via sentidos. Somos observadores passivos filtrando os dados que entram, a tentar fazer sentido do mundo em redor.

Não há descrição filosófica detalhada substantiva da matemática durante este período. Os racionalistas, é claro, admiravam a matemática, e Descartes e Leibniz eram eles próprios matemáticos importantes. Os empiristas tendiam a minimizar a importância da matemática, talvez porque ela não encaixava facilmente no seu molde de aquisição do conhecimento. Berkeley desferiu um ataque prolongado ao suposto rigor do cálculo infinitesimal (ver Jesseph 1993). Todavia, atendendo ao papel da matemática nas ciências, os empiristas tiveram de a tomar em conta.

Observações filosóficas dispersas sobre a matemática revelam um grau inesperado de acordo entre as duas escolas mais importantes. Tanto racionalistas como empiristas tomaram a matemática como sendo acerca de magnitudes físicas, ou objectos com extensão. Os objectos são encontrados empiricamente. As duas escolas diferiram sobre o acesso da mente às *ideias* de objectos extensos e sobre o estatuto do raciocínio sobre essas ideias. Descartes, por exemplo, sustentou que possuímos uma percepção distinta da "extensão pura" que subjaz aos objectos físicos, e defendeu que podemos raciocinar directamente sobre esta extensão pura. Este ponto de vista atesta a convicção racionalista de que o intelecto humano é uma ferramenta poderosa para raciocinar – matematicamente – na direcção de conclusões substanciais *a priori* sobre o mundo físico.

Os empiristas consideraram as ideias matemáticas como sendo derivadas da experiência, seguindo talvez Aristóteles. A nossa ideia do número seis, por exemplo, vem da nossa experiência com grupos de seis objectos. A ideia de "triângulo" vem de observar objectos triangulares. Para o empirista não há objectos materiais subjacentes percebidos como "extensão pura". Há somente objectos observados. O que se vê é o que se obtém. Apesar de estas e de outras diferenças, um empirista típico poderá concordar com um racionalista típico em que, uma vez adquiridas as ideias relevantes, a busca de conhecimento matemático é independente de mais experiência. O matemático observa como as várias ideias matemáticas se relacionam entre si. Por exemplo, no seu *Tratado da Natureza Humana*, Hume referiu-se às verdades da aritmética e da álgebra como "relações de ideias" e distinguiu-as de "questões de facto e existência", que aprendemos empiricamente. A geometria é uma ciência empírica, presumivelmente preocupada com generalizações da experiência. Uma década mais tarde, no seu popular *Investigação sobre o Entendimento Humano*, Hume afirmou que a aritmética, a álgebra e a geometria dizem respeito a (meras) relações entre ideias, e não são empíricas. A base comum entre as escolas é que, em pelo menos algum sentido, as verdades matemáticas são *a priori*, ou independentes da experiência. A disputa principal é sobre a extensão da experiência sensorial que é necessária para obter ou apreender as ideias relevantes e estudá-las.

A verdade matemática parece pelo menos ter associada uma certa necessidade. Como podia 5 + 7 não ser 12? Como poderia ser falso o teorema da factorização em primos? O racionalismo dá conta disto sem sobressaltos, seguindo uma linha próxima do platonismo. Não há qualquer contingência nas ideias matemáticas mentalmente apreendidas, como a extensão pura, que seja subjacente aos objectos físicos. Podemos, naturalmente, errar na nossa apreensão de ideias matemáticas ou numa tentativa de demonstração, mas, se for adequadamente executada, a metodologia da matemática fornece apenas verdades necessárias. Naturalmente, esta perspectiva não está disponível para os empiristas, e estes não têm uma explicação assim tão simples da aparente necessidade da matemática. Alguns deles poderão defender que as proposições matemáticas básicas são verdadeiras por definição, uma conclusão que um racionalista acharia decepcionante, visto que deixa a matemática sem substância. Hume observa que não podemos imaginar nem conceber as negações de teoremas matemáticos típicos, mas isto parece ser um ponto fraco a favor da necessidade da matemática. É apenas uma limitação psicológica contingente que nos impede de conceber as coisas de qualquer outra maneira?

O uso da nova matemática na ciência trouxe nova força aos problemas da aplicabilidade da matemática ao mundo físico. O empirismo teve melhor sorte aqui. De acordo com esta escola, as ideias matemáticas são lidas nas propriedades dos objectos observados, e os matemáticos estudam as relações entre estas ideias. Isto é, os empiristas defendem que o matemático estuda indirectamente certas relações físicas entre objectos físicos observados. Esta explicação não está disponível para um racionalista. O seu problema é mostrar como as entidades matemáticas eternas, apreendidas naturalmente se relacionam com os objectos que percebemos no mundo à nossa volta e estudamos na ciência. O nosso empirista segue assim Aristóteles, com uma descrição simples da *concordância* entre objectos físicos observados e as suas contrapartes matemáticas, enquanto o nosso racionalista segue Platão, com uma descrição simples da *discrepância* entre os objectos dos sentidos e as suas contrapartes matemáticas, como circunferências e triângulos perfeitos, e talvez números grandes.

2. Kant

O choque entre racionalismo e empirismo proporciona uma motivação central para a tentativa de Kant de obter uma síntese que capture as características mais plausíveis de cada. O resultado foi uma tentativa heróica para explicar ou acomodar a necessidade da matemática e a natureza *a priori* da verdade matemática, enquanto explicava ou acomodava o lugar da matemática nas ciências empíricas e, em particular, a aplicabilidade da matemática ao mundo físico observado. O problema de Kant era mostrar como a matemática é conhecível *a priori* e todavia é universalmente aplicável – a toda a experiência – com incorrigível certeza. Os seus pontos de vista sobre a matemática não são uma componente separável da sua filosofia em geral. Pelo contrário, as referências à matemática ocorrem por todos os seus escritos filosóficos. Assim, uma chave importante para entender Kant é entender os seus pontos de vista sobre a matemática.

O leitor deve observar que, mesmo que o esboço seguinte sugira alguns temas da subtil e complexa filosofia da matemática de Kant, ele mal arranha a superfície. Além disso, há muita discórdia entre os académicos (para começar, ver os itens mencionados no fim deste capítulo). As interpretações tentativas sugeridas abaixo são baseadas em algum do seu trabalho, e ou tentei tomar nota das divergências mais importantes ou me mantive longe delas. Todavia, é inevitável que partes de qualquer interpretação estejam em desacordo com alguns estudos académicos proeminentes.

A característica mais intrigante e problemática da filosofia da matemática de Kant é a sua tese de que as verdades da geometria, aritmética, e álgebra são "sintéticas *a priori*", fundadas na "intuição". As noções chave são, assim, o conhecimento *a priori*, a distinção analítico-sintético, e a faculdade de intuição.

Para Kant, uma proposição universal [afirmativa] (da forma "Todo o *S* é *P*"[2]) é *analítica* se o conceito do predi-

---

([2]) [A classificação seguinte vem de Aristóteles (*Primeiros Analíticos*): Universal afirmativa (A): Todo o *S* é *P*; Universal negativa (E): Todo *S* não é *P*; Particular (ou existencial) afirmativa (I): Algum *S* é *P*; Particular (ou existencial) negativa (O): Algum *S* não é *P*. Os silogismos aristotélicos são constituídos exclusivamente por frases de uma das formas A, E, I, O.]

cado (*P*) está contido no conceito do sujeito (*S*); no caso contrário, a proposição é *sintética*. Por exemplo, "todos os solteiros são não casados" é analítica se o conceito de não casado está contido no conceito de ser solteiro. "Todos os homens são mortais" é analítica se o conceito de mortalidade está contido no conceito de homem. Visto que ser masculino não é (presumivelmente) parte do conceito de ser Presidente, "todos os Presidentes são masculinos" é sintética.

Como sabemos agora, nem toda a proposição tem uma forma sujeito-predicado, logo à luz da contemporaneidade a definição de *analiticidade* de Kant é artificial e asfixiante. Ele reconhece outras formas de juízo, sugerindo que a aplicação da distinção analítico-sintético a juízos negativos é simples (*Crítica da Razão Pura*, A6/B11), mas não diz muito mais. E quanto a proposições hipotéticas como "se está a chover, então está a chover ou cai neve"? Este não é o lugar para sugerir melhorias nem extensões da distinção de Kant, mas necessitamos de examinar a sua base.

O estatuto metafísico das verdades analíticas kantianas gira em torno da natureza dos *conceitos*. Não precisamos aprofundar esta questão para além de observar que a tese de Kant pressupõe que os conceitos têm partes (pelo menos metaforicamente), pois no caso contrário não podemos falar de um conceito "conter" outro. As questões relevantes aqui são epistémicas. Kant acreditava que as partes dos conceitos são apreendidas por meio de um processo mental de análise conceptual. Por exemplo, quando se nos depara uma proposição da forma "Todo o *S* é *P*" analisamos o conceito-sujeito *S* para ver se o predicado *P* está entre as partes. Reconhecemos que "todos os solteiros são não casados" analisando "solteiro" e descobrindo que contém "não casado". Em suma, seja o que forem os conceitos, Kant defendeu que quem apreende um conceito, está em posição de executar a análise e determinar os seus componentes. A análise conceptual revela o que já está implícito nos conceitos: "Os juízos analíticos podiam ser chamados *elucidatórios*. Pois, pelo predicado, eles nada acrescentam ao conceito do sujeito; pelo contrário, eles apenas dissecam o conceito, dividindo-o nos seus conceitos componentes que já tinham sido pensados nele" (*Crítica da Razão Pura*, B11). Assim, a análise conceptual não produz conhecimento novo sobre o mundo. Num sentido, nada nos conta, ou nada de novo.

É claro que as verdades analíticas são conhecíveis *a priori*. Seja *A* uma verdade analítica. Quem tenha apreendido os conceitos expressos em *A* está numa posição de determinar as suas partes e assim a verdade de *A*. Nenhuma experiência particular do mundo é necessária, para além do que é necessário para apreender os conceitos indispensáveis.

Kant observou que umas poucas proposições matemáticas são analíticas. Considere-se, por exemplo, "todos os triângulos têm três ângulos" ou talvez "todos os triângulos têm três lados"([3]) ou "todos os triângulos são idênticos a si mesmos". Kant defende que quase todas as proposições matemáticas são sintéticas. A mera análise conceptual não determina que $7 + 5 = 12$, ou que por quaisquer dois pontos pode ser tirada uma linha recta, nem que uma linha recta é o caminho mais curto entre dois pontos. A inspecção dos conceitos correspondentes a "7", "5", "12", adição, identidade, ponto, e linha não revelarão a verdade destas proposições.

Para ver por que razão Kant pensou que a análise conceptual não é suficiente para estabelecer muitas proposições matemáticas, atendemos à epistemologia de Kant. Este defendeu que as proposições sintéticas só são conhecíveis por via da "intuição", logo devemos virar-nos para esta noção.

([3]) O conceito expresso pela palavra "triângulo" contém o conceito de "possuir três ângulos". Contém também o conceito de "possuir três lados"? A palavra alemã para "triângulo" é "*Dreieck*", ou "possuir três cantos". Presumivelmente, este conceito contém "três ângulos", mas, além disso, contém "três lados"?

A intuição kantiana tem duas características, embora os estudiosos discordem quanto à importância relativa de cada uma. Primeiro, as intuições são *singulares*, no sentido de que são modos de representar objectos individuais. De facto, a intuição é essencial para o conhecimento de objectos individuais. Em contraste, a análise conceptual não é singular e só produz verdades gerais. Sabemos pela análise conceptual que todos os solteiros são não casados, mas assim não aprendemos que existem quaisquer solteiros, nem nos familiarizamos com algum. Ao discutir o argumento ontológico a favor da existência de Deus, Kant argumentou que não podemos aprender sobre a existência de qualquer coisa apenas por meio da análise conceptual (*Crítica da Razão Pura*, B622-3). Para adaptar esta tese à matemática, suponhamos que alguém quer mostrar que existe um número primo maior do que 100. De uma maneira matemática típica, assumimos que cada número natural maior do que 100 é composto e derivamos uma contradição. Então *talvez* essa pessoa tenha estabelecido a verdade analítica de que não é o caso de todos ou números maiores do que 100 serem compostos. Mas só obtemos a existência de um primo se soubermos que *existem* números naturais maiores do que 100. No que respeita à análise conceptual, parece que ainda temos a opção de rejeitar a suposição existencial.([4]) Similarmente, só sabemos que

---

([4]) É difícil ser definido sobre este exemplo visto que, tanto quanto sei, Kant não fala de demonstração em aritmética. Permite que algumas leis aritméticas sejam analíticas, mas talvez necessitemos da intuição para determinar que nem todo o número primo maior do que 100 é composto. O ponto aqui é que ele certamente defenderia que necessitamos da intuição para estabelecer a afirmação de *existência*. Em sistemas lógicos contemporâneos, "não é o caso de todos os x serem P" implica que "há um x tal que não-P". Em símbolos, $\neg \forall x P x$ implica $\exists x \neg P x$. Para empregar um anacronismo bárbaro, se a interpretação precedente de Kant fosse correcta, ele consideraria esta inferência como envolvendo a intuição. Isto é, a inferência em questão poderia levar de uma verdade analítica a uma verdade sintética. Ver Posy 1984 para uma descrição criteriosa da lógica adequada para atribuir a Kant.

uma diagonal de um quadrado é incomensurável com o seu lado se soubermos que há quadrados e que os quadrados têm diagonais. A análise conceptual não estabelece isto. De acordo com Kant, necessitamos da intuição para representar *números* (ou grupos numerados de objectos) e figuras geométricas, e para aprender coisas sobre eles. A *fortiori*, a análise conceptual não pode libertar a infinidade (potencial) do número e do espaço (ver Friedman 1985).

Uma razão para tomar a matemática como sendo sintética é então que ela lida com objectos individuais como grupos numerados de coisas, figuras geométricas, e até o próprio espaço – que Kant considerou como singular e apreendido pela intuição. Todavia, os seus pontos de vista são mais profundos do que isto.

Numa passagem famosa, ou infame, Kant argumentou que as somas são sintéticas:

> É verdade que podemos pensar, a princípio, que a proposição 7 + 5 = 12 é meramente analítica e que ela resulta, pelo princípio da contradição, do conceito de uma soma de sete e cinco. Porém, se observarmos mais de perto, achamos que o conceito da soma de 7 e 5 nada mais contém do que a união dos dois números num; mas [ao pensar] nessa união não pensamos de maneira alguma naquele único número que une os dois. Ao pensar meramente naquela união de sete e cinco, não pensei já de modo algum no conceito de doze; e por mais que disseque o meu conceito de uma tal soma possível, nunca acharei esse doze. Devemos ir além destes conceitos e tirarmos proveito da intuição correspondente a um dos dois: por exemplo, os nossos cinco dedos ou... cinco pontos. Desta maneira devemos adicionar gradualmente ao conceito de sete as unidades do cinco dado pela intuição... Desta maneira vejo o número 12 emergir. Que 5 *deviam ser adicionados* a 7, isto já eu de facto tinha pensado no conceito de uma soma = 7 + 5, mas não que esta soma é igual ao número 12. As proposições da aritmética

são portanto sempre sintéticas. Tornamo-nos cientes disto mais distintamente se considerarmos números maiores. Pois então é muito evidente que... nunca podemos encontrar a... soma por mera dissecação dos nossos conceitos, isto é, sem fazermos uso da intuição. (*Crítica da Razão Pura*, B15-16)

Lembremos que para Kant a análise conceptual não produz conhecimento novo. Antes, apenas revela *o que está implícito* nos conceitos. Kant afirma aqui que a adição fornece conhecimento novo, logo é sintética.

Kant defendeu que, apesar de as proposições matemáticas serem na maioria sintéticas, elas são conhecíveis *a priori* – independentemente da experiência sensorial. Como pode isto ser? Se a motivação vem da matemática ou não, muita da filosofia geral de Kant é dedicada a mostrar como as proposições sintéticas *a priori* são possíveis. Como pode haver umas verdades *a priori* que não sejam fundadas na análise conceptual?

Uma segunda característica da intuição kantiana é que ela produz conhecimento *imediato*. Como indicado pela passagem sobre 7 + 5, a intuição, pelo menos para os seres humanos, está presa à percepção sensorial. Uma intuição típica seria a percepção subjacente ao juízo de que a minha mão direita contém cinco dedos.

Este tipo de intuição é, naturalmente, empírico e o conhecimento que produz é contingente. Não aprendemos matemática daquela maneira. Kant defendeu que há uma forma de intuição que produz um conhecimento *a priori* de verdades necessárias. Esta intuição "pura" faculta as *formas de possíveis intuições empíricas*. Isto é, a intuição pura é uma consciência da forma espacio-temporal da percepção sensorial ordinária. A ideia é que a intuição pura revela as pressuposições do conhecimento empírico não problemático de objectos espácio-temporais. Por exemplo, a geometria euclidiana diz respeito às maneiras pelas quais os seres humanos percebem necessariamente o espaço e os objectos espaciais. Aprendemos objectos tridimensionais, confinamos regiões com linhas rectas, e assim por diante. A aritmética diz respeito às maneiras que os seres humanos possuem para perceber objectos no espaço e tempo, localizar e distinguir objectos e contá-los. A aritmética e a geometria descrevem assim a estrutura da percepção. Como disse Jaakko Hintikka (1967: §18), para Kant, a "existência dos indivíduos dos quais se ocupa o raciocínio matemático é devida ao processo pelo qual vimos a saber da existência de indivíduos em geral". Kant defendeu que este processo é a percepção sensorial. Portanto, "a estrutura do raciocínio matemático é devida à estrutura do nosso aparelho de percepção".

Lembremos que, para Descartes, a "extensão pura" é percebida directamente *nos* objectos físicos (pelo menos metaforicamente). Em contraste, Kant considerou que a intuição pura se ocupa das formas de *percepção* humana possível. Estas formas não estão nos próprios objectos físicos, mas, num sentido, elas são fornecidas pela mente humana. Estruturamos as nossas percepções de uma certa maneira.

Eis uma passagem da *Crítica da Razão Pura* que destaca a natureza das intuições geométricas *a priori* e a necessidade da matemática. Aparentemente, Kant considera a filosofia como sendo a actividade de análise conceptual, e contrasta-a com a matemática:

> A matemática proporciona o mais esplêndido exemplo de uma razão pura expandindo-se por conta própria com êxito, sem ajuda da experiência... A cognição *filosófica* é *cognição racional a partir de conceitos*. A cognição *matemática* é cognição racional a partir da *construção* de conceitos. Mas *construir* um conceito significa exibir *a priori* a intuição correspondente a ele. Portanto, a construção de um conceito requer uma intuição *não-empírica*. Consequentemente, esta intuição, como intuição, é um objecto *individual*; mas enquanto construção de um conceito (uma demonstração universal), ela não obstante expressa... a sua validade

universal para todas as intuições possíveis que caem sob o mesmo conceito. Assim, construo um triângulo exibindo o objecto correspondente a este conceito ou apenas através da imaginação em intuição pura ou... também no papel, e portanto também na intuição empírica. Mas em ambos os casos eu exibo o objecto completamente *a priori*, sem ter tomado o seu modelo a partir de qualquer experiência. A figura individual desenhada aí é empírica, e ainda serve para expressar o conceito sem prejudicar a sua universalidade. Pois ao lidar com esta intuição empírica tomamos em conta apenas a acção de construir o conceito – para a qual muitas determinações são... inconsequentes: por exemplo, a magnitude dos lados e dos ângulos – e assim abstraímos de todas estas diferenças que não mudam o conceito de triângulo... A cognição filosófica contempla o particular somente no universal. A cognição matemática, por outro lado, contempla o universal no... individual; mas faz isso não obstante *a priori* e por meio de razão. (*Crítica da Razão Pura*, B741-2)

Encontramos assim um tema recorrente na história da filosofia da matemática, a abstracção (ver Cap. 3, §4).

Podemos pensar que a intuição pura de Kant e o processo de abstracção exibem exemplos típicos ou paradigmáticos de conceitos dados. Começando com o *conceito* de triângulo, por exemplo, a intuição fornece-nos (*a priori*) um triângulo típico. Similarmente, começando com o conceito de número, a intuição produz um número típico. Depois disto, o matemático trabalha com os exemplos intuídos. Todavia, como se indica perto do fim da passagem citada, isto provavelmente não é o que Kant teve em mente. Pode haver um ponto ou linha típico, mas simplesmente não há um triângulo típico ou paradigmático. Qualquer triângulo dado, imaginado ou desenhado no papel, é acutângulo, rectângulo, ou obtusângulo, e é escaleno, isósceles, ou equilátero, logo qualquer triângulo dado não pode representar todos os triângulos. Além disso, como Gottlob Frege (1884: §13) mais tarde indicou, este tipo de abstracção bruta não tem a mínima aplicação à aritmética. Cada número natural tem propriedades que lhe são exclusivas, logo nenhum número natural pode representar todos os números naturais.

A observação de Kant de que "ao lidar com [uma] intuição empírica tomamos em conta apenas a acção de construir o conceito" indica uma conexão a uma técnica comum no raciocínio dedutivo. Suponhamos que um geómetra está empenhado numa demonstração geométrica sobre triângulos isósceles. Ele desenha um tal triângulo e pensa sobre ele. No texto subsequente o nosso geómetra invoca apenas propriedades de todos os triângulos isósceles, e não utiliza quaisquer outras características do triângulo desenhado, tal como a grandeza exacta dos ângulos ou se a base é mais curta ou mais longa do que os outros lados. Se for bem sucedido, as conclusões são válidas para todos os triângulos isósceles. Esta técnica é comum em matemática. Um matemático da teoria dos números poderá começar "seja n um número primo" e prosseguir o raciocínio com o "exemplo" n, utilizando apenas propriedades que são válidas para todos os números primos. Se demonstra que n tem uma propriedade P, então conclui que todos os números primos têm a propriedade P, talvez lembrando ao leitor que n é "arbitrário".

Esta prática corresponde a uma regra de inferência em sistemas lógicos contemporâneos, às vezes chamada "generalização "ou "introdução universal". Em sistemas de dedução natural, a regra é que de uma fórmula da forma $\Phi(c)$ (que exprime que o predicado Φ contém [ou é satisfeito por] o indivíduo c [ou c tem a propriedade Φ]) pode-se inferir $\forall x \Phi(x)$ (isto é, Φ contém todos os indivíduos), desde que a constante c não ocorra na fórmula $\forall x \Phi(x)$ ou em qualquer premissa de que $\Phi(c)$ dependa. As restrições no uso da regra garantem que o termo singular c é de facto arbitrário [denota de facto um indivíduo arbitrário]. Pode ser qualquer número.

Todavia, esta regra de inferência estava fora do âmbito da lógica que Kant conhecia. Kant alegou notoriamente que a lógica não tinha necessidade alguma de ir muito além dos silogismos aristotélicos. Ao interpretar Kant, Hintikka (1967) toma as "inferências" como a regra de generalização como sendo a componente essencial da intuição matemática. Isto é, qualquer demonstração que faz uso essencial desta regra tem uma conclusão sintética – mesmo que as suas premissas sejam analíticas. Em sistemas contemporâneos, a regra de generalização invoca um termo singular, a constante "arbitrária" introduzida no texto. De certa maneira, isto condiz com a característica de que a intuição kantiana lida com objectos individuais. De acordo com esta interpretação, se Kant tivesse aprendido alguma lógica contemporânea, então ele retrataria a sua tese principal de que a matemática é sintética, ou, mais provavelmente, alegaria que à luz da (nossa) lógica, uma inferência válida pode ter premissas analíticas e uma conclusão sintética, precisamente porque uma das nossas regras de inferência invoca um termo singular (ver também nota 4 acima).

É claro que Kant amarrou a intuição à percepção sensorial ou, no caso da intuição pura, às formas de percepção sensorial, e a regra de generalização nada específico tem em ligação com qualquer uma destas. A regra é completamente geral. Hintikka minimiza as teses de Kant de que as intuições são imediatas e que estão ligadas à percepção ou à sua forma. Ele critica Kant por este possuir uma visão demasiado estreita sobre a extensão da "intuição". A maioria dos comentadores não segue Hintikka aqui, e tentam delimitar um papel mais directo para a imediatez e as formas de percepção na filosofia da matemática de Kant (ver, por exemplo Parsons 1969, e o P.S. na reimpressão, Parsons 1983: Ensaio 5). A maioria dos estudiosos põe Kant a defender que os *axiomas* da geometria são sintéticos, e portanto o estatuto da lógica é irrelevante.

Consideremos mais uma passagem onde Kant expõe a diferença entre matemática e a análise conceptual da "filosofia":(⁵)

> A filosofia restringe-se a conceitos universais apenas. A matemática nada pode realizar apenas com os conceitos mas apressa-se a recorrer à intuição, na qual contempla o conceito *in concreto*, mas ainda não empiricamente; ao invés, a matemática contempla o conceito somente numa intuição que exibe *a priori* – i.e., uma intuição que construiu... Dêem a um filósofo o conceito de triângulo, e deixem-no descobrir à sua maneira qual pode ser a relação da soma dos seus ângulos com o ângulo recto. Ele agora nada mais tem do que o conceito de uma figura compreendida entre três linhas rectas – com esta figura – e igualmente o conceito de três ângulos. Assim, por mais que medite neste conceito, nada de novo ele descobrirá. Pode dissecar e tornar nítido o conceito de linha recta, ou de ângulo, ou do número três, mas não pode chegar a quaisquer outras propriedades que não estejam ligadas de alguma maneira a estes conceitos. Mas agora deixemos o geómetra encarregar-se desta questão. Começa imediatamente por construir um triângulo. Ele... prolonga um lado deste triângulo e assim obtém dois ângulos adjacentes que juntos perfazem dois ângulos rectos... Agora divide o ângulo externo traçando uma paralela ao lado oposto do triângulo; e vê que assim se forma aqui um ângulo externo adjacente que é igual a um interno; etc. Desta maneira, por uma cadeia de inferências mas sempre guiado pela intuição, chega a uma solução completamente evidente e ao mesmo tempo universal da questão. (*Crítica da Razão Pura*, B743-5)

Kant refere-se aqui à demonstração euclidiana usual de que a soma dos ângulos de um triângulo é igual a dois rectos (180°), encontrada no Livro I, Proposição 32 dos

---

(⁵) Sobre o conceito de triângulo, ver nota 3 acima.

Elementos de Euclides. A perspectiva de Kant é sugestiva. Como foi observado acima, a análise conceptual não produz conhecimento novo mas apenas descobre o que está implícito nos conceitos. Ela apenas "disseca" ou "torna nítidas" as partes que já lá estão. Em contraste, a matemática produz conhecimento novo. As suas conclusões não estão implícitas nos conceitos. A intuição fornece-nos exemplos de objectos, ou grupos de objectos, que exibem os conceitos em questão. Isto é, a intuição produz figuras geométricas ou colecções numeradas de objectos. Todavia, isto é apenas um parco começo. Com nada mais que exemplos o matemático não pode ir muito além do que estaria disponível pela análise conceptual. Até agora, tudo o que sabe sobre os exemplos é que eles possuem os conceitos dados em questão, e bem assim quaisquer outros conceitos contidos neles. A matemática revela conhecimento novo mediante um processo mental *a priori* de construção. O matemático trabalha sobre e *actua* sobre os exemplos dados, seguindo regras implícitas na "intuição pura".

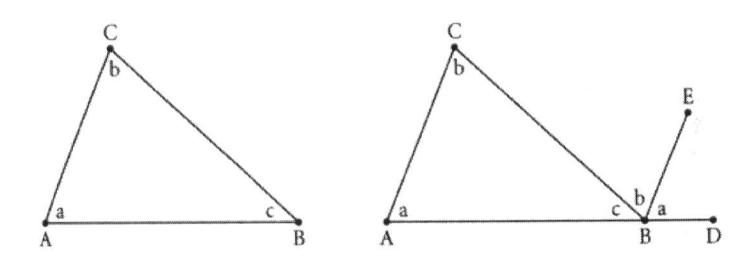

FIG. 4.1. *A demonstração de que a soma dos ângulos num triângulo é dois ângulos rectos*

Hintikka (1967: §8) indica que o paradigma de Kant é os *Elementos* de Euclides, e vale a pena lançar um breve olhar à estrutura de uma demonstração euclidiana típica. Começa com um "enunciado" de uma proposição geral, que diz o que está para ser estabelecido. A proposição 32 do Livro I diz (em parte), "Em qualquer triângulo... os três ângulos interiores... são iguais a dois ângulos rectos." Assim, Euclides supõe que foi desenhada uma figura particular satisfazendo a hipótese da proposição. Isto é chamado a "preparação" ou *ecthesis*. Para Kant, esta preparação envolve intuição, como acima. A intuição proporciona exemplos que exibem os conceitos dados. (Ver a parte esquerda da Fig. 4.1.) A terceira parte crucial da demonstração é onde a figura é completada tirando certas linhas *adicionais*, circunferências, pontos, e assim por diante. No exemplo da figura acima, isto será o prolongamento do segmento AB a AD e o segmento BE paralelo a AC. (Ver a metade direita da Fig 4.1.) ([6]) Talvez estas construções auxiliares sejam a essência da intuição pura envolvida na matemática. O geómetra (neste caso, Euclides) produz coisas que não estavam aí antes. Euclides prossegue então com a *demonstração*, ou *apodeixis*, que consiste numa série de inferências relativas à figura completada. No exemplo à mão, notamos que o ângulo ∠CAB é igual a ∠EBD (por um teorema prévio) e que ∠ACB é igual a ∠CBE. Assim, os três ângulos do triângulo somam dois ângulos rectos.

Na passagem citada, Kant disse que as inferências "são sempre guiadas pela intuição". A intuição está envolvida na *leitura* dos diagramas, e por isso revela factos sobre o triângulo original. A parte final, a "prova" da demonstração produz conhecimento sintético. ([7])

([6]) A Proposição 32 diz: "Em qualquer triângulo, se um dos lados for prolongado, o ângulo externo é igual ao dois internos opostos, e os três ângulos internos do triângulo são iguais a dois ângulos rectos." Então a preparação seria o triângulo ABC juntamente com o segmento de recta BD. A construção auxiliar é o segmento de recta BE paralelo a AC.

([7]) Esta questão está relacionada com uma das chamadas "lacunas" lógicas nos *Elementos* de Euclides. Suponhamos que temos uma linha recta que vai do interior de uma circunferência ao exterior. Euclides supôs que há um ponto onde a linha corta a circunferência. À luz moderna, isto não pode ser derivado dos seus postulados, axiomas, e definições. Devemos adicionar explicitamente um princípio de

Consideremos de seguida o que Kant diz sobre 7 + 5 = 12. Mais uma vez, a análise conceptual não produz a soma, visto que nada nos conceitos de sete e cinco nos dá o número doze. Para obter a soma, "aproveitamo-nos da intuição correspondente a um dos dois: por exemplo, os nossos cinco dedos ou... cinco pontos." Isto corresponde à preparação numa demonstração euclidiana. Necessitamos de um exemplo de uma colecção de cinco objectos. Isto, todavia, não é suficiente, visto que ainda não temos a soma. Então "gradualmente adicionamos, ao conceito de sete, as unidades dos cinco dados na intuição". Este passo crucial, em que continuamos a "adicionar" uma unidade, corresponde à construção auxiliar. O matemático produz assim os números 7, 9, 10, 11, e finalmente vê "o número 12 surgir". Ele constrói assim algo que não está implícito no conceito original da soma de 7 e 5, nem nos exemplos fornecidos pela intuição. Charles Parsons (1969) assinala que sempre que "Kant fala sobre este assunto, ele alega que o número, e portanto a aritmética, envolve a *sucessão* de uma maneira crucial". Vemos aqui como a aritmética lida com o infinito potencial. Nós intuímos que podemos sempre continuar a contar.

Há, por certo, uma diferença importante entre os nossos exemplos geométricos e aritméticos. Com somas simples nada há que corresponda à etapa de "prova" de uma demonstração euclidiana. Uma vez completadas as "construções auxiliares", temos a soma e então está tudo feito. Kant sugeriu que a aritmética não tem quaisquer axiomas (por exemplo, na *Crítica da Razão Pura*, B204-6). Isto poderá significar que ele defendeu que não há demonstrações aritméticas.([8]) Todavia, as semelhanças

---

continuidade. Todavia, se pensarmos na inferência de Euclides como "guiada pela intuição", então talvez não haja lacuna alguma. De esta perspectiva, a continuidade da circunferência e da linha é intuída, e não é lógica nem analítica.

([8]) Os teoremas da aritmética no Livro X dos *Elementos* de Euclides são interpretados explicitamente em termos geométricos. Alguns

entre a aritmética e a geometria são notáveis. Em ambos os casos, a construção é essencial ao progresso matemático. Para prosseguir esta interpretação, ou reconstrução, da explicação que Kant dá da matemática, necessitaríamos de nos concentrarmos na natureza da construção matemática. A ideia é que a intuição pura nos permite descobrir (*a priori*) as *possibilidades* da actividade construtiva. Os postulados euclidianos delimitam as construções possíveis no espaço. Por exemplo, qualquer segmento de linha recta pode ser prolongado indefinidamente, ou, nas palavras de Euclides, o geómetra "pode produzir uma linha recta finita continuamente numa linha recta" (Postulado 2). Um princípio correspondente na aritmética é que qualquer número pode ser estendido ao número seguinte. Isto é usado na discussão de 7 + 5 = 12. Nesta interpretação, os postulados contam-nos o que o matemático pode *fazer*.[9] Isto faz da matemática principalmente uma actividade mental, e o seu conteúdo é a actividade mental humana possível (ver Parsons 1984). Encontraremos a ideia de construção matemática novamente em algumas versões do intuicionismo – talvez a filosofia da matemática do século XX mais próxima de Kant (ver Cap. 7).

Temos de estreitar a conexão entre esta intuição pura *a priori* e a percepção sensorial ordinária, ou intuição empírica. Tal como acima, a intuição pura delimita as formas de percepção. Numa interpretação, a construção matemática revela as *possibilidades* da percepção no espaço e tempo. A aritmética, por exemplo, descreve propriedades de

---

comentadores atribuem uma fundamentação axiomática da aritmética a Kant. A propósito, não sei que o que Kant pensaria de uma diferença, como 12 − 5 = 7. Poderíamos pensar que a construção auxiliar não é necessária aqui. Uma vez que apreendemos o conceito de doze objectos, podemos "dissecá-lo" para determinar a diferença. Por outro lado, talvez o mesmo acto de *dividir* a colecção seja uma construção que envolve a intuição.

[9] Todavia, o quarto postulado de Euclides diz que "todos os ângulos rectos são iguais", o que não representa uma construção.

colecções percebidas de objectos. De esta perspectiva, a geometria é mais problemática. Na interpretação em questão, os postulados euclidianos descrevem linhas possíveis que podemos *ver*. Todavia, se desdenhamos uma longa extensão de linhas rectas paralelas, tal como um par de trilhos de caminho-de-ferro, elas parecem encontrar-se. Se rodamos uma circunferência, ela parece elíptica. Em resumo, a geometria euclidiana nem sempre descreve como o espaço *parece*. A percepção é projectiva, não é euclidiana. Visto que Kant liga a intuição à percepção sensorial, e portanto à aparência, ele deve resolver esta dicotomia aparência-realidade. Presumivelmente, um kantiano pode de algum modo abstrair das várias perspectivas dos diferentes observadores, procurando o que lhes é comum. Um segundo problema diz respeito às idealizações, um problema que já encontrámos antes e voltaremos a encontrar. Não podemos simplesmente perceber uma linha sem espessura. Com figuras desenhadas reais (apreendidas via "intuição empírica"), duas linhas rectas, ou uma tangente a uma circunferência, não se encontram num único ponto, mas numa pequena região (determinada pela espessura das linhas; ver Fig. 3.2). Para resolver este problema, Kant não dispõe da opção de Platão de separar o mundo de geometria do mundo físico que habitamos, sendo o último apenas uma ilustração pobre e imperfeita do primeiro. Isso seria uma caída no racionalismo, e cortaria a ligação estreita com a percepção.

Kant considerou a geometria como descrevendo o *espaço*, e portanto as figuras euclidianas são partes do espaço. Não podemos ver uma linha euclidiana, visto que é muito delgada, não obstante ela ser uma parte de espaço. Os objectos percebidos existem no espaço e só entendemos a percepção na medida em que entendemos o espaço. A geometria estuda as formas da percepção, no sentido em que descreve o espaço infinito que condiciona os objectos percebidos. Este espaço euclidiano é o pano de fundo da percepção, e portanto proporciona as formas da percepção ou, em termos kantianos, a forma *a priori* da intuição empírica. A maneira como aprendemos sobre o espaço *a priori* é executando construções em intuição pura, e demonstrando coisas sobre os resultados. Qual é a relação entre as figuras geométricas e as suas contrapartes desenhadas? Ninguém pode negar que as linhas traçadas são só aproximações das linhas euclidianas. Todavia, Kant refere figuras traçadas, e "intuição empírica" como partes das demonstrações *geométricas*, seguindo Euclides. Qual é, então, o papel das figuras desenhadas na demonstração euclidiana? Uma posição é, talvez, que as linhas traçadas (e apreendidas via intuição empírica) ajudam o matemático a concentrar-se nas correspondentes linhas euclidianas. As construções nas figuras desenhadas correspondem a construções mentalmente apreendidas no espaço euclidiano. Certamente Kant não pensou que é necessário desenhar realmente uma figura no papel para apreender uma demonstração euclidiana. Com alguma prática, seguimos o texto da demonstração directamente – via olhos da mente – sem consultar o diagrama. Analogamente, Kant por certo não defendeu que temos de *olhar para* um grupo de cinco objectos (tal como "os nossos cinco dedos ou... cinco pontos") para calcular 7 + 5. Podemos contar mentalmente. Em suma, as figuras desenhadas ou diagramas – na intuição – ajudam a mente a concentrar-se nas formas *a priori* da percepção.

Há um largo acordo em que a filosofia da matemática de Kant vacilou perante desenvolvimentos posteriores na ciência e na matemática. O exemplo comum mais citado é o crescimento e aceitação da geometria não-euclidiana, e a sua aplicação à física. Kant defendeu que o postulado de paralelismo é uma verdade necessária *a priori*. Então não podia ser falso, todavia, de acordo com a física contemporânea – uma teoria empírica – o espaço-tempo é melhor entendido como sendo não-euclidiano. Há desacordo entre os estudiosos sobre se Kant podia ter permitido algum estatuto legítimo à geometria não-euclidiana.

Alguns argumentam que ele encarava somente uma espécie de necessidade, e portanto não podia ter feito qualquer distinção entre geometria pura e aplicada. Se estes estudiosos tiverem razão, então a geometria não-euclidiana não tem, para Kant, pernas para andar. Todavia, outros atribuem a Kant uma distinção entre possibilidade conceptual e o que pode ser chamado possibilidade "intuitiva". Uma proposição, ou teoria, é conceptualmente possível se a análise dos conceitos relevantes não revela uma contradição. Kant concede que certos pensamentos em conflito com a geometria euclidiana são coerentes, porque os pensamentos não envolvem uma contradição. Ele menciona, a propósito, uma figura do plano, incluída entre duas linhas rectas. Visto que a geometria euclidiana é sintética, a geometria não-euclidiana é conceptualmente possível.([10]) Naturalmente, a geometria não-euclidiana não é *intuitivamente* possível, visto que a geometria euclidiana é necessariamente verdadeira.

Nesta interpretação da geometria não-euclidiana, um kantiano teria de admitir uma *aritmética* não-standard conceptualmente possível – a que podemos chamar uma "aritmética não-peaniana".([11]) Para Kant, 7 + 5 = 12 é sintética, e portanto 7 + 5 = 10 e 7 + 5 = 13 são conceptualmente

---

([10]) Alguns intérpretes colocam Kant a defender que não podemos expressar os *conceitos* da geometria sem apelar a construção em intuição – e esta construção é euclidiana. Portanto, até a geometria não-euclidiana pressupõe a necessidade da geometria euclidiana.

([11]) [A chamada *aritmética não-standard* admite "números" infinitamente grandes (ou não-standard), que são maiores do que todos os números ordinários (standard) 0, 1, 2, ..., mas com os quais também se podem fazer adições, multiplicações, etc. Os chamados *modelos não--standard* da aritmética foram descobertos pelo matemático e lógico norueguês Thoralf Skolem (1887-1963) em 1933 e constituem um objecto de estudo respeitável na lógica matemática moderna. Para uma descrição mais detalhada ver A. J. F. Oliveira e I. van den Berg, *Matemática Não-Standard, Uma Introdução com Aplicações*, Fundação Calouste Gulbenkian, 2007.]

possíveis. Mas poderíamos ter uma matemática "pura" coerente na qual uma destas (ou até ambas) são verdadeiras? Mesmo que a manobra em questão atribua à geometria não-euclidiana algum estatuto legítimo, talvez enquanto matemática pura, isso não acomoda o seu uso em física. Kant escreveu que a geometria (euclidiana) goza de "validade objectiva apenas por intuição empírica, de que a intuição pura é a forma". Se não fosse a ligação à intuição, a geometria teria "absolutamente nenhuma validade objectiva, antes seria um mero jogo... da imaginação ou do entendimento" (*Crítica da Razão Pura*, B298). Visto que a geometria não-euclidiana presumivelmente corta os laços de Kant com a intuição, ela *é* um mero jogo. Resulta do ponto de vista de Kant que sabemos *a priori* que a geometria não-euclidiana não pode ser aplicada em física.

Talvez uma resposta melhor para um kantiano fosse retirar a tese de que o postulado de paralelismo é sintético *a priori*. Este estatuto especial é acordado somente àquelas proposições que são comuns à geometria euclidiana e a algumas geometrias não-euclidianas (isto é, todos os postulados de Euclides excepto o quinto). Talvez não seja uma parte profundamente entrincheirada da filosofia de Kant que a geometria *euclidiana* seja sintética *a priori*. O que importa é que a *geometria* é sintética *a priori*, e nos dias de Kant a geometria era euclidiana. De modo a evitar um segundo embaraço, o nosso kantiano poderá permanecer na defensiva para desenvolvimentos futuros em física que neguem um dos outros postulados ou axiomas. Seria curioso, todavia, que um kantiano mudasse os seus pontos de vista sobre o que é conhecível *a priori* em resposta a desenvolvimentos num empre-endimento empírico como é a física. Como vimos no Cap. 1, §3, espera-se que um naturalista modifique os seus pontos de vista filosóficos à luz de desenvolvimentos na ciência e na matemática. A filosofia é um empreendimento holístico. Mas Kant não era um naturalista. Ele preenche o molde da escola a que eu chamo "filosofia-primeiro" no Cap. 1, §2.

Kant assumiu-se como delimitando as *pressuposições a priori* da experiência, e da ciência empírica. O facto de a física não se conformar às estruturas é profundamente problemático, a menos que o kantiano esteja preparado para rejeitar sem piedade os desenvolvimentos em física. É coerente modificar um ponto de vista sobre o que é *a priori* em resposta à ciência empírica?

Outros desenvolvimentos em matemática também se mostraram problemáticos para os kantianos. Parece, por exemplo, que as distinções importantes entre continuidade e diferenciabilidade e entre continuidade uniforme e continuidade pontual não têm qualquer base na intuição. Como se relacionam estas distinções com as formas de percepção? Outros ramos da matemática pura e aplicada vão ainda mais longe no corte da ligação com a intuição. Como podemos relacionar a análise complexa, a geometria multi-dimensional, a análise funcional, e teoria dos conjuntos às formas da percepção? Muitos destes ramos da matemática encontraram aplicações nas ciências. De facto, muitos foram desenvolvidos em resposta às necessidades das ciências. Naturalmente, Kant não deve ser acusado por isto, visto que a maioria dos desenvolvimentos em questão veio depois do seu tempo de vida, mas ele considerou os seus pontos de vista como proporcionando os limites para toda a ciência futura. Um kantiano contemporâneo tem um osso duro de roer.

3. Mill

Apesar da influência considerável de Kant, muitos filósofos acharam, e continuam a achar, a sua noção de intuição – e a tese concomitante da verdade sintética *a priori* – incómoda. De acordo com Alberto Coffa (1991), um item principal na agenda da filosofia por todo o século XIX consistia em explicar a necessidade *prima facie* e a natureza *a priori* da matemática e da lógica sem invocar a intuição kantiana. Podemos entender a matemática e a lógica como independentes das formas de intuição temporal e espacial? De uma perspectiva empirista, há duas alternativas à visão kantiana de que a matemática é sintética *a priori*. Podemos entender a matemática como analítica, ou então entendê-la como empírica, e, portanto, *a posteriori*. O capítulo seguinte ocupa-se dos logicistas, que tomaram o primeiro caminho. Algumas versões do formalismo também podem ser interpretadas como uma defesa da analiticidade da matemática (ver Cap. 6). Vamos agora considerar um empirista radical, John Stuart Mill, que tomou o segundo caminho, argumentando que a matemática é empírica. Mill é um precursor de algumas influentes descrições empiristas contemporâneas da matemática (ver Cap. 8, §2).

Como vimos, filósofos como Kant consideraram-se a si próprios como exploradores das pré-condições e limites do pensamento e experiência humanos, por métodos que são independentes de, e prévios às ciências naturais. Defenderam que necessitamos da filosofia para determinar a fundação básica e os limites *a priori* de toda a questão empírica. Kant encarou-se a si próprio como estando a descobrir a estrutura profunda do conhecimento empírico, aquela a que as nossas percepções se devem conformar. Philip Kitcher (1998) chama *transcendentalismo* a pontos de vista como este, visto que encaram a filosofia como transcendente em relação às ciências naturais. Trata-se de variedades do ponto de vista a que chamei "filosofia-primeiro" no Cap. 1, §2, implicando que, conceptualmente, a filosofia precede praticamente tudo o resto – certamente a ciência, antes de qualquer ordenação fundacional. Do ponto de vista de Kant, a filosofia revela as pressuposições da ciência empírica.

O ponto de vista chamado actualmente de *naturalismo* opõe-se a este fundacionalismo. Os naturalistas encaram os seres humanos como fazendo inteiramente parte da ordem causal estudada na ciência. Não há fontes de conhecimento filosófico que se posicionem de forma independente das, e precedente às ciências naturais. Willard van Orman Quine (1981: 72) caracteriza o naturalismo como "o abandono da filosofia prima"([12]) e "o reconhecimento de que é dentro de ciência... que a realidade deve ser identificada e ser descrita" (ver também Quine 1969). Qualquer faculdade epistémica que o filósofo invoque deve ser acessível ao escrutínio científico comum. A epistemologia harmoniza-se com a psicologia cognitiva.([13])

Mill foi um dos naturalistas mais consistentes na história da filosofia. Ele sustentou, em oposição aos kantianos, que a mente humana é completamente parte de natureza, e, portanto, que nenhum conhecimento significativo do mundo pode ser *a priori*. Desenvolveu uma epistemologia com essa base empirista radical.

A distinção de Mill entre proposições "verbais" e "reais" parece ser modelada segundo a dicotomia analítico-sintético de Kant ou, melhor, na distinção de Hume entre "relações de ideias" e "questões de facto". Para Mill, as proposições verbais são verdadeiras por definição. Elas não possuem conteúdo genuíno, e nada dizem sobre o mundo. Mill difere de Kant e de alguns outros empiristas, tais como Hume antes dele e Rudolf Carnap depois, ao defender que as proposições da matemática – e a maioria das da lógica – são *reais* e, portanto, sintéticas e empíricas. Nos termos de Hume, para Mill a matemática e a lógica são sobre questões de facto.

Ao contrário de empiristas anteriores e posteriores, a inferência epistemológica fundamental para Mill é a *indução enumerativa*. Vemos muitos corvos negros e nenhum

---

([12]) [Aristóteles chamou "filosofia primeira" ou "filosofia prima" ao que hoje se chama "metafísica", a disciplina filosófica que estuda o "ser enquanto ser". Descartes seguiu-lhe as pisadas com o seu *Meditationes de prima philosophia* (1641), traduzido em francês com o título *Méditations Metaphysiques* (1647).]

([13]) Ver Cap. 1, §3 para uma breve descrição do naturalismo na filosofia da matemática. Maddy 1997 contém um tratamento completo.

de qualquer outra cor, e concluimos que todos os corvos são negros e que o próximo corvo que virmos será negro. Todo o conhecimento (real) do mundo remonta *indirectamente* a generalizações sobre observações. A epistemologia global de Mill é sofisticada, e inclui os seus famosos princípios de inquirição experimental na ciência. A conexão epistémica entre leis científicas e generalizações da experiência é algo circular. Todavia, a epistemologia de Mill para a matemática e a lógica não é tão sofisticada. Ele defendeu que as leis da matemática e da lógica podem ser atribuídas directamente à indução enumerativa – inferências a partir de observações via generalizações sobre o que é observado.

Mill sugere, pelo menos numa passagem, que as generalizações nada adicionam à força dos argumentos, visto que toda a inferência importante vai de "particulares a particulares". As proposições universais, como "todos os corvos são negros", são apenas registos sumários do que observámos e do que esperamos observar. Para Mill, as proposições matemáticas típicas são generalizações, logo estas proposições também registam e sumarizam a experiência. A filosofia da matemática de Mill é concebida para mostrar o que as proposições matemáticas são exactamente, com vista a alinhá-las com este tema epistemológico geral.

Comecemos pela geometria. Mill rejeita a existência de objectos abstractos, e procura fundamentar a geometria na observação. Assim, tal como Aristóteles, ele tem de explicar o sentido óbvio em que os objectos estudados na geometria não são como coisa alguma que seja observada no mundo físico. Cada linha recta que observamos tem espessura e não é perfeitamente recta. Os escritos de Mill sobre isto não são claros, mas podemos esboçar uma ideia geral. Ele defendeu que os objectos geométricos são aproximações de figuras desenhadas reais. A geometria diz respeito a idealizações de possibilidades de construção. As duas noções centrais aqui são "idealização" e "possibilidade". Como entende tais conceitos este empirista implacável?

Mill considera as linhas rectas sem espessura e os pontos sem comprimento como sendo *conceitos limite*. Uma linha traçada no papel pode ser mais ou menos delgada, dependendo da qualidade da tinta, do afiado do lápis, ou da resolução da impressora. Podemos pensar nas linhas da geometria como o limite que é aproximado quando traçamos linhas cada vez mais rectas e mais delgadas. Similarmente, um ponto é o limite que se aproxima quando traçamos segmentos cada vez mais curtos e delgados, e uma circunferência é o limite que se aproxima quando traçamos circunferências cada vez mais delgadas e perfeitas.([14]) É claro que, fisicamente, não há tais limites, e Mill defende que a geometria não lida com objectos existentes. Portanto, estritamente falando, a geometria euclidiana é uma obra de ficção. As figuras postuladas são "representantes fictícios". Todavia, visto que as figuras geométricas aproximam figuras desenhadas e objectos naturais, as proposições geométricas são verdadeiras (acerca da natureza) na medida em que as figuras e objectos reais se aproximam das idealizações. Se medimos os ângulos de um triângulo desenhado, acharemos a soma *aproximadamente* igual a dois ângulos rectos. Quanto mais rectos e finos forem os lados, mais próxima de dois ângulos rectos será a soma dos ângulos do triângulo. Se desenharmos cuidadosamente um triângulo, vemos que as três mediatrizes dos lados se intersectam num ponto. Se formos desajeitados (mas não muito), vemos que as mediatrizes quase se intersectam num ponto. Neste sentido, as proposições da geometria são generalizações indutivas sobre possíveis figuras físicas no espaço físico. Elas têm sido confirmadas pela experiência de longa data.

([14]) Note-se a semelhança entre os conceitos de limite de Mill e o modo como os limites, como nas derivadas e integrais, são definidos na análise infinitesimal contemporânea.

Podemos questionar a noção de possibilidade que Mill invoca na sua concepção da geometria. Centrando num exemplo, que devemos pensar do postulado euclidiano de que por quaisquer dois pontos se pode tirar uma linha recta [segmento]? Se isto significa que podemos desenhar uma linha sem espessura, então o postulado não é verdadeiro, nem sequer aproximadamente. De facto, nem sequer podemos conceber o desenho de uma linha sem espessura. Que instrumento usaríamos? A discussão sobre os limites sugere que o postulado poderá significar que dados quaisquer dois pontos físicos A, B, por mais pequenos que sejam, e dado qualquer grau d de espessura, podemos tirar uma linha recta entre A e B não mais espessa do que d. Isto não é muito melhor, visto que não podemos considerar aquela afirmação-limite como uma generalização bem estabelecida a partir da experiência. Quantas experiências foram realizadas com linhas realmente delgadas? A generalização é verdadeira de todo? Tanto quanto se sabe, há um limite inferior de espessura abaixo do qual não podemos desenhar nem perceber uma linha. Podemos tirar uma linha mais delgada do que o diâmetro de um átomo de hidrogénio? Com que material? A versão limite do postulado euclidiano, entendida em termos físicos tão extremos, é certamente falsa. Analogamente, o teorema de que cada segmento tem uma mediatriz é fisicamente falso, mesmo até permitindo as idealizações de Mill. Suponhamos que começamos com um segmento dado, digamos com dois centímetros de comprimento, e o dividimos ao meio. Depois dividimos ao meio a metade esquerda, e dividimos ao meio a metade esquerda desta, e assim sucessivamente enquanto for possível. Não é simplesmente possível fazer isto trinta vezes. O trigésimo segmento de linha teria um comprimento subatómico.

Em que sentido, então, é possível tirar uma linha entre dois pontos ou dividir um segmento de linha ao meio? Talvez Mill tenha considerado a geometria como dizendo respeito à experiência hipoteticamente melhorada, em que a nossa acuidade é extremamente aguçada. Ou talvez um milliano possa interpretar os axiomas geométricos em termos de alguma possibilidade *matemática* distintamente característica, em vez da possibilidade física invocada acima. A tese subjacente é que é consistente com as leis matemáticas do espaço, se não com as leis físicas do universo, que não exista limite algum à delgadeza das linhas e nenhum limite ao comprimento dos segmentos de linha que podem ser divididos ao meio. Todavia, é difícil ver como Mill dispõe dos recursos para realizar quer a super-acuidade hipoteticamente melhorada ou as possibilidades matemáticas características. Lembremos que, para Mill, todo o conhecimento matemático é baseado em generalizações indutivas da experiência. Onde aprenderíamos então sobre a acuidade superior e as possibilidades matemáticas?

Considerando agora a aritmética, Mill concorda com Platão e Aristóteles que os números naturais são números *de* colecções. Ele alinha com Aristóteles na rejeição de "unidades" ideais, logo, para Mill, os números são números de objectos comuns:

> Todos os números devem ser números de algo: não há tais coisas como números em abstracto. *Dez* deve significar dez corpos, ou dez sons, ou dez pulsações. Mas embora os números devam ser números de algo, eles podem ser números de qualquer coisa. Portanto, as proposições relativas a números têm a peculiaridade notável de serem proposições relativas a coisas quaisquer, todos os objectos, todas as existências de qualquer tipo, conhecidas pela nossa experiência. (Mill 1973: 254-5)

Assim, Mill não toma um numeral como sendo um termo singular que denota um único objecto. Os numerais são, antes, termos gerais [universais], como "cão" ou "vermelho". Eles não se estendem sobre objectos individuais, mas sobre agregados de objectos: "Dois, por exemplo, denota todos os pares de coisas, e doze, todas as dúzias de coisas" (1973: 610).

E acerca de proposições da aritmética? Mill preocupa-se em fornecer uma descrição das somas, como "5 + 2 = 7" e "165 + 432 = 597". Diz que há só dois axiomas, a saber, "coisas que são iguais a uma mesma coisa são iguais entre si" e "iguais somados a iguais perfazem somas iguais" (1973: 610) e um esquema de definição, um para cada numeral que denota o número "formado pela adição de uma unidade ao número logo abaixo dele". A partir daqui fornece uma derivação de "5 + 2 = 7". Fica claro como estender o procedimento para derivar qualquer soma correcta.([15])

A característica distinta, aqui, para Mill, é que estas adições são proposições *reais*, não-verbais, sobre agregados físicos e suas propriedades estruturais. Visto que são reais, em última análise elas devem tornar-se conhecidas mediante indução enumerativa, generalização com base na experiência. A nossa experiência quase uniforme com o coleccionar e separar objectos confirma as somas aritméticas. Numa passagem infeliz, Mill escreveu que a soma "2 + 1 = 3" envolve a suposição "de que existem colecções de objectos, que enquanto impressionam os sentidos assim, °₀°, podem ser separados em duas partes, assim, o o o" (1973: 257).

Os *Fundamentos da Aritmética* [ver nota 29, p. 149], de Frege, contêm um ataque cerrado e persistente à versão da aritmética de Mill:

> Dêmos graças, portanto, que nem tudo no mundo esteja pregado ao chão; pois se o estivesse, não devíamos ser capazes de realizar esta separação, e 2 + 1 não seria 3! É uma

---

([15]) Tal como foi observado por Frege noutro contexto, a derivação por Mill das somas faz uso essencial da lei associativa.

pena que Mill também não tenha ilustrado os factos físicos subjacentes aos números 0 e 1!... A partir daqui podemos ver que é realmente incorrecto falar de três toques quando o relógio toca três, ou chamar doce, azedo e amargo a três sensações de gosto... Pois nenhumas destas impressiona os sentidos assim, ᵒₒᵒ. (Frege 1884: §7)

Frege toma assim o "organizar" de Mill num sentido absolutamente físico: "Devemos literalmente reunir todos os cegos da Alemanha antes de poder dar sentido à expressão 'o número de cegos da Alemanha'?" (§23).

A crítica de Frege é injusta. Como vimos acima, o próprio Mill menciona números de coisas que não podem ser fisicamente organizados nos vértices de um triângulo. Fala de sons e batidas do coração. Por isso, Mill deveria ter tido algo mais geral em mente. Coleccionar e separar colecções pequenas de objectos é *um exemplo típico* de generalizações de somas aritméticas. Mentalmente "coleccionamos" e "separamos" batidas do coração e toques de relógio, não mencionando continentes e planetas, mesmo que eles não impressionem os sentidos assim ᵒₒᵒ e não possam ser separados fisicamente assim o o o. Também coleccionamos um e até zero objectos de certo tipo, quando consideramos quantos reis brancos estão num tabuleiro de xadrez ou quantos presidentes femininos tomaram posse antes de 1999 nos EUA.

Não obstante, Frege tem razão em que o maior ónus sobre o empirista é fazer sentido dos termos "coleccionar" e "separar". Saber exactamente que experiência está envolvida na proposição de que duas batidas do coração com mais uma batida do coração fazem três batidas do coração, ou que dois planetas com mais três planetas fazem cinco planetas?

Frege também questiona a ideia de Mill de que os números denotam agregados físicos. Se pensamos um agregado como um pedaço físico de material, não seremos capazes de lhe associar um número: "Se coloco uma pilha de cartas de jogo nas mãos [de alguém], proferindo as palavras: Achem o seu número, isto não lhes diz se desejo saber o número de cartas, ou de baralhos completos de cartas, ou até dos pontos obtidos num jogo de bisca. Ter colocado a pilha nas suas mãos não é ainda ter definido completamente o objecto que deverá investigar; devo acrescentar alguma palavra mais – cartas, baralhos, ou pontos." (1884: §22). Na secção seguinte, Frege escreveu que um "fardo de palha pode ser separado em partes cortando todas as palhas ao meio, ou separando o fardo nas palhas individuais, ou dividindo o fardo em dois." Ele acrescenta que "a palavra 'uma'... na expressão 'uma palha' não faz significativamente justiça à maneira como a palha é composta de células ou moléculas".

O próprio Mill (1973: 611) tem resposta a Frege aqui: "Quando dizemos de uma colecção de objectos *dois*, *três*, ou *quatro*, eles não são dois, três, ou quatro em abstracto; são duas, três, ou quatro coisas de algum tipo particular; seixos, cavalos, polegadas, libras-peso. O que o nome do número sugere é a maneira pela qual objectos individuais do tipo dado devem ser agregados, para produzir aquele agregado particular." Para Mill, então, um agregado é identificado com o pedaço físico de material *juntamente com* as unidades em que deve ser dividido (e portanto contado). O baralho de cartas não é o mesmo conjunto físico que as cinquenta e duas cartas individuais, os quatro naipes, e assim por diante. Os agregados estão localizados no mesmo lugar ao mesmo tempo, mas são todavia agregados diferentes. Analogamente, o agregado do fardo de palha de Frege não é o mesmo que o agregado do fardo de meias-palhas nem o fardo de dois meios-fardos nem o fardo de moléculas. Embora Mill rejeite a existência de objectos abstractos, e assim defenda que os agregados sejam materiais, a sua ontologia não é tão austera quanto se possa pensar.

Mais uma vez, todavia, cabe ao empirista compreender esta categoria ontológica e mostrar como ela se funda na experiência. Penelope Maddy (1990: Cap. 2, §2) sugere que há uma diferença entre ver, digamos, quatro sapatos e vê-los como dois pares. Talvez algo como isto pudesse ajudar aqui o nosso milliano (ver também Burge 1977). Frege também censura Mill no que respeita a números grandes. Temos experiência de um agregado com 1.234.457.890 elementos, e podemos distingui-lo de um conjunto com 1.234.457.891? Qual é a experiência generalizada por 1.234.457.890 + 6792 = 1.234.464.682? Podemos estender o ponto de Frege, pedindo como confirmaríamos uma soma de tamanho médio, como 1256 + 2781 = 4037. Suponhamos que tomamos uma amostra aleatória de adultos e damos a cada um deles uma pilha de 1256 berlindes e uma pilha de 2781 berlindes, e pedimos que juntem os berlindes num e contem o seu número. Sendo a atenção humana o que é, muito poucas (se algumas) das nossas cobaias produziriam 4037 como o número final da contagem. Do ponto de vista de Mill, temos de considerar este resultado como uma não-confirmação da soma? Suponhamos que são utilizados coelhos em vez de berlindes, e que a experiência levou vários meses a realizar? Suponhamos que são utilizados galões de dois líquidos, onde uma reacção química ou a evaporação poderia mudar o volume do conjunto? Não receberíamos os resultados correctos e teríamos de declarar a não-confirmação da soma. *Prima facie*, parece até absurdo tentar esta experiência com a finalidade de confirmar somas aritméticas. Sabemos qual é a soma correcta *antes* de começar a experiência. Poderíamos utilizar os resultados para determinar a competência dos sujeitos na adição e na contagem.

Mill argumenta, similarmente, que cada numeral representa colecções do tamanho do número correspondente. Isto implica que há, ou poderia haver, infinitos objectos. Existe alguma justificação empírica para isto? E se adoptássemos uma teoria física que implicasse que apenas há objectos físicos em número finito? Seria isto uma não confirmação da aritmética?

A situação aqui é semelhante ao desajuste entre as proposições da geometria e as proposições sobre objectos comuns. A nossa limitada experiência não corresponde exactamente às proposições matemáticas. Tal como com a geometria, um milliano poderá responder com uma conversa sobre idealização, possibilidade, e aproximação. As proposições matemáticas – especialmente as definições dos numerais – não são exactamente conformes à experiência. Elas dizem respeito à experiência *possível*, sob condições idealizadas nas quais o nosso estado de atenção se agudiza e quaisquer diferenças e interacções entre as unidades (que poderão mudar de número com o tempo) são ignoradas. A experiência confirma que as proposições da aritmética são aproximadamente verdadeiras acerca da experiência. Todavia, mais uma vez, recai no milliano o ónus de explicitar esta noção de possibilidade.

Outra dimensão do ponto de vista de Mill, implícita no que já vimos acima, é que ele se afastou consideravelmente da visão legada da matemática como altamente (se não absolutamente) certa e necessária. De acordo com Mill, muitas proposições matemáticas nem sequer são verdadeiras, quanto mais absolutamente verdadeiras e indubitáveis, e para não dizer conhecíveis *a priori*. Mill encara seriamente o problema de mostrar por que razão a visão recebida é tão persuasiva. Pergunta ele: "por que são a certitude matemática e o testemunho da demonstração, frases comuns para exprimir o mais algo grau de garantia que é atingível pela razão? Por que são as matemáticas consideradas como sendo independentes da evidência da experiência e observação, e caracterizadas como sistemas de Verdade Necessária, por quase todos os filósofos?" (Mill 1973: 224). Mill sustentou que a aritmética *parece* ser necessária e conhecível *a priori* porque os axiomas e definições "são conhecidos por nós por intermédio da experiência antiga e constante" (1973: 256). As verdades básicas da aritmética, tal como as somas simples, foram confirmadas desde o tempo que começámos a reagir com o mundo. Isto não as torna genuinamente *a priori*. Mill concorda que as somas aritméticas simples são necessárias, mas somente no sentido em que não podemos imaginar as coisas como sendo de outra maneira (não obstante as idealizações acima referidas). Assim, por exemplo, não podemos imaginar que uma colecção de objectos exista, a qual, enquanto eles impressionam os sentidos assim, O O O, podem ser separados em duas partes, assim, O O O O, ou, pelo menos, não sem mudar os objectos de alguma maneira.([16])

Mill concorda com os kantianos que a última fonte de confiança nos axiomas da aritmética e geometria reside nos limites do que podemos perceber. Os axiomas das teorias matemáticas são escolhidos por reflexão sobre como percebemos a estrutura do mundo. Naturalmente, Mill concorda que estas introspecções na intuição perceptiva são confiáveis, na medida em que, ao segui-las e assumirmos, por exemplo, que o mundo é euclidiano e que os agregados são conformes à aritmética não somos levados ao engano. Mas insiste que a fiabilidade da intuição perceptiva relativa a propriedades geométricas e aritméticas reais dos objectos físicos é uma questão *empírica*. Isto é, descobrimos pela *experiência* que a intuição perceptiva é fiável. Mediante a auto-observação vemos que não podemos perceber o mundo de qualquer outra maneira e que a

---

([16]) A resolução por Mill da aparente necessidade e aprioridade da matemática assemelha-se à tese de Hume sobre causalidade e "conexão necessária". Hume sugeriu que a nossa crença de que uma coisa causa outra é baseada na nossa experiência constante das duas coisas juntas, até ao ponto de que quando vemos uma delas esperamos ver a outra. Ver Yablo 1993 para uma discussão perspicaz de como e até que ponto a concebibilidade é um guia confiável para a possibilidade. Alguns resultados de física moderna indicam que talvez o universo opere de maneiras que achamos inconcebíveis. Isto fornece uma *refutação* empírica da fiabilidade da intuição espacial e temporal? Se afinal de contas não podemos contar com "experiência pronta e constante", então com que pode contar um milliano?

observação continua a ser conforme às formas euclidianas e aritméticas.

Atendendo à irrisória base epistemológica da indução enumerativa, é interessante notar até que ponto Mill sustenta o seu empirismo implacável, apresentando descrições filosóficas sofisticadas da geometria euclidiana e da aritmética básica. Todavia, a sua filosofia da matemática não vai muito longe. Mill só lida com geometria, aritmética, e alguma álgebra, não com os ramos da matemática superior. Esta falta é compreensível em Aristóteles, naturalmente, mas não tão facilmente aqui, dada a importância da matemática superior no desenvolvimento das ciências na época de Mill.

Até as descrições por Mill da aritmética e geometria são severamente limitadas no seu âmbito. A sua filosofia da aritmética pouco mais capta do que somas e diferenças simples, o que se aprende na escola elementar. O (talvez mal designado) Princípio de Indução Matemática é a tese de que para qualquer propriedade P, se P é satisfeita por 0 e se, para cada número natural n, se P é satisfeita por n então é satisfeita por $n + 1$, então P é satisfeita por todos os números naturais. Em símbolos:

$$\left(P0 \wedge \forall x\big((Nx \wedge Px) \to Px+1\big)\right) \to \forall x(Nx \to Px)$$

O Princípio de Indução Matemática é um tema central da aritmética axiomática. É difícil lançar muita luz sobre os números naturais sem ele. Tanto quanto sei, a indução *enumerativa* – generalizações a partir da experiência – não fornece qualquer justificação da indução matemática. Que "experiência constante e antiga" confirma a indução matemática? Mill poderá responder que não podemos imaginar a falsidade da indução matemática, e poderá invocar a fiabilidade empírica desta faculdade de imaginação. Todavia, é difícil ver como a indução matemática se reporta directamente à experiência. Que tipos de experiência ela descreve?

Neste ponto o nosso milliano poderá tentar a manobra euclidiana de fundar a aritmética na geometria (embora isto fosse prejudicar a aplicabilidade universal da aritmética). Um análogo geométrico da indução matemática é o *Princípio de Arquimedes*, de que para quaisquer dois segmentos de linha recta, a, b, há um número natural n, tal que o múltiplo na de a é mais longo do que b.[17] Um milliano poderá apontar que este princípio é confirmado por experiência constante e antiga (desde que falemos de possibilidade matemática e não de possibilidade física). Um contra-exemplo ao Princípio de Arquimedes seria um par de segmentos de linha, um dos quais é infinitesimalmente mais pequeno do que o outro. Não temos certamente experiência directa dos infinitesimais, mesmo que consigamos imaginá-los.

Mesmo que o nosso milliano possa relacionar o Princípio de Indução Matemática e o Princípio de Arquimedes, isto não constitui grande tábua de salvação. O axioma de completude seria mais um obstáculo a transpor. Na análise real, este axioma afirma que todo o conjunto não vazio e limitado de números reais tem um supremo.([18]) Um análogo em geometria é a propriedade de Bolzano-Weierstrass, de que cada conjunto infinito e limitado de pontos tem um ponto limite.([19]) Visto que não temos

---

([17]) [$na = a + a + \ldots + a$ (n parcelas).]

([18]) [Esta completude é de natureza matemática (topologia) e não de natureza lógica. É também chamada *completude à Dedekind*, e é uma propriedade que distingue os números reais dos racionais. Por exemplo, o conjunto dos números racionais x tais que $x^2 < 2$, é não vazio e limitado em $\mathbb{Q}$ (racionais) mas não tem supremo (= o menor dos majorantes) em $\mathbb{Q}$. Tem supremo em $\mathbb{R}$ (reais), que é precisamente o número irracional $\sqrt{2}$.]

([19]) [Este é também um teorema da Análise Real que, ao contrário do axioma da completude, é generalizável aos espaços de pontos chamados *espaços topológicos*, que são, por sua vez, em certo sentido, uma generalização dos espaços geométricos. Quando o autor diz "geometria", quererá dizer "topologia". A topologia pode ser descrita informalmente como a "geometria do tapete de borracha".]

qualquer experiência com conjuntos infinitos de pontos ou objectos, não parece haver qualquer base para estes princípios na indução enumerativa.

Façamos um ponto da situação. Mencionámos algumas críticas ásperas às várias noções de "possibilidade" que são necessárias para apoiar a visão que Mill possui da matemática. Embora elas talvez possam ser ultrapassadas, parece que a tarefa é de monta. Em segundo lugar, e mais importante, a decisão de Mill de basear toda a matemática e lógica na indução enumerativa é insustentável. Por razões como as que foram expostas acima, os empiristas contemporâneos não tentam defender Mill nestas questões. Todavia, o ímpeto principal do empirismo de Mill ainda está vivo, e talvez até esteja bem. Um núcleo dedicado de filósofos aceita e defende o aspecto "radical" do empirismo de Mill, o ponto de vista de que a lógica e a matemática contêm proposições "sintéticas" ou "reais" e que, contra Kant, estas proposições são conhecidas *a posteriori*, e, em última análise, empiricamente.

Kitcher (1983, 1998) proporciona uma descrição sofisticada e subtil da matemática superior num quadro mais ou menos milliano. Tal como Mill, Kitcher considera a matemática como estando centralizada nas capacidades humanas para construir e coleccionar, mas ele é mais explícito do que Mill sobre as idealizações envolvidas. Em vez de falar nas actividades colectivizantes e construtivas dos seres humanos reais, Kitcher fala das actividades de construtores ideais fictícios que não compartilham das limitações humanas de tempo, espaço, tempo de alerta ou até tempo de vida. Os construtores ideais traçam linhas sem espessura e coleccionam conjuntos grandes. Por exemplo, os axiomas de indução matemática e a propriedade de Bolzano-Weierstrass representam afirmações de capacidades atribuídas aos construtores ideais, correspondentes à aritmética e à análise real. Estes construtores lidam com conjuntos infinitos de segmentos de linha recta e obtêm deles pontos limite e supremos. Para Kitcher, a verdade matemática – proposições sobre o construtor ideal – relaciona-se com verdades sobre as capacidades humanas via mais ou menos idealizações e aproximações simples e directas. Nos ramos mais avançados, como a teoria dos conjuntos, as idealizações são de facto muito ideais. Para cada cardinal infinito κ, o construtor ideal pode formar uma colecção de tamanho κ. Não obstante, não se deixa de lado a ligação com as construções humanas reais.

Kitcher, naturalmente, ao contrário de Mill, não conta unicamente com a indução enumerativa para fundar a matemática e a lógica. As acções permitidas ao construtor ideal são justificadas com base na utilidade da teoria no contexto do empreendimento científico geral. Kitcher é ainda um empirista radical, na medida em que a meta globalizante do grande empreendimento científico – incluindo a matemática – é explicar a experiência. Ele junta-se a Mill na rejeição do ponto de vista herdado segundo o qual a matemática é conhecível *a priori*. Kitcher argumenta que necessitamos da experiência para determinar exactamente quais idealizações são úteis na predição da experiência e no controlo do ambiente. A matemática não é incorrigível, visto que temos de manter aberta a possibilidade de idealizações radicalmente diferentes, e, assim, de matemática radicalmente diferente. Mais adiante, no Cap. 8, §2 consideramos outro empirista implacável, Quine, que defende uma epistemologia hipotético-dedutiva para toda a matemática e ciência, mas além disso se afasta de Mill ao não considerar a matemática como sendo uma actividade construtiva real ou ideal. Entretanto, encaramos outros pontos de vista sobre a matemática, incluindo um empirismo menos radical (Cap. 5, §3).

4. Leituras adicionais

Ver Coffa 1991: Cap. 1, e os artigos em Posy 1992 para um começo excelente sobre a riqueza erudita da filosofia da matemática de Kant (especialmente a Introdução de Posy). A antologia contém os artigos de Parsons 1969, 1984 citados acima, Friedman 1985, Hintikka 1967, e Posy 1984, assim como uma abundância de outros trabalhos perspicazes e influentes. Ver também Friedman 1992. De Mill, *A System of Logic* (1973) constitui uma descrição legível dos seus pontos de vista sobre a matemática. A fonte secundária definitiva é Skorupski 1989: Cap. 5. Ver também os artigos em Skorupski 1998, especialmente Skorupski 1998a e Kitcher 1998.

PARTE III
AS TRÊS GRANDES

5
LOGICISMO:
A MATEMÁTICA É (APENAS) LÓGICA?

> *A matemática e a lógica, historicamente falando, têm sido estudos inteiramente distintos... Ambas se desenvolveram nos tempos modernos: a lógica tornou-se mais matemática e a matemática tornou-se mais lógica. A consequência é que agora se tornou totalmente impossível demarcar uma linha entre as duas; aliás as duas são uma... A prova da sua identidade é, naturalmente, uma questão de pormenor.* (Russell 1919: Cap. 18)

No capítulo precedente expusemos os pontos de vista de Immanuel Kant de que (1) a matemática é conhecível independentemente da experiência sensorial – a matemática é *a priori* – e (2) as verdades da matemática não podem ser determinadas pela análise de conceitos – elas são sintéticas. Embora dificilmente se possa sobrevalorizar a influência de Kant, filósofos subsequentes tiveram dificuldades em integrar estes pontos de vista com desenvolvimentos na matemática e na ciência. Como foi observado acima, Alberto Coffa (1991) argumentou que uma preocupação principal da filosofia no século XIX era explicar a necessidade *prima facie* e a natureza *a priori* da matemática e da lógica sem invocar a intuição kantiana, ou alguma outra referência a formas *a priori* de intuição temporal e espacial. As duas alternativas ao ponto de vista de Kant parecem ser que a matemática é empírica (e então *a posteriori*) e que a matemática é analítica. Na secção 3 do capítulo anterior esboçou-se a tentativa arrojada de John Stuart Mill na primeira alternativa. Avançamos agora algumas décadas, para próximo da viragem do século XX, e consideramos pontos de vista de que a matemática é analítica (ou quase analítica). Alguns dos autores examinados neste capítulo defendem que pelo menos partes da matemática são, ou podem ser reduzidas à lógica. A ideia é que os conceitos e objectos da matemática, tal como "número", podem ser definidos em termos da lógica; e com estas definições, os teoremas da matemática podem ser derivados de princípios da lógica. Este ponto de vista é chamado "logicismo". Começamos com Gottlob Frege, o primeiro matemático consumado que encontramos na nossa pesquisa histórica (para além dos realistas Descartes e Leibniz referidos de passagem).

1. Frege

Devemos atender brevemente às noções mutantes de analiticidade e conhecimento *a priori*. Estas significam coisas diferentes para pensadores diferentes. Lembremos que para Kant, se uma proposição tem a forma sujeito-predicado, então é analítica se o seu conceito-sujeito contém o seu conceito-predicado.([1]) A ideia central é que a analiticidade gira em torno da metafísica dos *conceitos*.

([1]) Uma das inovações de Frege foi desalojar os filósofos da dominância da forma sujeito-predicado das proposições. Ao contrário, ele pensou cada proposição como decomponível em função e argumento de uma variedade de maneiras, uma noção que importou da matemática.

Determinamos se uma proposição é analítica analisando os seus conceitos.
Frege empregou uma distinção diferente, mas talvez relacionada. Sustentou que a analiticidade é como a *aprioridade,* por ser um conceito epistémico, girando em torno de como uma proposição dada é conhecida (ou conhecível):

> Estas distinções entre *a priori* e *a posteriori,* sintético e analítico, dizem respeito, a meu ver, não ao conteúdo do juízo mas à justificação para emitir o juízo. Onde não há justificação alguma, a possibilidade de efectuar as distinções desaparece. Quando... uma proposição é chamada *a posteriori* ou analítica no meu sentido,... trata-se de um juízo sobre o fundamento último sobre o qual assenta a justificação para afirmar que ela é verdadeira... O problema torna-se... no de encontrar a demonstração da proposição, e de regredir nela até às verdades primitivas. Se, ao executar este processo, cairmos só em leis lógicas gerais e em definições, então a verdade é analítica... Se, todavia, é impossível fazer a demonstração sem utilizar verdades que não são de natureza lógica geral, mas pertencem à esfera de alguma ciência geral, então a proposição é sintética. Para uma verdade ser *a posteriori,* deve ser impossível construir uma demonstração dela sem incluir um apelo a factos, i.e., a verdades que não podem ser demonstradas e não são gerais... Mas se, pelo contrário, a sua demonstração pode ser derivada exclusivamente de leis gerais, que elas próprias não necessitam nem admitem demonstração, então a verdade é *a priori.*
> (Frege 1884: §3)

Embora Frege acreditasse que cada proposição conhecível tem um "fundamento último", algo como uma demonstração canónica, as definições filosóficas cruciais podem ser formuladas sem pressupor isto. Uma proposição é *a priori* se ou é uma "lei geral" indemonstrável ou tem uma justificação – demonstração – que assenta só em tais leis gerais indemonstráveis. Uma proposição é analítica se é uma "lei ou definição lógica geral" ou possui uma demonstração que utiliza só tais leis e definições lógicas gerais.(²) Há uma fonte particularmente lógica de conhecimento, e as verdades analíticas são conhecidas naquela base.

A passagem acima indica que Frege sustentou que só as proposições conhecíveis ou justificáveis podem ser analíticas ou *a priori*. Visto que também defendeu que a aritmética e a análise real são analíticas, ele acreditou que cada verdade sobre os números naturais e cada verdade sobre os números reais é conhecível. Quer dizer, cada verdade dessas é demonstrável ou uma lei ou definição lógica geral indemonstrável. Frege estava comprometido com o ponto de vista de que para cada proposição sobre os números naturais ou os números reais, ou ela ou a sua negação é conhecível.

Para mostrar que as proposições da aritmética são analíticas, Frege tinha de mostrar como derivá-las de leis e definições lógicas gerais. O seu programa logicista era uma tentativa para fazer precisamente isso, pelo menos para os princípios básicos da área.

Frege começou com um facto geral sobre o processo de contagem. Uma pessoa pode determinar se duas colecções são do mesmo tamanho pondo-as em correspondência um-a-um. Digamos que dois conceitos são *equinumerosos* se há uma correspondência um-a-um entre os objectos que caem sob um e os objectos que caem sob o outro. Por exemplo, numa mesa posta os guardanapos são equinumerosos com os pratos se há exactamente um guardanapo correspondente a cada prato. Numa sociedade monógama os maridos são equinumerosos com as esposas (por defini-

---

(²) Isto levanta uma questão sobre as "leis e definições gerais (lógicas)". Como são estas conhecidas? Em que medida são elas *a priori*? Talvez Frege tomasse leis gerais e definições como sendo auto-evidentes, ou auto-evidentemente *a priori*.

ção). Apesar da partícula "numerosidade" no nome, Frege mostrou como definir equinumerosidade utilizando apenas os recursos da lógica (dita de "ordem superior"), sem pressupor os números naturais, ou a noção de número em geral. Ele (1884: §63) propôs a seguinte tese, conhecida actualmente por "Princípio de Hume"([3]):

Para quaisquer conceitos F, G, o número de F é idêntico ao número de G se e só se F e G são equinumerosos.([4])

De acordo com a pretensão de Frege, a expressão "o número de F" é uma forma gramatical para denotar um objecto. Isto é, "o número de F" é um nome próprio (falando de um modo geral), ou o que hoje é chamado um "termo singular". Na terminologia do Cap. 2, §2.1 acima, Frege era um realista em ontologia, que acreditava na existência independente dos números naturais. Era também realista em valor de verdade, defendendo que as proposições da matemática têm valores de verdade objectivos.

Seja Z o conceito "não ser idêntico a si mesmo". Visto que cada objecto é idêntico a si mesmo, nenhum objecto

---

([3]) Este nome resulta de uma citação de Frege de um princípio semelhante devido ao empirista do século XVIII, David Hume. Os *conceitos* fregeanos existem objectivamente, logo não são entidades mentais, mas podem ser apreendidos pela mente. Na terminologia da filosofia contemporânea, "propriedade" pode ser aqui um termo mais apropriado do que "conceito".

([4]) [Recorde-se que a ideia de equinumerosidade (ou equipotência, símbolo "∼") também é fundamental na teoria dos cardinais (finitos e infinitos) de Cantor: o cardinal $\bar{\bar{A}}$ de um conjunto A é o "conceito" que resulta de A após abstrair quer da natureza dos seus elementos quer da ordem pela qual eles nos são dados, sujeito à propriedade fundamental de que $\bar{\bar{A}} = \bar{\bar{B}}$ se e só se $A \sim B$. Na teoria axiomática moderna, o "conceito" $\bar{\bar{A}}$ é objectivado como um conjunto muito especial (o menor ordinal equinumeroso com A). Notações alternativas a "$\bar{\bar{A}}$" são "$|A|$" e "$\mathrm{Card}(A)$".]

cai sob o conceito Z. Isto é, para cada objecto *a*, *Za* é falso. Frege definiu o número zero como sendo o número do conceito Z.

Frege definiu a seguir (Frege 1884: §76) a relação de sucessão entre números. O "número *n* segue directamente depois de *m* na série dos números naturais" se e só se

existe um conceito *F*, e um objecto *x* que cai sob ele, tal que o número que pertence ao conceito *F* é *n* e o número que pertence ao conceito "cair sob *F* mas não ser idêntico a *x*" é *m*.

Por outras palavras, *n* é sucessor de *m* se há um conceito que se aplica a exactamente *n* objectos e, quando removemos um desses, restam *m* objectos. A linguagem precisa de Frege é concebida para exprimir isto utilizando somente terminologia lógica como "objecto", "conceito", e "identidade".

Seja *T* o conceito "ser idêntico a zero", de modo que para qualquer objecto *b*, *Tb* é verdade se e só se *b* = 0. Isto é, *T* é satisfeito por exactamente uma coisa, o número zero. Frege definiu o número um como sendo o número do conceito *T*. Mostrou que o número um "segue zero na série dos números naturais", de acordo com a sua própria definição.

Frege recordou ao leitor que esta "definição do número 1 não pressupõe, para a sua legitimidade objectiva, qualquer matéria de facto observada". Por outras palavras, as proposições subjacentes são *a priori* e objectivas.

O próximo passo é definir o número dois como sendo o número do conceito "ser idêntico a zero ou idêntico a um", e assim por diante para os restantes números naturais. Em geral, seja *n* qualquer número na série dos números naturais. Considere-se o conceito S_n "membro da série dos números naturais que acaba em *n*". Isto é, para qualquer objecto *a*, $S_n a$ é verdade se e só se *a* é um número natural menor ou igual a *n*. Frege mostrou que o número do conceito S_n é o sucessor de n: o número de S_n é $n + 1$. Isto estabelece que há infinitos números naturais. Resta dar uma definição de *número natural*. Gostaríamos de dizer que n é um número natural se n é obtido do número zero depois de um número finito de aplicações da operação de sucessão. Como definição, todavia, isto seria circular, visto que invoca a noção de "número finito". Frege concebeu uma maneira de realizar a definição utilizando apenas recursos lógicos. Parafraseando, n é um número natural se e só se

Para qualquer conceito F, se F é satisfeito pelo número zero e se para cada objecto d, da proposição de que d cai sob F segue que cada sucessor de d cai sob F, então n cai sob F.

Em termos mais contemporâneos, n é um número natural se e só se n cai sob cada conceito que é satisfeito por zero e é fechado para a relação de sucessão. Em símbolos:

$$Nn \equiv \forall F[(F0 \land \forall d \forall d' ((Fd \land d' \text{ é sucessor de } d) \rightarrow Fd')) \rightarrow Fn]$$

Frege mostrou então como as proposições comuns da aritmética, tal como o Princípio de Indução Matemática, resultam destas definições. A derivação dos princípios básicos da aritmética a partir do Princípio de Hume é actualmente conhecida por *teorema de Frege*.

Mas Frege não ficou satisfeito com este desenvolvimento. O Princípio de Hume determina identidades da forma "o número de F = o número de G", onde F e G são quaisquer conceitos, mas não determinam o valor de verdade de frases na forma "o número de $F = t$", onde t é um termo singular arbitrário. Em particular, o Princípio de Hume não determina se o número 2 é idêntico a um conjunto dado, ou a Júlio César. Presumo que ninguém confundirá o número 2 com o imperador, mas o Princípio de Hume não determina a resposta.

Resumindo, até agora Frege determinou (brilhantemente) as relações entre os números naturais, e forneceu definições adequadas dos tamanhos de várias colecções, tudo com base no Princípio de Hume, mas não *identificou* os números naturais. Afinal de contas, o que é o número 2? A ideia subjacente é que não temos êxito a caracterizar os números naturais como *objectos* a menos que, e até que, possamos determinar como e porquê qualquer número natural dado é o mesmo ou é diferente de qualquer objecto dado. Tomando de empréstimo um lema de W. V. O. Quine, "não há entidade sem identidade". No contexto do logicismo fregeano, o problema de identificar os números naturais tornou-se conhecido por "Problema de César" (ver Heck 1997a).

Note-se que o desenvolvimento até agora toma o princípio de Frege como um ponto de partida não justificado. Faz parte da metodologia de Frege que devemos tentar demonstrar o que podemos, e assim revelar o seu fundamento epistémico. Ele tentou fazer isso com o Princípio de Hume.

A *extensão* de um conceito é a classe de todos os objectos a que o conceito se aplica. Por exemplo, a extensão de "cadeira" é a classe de todas as cadeiras. Frege (Frege 1884: §98) definiu os números naturais em termos de conceitos e as suas extensões:

> O número que pertence ao conceito *P* é a extensão do conceito equinumeroso com o conceito *P*".

O número dois, por exemplo, é a extensão (ou colecção) que contém todos os conceitos que são satisfeitos exactamente por dois objectos.([5]) Então o conceito de

---

([5]) É interessante notar que Frege não levantou um problema do tipo de César para extensões. Como sabemos, por exemplo, se César

ser um progenitor de Aviva Shapiro é membro do número dois, como é o conceito de ser um sapato numa pessoa completamente vestida, tal como o conceito de ser um número primo menor que cinco. O número três é a extensão (ou colecção) contendo todos os conceitos que são satisfeitos por exactamente três objectos, e assim por diante.

Frege (1884: §73) mostrou como o Princípio de Hume se segue destas definições e de algumas propriedades comuns das extensões. Com o teorema de Frege, isto completa a derivação da aritmética, e o estabelecimento do logicismo para os números naturais – desde que as definições acima sejam correctas. Com estas suposições, Frege conseguiu mostrar que a aritmética é analítica. A explicação processou-se por uma descrição rigorosa e eminentemente plausível da aplicação da aritmética à contagem de conceitos e colecções de objectos.

Não conseguiríamos sobrevalorizar o feito de Frege. Quem pensaria que tanto podia ser derivado de tão pouco e, em particular, de factos tão óbvios e simples sobre conceitos, extensões, e contagem? Todavia, a aritmética é só uma parte preliminar da matemática. Os planos de Frege para estender o logicismo à análise real não foram desenvolvidos num programa detalhado (ver, por exemplo, Simons 1987 e Dummett 1991: Cap. 22). Apenas podemos especular sobre a extensão em que o poder do logicismo fregeano acomodaria alguns ramos contemporâneos da matemática, tal como a análise complexa, a topologia, e a teoria dos conjuntos.

Um leitor familiarizado com a lógica contemporânea poderá notar uma incongruência no logicismo de Frege. A tese de que os princípios da aritmética são deriváveis das leis da lógica vai contra um ponto de vista agora comum de

---

é a extensão daqueles conceitos que são satisfeitos exactamente por dois objectos? Visto que as extensões estão muito ligadas a conceitos, talvez Frege os tenha considerado como já conhecidos.

que a lógica não possui ontologia própria. Não há objectos particularmente lógicos. (⁶) Desta perspectiva, o logicismo é um nado-morto, pelo menos para um realista ontológico como Frege, que sustentou que os números naturais existem como objectos independentes. Há infinitos números naturais, logo se a lógica nada diz sobre quantos objectos há, então não podemos definir os números naturais em lógica.

Frege, todavia, seguiu uma tradição de que os conceitos estão ao alcance da lógica, e, para Frege, as extensões estão ligadas aos conceitos. Então a lógica tem uma ontologia. Objectos lógicos incluem as extensões de alguns conceitos que existem necessariamente. Assim, os objectos lógicos existem necessariamente, logo a necessidade da lógica é preservada.

Como foi indicado na primeira passagem citada acima, Frege distinguiu explicitamente a lógica das ciências especiais, como a física. A lógica é neutra quanto ao tópico visto que é universalmente aplicável; as verdades lógicas são absolutamente gerais. O uso de conceitos – e suas extensões – não subverte esta neutralidade. Precisamos de lidar com conceitos para pensar minimamente. Para qualquer espécie de objectos, há conceitos desses objectos e extensões desses conceitos. Frege mostrou como construir os números naturais a partir desta ontologia lógica. Ele também indicou que a aritmética goza da aplicabilidade universal da lógica. Qualquer assunto tem uma ontologia, e se temos objectos de alguma maneira, pode-se contá-los e aplicar a aritmética.

Devemos notar que Frege não estendeu o seu logicismo à geometria. Nesta matéria ele era um kantiano,

---

(⁶) Como vimos no §2 do capítulo anterior, a linhagem para este ponto de vista remonta a Kant. Ao discutir um argumento particular para a existência de Deus, Kant alegou que a análise de conceitos não pode implicar a existência de alguma coisa. Se Kant é correcto sobre isto, e se a lógica consiste em análise conceptual, então não há objectos especificamente lógicos.

defendendo que os princípios da geometria euclidiana são sintéticos *a priori* (com essas noções entendidas num sentido fregeano, como acima). Frege sustentou que a geometria tem um tema especial, não universal – o espaço. Não necessitamos prosseguir mais nestas questões relativas às fronteiras da lógica (ver Shapiro 1991: caps. 1-2). Há questões maiores no horizonte.

Ainda que nos limitemos à aritmética – e deixando de lado as questões de fronteira – é triste informar que a nossa história não tem um fim organizado, arrumado e convincente. O trabalho posterior de Frege *Grundgesetze der Arithmetik* (1893, 1903) contém um desenvolvimento pleno de uma teoria de conceitos e suas extensões. Para os propósitos presentes, a plataforma crucial é a agora famigerada Lei Básica V, reformulada como se segue:

Para quaisquer conceitos F, G, a extensão de F
é idêntica à extensão de G se e só se para
cada objecto a, Fa se e só se Ga.

Por outras palavras, a extensão de F é a extensão de G se e só se F e G se aplicam aos mesmos objectos.

Uma carta de Bertrand Russell em 1902 (ver Van Heijenoort 1967: 124-5) revelou que a Lei Básica V é inconsistente.[7] Seja R o conceito que se aplica a um objecto x exactamente no caso de

existir um conceito F tal que x é a extensão de F e Fx é falsa.

Seja r a extensão de R. Suponhamos que Rr é verdadeira. Então há um conceito F tal que r é a extensão de F e Fr é falsa. Segue-se da Lei Básica V que Rr é também falsa (visto que r é também a extensão de R). Assim, se Rr é verdadeira, então Rr é falsa. Portanto, Rr é falsa. Então

---

(7) O matemático Ernst Zermelo descobriu o paradoxo cerca de um ano mais cedo. Ver Rang e Thomas 1981.

há um conceito *F* (designadamente, *R*) tal que *r* é a extensão de *F* e *Fr* é falsa. Então, por definição, *R* vale para *r*, logo *Rr* é verdadeira. Isto é uma contradição, logo a Lei Básica V é inconsistente. Isto é actualmente conhecido por *Paradoxo de Russell*. Frege considerou este paradoxo como devastador para o seu programa logicista. Não obstante, enviou uma resposta cortês a Russell, quase imediatamente:

> A sua descoberta da contradição causou-me a maior surpresa e, quase diria, consternação, visto que sacudiu a base sobre a qual eu pretendia construir a aritmética... A questão é tanto mais séria quanto, com a perda da minha Regra V, não só as fundações da minha aritmética, mas também os possivelmente únicos fundamentos da aritmética, parecem desaparecer... Em qualquer caso a sua descoberta é muito notável e resultará talvez num grande avanço em lógica, por muito indesejável que possa parecer à primeira vista. (Van Heijenoort 1967: 127-8)

Na mesma carta, Frege formulou uma versão mais exacta do paradoxo. Depois de algumas tentativas para recuperar do golpe, Frege abandonou o seu projecto logicista, deixado em ruínas. Viremo-nos para outros que envergaram o manto do logicismo, a começar pelo próprio Russell.

2. Russell

Russell (1919: Cap. 2) defendeu que a explicação de Frege dos números naturais é substancialmente correcta:[8]

---

[8] Ao discutir o trabalho lógico seminal de Frege, *Begriffsschrift* (1879), Russell (1919: Cap. 3) disse que "apesar do grande valor deste trabalho, eu fui, creio, a única pessoa que o leu – passados mais de vinte anos após a sua publicação".

A questão "O que é número?" tem sido frequentemente colocada, mas só foi respondida correctamente no nosso tempo. A resposta foi dada por Frege em 1884, no seu *Grundlagen der Arithmetik*.([9]) Embora este livro seja bem curto, nada difícil, e da mais alta importância, atraiu quase nenhuma atenção, e a definição de número que contém permaneceu praticamente desconhecida até que foi redescoberta pelo autor presente em 1901.

Russell adicionou em nota de rodapé que as mesmas definições "são dadas mais plenamente e com mais desenvolvimento" em Frege (1893) e (1903). Podemos concluir que Russell não aceitou a avaliação de Frege de que "parece que os únicos fundamentos possíveis da aritmética desaparecem" na contradição que resulta da Lei Básica V.

Aliás, Russell sustentou que uma vez adequadamente entendida, a Lei Básica V é correcta como uma definição de "extensão" ou "classe". O seu diagnóstico era que a derivação da contradição a partir da Lei Básica V invoca uma falácia. Lembremos (do Cap. 1, §2) que uma definição de uma entidade matemática é *impredicativa* se se refere a uma colecção que contém a entidade definida. A definição usual de "supremo"([10]) é impredicativa, visto que refere um conjunto de majorantes e caracteriza um membro deste conjunto.

Russell (1919: Cap. 17) argumentou que tais definições são ilegítimas, visto serem circulares:

> Sempre que, por meio de proposições sobre "todo" ou "algum" dos valores que uma variável pode significativamente tomar, geramos um novo objecto, este novo objecto não deve estar entre os valores que a nossa variável prévia pode tomar, visto que, se estivesse, a totalidade dos valores

---

([9]) [Ver nota 29, p. 163.]

([10]) [Ver nota 17 adiante para definição de supremo de um conjunto não vazio de números reais.]

sobre os quais a variável poderia variar seria definível só em termos de si própria, acabando por nos vermos envolvidos num círculo vicioso. Por exemplo, se digo "Napoleão teve todas as qualidades que fazem um grande general", devo definir "qualidades" de tal maneira que não inclua o que eu agora digo, isto é, "ter todas as qualidades que faz um grande general" não deve ser uma qualidade no sentido suposto.

O Paradoxo de Russell desenvolve-se contra a corrente do "princípio do círculo vicioso". Para gerar o paradoxo, definimos um conceito R que "se aplica a um *objecto* x somente se existe um conceito F tal que x é a extensão de F e Fx é falsa". A definição de R refere-se a todos os conceitos F, e R é precisamente um tal conceito F. Assim, a definição de R é impredicativa. Derivamos uma contradição da suposição de que a definição de R se aplica à sua própria extensão. A proscrição das definições impredicativas impede até que se faça esta suposição.

Deixemos os conceitos de lado por agora e falemos só de extensões, ou classes. Russell argumenta, com base no princípio do círculo vicioso, que ele "deve sob todas as circunstâncias carecer de sentido (não falso) supor que uma classe é membro de si própria ou não membro de si própria." Assim, não pode haver uma classe todo-inclusiva que inclua todas as classes no universo, visto que este domínio seria membro de si próprio. Nem pode haver uma classe de todas as classes que não se contêm a si próprias como membros. Para Russell, *não tem sentido* dizer (ou até supor) que existe uma tal classe. Ele propôs então uma *teoria dos tipos*, que segmenta o universo. Definamos "indivíduo" como sendo um objecto que não é uma classe. Os indivíduos são de tipo 0, e classes de indivíduos são de tipo 1. As classes de classes de indivíduos são de tipo 2, e assim por diante. Então, por exemplo, as pessoas que compõem uma equipa de futebol são indivíduos e portanto objectos de tipo 0. A equipa, considerada como a classe dos seus jogadores, é um objecto de tipo 1; e a liga, considerada como a classe das equipes, é de tipo 2. Uma colecção de ligas seria de tipo 3.

A passagem às classes permite uma simplificação das definições de Frege dos números naturais. Para qualquer classe C, defina-se o *número de C* como a "classe de todas aquelas classes que são" equinumerosas com C (ver Russell 1919: Cap. 2). Seja A a classe dos meus três filhos; de modo que A é de tipo 1. O número de A é a classe de todas as classes de tipo 1 com três membros. O número dos meus filhos é, assim, uma classe de tipo 2. Similarmente, o número de uma classe de tipo 2 é uma classe de tipo 3, e assim por diante. Para Russell, um "número é qualquer coisa que é o número de alguma classe". Definiu o número zero como sendo a classe de todas as classes de tipo 1 que não têm qualquer membro. Então zero é uma classe de tipo 2 que tem exactamente um membro – o conjunto vazio, de tipo 1. O número 1 é a classe de todas as classes de tipo 1 que têm um único membro. O número 1 é também um objecto de tipo 2, e tem tantos membros como há indivíduos (se esta afirmação com mistura de tipos é permitida).([11]) Continuando, o número 2 é a classe de todas as classes de tipo 1 que têm dois membros. Assim, o número 2 é a classe de todos os pares([12]) de indivíduos. O número 3 é a classe de todos os triplos de indivíduos, e assim por diante. Como esperado, o número da classe supracitada A dos meus filhos é 3.

([11]) Há números naturais diferentes para cada tipo. Podemos definir 0^1 como sendo a classe de todas as classes de tipo 2 que não têm quaisquer membros, e 1^1 como sendo a classe de todas as classes de tipo 2 com um único membro, etc. Então 0^1 e 1^1 são de tipo 3.

([12]) [Trata-se, aqui, de pares não ordenados. Devemos distinguir o *par não ordenado* dos objectos a, b, que se denota-se por $\{a, b\}$ e é a classe (conjunto) cujos elementos são exactamente a e b, do *par ordenado* dos objectos a, b, que se denota por (a, b) e que pode ser definido como sendo a classe $\{\{a\},\{a, b\}\}$. Note que $\{a, b\} = \{b, a\}$, mas $(a, b) \neq (b, a)$, excepto se $a = b$. Se $a = b$, então $\{a, b\}$ denota-se simplesmente $\{a\}$ (ou $\{b\}$) e chama-se o (conjunto) *singular* de a (ou de b).]

Russell adaptou outra definição fregeana central ao contexto das classes: "o *sucessor* do número de... uma classe α é o número da... classe que consiste em α juntamente com *x*, em que *x* é [qualquer indivíduo] que não pertence a α (1919: Cap. 3). Até agora, tudo bem.

Lembremos que, para Frege, o número zero é o número do conceito "não idêntico a si mesmo". Isto está conforme com programa de Russell, no qual zero é classe de tipo 2. Todavia, a introdução por Frege dos outros números naturais, e a sua demonstração (via Princípio de Hume) que há infinitos números naturais, transgride restrições de tipos de Russell (e o princípio do círculo vicioso). Lembremos que Frege propôs que o número 1 é o número do conceito "idêntico a zero". Usando classes em vez de conceitos, o número 1 seria o número da classe cujo único membro é o número zero. Isto é, o número 1 de Frege é o número de {0}. Mas {0} é de *tipo* 3 e então o número desta classe é de *tipo* 4. Note-se que mesmo que o número 0 tenha um único membro (isto é, o conjunto vazio de tipo 1), 0 não é membro do número de Russell 1, visto que este último contém só classes de tipo 1 – de acordo com as restrições de tipos. Visto que o número 0 é de tipo 2, é membro da classe de tipo 3 que consiste em todas as classes de tipo 2 que têm um único membro (ver nota 11).

Para ajudar a manter os tipos certos, definamos temporariamente 1_R, o 1 de Russell, como sendo a classe de tipo 2 consistindo em todas as classes de tipo 1 com um único membro; e definamos 1^1 como sendo a classe de tipo 3 consistindo de todas as classes de tipo 2 que têm um único membro. Então o número zero de Russell é membro de 1^1 mas não membro de 1_R. Para Frege, o número dois é o número do conceito "idêntico a zero ou idêntico a um". Transpondo isto para o contexto presente (que envolve classes em vez de conceitos), o número dois de Frege seria o número da classe {0, 1}. Qual número 1, 1_R ou 1^1? Não funciona de maneira alguma. Para Russell, a classe $\{0, 1^1\}$ não existe, visto que contém uma classe de tipo 2 e uma classe de tipo 3. ([13]) A classe $\{0, 1_R\}$ contém um par de classes de tipo 2 e então é de tipo 3. O número de $\{0, 1_R\}$ é, assim, de tipo 4. Em geral, o plano de Frege de definir um número n como o número dos predecessores de n: $\{0, 1, ..., n-1\}$ enfrenta um problema. Ou violamos directamente as restrições de tipos (se 0, 1, etc. não são todos do mesmo tipo) ou então produzimos uma classe do tipo errado.

Para Russell, cada número n é a classe de *tipo* 2 consistindo de todas as classes de indivíduos (tipo 0) com n membros – quer dizer, todas as classes de n membros de não-classes. Ele não podia aceitar a demonstração de Frege de que há infinitos números naturais, pois isso envolvia tratar os números naturais como se fossem indivíduos. Frege considerou o Princípio de Hume como impredicativo, tal como a Lei Básica V. O teorema de Frege, incluindo a demonstração de que há infinitos números naturais, assenta nesta impredicatividade.

Para Russell, a questão de saber se um número natural dado existe depende de quantos *indivíduos* (isto é, não--classes) é que há no universo. Suponhamos, por exemplo, que o mundo contém exactamente 612 indivíduos. Então o número de Russell 612 seria a classe de todas as classes de indivíduos com 612 membros. Haveria uma única tal classe, a classe de *todos* os indivíduos. Segundo a definição,

---

([13]) Com algum cuidado, é possível definir consistentemente classes de tipo misto, tal como uma classe de jogadores e equipas. A teoria [axiomática] dos conjuntos contemporânea, de Zermelo-Fraenkel, permite classes mistas e, portanto, tem uma classe de todas as classes de tipo finito, e subclasses desta, etc. A estrutura resultante é por vezes chamada a "hierarquia cumulativa". Permitir a mistura de tipos facilita a extensão da hierarquia de tipos para além dos tipos finitos. Na hierarquia cumulativa não há nenhum conjunto de todos os conjuntos que não são membros de próprios. Não há conjunto universal, contendo todos os conjuntos como membros, e não há nenhum conjunto de todos os conjuntos singulares. Então a construção fregeana também aqui está bloqueada. [Ver também nota 14, p. 233.]

o sucessor de 612 é o número de "a classe consistindo do universo juntamente com *x*, em que *x* é [qualquer indivíduo] que não pertence ao" universo. Ora, no pressuposto sobre o tamanho do universo, não há tal *x* e, portanto, não há qualquer sucessor de 612. Os números esgotam-se simplesmente no 612 – não há qualquer número 613.

A fim de evitar este embaraço, Russell e Whitehead propuseram um *axioma do infinito* [ou *da infinidade*] que afirma que há infinitos indivíduos. Russell admite que este princípio não goza do estatuto epistémico dos outros princípios fundamentais que ele emprega (tais como as definições). O axioma do infinito não pode ser demonstrado, nem é analítico, *a priori*, uma verdade necessária. Não obstante, parece ser essencial para a aritmética, logo Russell aceita-o como um postulado. Daqui resulta a existência de cada número natural, e do seu sucessor.

O contraste com Frege é absoluto. Frege demonstrou que cada número natural existe, mas a sua demonstração é impredicativa, transgredindo as restrições de tipo. Russell teve de *assumir* a existência de indivíduos suficientes para cada número natural existir. Isto colocou um travão no logicismo. Se vamos demonstrar um teorema da aritmética Φ, tudo o que podemos dizer é que a afirmação

se há infinitos indivíduos (tipo 0), então Φ

é um teorema da lógica. A maior parte da aritmética adquire um estatuto hipotético estranho.

Com o axioma do infinito a bordo, o próximo passo é definir a noção geral de *número natural*. Aqui, novamente, Russell tenta transpor a proposição de Frege para o contexto das classes: *n* é um número natural se *n* pertence a cada classe (tipo 3) que contém o número 0 e também contém um sucessor de cada um de seus membros. Tal como está, todavia, esta definição é impredicativa, de uma maneira muito simples e directa. A classe dos números naturais é uma classe de tipo 3 definida por referência a "cada classe" daquele tipo. Para manter a conformidade plena com o princípio do círculo vicioso, Russell (e Whitehead) insistiram em mais estrutura na hierarquia de tipos. Uma classe de tipo 1 é "predicativa", ou de nível 0, se pode ser definida sem referir classes. Uma classe de tipo 1 é de nível 1 se não é predicativa, mas pode ser definida com referência só a classes predicativas. Uma classe de tipo 1 é de nível 2 se não é de nível 1 mas pode ser definida com referência só a classes de nível 1. Há uma estrutura de níveis semelhante para cada tipo. A teoria total é por vezes chamada "teoria ramificada dos tipos".([14])

Na definição precedente de "número natural", a locução "cada classe" teria de ser restringida a um certo *nível* na hierarquia ramificada de classes de tipo 2. Devemos dizer que n é um número natural de tipo 2, nível 1 se n pertence a cada classe predicativa que contém o número 0 e também contém um sucessor de cada um de seus membros; n é um número natural de tipo 2, nível 2 se n pertence a cada classe de nível 1 que contém o número 0 e também contém um sucessor de cada um de seus membros; e assim por diante. Todavia, agora não temos razão alguma para pensar que obtemos a mesma classe de "números naturais" em cada nível. Russell e Whitehead aperceberam-se de que não poderiam desenvolver suficientemente a matemática com as restrições de nível, visto que algumas definições cruciais parecem requerer definições impredicativas. Por exemplo, a demonstração de Frege do princípio de indução matemática para números naturais obtidos com estas definições não funciona. Quando formulado no sistema russelliano, o Princípio de Indução Matemática é,

---

([14]) Whitehead e Russell 1910. Ver Hazen 1983 para um desenvolvimento legível e condescendente da teoria ramificada dos tipos. Russell usou a palavra "ordem" para o que eu aqui chamo "nível". Na literatura contemporânea, uma expressão como "segunda ordem" ou "ordem superior" refere-se a algo mais parecido com um tipo na hierarquia de Russell.

ou parece ser, impredicativo, e muitos desenvolvimentos matemáticos importantes são impredicativos.

Em resposta a esta dificuldade, Russell e Whitehead propuseram outro axioma, um princípio de *redutibilidade* que declara que em cada tipo, para cada classe *c*, há uma classe predicativa (nível 0) *c'* que tem os mesmos membros que *c*. O princípio de redutibilidade afirma que nenhumas novas classes são geradas além do primeiro nível. Isto permitiu a Russell e Whitehead restringir a locução "todas as classes" a "todas as classes predicativas", e então prosseguir com a derivação dos princípios básicos da aritmética. O efeito do princípio de redutibilidade é permitir ao lógico ignorar a hierarquia de níveis e prosseguir como se as definições impredicativas fossem aceitáveis e o círculo vicioso não fosse realmente um problema. Uma coisa bonita, se puder ser obtida.

Mas qual é o estatuto do princípio de redutibilidade? É analítico? Conhecível *a priori*? É mesmo verdadeiro? Os críticos acusaram o princípio de ser *ad hoc*. A resposta de Russell foi a mesma que quanto ao axioma do infinito. Admitiu que o princípio de redutibilidade não goza da mesma justificação que os princípios da lógica, mas não forneceu um argumento convincente para ele. Todavia, alegou que ele é essencial para o desenvolvimento da matemática, e propô-lo como postulado. Admitiu ainda que o axioma de redutibilidade é um defeito no seu logicismo.([15])

Utilizando os princípios da infinidade e da redutibilidade, Russell e Whitehead estabeleceram os axiomas de Peano usuais para a aritmética, e assim todos os teoremas usuais relativos aos números naturais. Estenderam então o

---

([15]) F. P. Ramsey (1925) propôs uma teoria "simples" ou impredicativa dos tipos sem as restrições sobre níveis, mas então precisamos presumivelmente de justificar as infracções ao princípio do círculo vicioso. Ramsey adoptou um realismo em ontologia para com as classes, o qual remove a necessidade de um princípio do círculo vicioso. Ver Cap. 1, §2 acima. Retornamos a este assunto por breve instante mais adiante neste capítulo.

desenvolvimento a alguns ramos mais avançados da matemática, invocando pelo caminho tipos cada vez mais altos. Seja m ser um número natural. Russell (1919: Cap. 7) definiu o número inteiro [relativo] $+m$ como sendo a relação binária "relação de $n + m$ para n (para qualquer n)" nos números naturais. Assim, por exemplo, +4 é a relação que consiste nos seguintes pares ordenados: (4,0), (5,1), (6,2), ... Analogamente, o número inteiro [relativo] $-m$ é a relação inversa de $+m$, "a relação de n para $n + m$", de modo que –4 consiste nos pares ordenados (0,4), (1,5), (2,6), ... Podemos então definir adição e multiplicação nestes "números inteiros" de modo que as propriedades usuais sejam satisfeitas.

Pensa-se normalmente, e ensina-se com frequência que os números inteiros formam uma extensão dos números naturais. Vamos dos números naturais aos números inteiros acrescentando os números inteiros negativos, de modo que o número natural 2, por exemplo, é idêntico ao número inteiro +2. Russell realçou que nas suas definições, os números naturais são distintos dos números inteiros [não negativos]. O número natural 2 é uma *classe de classes* (isto é, classe de tipo 2) enquanto o número inteiro +2 é uma *relação* nos números naturais. Identificar aquele número natural com este número inteiro seria transgredir as restrições de tipo: "... $+m$ é em nenhuma circunstância capaz de se identificar com m, que não é uma relação, mas uma classe de classes. De facto, $+m$ é tão distinto de m como o é $-m$".

A seguir, os números racionais são definidos como sendo relações que captam razões entre números inteiros: "definiremos a fracção m/n como sendo a relação que tem lugar entre dois [números] x, y quando $xn = ym$". Assim, por exemplo, a fracção 3/4 é a relação que compreende os pares: (3,4), (6,8), ... Intuitivamente, a relação 3/4 tem lugar entre x e y somente no caso em que a fracção x/y se reduz a 3/4. Note-se também que o número racional $m/1$ não é a mesma relação que o inteiro $+m$. Então o número racional 2 é diferente do número inteiro 2 e do número natural 2. Pode-se definir a relação "maior que" e as operações de adição e multiplicação, nestes números racionais, de modo a recapturar a aritmética dos números racionais. Para os números reais, Russell segue outro logicista, Richard Dedekind (1872). Definamos "secção" como sendo uma classe não-vazia c de racionais tais que 1) para quaisquer números racionais x, y, se x está em c e se $y < x$ então y está em c; 2) há um número racional z tal que para cada número racional x, se x está em c, então $x < z$; e 3) para cada número racional x, se x está em c então existe um número racional y em c tal que $x < y$. Por outras palavras, uma secção é uma classe conexa majorada de números racionais que não tem elemento máximo. As secções correspondem aos chamados "cortes" de Dedekind nos números racionais. Russell identificou os números reais com as secções. O número real 2 é a classe dos racionais menores que 2 (isto é, 2/1), e a raiz quadrada de 2 é a classe de todos os números racionais negativos juntamente com os racionais não-negativos cujo quadrado é menor que 2.([16]) Pode-se definir a relação de ordem nos números reais, e as operações de adição e multiplicação, e então mostrar que os números reais constituem um corpo ordenado completo. Em particular, pode estabelecer-se o princípio de completude [ou princípio do supremo] de que cada classe majorada [não vazia] de números reais tem um supremo.([17])

([16]) [Dedekind 1872 não tinha feito esta identificação (por pudor pedagogista), dizendo apenas (§4): "Assim, sempre que temos um corte (A_1, A_2) produzido por nenhum número racional, criamos um novo número, um número irracional α, que consideramos como completamente definido por este corte (A_1, A_2); diremos que o número α corresponde a este corte, ou que produz este corte."]

([17]) [O supremo de uma classe majorada e não vazia de números (reais ou racionais) c, se existir, é o menor dos majorantes de c. A classe referida, "de todos os números racionais negativos juntamente com os racionais não negativos cujo quadrado é menor que 2" é não

Note-se que, nesta definição, os números reais são classes de números racionais. O axioma da redutibilidade – ou a utilização de definições impredicativas – desempenha um papel importante no desenvolvimento da análise real por Russell. Torna-se impraticável manter os níveis correctos. Por exemplo, não serve ter uma raiz quadrada de 2 de nível 0, uma raiz quadrada de 2 de nível 1, e assim por diante. Para a análise real, Russell também necessitou de um Axioma da Escolha, afirmando que para qualquer colecção c de classes não-vazias, disjuntas duas a duas, existe pelo menos uma classe que contém exactamente um membro de cada membro de c (Russell 1919: Cap. 12; ver Moore 1982 para um desenvolvimento completo do papel dos princípios de escolha no desenvolvimento da matemática). Tal como infinidade e redutibilidade, este axioma pode ser formulado utilizando terminologia lógica, mas talvez não possa ser estabelecido a partir de meros princípios lógicos.

Finalmente, Russell definiu um número complexo como sendo um par ordenado de números reais. Então o número complexo $3 - 2i$ é identificado com o par ordenado cujo primeiro membro é o número real 3 e cujo segundo membro é o número real -2.

Isto completa mais ou menos o desenvolvimento do logicismo de Russell. Russell (1919: Cap. 18) coloca uma questão parcialmente retórica: "Que assunto é este, que pode ser chamado indiferentemente matemática ou lógica?... Certas características do assunto são claras. Para começar, não lidamos, neste assunto, com coisas particulares nem propriedades particulares: lidamos formalmente com o que pode ser dito sobre *qualquer* coisa ou *qualquer* propriedade." A lógica é completamente geral, e universalmente aplicável.

Na medida em que a geometria se ocupa do *espaço* físico, ela cai fora do âmbito do logicismo de Russell. Toda-

vazia e majorada (por exemplo, por 3), mas não tem supremo racional. Todavia, tem supremo real, que é o número irracional $\sqrt{2}$]

via, pode-se considerar uma versão "pura" da geometria, que consiste em perseguir as consequências de vários sistemas de axiomas. Isto já pode ser ajustado à estrutura logicista, com o advento da teoria dos modelos e a noção rigorosa de consequência lógica.([18]) Com os princípios de infinidade, redutibilidade, e escolha, a teoria dos tipos de Russell e Whitehead capta praticamente todos os ramos da matemática excepto a teoria dos conjuntos.

Mas a matemática é sobre o quê? O que são realmente os números, funções, e assim por diante? Visto que Russell tomou as várias espécies de números como sendo classes, relações em classes, relações em relações em classes, e assim por diante, o estatuto dos números assenta no estatuto das classes. Os seus escritos maduros negam a existência independente de classes. Na *Introdução à Filosofia Matemática* (1919: Cap. 18) escreveu que "os símbolos para classes são meras conveniências, não representando objectos chamados 'classes'... As classes são aliás... ficções lógicas... Elas não podem ser encaradas como parte do equipamento fundamental do mundo". Russell indicou (ou tentou indicar) uma maneira de parafrasear qualquer frase sobre classes como uma frase sobre conceitos e propriedades (a que ele chamou "funções proposicionais"). O resultado final é o que ele chamou a teoria "sem classes". Falar de classes é apenas uma "maneira de falar", e é eliminável na prática.([19])

([18]) [Os lógicos modernos (depois de Tarski) dizem que uma proposição P é *consequência lógica* (ou *consequência semântica*) de um conjunto T de proposições (digamos, os axiomas de uma dada teoria) se P é verdadeira (num dado universo interpretativo) sempre que todas as proposições em T são verdadeiras (no mesmo universo), e escreve-se $T \vDash P$. Subentende-se que P e as proposições de T são escritas numa mesma linguagem.]

([19]) Aqui o axioma da redutibilidade desempenha um papel ainda maior, visto que uma única paráfrase pode exigir falar imediatamente de todos os conceitos em toda a hierarquia de tipos. Russell às vezes fala de uma "ambiguidade sistemática", em que a mesma frase é usada para expressar proposições diferentes sobre cada tipo e/ou nível.

Visto que os números de Russell são classes (ou construídos a partir de classes), eles são também ficções lógicas, e portanto não são parte do "equipamento fundamental do mundo". Nesta época, portanto, Russell afastou-se fortemente do realismo em ontologia de Frege. Durante a época madura "sem classes", sustentou que qualquer frase em qualquer ramo da matemática (pura) pode ser adequadamente reescrita como uma frase complexa sobre propriedades e conceitos, com nenhuma referência a números, funções, pontos, classes, e assim por diante.

3. Carnap e o positivismo lógico

Vamos agora considerar uma escola empirista que prosperou nas décadas iniciais e meadas do século XX. O *positivismo lógico* descolou do êxito espectacular das ciências naturais e do crescimento da lógica matemática. Como foi observado acima, a matemática é um caso difícil para o empirismo. No capítulo anterior considerámos a posição de Mill de que as verdades da matemática são elas próprias conhecidas empiricamente, por generalizações baseadas na experiência.

Assim, a matemática é sintética e *a posteriori*. Em contraste, os positivistas lógicos foram atraídos à tese logicista de que as verdades da matemática são analíticas, logo *a priori*. Como já vimos, estas noções significam coisas diferentes para autores diferentes. Encontramos mais uma evolução da noção de analiticidade.

Como foi observado no começo deste capítulo, Coffa (1991) sugeriu que muita da filosofia do século XIX se ocupou com tentativas para explicar (pelo menos aparentemente) a necessidade e a natureza *a priori* da matemática e da lógica sem invocar a intuição kantiana. Coffa sugeriu que a linha anti-kantiana mais bem sucedida foi a que ele chamou de "tradição semântica", que percorre o trabalho de Bernard Bolzano, o Ludwig Wittgenstein dos primeiros tempos, Frege, e David Hilbert, culminando com Moritz Schlick e Rudolf Carnap no Círculo de Viena. Estes filósofos desenvolveram e amolaram muitas das ferramentas e conceitos em uso ainda hoje, tanto em lógica matemática como na filosofia ocidental em geral. A ideia principal foi localizar a fonte da necessidade e o conhecimento *a priori* no uso da *linguagem*. A verdade necessária é verdade por definição; conhecimento *a priori* é conhecimento do uso da linguagem. Michael Dummett chama a esta abordagem a *viragem linguística* em filosofia.([20])

No contexto presente, a tese é que uma vez entendidos os significados de termos como "número natural", "função sucessor", "adição", e "multiplicação", teríamos assim os recursos para ver que os princípios básicos da aritmética, tal como o princípio de indução, são verdadeiros. Isto está pelo menos no espírito do logicismo, mesmo que, estritamente falando, as verdades da matemática não resultem verdadeiras apenas com base na lógica.

Dos dois logicistas principais considerados acima, Frege sustentou que os números existem, necessariamente, independentes do matemático, e Russell sustentou que os números não existem (pelo menos durante o seu período sem-classes). Podemos pensar que isto esgota as opções, mas Carnap, como empirista, achou preocupante toda a questão metafísica da existência dos números. Como pode essa questão ser decidida pela observação? Carnap rejeitou o próprio sentido do debate sobre a existência de objectos matemáticos.

([20]) Dummett localiza a "viragem linguística" em Frege, mas isto é discutível. Embora Frege fosse claramente uma figura pivô no desenvolvimento consequente da tradição semântica, ele não sustentou que toda a verdade necessária fosse verdade por definição. Lembremos que, para Frege, as verdades da geometria são *sintéticas a priori* (ver §1 acima), e, portanto, não verdadeiras por definição. Para Frege, as verdades analíticas são deriváveis de "leis e definições lógicas gerais". Assim, o estatuto das verdades analíticas fregeanas gira em torno da natureza das "leis lógicas gerais", mas Frege não disse muita coisa sobre estas (ver nota 2 acima).

Num nível, a questão ontológica tem uma resposta trivial afirmativa. "Existem números" é uma consequência lógica de "existem números primos maiores do que 10". Se aceitamos a última, como certamente devemos fazer, se encaramos seriamente a matemática e a ciência, então aceitamos a primeira: um fim limpo para uma luta com 2000 anos. Frege e Platão ganham; Russell, Mill, e talvez Aristóteles perdem.

Naturalmente, o anti-realista ontológico não seria afectado por esta inferência lógica simples, e muitos realistas ontológicos concordam que a questão não é tão simples.([21]) Então a disputa tradicional é sobre o quê? Carnap (1950: §2) sugeriu que as partes "podem tentar explicar o que elas querem dizer quando dizem que é uma questão do estatuto ontológico dos números; a questão sobre se os números têm ou não uma certa característica metafísica chamada realidade... ou subsistência ou estatuto de 'entidades independentes'". Carnap queixou-se que "estes filósofos até agora não têm dado uma formulação da sua questão em termos da linguagem científica comum. Portanto, o nosso juízo deve ser que eles não tiveram êxito em dar à questão [ontológica]... qualquer conteúdo cognitivo. A menos e até que eles forneçam uma interpretação cognitiva clara, justifica-se a nossa suspeita de que a sua questão é uma pseudoquestão...". Vemos aqui uma tendência em direcção ao naturalismo, comum entre empiristas (ver Cap. 1, §3 e Cap. 4, §3). A ideia é que a ciência tem a melhor, talvez a única, palavra verdadeira, de modo que qualquer questão significativa deve ser moldada em termos científicos. A questão ontológica não é "teórica" nem científica, logo carece de sentido.

E que dizer da resposta afirmativa, trivial, que é derivar a existência de números da demonstração que de há números primos maiores que 10? Carnap traça uma distinção:

([21]) Ver Hales 1987: 5-10, para uma discussão lúcida desta questão.

Existem propriedades, classes, números, proposições? Para entender mais claramente a natureza destes problemas e de problemas relacionados, é acima de tudo necessário reconhecer uma distinção fundamental entre duas espécies de questões relativas à existência ou realidade de entidades. Se alguém deseja falar na sua linguagem sobre uma nova espécie de entidades, tem que introduzir um sistema de novas maneiras de falar, sujeito a novas regras; chamaremos a este procedimento a construção de uma *estrutura* linguística para as novas entidades em questão. E agora devemos distinguir duas espécies de questões de existência: primeiro, questões de existência de certas entidades da nova espécie *dentro da estrutura*; chamamo-las *questões internas*; e, segundo, questões relativas à existência ou realidade do sistema de entidades como um todo, chamadas *questões externas*. Questões internas e possíveis respostas a elas são formuladas com a ajuda de novas formas de expressão. As respostas podem ser encontradas, ou por métodos puramente lógicos ou por métodos empíricos, dependendo de a estrutura ser lógica ou factual. Uma questão externa tem carácter problemático a necessitar de exame mais atento. (Carnap 1950: §2)

Uma "estrutura linguística" é uma tentativa para delinear formalmente uma parte do discurso. A estrutura deve conter uma gramática precisa, indicar que expressões são frases legítimas na estrutura, e deve conter regras para o uso das frases. Algumas regras podem ser empíricas, indicando, por exemplo, que se pode afirmar tal e tal frase quando se tem uma certa espécie de experiência. Outras regras serão lógicas, indicando que inferências são permitidas e que frases podem ser afirmadas seja qual for a experiência que se tem. Carnap chama às últimas verdades *analíticas*.

Carnap apresentou noutro trabalho um sistema logicista muito parecido com o de Russell (ver, por exemplo, Carnap 1931), mas com uma diferença importante. Russell encarou a sua tarefa como uma análise *filosófica* da natureza das proposições, conceitos, classes, e números (ver Goldfarb 1989), e, portanto, insistiu no princípio do círculo vicioso, rejeitando assim as definições impredicativas. Como vimos acima, o resultado foi uma pesada teoria ramificada dos tipos, com o axioma *ad hoc* da redutibilidade. Carnap, por outro lado, considerou o seu sistema como uma estrutura linguística – uma entre muitas. Ao desenvolver uma estrutura, somos livres para *estipular* as regras do sistema, e o único requisito é que as regras sejam claras e explícitas. Carnap preferiu assim a teoria impredicativa simples dos tipos de Ramsey, evitando de todo o princípio da redutibilidade (ver nota 15 acima).

Carnap (1950) esboça resumidamente uma estrutura linguística chamada "o sistema dos números". A sua gramática inclui numerais, variáveis, quantificadores como "há um número x tal que...", e sinais para as operações aritméticas. Carnap indica que esta estrutura contém "as regras dedutivas habituais" para a aritmética. Esta estrutura parece um sistema dedutivo formal, como os que são desenvolvidos em lógica matemática.

Defina-se uma *estrutura de número* como sendo um sistema como o sistema logicista anterior de Carnap ou o seu mais tardio "sistema de números". A respeito de qualquer tal sistema, há, primeiro que tudo, "questões internas, por exemplo, 'Existe um número primo maior que cem?'... As respostas são encontradas, não por investigações empíricas baseadas em observações, mas mediante a análise lógica baseada nas regras para as novas expressões. Portanto, as respostas são aqui analíticas, isto é, logicamente verdadeiras" (Carnap 1950: §2). A existência de um primo maior que cem é uma consequência fácil e directa de tais regras e definições da estrutura de número dada. A existência de *números* é uma consequência inteiramente trivial dessas regras e definições. Segue-se das estipulações que 1 é um número. "Portanto, ninguém que quisesse referir as questões 'Há números?' no sentido interno afirmaria ou consideraria uma resposta negativa".

Mais uma vez, Carnap sustentou que a questão externa relativa à realidade dos números carece de sentido. A coisa mais próxima de uma questão legítima é a conveniência em adoptar uma dada estrutura de número, mas isto é uma questão *pragmática*, que não requer uma resposta absoluta "sim" ou "não". Nós – os membros da comunidade intelectual/científica – escolhemos livremente adoptar ou não uma estrutura, baseados na maneira como ela promove os nossos objectivos. O objectivo global do empreendimento científico é descrever e predizer a experiência, e controlar o mundo físico. A matemática parece fazer parte deste empreendimento científico. A questão pragmática é se uma das estruturas de número de Carnap serve os propósitos da ciência melhor ou pior do que outras estruturas, como a teoria ramificada dos tipos de Russell.

Carnap adoptou e defendeu um princípio de tolerância. Deixemos que umas mil flores tentem florescer, mesmo que nem todas consigam fazê-lo:

> A aceitação ou rejeição de... formas linguísticas em qualquer ramo da ciência, será finalmente decidida pela sua eficiência como instrumento, a razão entre os resultados alcançados e o esforço e complexidade dos esforços necessários... Concedamos àqueles que trabalham em qualquer campo especializado de investigação a liberdade de usar qualquer forma de expressão que lhes pareça útil; o trabalho no campo em causa irá mais cedo ou mais tarde levar à eliminação daquelas formas que não têm qualquer função útil. *Sejamos cautelosos em fazer afirmações e críticos no seu exame, mas tolerantes em permitir formas linguísticas.* (Carnap 1950: §5)

No capítulo 1, §2 acima, vimos que Gödel defendeu as definições impredicativas com base no realismo ontológico. Também Ramsey o fez (ver nota 15 acima). Daquela perspectiva, uma definição impredicativa é uma descrição de uma entidade existente com referência a outras entidades existentes. Mas isto requer uma resposta positiva à questão *externa* original sobre a existência de números, e assim passa pela via da metafísica. De acordo com Gödel e Ramsey, as definições impredicativas são aceitáveis *porque* números e classes têm uma existência independente. Em contraste, Carnap recorreu a considerações pragmáticas para defender as definições impredicativas. A sua estrutura de número é bem mais conveniente do que a teoria ramificada dos tipos para os propósitos científicos em consideração. Nenhuma justificação adicional é requerida, ou sequer coerente. Investigar o estatuto metafísico das propriedades, conceitos, ou números só produz pseudo-questões.

Carnap e os outros positivistas lógicos sustentaram, ao contrário de Mill, que as verdades da matemática não são determinadas pela experiência. As verdades matemáticas são *a priori*, e verdadeiras qualquer que seja a experiência que tenhamos tido. Como empiristas, todavia, eles defenderam que cada questão factual deve, em última análise, ser decidida pela experiência. Por conseguinte, os positivistas lógicos concluíram que as verdades matemáticas não têm conteúdo factual. Para Carnap, as verdades sobre os números naturais podem ser chamadas "princípios estruturais", visto que emergem das regras para usar uma estrutura de número.

Um membro posterior da escola, Alfred J. Ayer (1946: Cap. 4), disse-o claramente:

> Pois, enquanto uma generalização científica é prontamente admitida como falível, as verdades da matemática e da lógica aparecem a toda a gente como necessárias e certas. Mas se o empirismo é correto então nenhuma proposição com conteúdo factual pode ser necessária ou certa. Assim, o empirista deve lidar com as verdades da matemática e lógica de uma das duas maneiras seguintes: deve dizer ou que elas não são verdades necessárias... ou deve dizer que não têm conteúdo factual, e então deve explicar como uma proposição vazia de todo o conteúdo factual pode ser verdadeira e útil e surpreendente.

Ayer escreveu, contra Mill, que as verdades matemáticas são necessárias, mas acrescentou que elas nada dizem sobre a maneira como o mundo realmente é. Nós "não podemos abandonar [as verdades da lógica e da matemática] sem nos contradizermos, sem pecar contra as regras que governam o uso da linguagem". Para Carnap, as "regras que governam o uso da linguagem" são encontradas nas várias estruturas linguísticas.

Os positivistas lógicos eliminaram assim a possibilidade mesma de proposições sintéticas que são conhecíveis *a priori*. Como disse Ayer, uma proposição é sintética, ou tem conteúdo factual, só se a sua verdade ou falsidade "é determinada pelos factos da experiência". Uma proposição é analítica "quando a sua validade depende unicamente das definições dos símbolos que contém". Para Ayer, isto esgota os casos. Acrescentou que, embora as proposições analíticas "não nos dêem informação alguma sobre qualquer situação empírica, elas esclarecem-nos ao ilustrar a maneira pela qual utilizamos certos símbolos".

Os positivistas lógicos trouxeram a geometria para a arena. Os axiomas, digamos da geometria euclidiana, são "simplesmente definições" de termos primitivos como "ponto" e "recta". Ayer escreveu: "se descobrimos que o que parece ser um triângulo euclidiano tem ângulos cujas medidas não somam 180 graus, não dizemos que encontramos um exemplo que invalida a proposição matemática de que a soma das medidas dos três ângulos de um triângulo euclidiano é 180 graus. Dizemos que medimos mal, ou, mais provavelmente, que o triângulo que temos estado a medir não é euclidiano." A geometria euclidiana, interpretada como uma teoria da matemática pura, é uma estrutura linguística *à la* Carnap. O teorema indicado sobre os ângulos de um triângulo é um princípio estrutural, e portanto é analítico, conhecível *a priori*. É verdadeiro por definição. Há uma questão *pragmática* ou científica separada relativa à conveniência de adoptar esta estrutura, em vez de uma das geometrias não-euclidianas, para a física. Esta última não é uma questão matemática.

Além de Carnap e Ayer, os positivistas lógicos importantes incluíram os outros membros do chamado "Círculo de Viena", tais como Moritz Schlick, Gustav Bergmann, Herbert Feigl, Otto Neurath, e Friedrich Waismann. Fora de Viena, há C. W. Morris, e Ernest Nagel. Aquele movimento tinha praticamente realizado o seu percurso pelos anos 60 do século XX, se não antes, mas a posição sobre a matemática não foi a razão principal para o declínio de positivismo lógico. O positivismo lógico compartilhou o problema de descrever as bases do conhecimento com o empirismo (radical) tradicional. Podemos distinguir observação e teoria, e podemos distinguir nitidamente a matemática do resto da teoria científica? O êxito da lógica matemática levou os positivistas a tentar uma lógica da confirmação, que relacionaria a observação empírica com a teoria científica e matemática. Todavia, nenhuma lógica confirmativa iria emergir. Estes fracassos levaram a dificuldades em formular a tese central de que cada proposição factual (não analítica) é verificável. O que significa exactamente ser verificável? A tese da verificabilidade mostrou-se insustentável, mesmo para noções cada vez mais fracas de verificação.

Alguns críticos assinalaram que a afirmação mesma do positivismo lógico subverte o ponto de vista: consideremos, por exemplo, a proposição de que cada afirmação com significado ou é analítica ou é verificável (em algum sentido) pela experiência. Aparentemente, *esta* proposição não é analítica, no sentido de ser verdadeira por virtude do significado das palavras que contém. A proposição também não parece matéria para verificação pela experiência, em qualquer sentido do termo. Assim, o positivismo lógico parece marcar-se a si mesmo como uma doutrina metafísica proibida. Muitas das afirmações filosóficas de Carnap, necessárias para delinear o programa, não parecem ser feitas no *interior* de uma estrutura linguística fixa. Na realidade, as suas proposições são *sobre* estruturas linguísticas, logo são "externas" a qualquer estrutura dada. Será que isto transforma o próprio trabalho de Carnap em "pseudoproposições" sem sentido? Um ataque influente contra o positivismo lógico veio do discípulo mais influente de Carnap, Quine, que argumentou que não há distinção entre proposições sintéticas e analíticas, ou pelo menos uma distinção que sirva os propósitos do positivismo lógico. De acordo com Quine, não há distinção nítida entre o papel da linguagem e o papel do mundo na determinação da verdade ou falsidade das proposições com sentido. Quine propôs uma abordagem holística da linguagem científica, com observação, teoria, e proposições matemáticas inextricavelmente ligadas umas às outras. Compartilhou a ideia empirista básica de que a observação é a base de todo o conhecimento, logo compartilhou uma desconfiança básica em relação a muita da metafísica tradicional. Desenvolveu um naturalismo e um empirismo mais próximo do de Mill em aspectos importantes. As verdades matemáticas são verdadeiras da mesma maneira que as verdades científicas e os relatos das observações são verdadeiros. Estas verdades não são necessárias e não são conhecidas *a priori*. Retornamos a Quine no capítulo 8, §2.

A tese de que as proposições matemáticas são verdadeiras ou falsas por força do significado da terminologia matemática não pode ser plenamente decidida sem uma discussão prolongada sobre o que é o "significado". Note-se, todavia, que uma promessa essencial da tese é uma explicação de como a matemática é *conhecida*. De acordo com os positivistas lógicos, o conhecimento do uso correcto da linguagem matemática é suficiente para o conhecimento das proposições matemáticas, tal como o axioma de indução, o Teorema dos Números Primos,([22]) e até do

---

([22]) [Trata-se de um famoso e difícil teorema da teoria analítica dos números ("analítica", aqui, significa que nesta teoria se utilizam

Último Teorema de Fermat [ver adiante]. Para Carnap, após aprendermos as regras de uma estrutura linguística dada, tal como a estrutura de número ou a geometria euclidiana, temos tudo o que necessitamos para conhecimento das proposições matemáticas indispensáveis. Isto sugere que, epistemicamente, as proposições matemáticas podem ser divididas nitidamente em grupos independentes. Cada proposição p é associada com a sua estrutura P. O conhecimento das regras de P é praticamente tudo o que há para conhecer da verdade ou falsidade de p.

Os desenvolvimentos na matemática, incluindo alguns resultados em lógica matemática, lançam dúvidas sobre esta promissora tese epistémica. O teorema de incompletude de Gödel é que se D é um sistema dedutivo efectivo[23] que contém uma certa quantidade de aritmética, então há proposições na linguagem de D que não são decididas pelas regras de D (ver, por exemplo, Boolos e Jeffrey 1989: Cap. 15). Os valores de verdade de muitas destas proposições são decididos mediante o mergulho dos números

---

noções e técnicas da análise infinitesimal para demonstrar teoremas sobre os números inteiros) sobre a distribuição dos números primos, o qual afirma, numa das suas formulações, que se p_n é o n-ésimo primo ($n \geq 1$), então a sucessão de termo geral $\dfrac{p_n}{n \ln n}$ converge para 1 (onde ln n é o logaritmo natural ou neperiano de n). Foi conjecturado por Gauss e Legendre, mas só foi completamente demonstrado pela primeira vez em 1896 pelos matemáticos franceses J. Hadamard (1865-1963) e C. J. de la Vallée-Poussin (1866-1962), independentemente um do outro.]

[23] ["Efectivo" quer dizer, no contexto dos sistemas formais, que são decidíveis algoritmicamente noções como as de ser símbolo da linguagem, ser termo (expressão designatória) ou ser fórmula (expressão proposicional) da linguagem, ou ser dedução formal no sistema. Nada disto acarrecta a decidibilidade de ser teorema (i.e., ser derivável ou dedutível no sistema). De facto, o teorema de Gödel em questão afirma que se o sistema contiver a aritmética e for consistente, então contém proposições formalmente indecidíveis (quer dizer, nem elas nem as suas negações são teoremas).]

naturais numa estrutura mais rica, como os números reais ou a hierarquia conjuntista. Isto é, algumas proposições na linguagem da aritmética não são conhecíveis com base nas regras de um sistema de números naturais apenas. A situação é típica em matemática. Suponhamos, por exemplo, que um matemático está interessado numa certa proposição matemática s sobre uma certa estrutura S. De acordo com Carnap, se s é verdadeira (acerca de S), então s é analítica e deve a sua verdade à estrutura linguística da estrutura S. Todavia, o matemático invocará comummente estruturas S mais ricas com vista a demonstrar ou refutar s. Isto é, o matemático considera estruturas mais ricas do que S para determinar as propriedades de S. Nenhuma teoria matemática rica é tão auto-suficiente como se supõe serem as estruturas linguísticas (matemáticas) de Carnap.[24]

A demonstração recente[25] do Último Teorema de Fermat é um caso exemplar. Qualquer pessoa com conhecimentos básicos dos termos pode *compreender* a afirmação de que para quaisquer números naturais $a > 0$, $b > 0$, $c > 0$, $n > 2$ se tem

$$a^n + b^n \neq c^n$$

Mas a demonstração elude todos excepto os matemáticos mais sofisticados, visto que invoca conceitos e estruturas muito para além dos que concernem aos números naturais. Neste caso, pelo menos, pode entender-se os significados de termos como "número natural", "função sucessor", "adição", "multiplicação", e "multiplicação" sem possuir os recursos para ver que o Último Teorema de Fermat é verdadeiro. Pode haver uma demonstração "auto-suficiente" deste teorema que não vá além das pro-

---

[24] No próximo capítulo veremos este fenómeno de "incompletude" subverter outra em tempos proeminente filosofia da matemática, o formalismo.

[25] [Em 1995, por Andrew Wiles (n. 1953).]

priedades dos números naturais.([26]) Talvez Fermat tenha descoberto uma tal demonstração, mas os matemáticos contemporâneos não aprenderam (e não conhecem) o teorema por essa via. Não obstante, o teorema é claramente acerca dos números naturais.

Uma saída para o positivista lógico seria conceder que só algumas verdades da aritmética, digamos, são analíticas, ou então determinadas pelos significados da terminologia aritmética. Talvez alguém consiga sustentar que um núcleo básico de verdades aritméticas é analítico. E as outras, as proposições não nucleares? São elas sintéticas? Se sim, são elas de alguma maneira verificáveis pela observação?

Outra opção para o positivista lógico seria manter a tese de que as proposições matemáticas são verdadeiras por força do seu significado, e conceder que podemos ter o conhecimento necessário para entender uma proposição verdadeira dada sem que por isso tenhamos os recursos para saber que é verdadeira. A ideia é que quando mergulhamos os números naturais numa estrutura mais rica, podemos assim aprender mais sobre o que *resulta do significado* da terminologia matemática original. O positivista lógico necessita assim de uma noção rica e descomprometida de consequência lógica e precisa de explicar esta noção de consequência antes de alegar uma compreensão do conhecimento matemático. Enquanto esta noção de consequência não for fornecida e avaliada, não é claro o progresso que pode ser reivindicado na epistemologia da matemática.

([26]) [É o caso, por exemplo, do Teorema dos Números Primos acima referido (ver Nota 22): Atle Selberg (1917-2007) produziu em 1949 uma demonstração "elementar" do teorema, quer dizer, uma demonstração que não ultrapassa os recursos da aritmética de Peano. No princípio do século XX vários matemáticos de renome haviam exprimido opiniões no sentido de ser impossível encontrar uma demonstração "elementar" do teorema.]

4. Pontos de vista contemporâneos

Nos trabalhos de Crispin Wright, começando com *Conception of Numbers as Objects* (1983), e outros como Bob Hale (1987) e Neil Tennant (1997) encontramos defesas vigorosas de variações da abordagem de Frege da matemática. Defina-se um *neo-logicista* como sendo alguém que mantém as seguintes duas teses: 1) Um núcleo significativo de verdades matemáticas é conhecível *a priori*, por derivação de regras que são (quase) analíticas ou constitutivas de significado; e 2) esta matemática diz respeito a um domínio ideal de objectos que são objectivos, ou independentes da mente em algum sentido.[27] Esta combinação de pontos de vista é atraente para os simpatizantes da visão tradicional da matemática como corpo de verdades objectivas *a priori* mas preocupados com os problemas epistemológicos costumeiros enfrentados pelo realismo em ontologia. Como podemos conhecer alguma coisa sobre um domínio de objectos abstractos causalmente inertes? O neo-logicista responde: por força do nosso conhecimento do que queremos dizer quando utilizamos a linguagem matemática – e então tenta resolver os problemas encontrados no logicismo tradicional. O neo-logicista é provavelmente o herdeiro contemporâneo mais próximo da "tradição semântica" de Coffa.

Lembremos que dois conceitos *F, G*, são equinumerosos se há uma correspondência um-a-um entre os objectos que caem sob *F* e os que caem sob *G*. Por exemplo, se nenhuns cartões vermelhos foram mostrados num jogo de futebol, os jogadores numa equipa são equinumerosos com os jogadores na outra. Frege mostrou como definir equinumerosidade utilizando recursos lógicos sem pressupor explicitamente os números naturais. Lembremos a

---

[27] Frege sustentou claramente a segunda destas teses. Ver nota 20 acima para a extensão do envolvimento de Frege com algo como a primeira tese.

sua (1884: §63) formulação da tese agora conhecida por "Princípio de Hume":

Para quaisquer conceitos F, G, o número de F é idêntico ao número de G se e só se F e G são equinumerosos.

O programa neo-logicista consiste em contornar o tratamento por Frege das extensões e trabalhar directamente com o Princípio de Hume ou algo parecido. Alguns autores, incluindo Wright, observaram que o desenvolvimento de Frege da aritmética (1884, 1893) contém o essencial de uma derivação dos axiomas usuais da aritmética a partir do Princípio de Hume (na chamada "lógica de segunda ordem" – ver Shapiro 1991). Além disso, o Princípio de Hume é consistente se a aritmética (de segunda ordem) o for. Na sua apresentação da aritmética, o único uso substancial de extensões por Frege, e a destinada ao fracasso Lei Básica V, era derivar o Princípio de Hume. Ver, por exemplo, Parsons 1965, Wright 1983, Hodes 1984, e Boolos 1987.

Como foi observado acima, a derivação da aritmética a partir do Princípio de Hume é agora chamada *teorema de Frege*. Ninguém duvida que se trata de uma realização matemática substantiva, iluminando os números naturais e os seus fundamentos. O neo-logicista argumenta que o teorema de Frege apoia as teses filosóficas supracitadas relativas aos números naturais.

A ideia principal é que o lado direito do Princípio de Hume fornece as condições de verdade para o lado esquerdo, mas este tem a forma lógica e gramatical adequada. Em particular, locuções como "o número de F" são termos singulares genuínos, as formas gramaticais que denotam objectos. Pelo menos alguns casos particulares do lado direito do Princípio de Hume são verdadeiros, apenas com base lógica. Por exemplo, é uma verdade lógica que o conceito de "não idêntico a si mesmo" é equinumeroso com o conceito "não idêntico a si mesmo".

Assim, do Princípio de Hume, concluímos que o número de coisas não idênticas a si mesmas é idêntico ao número de coisas não idênticas a si mesmas. Fazendo "0" denotar o número de coisas não idênticas a si mesmas, concluímos que 0 = 0 e portanto que zero existe.

Seguindo Frege, o neo-logicista define então o número 1 como sendo o número do conceito "idêntico a zero", define o número 2 como o número do conceito "idêntico a zero ou idêntico a um", e assim por diante, no estilo fregeano. Segue do Princípio de Hume que estes números naturais são diferentes uns dos outros, e portanto o Princípio de Hume não pode ser satisfeito num domínio finito.

Tal como o próprio desenvolvimento de Frege, o neo-logicista requer que o Princípio de Hume seja *impredicativo*, no sentido de que a variável F na locução "o número de F" pode ser particularizada com conceitos eles próprios definidos em termos de números. Sem esta característica, a definição mesma dos números individuais fracassaria, juntamente com a derivação dos axiomas básicos da aritmética a partir do Princípio de Hume. Esta impredicatividade está em consonância com o realismo em ontologia partilhado por Frege e os seus seguidores neo-logicistas (ver Wright 1998).

Wright e Hale quase desistem de alegar que o Princípio de Hume é uma verdade lógica ou, em termos de Frege, uma "lei lógica geral". O Princípio de Hume não é verdadeiro em virtude da sua forma, nem parece ser derivável de leis lógicas admitidas. Wright e Hale também não reivindicam que o Princípio de Hume seja uma *definição* de número cardinal. Há acordo geral que uma definição de um termo deve ser *eliminável* no sentido de que qualquer fórmula que contenha o termo definido seja equivalente a uma fórmula que não o contém. Segue-se do Princípio de Hume que há algo que é o número de coisas não auto-idênticas, em símbolos: $\exists x(x = 0)$. O Princípio de Hume não providencia uma frase equivalente de onde está ausente a terminologia numérica. Uma definição bem sucedida também deve ser *não criativa* no sentido de não ter consequências para o resto da linguagem e teoria. O Princípio de Hume tem tais consequências, visto que requer que o universo seja infinito. Portanto, o Princípio de Hume não é eliminativo nem não criativo.

Assim, Wright e Hale não defendem a tese logicista tradicional de que a verdade da aritmética é uma espécie de verdade lógica, nem que cada verdade da aritmética deriva de leis e definições lógicas gerais. Daí o "neo" em "neo-logicismo". Argumentam, todavia, que o Princípio de Hume é "analítico de" o conceito de *número natural*. Assim, o programa conserva a necessidade de pelo menos as verdades básicas da aritmética e mostra como estas verdades podem ser conhecidas *a priori*. Num trabalho posterior, Wright (1997: 210-11) escreveu:

> O teorema de Frege... assegurará... que as leis fundamentais da aritmética podem ser derivadas num sistema de lógica de segunda ordem aumentado com um princípio cujo papel é *explicar*, se não exactamente definir, a noção geral de identidade de número cardinal, e que esta explicação procede em termos de uma noção que pode ser definida em termos da lógica de segunda ordem. Se um tal princípio explanatório... pode ser considerado *analítico*, então isto deve bastar... para demonstrar a analiticidade da aritmética. Mesmo que se ache que aquele termo é preocupante,... o princípio de Hume – como qualquer princípio que sirva implicitamente para definir um certo conceito – permanecerá disponível sem pressuposição epistemológica significativa... Então terá sido encontrada uma via *a priori* clara para o reconhecimento da verdade de... as leis fundamentais da aritmética.... E se, além disso, [o Princípio de Hume] pode ser visto como uma explicação *completa* – mostrando como o conceito de número cardinal pode ser completamente entendido numa base puramente lógica – então a aritmética terá sido revelada pelo Princípio de Hume... como transcendendo a lógica apenas na medida em que utiliza um

princípio de abstracção *lógico* – um princípio que somente utiliza noções lógicas. Então... haverá uma rota *a priori* desde a mestria da lógica de segunda ordem a um pleno entendimento e apreensão da verdade das leis fundamentais da aritmética. Uma tal via epistemológica... seria um resultado que ainda mereceria ser descrito como logicismo...

A reivindicação chave aqui é que o Princípio de Hume não tem pressuposições epistemológicas significativas. É essencial ao projecto que quando tentamos estabelecer uma verdade básica da aritmética, não precisamos invocar a intuição kantiana, a fecundidade empírica, e assim por diante.

Tal como o logicismo fregeano original, o programa neo-logicista tem uma probabilidade de êxito só se a lógica de segunda ordem for de facto lógica. Se já estiver incorporada na lógica uma matemática substancial, então, no que diz respeito ao logicismo tradicional, o teorema de Frege é uma petição de princípio. O que interessa ao neo-logicismo é se os axiomas e regras da lógica de segunda ordem são *analíticas*, ou constitutivas de significado no sentido exigido, ou são antes livres de pressuposições epistemológicas substanciais. O estatuto da lógica de segunda ordem é uma questão pendente na filosofia contemporânea. Quine (1986: Cap. 5), por exemplo, afirma que a lógica de segunda ordem é teoria dos conjuntos disfarçada, um "cordeiro com pele de lobo". Para uma amostra do debate, veja-se Boolos 1975, 1984, Tharp 1975, Wagner 1987, e Shapiro 1991. Isto reitera o ponto no final da secção anterior de que os princípios lógicos subjacentes devem ser explicitados e o seu estatuto epistémico claramente delineado antes de poder alegar as virtudes de um programa logicista. Sem um exame da lógica, não é claro o que foi conseguido.

Como vimos, Frege hesitou em tomar o Princípio de Hume como fundamento último para a aritmética porque o Princípio de Hume só determina identidades da forma "o número de F = o número de G". Isto é, o Princípio de Hume não determina o valor de verdade de frases da forma "o número de $F = t$", em que t é um termo singular arbitrário. O neo-logicista não adopta a resolução de Frege de envolver extensões, nem segue Russell na rejeição da existência de números (nem Carnap na rejeição da questão de existência). Assim, o "Problema de César" permanece uma questão aberta activa na agenda neo-logicista. Isto é, o neo-logicista procura fazer o que o Princípio de Hume por si só não faz, determinar a identidade entre termos que denotam números naturais e outros termos singulares (ver Hales 1994 e Sullivan e Potter 1997).

O Princípio de Hume é uma abstracção – da relação de equinumerosidade às proposições sobre números. Pertence a um género de princípios de abstracção da forma:

(ABS) $\qquad @\alpha = @\beta \quad$ se e só se $\quad E(\alpha, \beta)$,

em que $E(\alpha, \beta)$ é uma relação de tipo especial, chamada uma "equivalência", e "@" é um novo símbolo de função, de modo que "$@\alpha$" e "$@\beta$" são termos singulares.[28] Frege invoca dois outros princípios de abstracção, ambos na forma (ABS). Um é pelo menos relativamente inócuo: a direcção de l é idêntica à direcção de l' se e só se l é paralela a l'. Outro exemplo é a sua famigerada e inconsistente Lei Básica V:

Para quaisquer conceitos F, G, a extensão de F é idêntica à extensão de G se e só se para cada objecto a, Fa se e só se Ga,

que foi introduzida como parte da teoria das extensões.

---

[28] A relação E é uma equivalência se 1) para todo α, $E(\alpha, \alpha)$ (reflexividade); 2) para quaisquer α, β, se $E(\alpha, \beta)$ então $E(\beta, \alpha)$ (simetria); e 3) para quaisquer α, β, γ, se $E(\alpha, \beta)$ e $E(\beta, \gamma)$, então $E(\alpha, \gamma)$ (transitividade).

O programa neo-logicista depende da legitimidade de pelo menos alguns princípios de abstracção. Wright concede que as suas propostas assentam na condição de que a "formação de conceitos por abstracção" é admitida. George Boolos (por exemplo, 1997) argumentou contra a "formação de conceitos por abstracção" como manobra legítima para um logicista prospectivo. O mais forte dos seus argumentos é a "objecção de má companhia". Boolos propõe que não há maneira que não seja *ad hoc* de distinguir bons princípios de abstracção, como o Princípio de Hume, de maus, como a Lei Básica V. Por certo, o Princípio de Hume é consistente ao passo que a Lei Básica V não é, mas esta distinção é grosseira de mais. O Princípio de Hume é um "axioma do infinito" no sentido em que é satisfazível somente em domínios infinitos. Boolos assinala que há princípios de abstracção consistentes, com a mesma forma (ABS) que o Princípio de Hume (e a Lei Básica V) que são satisfazíveis somente em domínios finitos. Se o Princípio de Hume é aceitável, então também o são estes outros. Todavia, os princípios finitos são incompatíveis com o Princípio de Hume. Como distinguir então os princípios de abstracção legítimos? A resposta de Wright (1997) é delimitar e defender certos princípios de conservação que excluem os maus princípios de abstracção e permitem os bons, em particular o Princípio de Hume. O debate procede, mas talvez com intensidade menor depois da morte trágica de Boolos em 1996.

O projecto neo-logicista, como desenvolvido até aqui, só se aplica aos números naturais e à aritmética básica. Por muito significativo que isto possa ser, a aritmética é apenas uma parte pequena da matemática. Outro item importante na agenda neo-logicista é estender o tratamento a outras áreas da matemática, como a análise real, a análise funcional, e talvez geometria e teoria dos conjuntos. O programa envolve a busca de princípios de abstracção suficientemente ricos para caracterizar teorias matemáticas mais poderosas. Ver Wright 1997: 233-44 e Hales 2000 para tentativas nesta direcção.

Em suma, portanto, o logicismo não está morto. É um programa de pesquisa em curso, activo e potencialmente frutífero na filosofia da matemática.

5. Leituras adicionais

Muitas das fontes primárias citadas acima são legíveis e prontamente disponíveis. Frege 1884 foi traduzido em inglês ([29]) (por J. L. Austin), e Russell 1919 foi reimpresso em 1993 pela editora Dover. Ayer 1946 permanece um trabalho clássico. A antologia de Benacerraf e Putnam 1983 contém muito do material original sobre o logicismo (em tradução inglesa se necessário), incluindo Carnap 1931 e 1950, bem como selecções de Frege 1884 (com tradução diferente), Russell 1919, e Ayer 1946 (e um trabalho relacionado, Hempel 1945); Resnik 1980 e Dummett 1991 são fontes secundárias lúcidas e importantes sobre o logicismo fregeano. Ver também os artigos coligidos em Demopoulos 1995 e a segunda parte de Boolos 1998. Vários dos artigos em Heck 1997 lidam com o neo-logicismo, e o tema aparece frequentemente na revista *Philosophia Mathematica*. Para abordagens logicistas diferentes ver Dedekind 1872, 1888 (publicados juntos em tradução pela Dover[30]) e Hodes 1984.

([29]) [E em português: *Os Fundamentos da Aritmética*, trad., pref. e notas de A. Zilhão, Imp. Nac. – Casa da Moeda, 1992.]

([30]) [Trad. port. disponível online em http://sites.google.com/site/tutasplace/.]

6
FORMALISMO:
AS PROPOSIÇÕES MATEMÁTICAS SIGNIFICAM ALGUMA COISA?

A observação casual revela, ou parece revelar, que muita actividade matemática consiste na manipulação de símbolos linguísticos de acordo com certas regras. Se alguém ao fazer aritmética estabelece uma fórmula da forma $a \times b = c$, então pode concluir e escrever a correspondente $b \times a = c$. Se também obtém a fórmula $a \neq 0$, então pode concluir e escrever $c/a = b$. As partes tanto elementares como avançadas da matemática têm esta característica de, pelo menos, se parecerem com manipulações governadas por regras.

Qual é a importância desta observação acerca da prática da matemática? As várias filosofias que dão pelo nome de "formalismo" perseguem a tese de que a *essência* da matemática é a manipulação de caracteres. Uma lista dos caracteres e das regras permitidas determina quase exaustivamente o que há a dizer sobre um ramo dado da matemática. De acordo com o formalista, então, a matemática não é, nem precisa de ser, sobre qualquer coisa, ou qualquer coisa além de caracteres tipográficos e regras para os manipular.

O formalismo apreende um aspecto da matemática, talvez negligenciando ou minimizando tudo o resto. Para melhor ou pior, muita aritmética elementar é ensinada como uma série de técnicas cegas, com pouca ou nenhuma indicação do que as técnicas fazem, ou por que funcionam. Quantos professores conseguiriam explicar as regras para a divisão inteira, ([1]) para não falar do algoritmo para extrair raízes quadradas, em outros termos que não a execução de uma rotina? Mas talvez isto seja mais uma crítica de alguma pedagogia do que uma tentativa para justificar uma filosofia. ([2])

O formalismo tem uma melhor linhagem entre matemáticos do que entre filósofos da matemática. Ao longo da história, os matemáticos tiveram ocasião para introduzir símbolos que, na época, pareceria não terem interpretação clara. As próprias designações "números negativos", "números irracionais", "números transcendentes", "números imaginários", e "pontos ideais no infinito" indiciam ambivalência. Felizmente, a profissão da matemática tem tido a sua quota-parte de espíritos imaginativos e arrojados, mas parece que são as pessoas mais cépticas que fornecem os nomes. Embora as "entidades" recentemente introduzidas se revelassem úteis para as aplicações na matemática e na ciência, nos seus momentos filosóficos

---

([1]) [Também chamada *divisão com resto*. As regras em questão constituem o chamado *Algoritmo de Euclides*.]

([2]) O aparecimento das calculadoras pode aumentar a tendência em direcção ao formalismo. Se for uma questão de justificação, ou fazer sentido de, os mecanismos da calculadora, ela é para benefício do engenheiro (ou físico), não o professor ou aluno de matemática elementar. Há uma necessidade real de atribuir "significado" ao acto de teclar? Ouvimos (ou costumávamos ouvir) queixas de que as calculadoras arruínam a capacidade de pensar da geração mais jovem, ou pelo menos a sua capacidade para fazer matemática. Parece-me que se os algoritmos e rotinas básicos são ensinados por rotina, com nenhuma tentativa para explicar o que eles fazem ou por que funcionam, então mais vale que as crianças utilizem calculadoras. O formalismo corta bem fundo.

alguns matemáticos não souberam o que pensar deles. O que são os números imaginários, realmente? Uma resposta comum a tais dilemas é uma retirada para o formalismo. O matemático afirma que os símbolos para números complexos, por exemplo, são para ser manipulados de acordo com (a maioria de) as mesmas regras que para os números reais, e nada mais há para saber.

Os próprios matemáticos, todavia, nem sempre desenvolvem as suas posições filosóficas com profundidade. Uma das articulações mais detalhadas das versões básicas do formalismo encontra-se na crítica vigorosa desta doutrina feita por Gottlob Frege (1893: §86-137).

1. Pontos de vista básicos; assalto a Frege

Há pelo menos duas posições gerais diferentes que têm alguma pretensão histórica à designação de "formalismo". Embora as filosofias se oponham entre si em aspectos cruciais, os opositores e os defensores do formalismo às vezes correm juntos.

1.1. *Termos*

O *formalismo de termos* é o ponto de vista de que a matemática é sobre caracteres ou símbolos – os sistemas de numerais e outras formas linguísticas. Isto é, o formalista de termos *identifica* as entidades da matemática com os seus nomes. O número complexo $8 + 2i$ é somente o símbolo "$8 + 2i$". Um formalista de termos perfeito identificaria o número natural 2 com o numeral "2", mas talvez se possa ser formalista sobre alguns ramos da matemática e não sobre outros. Poderemos adoptar o formalismo só para aqueles ramos sobre os quais nos sentimos inseguros.

De acordo com o formalismo de termos, portanto, a matemática tem um conteúdo, e as proposições matemáticas são verdadeiras ou falsas. Este ponto de vista propõe respostas simples a (aparentemente) difíceis problemas metafísicos e epistemológicos com a matemática. A matemática é acerca de quê? Números, conjuntos, e assim por diante. O que são estes números, conjuntos, e assim por diante? São caracteres linguísticos. Como se torna conhecida a matemática? O que é conhecimento matemático? É conhecimento de como os caracteres se relacionam uns com os outros, e como são manipulados na prática matemática.

Considere-se a equação mais simples possível:

$$0 = 0$$

Presumivelmente é verdadeira. Como a interpreta o formalista de termos? Ele não pode dizer que a equação diz que a mancha esquerda de tinta (ou toner queimado) com forma oval é idêntica à mancha direita de tinta também com forma oval. Pois, é claro, estas são duas manchas diferentes de tinta.

O formalista de termos pode tomar a equação como afirmando que essas duas manchas de tinta têm a mesma forma. Mas isto parece pressupor a existência de entidades chamadas "formas". Quando discutimos itens linguísticos como letras e frases, os filósofos contemporâneos distinguem *tipos* de *sinais*.([3]) Os sinais são objectos físicos compostos de tinta, grafite, marcas de giz, toner queimado, e assim por diante. Como objectos físicos, eles podem ser criados e podem ser destruídos à vontade. Os tipos são as formas abstractas dos sinais. A palavra "concatenação" tem duas ocorrências do tipo "c". O tipo "c" é partilhado por todos os sinais de letras daquela forma. Quando dizemos que o alfabeto romano tem vinte e seis letras, estamos a falar dos tipos, não dos sinais. A afirmação permaneceria

---

([3]) [Estes tipos nada têm a ver com os tipos lógicos de que se falou no capítulo anterior, como é óbvio.]

verdadeira se cada sinal da letra "a" fosse destruído. De esta perspectiva, o formalista de termos poderá afirmar que a matemática é acerca de *tipos*. A equação acima seria assim uma particularização simples da lei da identidade. A equação diz que o tipo "0" é idêntico consigo mesmo.

O que pensar destas formas ou tipos? Note-se que as formas e tipos são objectos abstractos, à semelhança dos números. Qual é, então, a vantagem do formalismo de termos sobre o realismo em ontologia que afirma abertamente a existência de números? Talvez o formalista de termos possa sustentar que, ao contrário dos números, os tipos têm particularizações directas, os seus sinais, e aprendemos coisas sobre eles por intermédio dos seus sinais.

Um formalismo de termos rudimentar foi avançado (pelo menos temporariamente) por dois matemáticos, E. Heine e Johannes Thomae, na viragem para o século XX. Heine (1872: 173) escreveu, "dou o nome de *números* a certos sinais tangíveis, de modo que a existência destes números é assim inquestionável". Thomae (1898: §§111) alegou que o "ponto de vista formal livra-nos de todas as dificuldades metafísicas; é esta a vantagem que nos oferece". Resta esperar para ver.

Frege (1893: §§86-137) lançou uma prolongada discussão e um duro ataque aos seus pontos de vista. Considere-se a equação:

$$5 + 7 = 6 + 6$$

O que significa isto? Significa talvez que o símbolo "5 + 7" é idêntico ao símbolo "6 + 6". Mas isto é absurdo. Até os *tipos* são diferentes. O primeiro "5 + 7" tem uma ocorrência do tipo "5" e o último "6 + 6" não tem. Não cabe ao formalista alegar que os dois símbolos denotam o *mesmo número*, visto que a tese central do formalismo de termos é que não precisamos considerar entidades extralinguísticas que os termos supostamente denotam. Tudo o que importa são os *caracteres*. Denotam-se a si próprios. Então o formalista de termos não pode interpretar o sinal "=" como identidade. Frege sugere, em nome do formalismo de termos, que a equação é interpretada como dizendo que na aritmética, o símbolo "5 + 7" pode ser substituído em qualquer lugar por "6 + 6" sem alterar o valor de verdade. Isto é, uma frase da forma $A = B$ diz que o símbolo correspondente a A é intersubstituível pelo símbolo correspondente a B em qualquer contexto matemático. Assim, a identidade acima "0 = 0" afirma o truísmo de que o tipo "0" pode ser substituído por si mesmo sem alteração de valor de verdade.

O formalismo de termos talvez possa ser estendido aos números inteiros e racionais, mas o que é que se julga que são os números reais? Não podemos identificá-los com os seus nomes, visto que a maior parte dos números reais não tem nome. Um formalista de termos pode tentar identificar o número real π com a letra grega "π", mas o que diria ele sobre os números reais que não têm nome? Como entenderia uma proposição sobre *todos* os números reais? Uma tentativa simples seria identificá-lo com a sua expansão decimal: 3,14159... Todavia, a expansão é um objecto infinitário, e não um símbolo linguístico. O formalista de termos poderá introduzir uma teoria dos "limites" de dízimas finitas, e identificar π com o "limite" dos símbolos "3", "3,1", "3,14",... . Seguindo este caminho, todavia, é difícil ver qualquer vantagem do formalismo de termos. O "limite" dos símbolos é parecido de mais como a concepção comum de π como o limite dos *números* racionais 3, 3,1, 3,14,... Parece que perdemos o sentido do formalismo.

Suponhamos que o formalista de termos consegue resolver este problema e surge com um substituto linguístico decente para os números reais. Ainda assim, o ponto de vista só capta o *cálculo* matemático. Que sentido pode o formalista de termos atribuir a *proposições* matemáticas, como o Teorema dos Números Primos ou o Teorema Fundamental do Cálculo? Em que sentido se pode dizer que estes teoremas são acerca de símbolos?

1.2. *Jogos*

A outra versão básica do formalismo liga a prática da matemática a um jogo jogado com caracteres linguísticos. Assim como, no xadrez, se pode usar um peão para capturar a peça num quadrado à frente em diagonal, na aritmética pode-se escrever "$x = 10$" se obtivemos previamente "$x = 8 + 2$". Chamemos a isto *formalismo de jogo*.
Versões radicais deste ponto de vista afirmam abertamente que os símbolos da matemática não têm sentido. Fórmulas e frases matemáticas não expressam proposições verdadeiras ou falsas sobre um qualquer assunto. O ponto de vista é o de que os caracteres matemáticos não têm mais significado do que as peças num tabuleiro de xadrez. O "conteúdo" da matemática esgota-se nas regras para operar com a sua linguagem. Versões mais moderadas do formalismo de jogo concedem que as linguagens da matemática podem ter algum tipo de significado, mas, então, este significado é irrelevante para a prática da matemática. No que respeita ao matemático praticante, os símbolos da linguagem matemática podem também não ter sentido.
As diferenças entre versões moderadas e radicais do formalismo de jogo pouco importam para a filosofia da matemática. Os dois pontos de vista concordam na falta de interpretação *matemática* para os caracteres tipográficos de um ramo da matemática. Contra isto, o formalista de termos defende que a matemática é sobre a sua terminologia.
Tal como o formalismo de termos, o formalismo de jogo ou resolve ou contorna problemas metafísicos e epistemológicos difíceis com a matemática. A matemática é acerca de quê? Nada. O que *são* números, conjuntos, e por aí adiante? Eles não existem, ou é como se pudessem não existir. Como é conhecida a matemática? Em que consiste o conhecimento matemático? É conhecimento das regras do jogo, ou conhecimento de que certos movimentos de acordo com estas regras foi feito. A equação "$2^{10} = 1024$" e o teorema de que para cada número natural

x há um número primo $y > x$ [em símbolos: $\forall x \exists y (y > x \wedge y$ é primo], indicam o resultado de uma certa partida jogada de acordo com as regras da aritmética.([4])

No contexto do formalismo de jogo, expressões como "linguagem" e "símbolo" são enganadoras. Em praticamente todos os outros contextos, o objectivo da linguagem, antes de tudo o mais, e principalmente, é comunicar. Utilizamos a linguagem para falar *acerca* de coisas, usualmente coisas que não a própria linguagem. No seu uso normal, um símbolo *simboliza* algo. A palavra "Stewart" representa a pessoa Stewart. Então poderia pensar-se que o numeral "2" representa o número 2. Isto é precisamente o que o formalismo de jogo nega, ou contraria. Ou o numeral nada representa, ou então é como se nada representasse. Para a matemática, tudo o que importa é o numeral, e o papel do numeral no jogo da matemática.

É irónico que o trabalho de Frege em lógica (ver Cap. 5, §1) tenha dado ímpeto a uma versão sofisticada do formalismo de jogo. Frege alegou que um dos propósitos da sua lógica era codificar a inferência correcta. Para determinar a importância epistémica de uma derivação, não pode haver "lacunas" no raciocínio; todas as premissas devem ser explicitadas. Frege desenvolveu um sistema *formal* com este propósito, ou, para ser preciso, apresentou um sistema dedutivo que podia ser entendido formalmente: "a minha escrita conceptual... é concebida para... ser *operada como um cálculo* por meio de um pequeno número de passos padrão, de modo que nenhum passo é permitido que não se adapte às regras que são estabelecidas de uma vez

---

([4]) Desde Wittgenstein 1953 que tem havido muita discussão filosófica sobre o seguidismo de regras. O que significa alguém seguir uma regra, em vez de outra? Podemos distinguir o desenrolar correcto de uma regra do desenrolar correcto de uma regra diferente? Ver, por exemplo, Kripke 1982. Se há alguma questão aqui, trata-se de um problema para qualquer filosofia da matemática, não apenas para o formalismo de jogo.

por todas" (Frege 1884: §91, ênfase minha). Frege estava ciente de que esta característica podia alimentar uma versão de formalismo:

> Ora é bem verdade que podíamos ter introduzido as nossas regras e outras leis do *Begriffsschrift* [por exemplo, Frege 1879] como estipulações arbitrárias, sem falar do significado e do sentido dos sinais. Teríamos então tratado os sinais como figuras. O que tomamos por ser a representação externa de uma inferência seria então comparável a um movimento no xadrez, mera transição de uma configuração a outra. Podemos dar a alguém os nossos [axiomas] e... definições... – como daríamos a posição inicial das peças no xadrez – dar-lhe as regras que permitem transformações, e depois passar-lhe o problema de derivar o nosso teorema... tudo isto sem que ela tenha a mais leve suspeita do sentido e significado destes sinais, ou dos pensamentos expressos pelas fórmulas... (Frege 1903: §90)

Frege salientou que o significado que atribuímos às frases é o que as torna interessantes, e que este significado sugere estratégias para as derivações. O formalista de jogo poderá concordar com isto, mas acrescentará que o significado das expressões matemáticas é estranho à própria matemática. No que respeita a matemática, tudo o que importa é que as regras sejam seguidas. O significado é meramente heurístico, não é mais do que uma ajuda psicológica. A matemática não precisa, de todo, de ter conteúdo algum.

O formalismo de jogo, todavia, fica com um problema intimidante. Por que são os jogos matemáticos tão úteis nas ciências? Afinal de contas, ninguém procura sequer aplicações úteis do xadrez. Porquê pensar que o jogo sem sentido da matemática deveria ter alguma aplicação? É claro que tem, e temos de explicar essas aplicações. Um problema semelhante surge para aplicações da matemática dentro da matemática. Por que é o jogo da análise complexa útil ao jogo da análise real ou da aritmética? Esta questão é ainda mais incomodativa para aquele que é formalista de jogo sobre, digamos, a análise complexa, mas não sobre a análise real nem sobre a aritmética.

Neste sentido, o formalismo de jogo é muito semelhante a uma filosofia da ciência chamada *instrumentalismo*, que foi concebida para aliviar preocupações com entidades teóricas não observadas, como os electrões. De acordo com o instrumentalismo, a ciência teórica não é mais que um instrumento complicado para fazer predições sobre o mundo físico, observável. O cientista não precisa de acreditar que as entidades teóricas existem. O instrumentalista é assim poupado ao problema epistemológico de dar conta do nosso conhecimento de entidades teóricas, mas é deixado com um problema totalmente em aberto de explicar precisamente por que razão o instrumento funciona tão bem, ou por que funciona de todo. Analogamente, o formalismo de jogo é poupado ao problema de dizer de que trata a matemática, e talvez possua uma solução elegante do problema de como a matemática é conhecida, mas a questão do porquê da utilidade da matemática parece agora intratável.

A principal crítica de Frege (1903: §91) ao formalismo de jogo segue ao longo destas linhas:

> uma aritmética sem pensamento como conteúdo também não terá possibilidade de aplicação. Por que não pode ser feita aplicação alguma de uma configuração de peças de xadrez? Obviamente, porque não expressa pensamento algum. Se o fizesse, e cada movimento do xadrez conforme às regras correspondesse a uma transição de um pensamento a outro, as aplicações do xadrez também seriam concebíveis. Por que podem ser aplicadas as equações aritméticas? Apenas porque expressam pensamentos. Como poderíamos de todo aplicar uma equação que nada expressasse, e nada mais fosse do que um grupo de figuras, para ser transformado noutro grupo de figuras de acordo com certas regras?

(...) Só a sua aplicabilidade eleva a aritmética de um jogo à categoria de uma ciência.

O formalista poderia ripostar que as aplicações não fazem parte da própria matemática, são estranhas a ela. Frege (1903: §88) cita Thomae (1898: §§1-11):

> A concepção formal dos números aceita limitações mais modestas do que a concepção lógica. Não questiona o que os números são e o que eles fazem, mas antes o que é exigido deles em aritmética. Para o formalista, a aritmética é um jogo com sinais que são ditos vazios. Isto significa que não têm conteúdo (no jogo do cálculo) além daquele que é atribuído pelo seu comportamento com respeito a certas regras de combinação (regras do jogo). O jogador de xadrez faz uso semelhante das suas peças; atribui-lhes certas propriedades que determinam o seu comportamento no jogo... Por certo, há uma diferença importante entre aritmética e xadrez. As regras do xadrez são arbitrárias, o sistema de regras para a aritmética é tal que por meio de axiomas simples os números podem ser referidos a conjuntos e assim pode fazer contribuições importantes para o nosso conhecimento da natureza.

Thomae parece adoptar aqui o ponto de vista a que chamo "formalismo de jogo moderado". A ideia é que o matemático trata a sua "linguagem" como se fosse um punhado de caracteres sem sentido. As regras para a aritmética foram talvez escolhidas com vista a algumas aplicações, mas estas aplicações não dizem respeito ao matemático enquanto tal. Como diz Frege por conta deste formalismo de jogo, "na aritmética formal absolvemo-nos da justificação para uma escolha das regras em vez de outra" (Frege 1903: §89).

Frege responde que o problema da aplicabilidade não desaparece só porque o formalista, ou até o matemático, recusa lidar com ele. Sarcasticamente, pergunta o que se ganha com a evasão: "Por certo, a aritmética é aliviada de algum trabalho, mas isto liquida o problema? O [formalista] transfere-o para os ombros dos seus colegas, os geómetras, os físicos, e os astrónomos; mas estes declinam agradecidos a ocupação; e assim ele cai num vazio entre as ciências. Uma separação nítida dos domínios das ciências pode ser uma boa coisa, desde que não permaneça domínio algum sem alguém responsável" (Frege 1903: §92). Frege indica então que as aplicações em questão são extremamente vastas. A matemática aplica-se a qualquer coisa que pode ser contada ou pode ser medida. O mesmo número "pode surgir com comprimentos, intervalos de tempo, massas, momentos de inércia, etc." Assim, o problema da "utilidade da aritmética deve ser resolvido – pelo menos em parte – independentemente daquelas ciências às quais deve ser aplicada". E então de nada serve evitar o problema desta maneira.([5]) Mesmo que a dispensa do formalismo por Frege seja prematura, é claro que o formalista nos deve uma explicação da aplicabilidade da matemática.

2. Dedutivismo: os *Fundamentos da Geometria* de Hilbert

Uma das críticas de Frege ao formalismo de jogo sugere uma variação na versão moderada daquele ponto de vista. Suponhamos que alguém – matemático, físico, ou astrónomo – consegue interpretar, digamos, os axiomas básicos da aritmética de modo que resultem verdadeiros.([6])

([5]) A aplicabilidade em larga escala dos números é uma das considerações de Frege a favor do logicismo. A sua explicação dos números naturais começa explicitamente com uma das suas aplicações: indicar a cardinalidade (ver Capítulo 5, §1). A explicação por Frege (1903) dos números reais assenta na sua aplicação à medição de razões de quantidades (ver Simons 1987 e Dummett 1991: Cap. 22).

([6]) [Obviamente, aqui e no que segue o conceito de verdade em questão é o *semântico* (tarskiano), de correspondência com a realidade, utilizado comummente em lógica matemática: a proposição Φ é ver-

Isto não é suficiente para garantir uma aplicação da aritmética, visto que por si mesma esta interpretação não garantiria que os *teoremas* fossem verdadeiros sob a mesma interpretação. Como sabemos que as regras da aritmética de jogo nos levam de verdades (assim interpretadas) a verdades? Frege (1903: §91) escreveu:

> Enquanto numa aritmética com conteúdo as equações e inequações são sentidos que expressam pensamentos, na aritmética formal elas são comparáveis com as posições das peças de xadrez, transformadas de acordo com as regras, sem consideração de qualquer sentido. Pois, se fossem vistas como cativas de sentido, as regras não podiam ser arbitrariamente estipuladas; teriam de ser escolhidas de modo que de fórmulas expressando proposições verdadeiras só poderiam [derivar-se] fórmulas expressando igualmente proposições verdadeiras. Então, o ponto de vista da aritmética formal que insiste que as regras para a manipulação de sinais sejam arbitrariamente estipuladas, teria sido abandonado.

Em termos contemporâneos, para que a aplicação de um ramo como a aritmética tenha sucesso, as regras do jogo não podem ser arbitrárias, mas devem *constituir consequências lógicas*. Seja como for interpretada a linguagem, se os axiomas resultarem verdadeiros, então os teoremas devem ser verdadeiros sob a mesma interpretação.

O advento de sistemas dedutivos rigorosos – graças em grande medida a Frege – sugere uma tentadora filosofia que tem algo em comum com o formalismo de jogo, mas evita esta armadilha particular. Um *dedutivista* aceita o ponto de Frege de que as regras de inferência devem conservar a verdade, mas insiste em que os *axiomas* de

---

dadeira na interpretação J se e só se aquilo que Φ exprime acerca de J acontece realmente. Neste caso, J também se diz um *modelo* de Φ. A proposição "A neve é branca" é verdadeira (na interpretação usual) se e só se a neve realmente é branca.]

várias teorias matemáticas sejam tratados como se fossem arbitrariamente estipulados. A ideia é que a prática da matemática consiste em determinar consequências lógicas de axiomas que de resto não são interpretados. O matemático é livre para considerar os axiomas (e os teoremas) da matemática como sem sentido, ou dar-lhes uma interpretação ao arbítrio.

Para articular este ponto de vista rigorosamente, distinguiríamos os termos lógicos como "e", "se..., então", "existe", e "para todo" da terminologia não-lógica, ou especificamente matemática, tal como "número", "ponto", "conjunto", e "recta". A terminologia lógica é entendida com o seu significado normal, enquanto a terminologia não lógica não é interpretada, ou é tratada como se fosse não interpretada.([7]) Seja Φ um teorema, digamos, da aritmética. De acordo com o dedutivismo, o "conteúdo" de Φ é que Φ resulta dos axiomas da aritmética. O dedutivismo é por vezes chamado "se-então-ismo".

A afinidade entre formalismo de jogo e dedutivismo resulta do desenvolvimento de sistemas lógicos que podem ser "operados como um cálculo", como diz Frege. O dedutivismo é consonante com o lema de que a lógica é neutra quanto ao tema. Do ponto de vista semântico moderno [teoria dos modelos], se uma inferência [dedução] com premissas Γ e conclusão Φ é válida, então Φ é verdadeira sob qualquer interpretação que torne verdadeiras todas as premissas em Γ.([8]) A ideia por detrás do dedutivismo é ignorar a interpretação e apegar-se às inferências.

Tal como o formalista de jogo, o nosso dedutivista propõe respostas claras a questões filosóficas. De que trata a matemática? Nada, ou pode ser considerada como sendo sobre nada. O que é conhecimento matemático?

([7]) Esta abordagem é estranha ao logicismo de Frege. Para Frege, cada termo da matemática é lógico, e portanto deveria ser plenamente interpretado. Ver Van Heijenoort 1967a e Goldfarb 1979.

([8]) [Ver nota 18 do Cap. 5.]

É conhecimento do que se segue de quê. O conhecimento matemático é conhecimento *lógico*.([9]) Como se aplica um ramo da matemática? Encontrando interpretações que tornam verdadeiros os seus axiomas.

O dedutivismo é uma filosofia que combina bem com desenvolvimentos nos fundamentos da matemática, especialmente da geometria, durante o séc. XIX e princípio do séc. XX. Os acontecimentos cruciais incluíram o advento e sucesso da geometria analítica, tendo como eco a geometria projectiva; a tentativa para acomodar elementos ideais e imaginários, tais como pontos no infinito; o desenvolvimento da geometria n-dimensional; e a assimilação da geometria não-euclidiana à corrente principal em matemática lado a lado com, não em substituição de, a geometria euclidiana. Estes temas ajudaram a minar a tese kantiana de que a matemática está presa a intuições de espaço e tempo (ver Cap. 4, §2). A comunidade matemática tomou um interesse crescente no rigor, na axiomatização de vários ramos da matemática, e finalmente na compreensão da dedução como independente do conteúdo. Destes desenvolvimentos matemáticos e lógicos à tese filosófica de que "a interpretação" dos axiomas não importa vai, talvez, um passo pequeno e natural. O físico pode preocupar-se com o saber se o espaço-tempo real é euclidiano ou a quatro dimensões, mas o matemático é livre para explorar as consequências de todas as espécies de geometrias.

Moritz Pasch desenvolveu a ideia de que a inferência lógica deve ser neutra quanto ao tema. Pasch escreveu que a geometria deve ser apresentada de uma maneira formal, sem depender da intuição ou observação quando se fazem inferências:

> Se a geometria deve ser verdadeiramente dedutiva, o processo de inferência deve ser independente em todas as

---

([9]) O dedutivismo tem tudo isto em comum com o logicismo (ver Cap. 5).

suas partes do significado dos conceitos geométricos, assim como deve ser independente dos diagramas; só as relações especificadas nas proposições e definições podem legitimamente ser levadas em conta. Durante a dedução é útil e legítimo, mas de nenhuma maneira necessário, pensar nos significados dos termos; aliás, se for necessário fazer isso, então a inadequação da demonstração torna-se manifesta. (Pasch 1926: 91)

Ernest Nagel (1939: §70) escreveu que o trabalho de Pasch estabeleceu o padrão para a geometria: "Nenhum trabalho posterior que tenha captado a atenção de estudiosos do assunto evitou começar com uma enumeração cuidadosa dos termos primitivos ou não definidos e das proposições primitivas ou não demonstradas; e não deixam de satisfazer a condição de que todos os outros termos sejam definidos, e todas as outras proposições demonstradas, unicamente por meio desta base primitiva."

O trabalho de David Hilbert em geometria por volta da viragem para o séc. xx representa a culminação destes desenvolvimentos fundacionais. O programa executado no seu *Fundamentos da Geometria* (1899) ([10]) marcou o fim do papel essencial da intuição em geometria. Embora a intuição espacial ou observação permaneça a fonte dos axiomas da geometria euclidiana, nos escritos de Hilbert o papel da intuição e da observação é heurístico e explicitamente limitado à motivação. Uma vez formulados os axiomas, a intuição e observação são banidas. Elas não fazem parte da matemática.

Um resultado desta orientação é que *absolutamente qualquer coisa* pode jogar o papel dos termos primitivos não

---

([10]) [Tradução portuguesa por Maria Pilar Ribeiro (colab. de J. da Silva Paulo), Paulino Lima Fortes e A. J. Franco de Oliveira (colab. de A. Vaz Ferreira), incluindo os *Apêndices* I-X do Autor e *Suplementos* de P. Bernays, F. Enriques e H. Poincaré. Revisão científica e coordenação por A. J. Franco de Oliveira. Gradiva, 2003.]

definidos como pontos, linhas, planos, e assim por diante, desde que os axiomas sejam satisfeitos. Otto Blumenthal relata que, numa discussão numa estação ferroviária em Berlim em 1891, Hilbert disse que numa axiomatização adequada da geometria "devemos poder sempre dizer, em vez de 'pontos, linhas rectas, e planos', 'mesas, cadeiras, e canecas de cerveja'" (ver Hilbert 1935: 388-429; a história é relatada na p. 403).

Hilbert (1899) resume a ideia como segue: "Pensamos de... pontos, linhas rectas, e planos como estando em certas relações mútuas, que indicamos por meio de palavras tais como 'incide (com)', '(estar situado) entre', 'paralela', 'congruente', 'contínuo', etc. A descrição exacta e completa destas relações segue-se como uma consequência dos axiomas da geometria." Por certo, Hilbert também diz que os axiomas expressam "certos factos fundamentais relacionados da nossa intuição", mas no desenvolvimento subsequente do livro tudo o que resta do conteúdo intuitivo é o uso de palavras como "ponto", "recta", e assim por diante (e os diagramas que acompanham alguns teoremas). Paul Bernays, o discípulo e colaborador de Hilbert (1967: 497) resume assim os objectivos do mestre Hilbert (1899):

> Uma característica principal da axiomatização de Hilbert da geometria é que o método axiomático é apresentado e praticado no espírito da concepção abstracta da matemática que surgiu no fim do séc. XIX e que foi geralmente adoptada na matemática moderna. Consiste em abstrair do significado intuitivo dos termos... e em entender as asserções (teoremas) da teoria axiomatizada num sentido hipotético, isto é, como sendo verdadeiras em qualquer interpretação... na qual os axiomas sejam satisfeitos. Assim, um sistema de axiomas não é considerado como um sistema de proposições sobre uma matéria dada mas como um sistema de condições para o que se poderá chamar uma estrutura relacional... Nesta concepção das axiomáticas... o raciocínio lógico com base nos axiomas não é usado mera-

mente como uma maneira de ajudar a intuição no estudo de figuras espaciais; ao invés, as dependências lógicas são consideradas em si mesmas, e insiste-se que no raciocínio contamos só com aquelas propriedades de uma figura que ou são explicitamente assumidas ou seguem logicamente das suposições e axiomas.

O segundo dos famosos "Problemas Matemáticos" de Hilbert (Hilbert 1900) estende a abordagem dedutivista a cada canto da matemática:([11]) "Quando estamos empenhados em investigar os fundamentos de uma ciência, devemos montar um sistema de axiomas que contém uma descrição completa e exacta das relações que subsistem entre as ideias elementares daquela ciência. Os axiomas estabelecidos são ao mesmo tempo as definições dessas ideias elementares..."

O facto de as linguagens formais e os sistemas dedutivos serem formulados com clareza e rigor suficiente para serem estudados como objectos matemáticos por direito próprio constituiu um desenvolvimento importante, neste contexto, e para o logicismo. Isto é, o matemático pode demonstrar coisas *sobre* sistemas formais. Tais esforços tornaram-se conhecidos por *metamatemática*. O interesse em questões metamatemáticas cresceu a partir dos desenvolvimentos na geometria não-euclidiana, como uma resposta ao fracasso em demonstrar o postulado de paralelismo [de

---

([11]) Numa conferência perante o Congresso Internacional de Matemáticos em 1900 em Paris, Hilbert apresentou vinte e três problemas para os matemáticos resolverem. A lista preencheu grande parte da agenda para a matemática, e lógica matemática em particular, durante boa parte do séc. XX. Um dos problemas mais famosos, o décimo, pedia para encontrar um algoritmo para determinar se uma equação diofantina dada tem uma solução [não trivial] nos números naturais. Esta questão só foi resolvida quando Matijacevic (1970) mostrou que não existe tal algoritmo. [Na realidade, foram apenas dez os problemas referidos na palestra, por falta de tempo, mas a lista completa foi publicada nas actas do encontro. Uma equação diofantina é uma equação polinomial com coeficientes inteiros.]

Euclides]. Com efeito (e em retrospecção), mostrou-se que os axiomas da geometria não-euclidiana são consistentes, mediante a descrição de uma estrutura que os torna verdadeiros. [Ver notas 12 e 14 adiante.]

Utilizando técnicas de geometria analítica, Hilbert (1899) construíu um modelo de todos os axiomas utilizando números reais, mostrando assim que os axiomas são "compatíveis", ou consistentes.(^{12}) Em termos contemporâneos, ele mostrou que os axiomas são satisfazíveis. Se a intuição espacial jogasse um papel para além de heurístico, esta demonstração não seria necessária. A intuição só por si garantiria que todos os axiomas são verdadeiros (acerca do espaço real), e portanto que são todos compatíveis entre si. Os geómetras do tempo de Kant perguntar-se-iam sobre a finalidade de demonstrar a "compatibilidade" ou satisfazibilidade neste contexto. Como veremos num instante, Frege também hesitou aqui.

Hilbert forneceu então uma série de modelos em cada um dos quais um dos axiomas é falso, mas todos os outros são satisfeitos, mostrando assim que cada axioma é independente dos restantes. Os vários domínios de "pontos", "rectas", e assim por diante de cada modelo são conjuntos de números, conjuntos de pares de números, ou conjuntos de conjuntos de números. Não exactamente mesas, cadeiras, e canecas de cerveja, mas no mesmo espírito.

Esta metamatemática não é ela mesma, presumivelmente, a derivação de teoremas a partir de axiomas considerados como desprovidos de sentido. O objectivo da metamatemática é lançar luz num certo conteúdo, nomeadamente, linguagens formais e axiomatizações. Assim, a

(^{12}) [Na terminologia adoptada em Portugal, "compatível" e "satisfazível" são termos sinónimos, assim como "consistente" e "não-contraditório" (menos comum é "coerente", embora neste livro, Cap. 9, "coerente" tenha uma conotação modal e não seja utilizado como sinónimo de "consistente"). Gödel demonstrou que para teorias de primeira ordem, a noção semântica de compatibilidade é equivalente à noção sintáctica de consistência. Ver nota 14 adiante.]

metamatemática parece ser uma excepção ao tópico do dedutivismo (e formalismo de jogo), que defende que a matemática não necessita de conteúdo. Uma opção para o dedutivista seria defender que a metamatemática não é matemática, mas isto aproxima-se de um paradoxo. A metamatemática tem as mesmas aparências e métodos que qualquer outro ramo da matemática. Por certo, a metamatemática pode ser (e subsequentemente foi) formalizada. Para ser coerente, o nosso dedutivista deve propor que a expressão "matemática" em metamatemática seja somente a derivação de consequências dos axiomas desta metamatemática, sendo estes axiomas considerados como sem significado. A "aplicação" da metamatemática a linguagens formais e sistemas dedutivos é irrelevante para a sua essência como ramo da matemática. Do mesmo modo que a aritmética pode ser aplicada à contagem, a metamatemática pode ser aplicada a sistemas dedutivos. O papel e a importância da metamatemática são variáveis entre os autores formalistas.

Frege e Hilbert mantiveram uma correspondência viva, na qual se destacam as diferenças nas suas abordagens filosóficas à matemática.[13] Frege questionou a afirmação em Hilbert (1899) de que a axiomatização proporciona *definições* dos conceitos primitivos da geometria, de modo que as mesmas frases servem como axiomas e definições. Frege tentou corrigir Hilbert sobre a natureza das definições e axiomas. De acordo com Frege, enquanto as definições devem fornecer os significados e fixar as denotações dos termos, os axiomas devem expressar *verdades*. Numa carta datada de 27 de Dezembro de 1899 Frege argumentou que Hilbert (1899) não proporcionou uma definição de, digamos, "(estar situado) entre", visto que a axiomati-

---

[13] A correspondência é publicada em Frege 1976 e traduzida em Frege 1980. Ver Resnik 1980, Coffa 1991: Cap. 7, Demopoulos 1994, e Hallett 1994 para análises perspicazes. Ver também Shapiro 1997: Cap. 5.

zação "não fornece uma marca característica" que possa ser usada para determinar se a relação "(estar situado) entre" tem ou não lugar:

> os significados das palavras "ponto", "linha recta", "(estar situado) entre" não são dados, mas supõem-se conhecidos previamente... Também não é evidente o que chama um ponto. Primeiro pensamos os pontos no sentido da geometria euclidiana, um pensamento reforçado pela proposição de que os axiomas expressam factos fundamentais da nossa intuição. Mas depois pensa um par [ordenado] de números como um ponto... Aqui os axiomas carregam um peso que pertence a definições... Além do velho significado da palavra "axioma"... emerge outro significado mas que eu não consigo apreender.

A ideia de pensar "um par [ordenado] de números como um ponto" refere-se a alguns dos teoremas metamatemáticos de Hilbert, o qual mostrou, por exemplo, que a sua axiomatização [da geometria plana] é consistente mediante a construção de um modelo cartesiano em que os "pontos" são pares [ordenados] de números. Na mesma carta, Frege disse a Hilbert que uma definição deve especificar o significado de uma única palavra cujo significado ainda não foi dado, e a definição deve empregar outras palavras cujos significados já são conhecidos. Em contraste com as definições, os axiomas e teoremas "não devem conter uma palavra ou sinal cujo sentido e significado... não tenha já sido completamente estabelecido, de modo que não haja dúvida alguma sobre o sentido da proposição e do pensamento que ela exprime. A única questão só pode ser a de saber se este pensamento é verdadeiro... Assim, axiomas e teoremas nunca podem tentar estabelecer o significado de um sinal ou palavra que neles ocorre, que já deve ter sido estabelecido." O ponto de Frege é um dilema simples: se os termos nos axiomas propostos não têm significado de antemão, então as proposições não podem ser verdadeiras (nem falsas), e assim não podem ser axiomas. Se têm significado de antemão, então os axiomas não podem ser definições.

Em termos contemporâneos, Hilbert forneceu definições *implícitas*, ou *funcionais* de termos como "ponto", "recta", e "plano". Estas são caraterizações simultâneas de vários itens, em termos das suas relações uns com os outros. Uma definição implícita bem sucedida capta uma estrutura (ver Shapiro 1997: caps. 4, 5). Frege não aceitou esta noção, pelo menos não como uma *definição*.

Frege acrescentou que da verdade [simultânea] dos axiomas, "segue que eles não se contradizem" e então deixa de ser necessário mostrar que os axiomas são consistentes. Isto é, Frege não viu a finalidade da metamatemática de Hilbert. A verdade dos axiomas é garantida pela intuição, e não há razão alguma para mostrar que são consistentes.

Hilbert respondeu a 29 de Dezembro, dizendo a Frege que o propósito dos *Fundamentos* (1899) é explorar relações lógicas entre os princípios da geometria, ver por que razão o "axioma das paralelas não é uma consequência dos outros axiomas", e como o facto de a soma dos ângulos de um triângulo ser igual a dois ângulos rectos está ligado com o axioma das paralelas. Presumo que Frege, o pioneiro da lógica matemática, pudesse apreciar *este* projecto. Sobre a afirmação de Frege de que os significados das palavras "ponto", "recta", e "plano" não são dados, mas supõe-se serem conhecidos de avanço", Hilbert respondeu:

> Isto é aparentemente o ponto cardinal onde reside o equívoco. Não quero admitir seja o que for como conhecido de avanço. Considero a minha explicação... como a definição dos conceitos de ponto, recta, plano... Se procurarmos outras definições de "ponto", por exemplo, por paráfrase em termos de ausência de extensão, etc., então devo realmente opor-me a tais tentativas da maneira mais decisiva;

procuramos algo que nunca encontraremos porque nada está lá; e tudo fica perdido e se torna vago e confuso e degenera num jogo de escondidas.

Isto é uma alusão a "definições" como a de Euclides de que "um ponto é o que não tem partes". Hilbert respondeu que tais definições não ajudam. Estas "definições" não chegam a ser utilizadas no desenvolvimento matemático. Tudo o que podemos fazer é especificar as *relações* dos pontos, rectas, e planos uns com os outros – via axiomatização. Apenas podemos proporcionar uma definição implícita da terminologia. Tentar fazer melhor é cair no jogo das escondidas. Hilbert também respondeu à queixa de Frege de que a noção de Hilbert de "ponto" não é "inequivocamente fixada":

> É certamente óbvio que cada teoria é só um andaime ou esquema de conceitos juntamente com as relações necessárias entre si, e que os elementos básicos podem ser pensados de qualquer maneira que queiramos. Se ao falar dos meus pontos, eu penso em algum sistema de coisas, por exemplo, o sistema amor, lei, limpa-chaminés... e então assumir todos os meus axiomas como relações entre estas coisas, então as minhas proposições, por exemplo, o teorema de Pitágoras, são também válidas para estas coisas... Esta circunstância é aliás frequentemente utilizada, por exemplo, no princípio de dualidade... Isto... nunca pode ser um defeito numa teoria, e em qualquer caso é inevitável.

Observe-se a semelhança com o escárnio de Hilbert na estação de comboios de Berlim [ver pág. 162].

Hilbert rejeitou veementemente a afirmação de Frege de que não há necessidade alguma de se preocupar com a consistência dos axiomas, porque são todos verdadeiros: "Desde que tenho pensado, escrito e leccionado estas coisas, tenho dito o exacto oposto: se os axiomas dados ao arbítrio não se contradizem entre si com todas as suas consequências, então eles são verdadeiros e as coisas definidas por eles existem. ([14]) E isto é, para mim, o critério da verdade e existência." Hilbert reivindicou literalmente, que se uma colecção de axiomas é consistente, então eles são verdadeiros e as coisas de que os axiomas falam existem. Isto constitui um contraste nítido com a maneira como pensamos noutras áreas. Uma afirmação mais cautelosa para Hilbert teria sido que a consistência de uma colecção de axiomas é suficiente para eles constituírem um ramo legítimo *da matemática*. A consistência constitui toda a "verdade" e "existência" de que o matemático precisa.

Na sua resposta, datada de 6 de Janeiro de 1900, Frege observou que Hilbert quis "desprender a geometria da intuição espacial e torná-la numa ciência puramente lógica como a aritmética", e Frege foi capaz de recapturar muita da perspectiva de Hilbert no seu próprio sistema. Todavia, as duas grandes mentes permaneceram bastante afastadas uma da outra. Frege disse que a única maneira de estabelecer consistência é fornecer um modelo: "apontar a um objecto que tem todas essas propriedades, dar um exemplo [de uma estrutura] onde todos esses requisitos são satisfeitos." Como veremos na próxima secção, o programa de Hilbert tentou, mais tarde, fornecer outra maneira de estabelecer a consistência.

Frege tinha-se queixado de que "o sistema de definições [de Hilbert] é como um sistema de equações a várias incógnitas". Penso que Hilbert aceitaria esta analogia.

([14]) [Esta ideia constitui, na realidade, o conteúdo do famoso metateorema de *completude* de Gödel, de 1930, para teorias de primeira ordem: consistência (isto é, não contradição) implica compatibilidade ou satisfazibilidade (isto é, existência de realização ou modelo). O resultado formal em questão não estava disponível na época em que a discussão entre Hilbert e Frege tem lugar, mas pode-se dizer que fazia parte do entendimento informal ("folclore") da metodologia das matemáticas desde, pelo menos, meados do século dezanove até aos anos vinte. Pode estar em causa, todavia, uma ideia *sui generis* de existência em matemática (ver adiante neste parágrafo).]

No exemplo à mão, três das "incógnitas" são "ponto", "recta", e "plano". Só recebemos as relações entre estes. Frege escreveu: "Dadas as suas definições, não sei como decidir se o meu relógio de bolso é ou não um ponto." Hilbert certamente concordaria, mas acrescentaria que a tentativa para resolver esta questão do relógio de bolso é brincar ao jogo das escondidas. A questão de Frege, aqui, é reminiscente do chamado "Problema de César" que surge no seu próprio logicismo (ver Cap. 5, §1). Para Frege, a frase "o meu relógio de bolso é um ponto" deve ter um valor de verdade, e a nossa teoria deve determinar este valor de verdade, assim como a teoria da aritmética deve determinar um valor de verdade para equação "2 = Júlio César".

Hilbert considerou a rejeição da perspectiva de Frege sobre os conceitos – indicada pela questão do relógio de bolso – como uma *inovação* de monta, dando força à sua própria abordagem. Numa carta a Frege datada de 7 de Novembro de 1903, escreveu que "a mais importante lacuna na estrutura tradicional da lógica é a suposição... de que um conceito já aí está, se podemos declarar, acerca de qualquer objecto, se ele cai ou não sob o conceito... [Pelo contrário, o que] é decisivo é que os axiomas que definem o conceito sejam livres de contradição." Mostrando alguma exasperação, Hilbert sumariou assim as coisas:

> um conceito pode ser fixado logicamente somente pelas suas relações com outros conceitos. Estas relações, formuladas em certas proposições que chamo axiomas, chegando assim ao ponto de vista de que os axiomas... são as definições dos conceitos. Não pensei neste ponto de vista, não porque não tivesse nada melhor para fazer, mas porque me vi forçado a ele pelos requisitos de rigor na inferência lógica e na construção lógica de uma teoria. Convenci-me que as partes mais subtis da matemática... podem ser tratadas com certeza apenas desta maneira; caso contrário, apenas andamos em círculos.

3. Finitismo: o programa de Hilbert

Parafraseando Dickens, a matemática na viragem do séc. XX era "a melhor das coisas, e a pior das coisas." Desenvolvimentos frutíferos poderosos em análise real, devido a matemáticos como Augustin Louis Cauchy, Bernard Bolzano, e Karl Weierstrass, ultrapassaram os problemas com os infinitésimos([15]) e deram ao cálculo uma fundação sólida. Hilbert (1925: 187) escreveu que a análise real e complexa é "a estrutura mais delicadamente erigida e estética da matemática". Embora quantidades infinitamente grandes e infinitamente pequenas não fossem necessárias, as novas teorias ainda dependiam das colecções infinitas. De acordo com Hilbert, "a análise matemática é uma sinfonia do infinito". Ao mesmo tempo, havia uma descrição excitante do infinito na teoria dos conjuntos de Georg Cantor.

Apesar destes desenvolvimentos espectaculares, ou por causa deles, havia um sentimento de crise nos fundamentos. A matemática parece ser, e deve ser a mais exacta e certa de todas as disciplinas, e todavia surgiam desafios e dúvidas. À luz de antinomias como o Paradoxo de Russell (ver Cap. 5, §§1-2), não havia certeza alguma de que a teoria dos conjuntos fosse sequer consistente. O sentimento de crise não foi ajudado pelo uso por Cantor do que ele chamou "multitudes inconsistentes", colecções de conjuntos que são grandes de mais para serem coleccionadas num só conjunto. As antinomias levaram a ataques à legitimidade de alguns métodos matemáticos, e alguns matemáticos de topo impuseram restrições severas nos

---

([15]) [Referência aos infinitamente grandes e pequenos *numéricos* actuais, em uso desde o século XVII, cujo estatuto ontológico foi sempre considerado duvidoso, até A. Robinson ter demonstrado nos anos 60 a sua respeitabilidade no seio da chamada *análise não-standard*. Para uma introdução histórica ver o Apêndice B em A. J. F. Oliveira e I. van den Berg, *Matemática Não-standard, Uma Introdução com Aplicações*, Fundação C. Gulbenkian, 2007.]

métodos matemáticos, restrições que incapacitariam a análise real e complexa (ver Cap. 1, §2, Cap. 5, §2, e Cap.7). A resposta de Hilbert a estes desenvolvimentos incorporou aspectos do dedutivismo, formalismo de termos, e formalismo de jogo. Sejam quais forem os seus méritos filosóficos, o *programa de Hilbert* conduziu a uma era frutífera na metamatemática que ainda hoje prospera. Para Hilbert, o programa tinha um propósito epistémico explícito: "O objectivo da minha teoria é estabelecer de uma vez por todas a certeza dos métodos matemáticos" (Hilbert 1925: 184) ([16]). Com esta finalidade, tomaria como base o trabalho desenvolvido anteriormente de axiomatização de ramos da matemática, bem como os esforços monumentais de logicistas como Frege em desenvolver sistemas lógicos rigorosos:

> Existe, todavia, um caminho completamente satisfatório para escapar aos paradoxos sem trair a nossa ciência. As considerações que nos levam à descoberta desse caminho e os objectivos que pretendemos alcançar são os seguintes: 1) Investigaremos aquelas maneiras de formação de conceitos e aqueles modos de raciocínio que se revelam frutíferos; e vamos acarinhar, sustentar e torná-los úteis sempre que exista a mais pequena promessa de sucesso. Ninguém nos expulsará do paraíso que Cantor criou para nós. 2) É necessário restabelecer, sem excepção, a mesma segurança de raciocínio que se encontra na teoria elementar dos números, a qual ninguém questiona e na qual somente por desleixo nosso podem aparecer contradições. (Hilbert 1925: 191) ([17])

A ideia por detrás do programa é formalizar cuidadosa e rigorosamente cada ramo da matemática, juntamente

---

([16]) [Ver pág. 235 do Apêndice VIII (Sobre o infinito) da referência indicada na nota 10 acima.]

([17]) [Idem, pág. 243.]

com a sua lógica, e então estudar os sistemas formais daí resultantes com vista a garantir que são consistentes.

Para descrever o programa, começamos com o seu núcleo, que é por vezes chamado "aritmética finitária". Bem enfaticamente, a aritmética finitária não é entendida como um jogo sem sentido (como o xadrez), nem como a dedução de consequências de axiomas sem sentido. Pelo contrário, as asserções da aritmética finitária são significativas, têm um conteúdo.

As fórmulas da aritmética finitária incluem equações como "2 + 3 = 5" e "12.553 + 2.477 = 15.030", assim como combinações simples destas, como "7 + 5 = 12 ou 7 + 7 ≠ 10", ou até "$2^{10000} + 1$ é primo". Note-se que, até agora, as únicas proposições consideradas são as que se referem a números naturais específicos, e que todas as propriedades e relações mencionadas são *efectivamente decidíveis* no sentido de haver um algoritmo (ou programa de computador) que calcula ou determina se as propriedades e relações têm lugar.

Considere-se as seguintes duas frases:

(1) Há um número p maior do que 100 e menor do que 101! + 2 tal que p é primo.[18]
(2) Há um número p maior do que 100 tal que tanto p como p + 2 são primos.

Ambas contêm um *quantificador*, "há um número p", mas há uma diferença entre elas. O quantificador na frase (1) é "limitado" aos números naturais (em quantidade finita) menores do que 100! + 2. Chamemos-lhe um *quantificador limitado*. Em contraste, o quantificador na frase (2) não tem limites, e portanto "abrange" *todos* os números naturais, uma colecção infinita. Isto é chamado um *quantificador ilimitado*. Hilbert considera como finitárias

---

[18] O número 101! [factorial de 101] é o resultado da multiplicação $1 \times 2 \times 3 \times ... \times 101$. É um número muito grande.

somente frases com quantificadores limitados, enquanto frases, como (2), com quantificadores ilimitados não são finitárias. Tal como as combinações de equações simples, as frases só com quantificadores limitados são efectivamente decidíveis, no sentido que há um algoritmo para calcular [decidir] se são ou não verdadeiras. Visto que os limites podem ser muito grandes, há alguma idealização envolvida, mas com quantificadores limitados há somente um número finito de casos a ser considerado, e, portanto, tais proposições representam computações. As frases com quantificadores ilimitados não têm esta propriedade. Não há limite no número de casos a ser considerado, mesmo em princípio.

Hilbert introduz letras [góticas] para representar generalidade. Considere a frase:

(3) $\mathfrak{a} + 100 = 100 + \mathfrak{a}$

As particularizações de (3), como "0 + 100 = 100 + 0" e "47 + 100 = 100 + 47", são proposições finitárias legítimas. A frase (3) diz que cada uma dessas particularizações é verdadeira. Hilbert considera tais generalizações finitárias. A lei de comutatividade tem assim uma formulação finitária:

(4) $\mathfrak{a} + \mathfrak{b} = \mathfrak{b} + \mathfrak{a}$

A negação de uma equação, como "3 + 5 ≠ 8", é uma asserção finitária legítima. Exprime a falsidade de que a soma de 3 e 5 não é 8. Todavia, não é claro o que fazer das negações de proposições como (3) e (4), que contêm letras para exprimir generalidade. Hilbert (1925: 194) disse que asserções com letras para exprimir generalidade não possuem negações finitárias. Escreveu: "a asserção de que se $\mathfrak{a}$ é um símbolo numérico, então $\mathfrak{a} + 1 = 1 + \mathfrak{a}$ é universalmente verdadeira é, na nossa perspectiva finitária, *incapaz de negação*. Veremos isto melhor se considerarmos que esta asserção não pode ser interpretada como uma conjunção infinita de equações numéricas por meio de 'e', mas apenas como um juízo hipotético que afirma algo para o caso em que um símbolo numérico é dado." Assim, a negação de uma asserção de generalidade afirmaria que *existe* uma particularização – um símbolo numérico – para o qual é falsa. Similarmente, a negação de (3) diria que há um número p tal que $p + 100$ não é idêntico a $100 + p$. Assim, a negação de uma afirmação de generalidade contém um quantificador ilimitado, logo não é finitária.

Não há qualquer questão epistemológica séria relativa às asserções finitárias sem letras para exprimir generalidade. Todas essas frases representam rotinas de (longas) computações, e então determinar o seu valor de verdade é só uma questão de executar um algoritmo (mas ver nota 4 acima). Hilbert não é explícito sobre como chegamos legitimamente a afirmar frases finitárias que têm letras para exprimir generalidade, e há desacordo entre os estudiosos quanto às técnicas de demonstração na aritmética finitária. A interpretação mais comum é que a aritmética finitária corresponde ao que hoje é chamada "aritmética recursiva primitiva", mas alguns admitem uma maior abertura quanto à extensão dos métodos finitários.([19])

O nosso próximo item concerne à *matéria* [conteúdo] da aritmética finitária. Sobre que é ela? Aparentemente, a matéria prima da aritmética finitária é os números naturais. Então, mais uma vez, perguntamos o que são estes. Hilbert rejeitou explicitamente a perspectiva logicista: "concordamos com a opinião dos filósofos e de modo especial com a de Kant. Este profundo pensador já havia ensinado – e isto é parte essencial integrante da sua teoria

---

([19]) Ver qualquer tratamento da teoria da demonstração para uma descrição da aritmética recursiva primitiva (por exemplo Smorynski 1977: 840 ou, para um tratamento mais completo, Takeuti 1987). Ver também Detlefsen 1986 e Tait 1981.

– que a matemática dispõe de um conteúdo peculiar independente de toda a lógica e, portanto, que jamais se pode fundamentar apenas na lógica; esta é a razão pela qual os esforços de Frege e Dedekind haveriam forçosamente de fracassar." (Hilbert 1925: 192). Hilbert defende que a aritmética finitária diz respeito ao que é, num sentido, um *pré-requisito* de todo o pensamento (humano) – até da dedução lógica. Utilizando linguagem kantiana, Hilbert escreveu que para, de todo, pensar coerentemente,

> alguma coisa tenha sido previamente apresentada à nossa faculdade de representação, certos objectos concretos extra lógicos, intuitivamente presentes como experiência imediata, antes de qualquer pensamento. Para a inferência lógica ser fiável, é necessário que estes objectos se possam abarcar completamente de um só golpe em todas as suas partes, e o facto de eles ocorrerem, diferirem entre si, a sua ordenação ou a sua justaposição sejam um dado imediato da intuição, tal como os próprios objectos, como algo que nem pode, nem há a necessidade de reduzir a outra coisa. Este é o requisito filosófico básico que considero indispensável para a matemática e, em geral, para todo o pensamento, compreensão e comunicação científicas. (Hilbert 1925: 192)

Hilbert propôs que o conteúdo da aritmética finitária seja constituído por "os símbolos concretos eles próprios, cuja estrutura é imediatamente clara e reconhecível". Propôs que em aritmética finitária, identifiquemos os números naturais com os símbolos numéricos:

|, ||, |||, ||||, ...

Realçou que, assim entendido, "cada símbolo numérico é intuitivamente reconhecível pelo facto de só conter |'s. O símbolo "2" é então introduzido como uma abreviatura de "||", etc. Então a desigualdade "3 > 2" serve para comunicar o facto de que o símbolo 3, isto é, |||, é mais longo que o símbolo 2, isto é, ‖; ou, noutras palavras, que o último símbolo é uma parte própria do primeiro".

Hilbert mostra assim uma afinidade com o que eu chamo "formalismo de termos" (ver §1.1 acima). Aqui, tal como com o formalismo de jogo, o uso da palavra "símbolo" é enganador. Hilbert preocupa-se com os próprios caracteres. Num sentido, os símbolos numéricos simbolizam-se a si próprios.

Apesar do uso da palavra "concreto", Hilbert pretende que os caracteres estudados na aritmética finitária sejam entendidos mais como tipos abstractos de que como sinais.([20]) A mancha física de tinta (ou toner queimado) ‖ não é uma parte própria da mancha física ‖‖. Os dois sinais ocorrem em locais diferentes no espaço, logo são manchas distintas. Note-se também que Hilbert disse que os "símbolos concretos" são "dados na concepção" e "intuídos como directamente experimentados antes de todo o pensamento". Hilbert não diz que os símbolos concretos são percebidos. Isto é outra indicação de que os "símbolos concretos" não são objectos físicos. Hilbert parece ter tido algo em mente como a forma de intuição de Kant (ver Cap. 4, §2).

Hilbert também sustentou que o conteúdo da aritmética finitária é essencial a todo o pensamento humano. Também aqui já vimos ideias semelhantes em Kant. A ideia é que para pensar e argumentar de todo, temos que usar símbolos e manipulá-los de uma maneira ou de outra. A aritmética finitária não pode ser absolutamente incorrigível, nem imune de dúvida, mas é tão certa quanto é humanamente possível. Não há fundação mais preferencial, ou mais epistemicamente segura, do que a aritmética finitária (ver Tait 1981).

([20]) Ver §1.1 acima. Em jargão filosófico, "concreto" significa normalmente "físico" ou "espácio-temporal". Os matemáticos usam por vezes a palavra "concreto" para algo mais como "específico", como oposto a "geral". Neste sentido, a teoria dos números é mais "concreta" que os ramos de álgebra abstracta como a teoria dos grupos.

Por certo, a aritmética finitária é só uma pequena (e potencialmente trivial) porção da maravilhosa tapeçaria da matemática. A primeira investida para além da aritmética finitária consiste em proposições sobre números naturais (ou tipos de caracteres) que contêm quantificadores ilimitados. Tal como acima, isto inclui as negações de proposições finitárias que contêm letras para exprimir generalidade. Depois há a análise real, a análise complexa, a análise funcional, a geometria, a teoria dos conjuntos, e assim por diante. Hilbert rotulou tudo isto de "matemática ideal", fazendo uma analogia com os pontos no infinito ideais em geometria. Do mesmo modo que os pontos ideais simplificam e unificam muita geometria, a matemática ideal permite-nos facilitar e lidar mais eficientemente com a aritmética finitária. Portanto, a matemática ideal é tratada instrumentalmente:

> Chegamos assim à concepção de que [os símbolos e fórmulas da matemática ideal] nada significam em si mesmos, não mais do que significam os símbolos numéricos. Mas, a partir destas fórmulas, outras se podem deduzir às quais atribuímos significação, encarando-as como comunicações de proposições finitárias. Se generalizarmos esta concepção, a matemática converte-se num inventário de fórmulas: em primeiro lugar, fórmulas que correspondem a comunicações materiais de proposições finitárias (portanto, na maioria, equações e inequações numéricas), e, em segundo lugar, fórmulas que nada significam em si mesmas e são os *objectos ideais da nossa teoria*. (Hilbert 1925: 196)

Esta matemática ideal deve ser tratada formalmente, numa linha muito próxima do *formalismo de jogo* (ver §1.2 acima). A sintaxe e as regras de inferência para cada ramo da matemática ideal hão-de ser formuladas explicitamente, e o ramo há-de ser desenvolvido como se fosse somente um jogo com caracteres. Como Hilbert (1925: 197) diz, "a dedução material é assim substituída por um procedimento formal governado por regras". As "regras" são as dos sistemas dedutivos desenvolvidos por lógicos como Frege.

A matemática ideal, naturalmente, deve ser útil para a aritmética finitária. Num ramo formalizado de matemática ideal, o único requisito estrito é que não podemos utilizá-lo para derivar uma fórmula que corresponda a uma asserção finitária falsa. Suponhamos que T é uma formalização proposta de alguma matemática ideal e seja Φ uma asserção finitária qualquer, como uma simples equação. Então não devemos ser capazes de derivar (uma fórmula correspondente a) Φ em T a menos que Φ possa ser determinada como verdadeira dentro da matemática finitária. Em termos contemporâneos, o sistema formal T deve ser uma extensão *conservativa* da aritmética finitária.

Dizemos que a teoria formalizada T é *consistente* se não é possível derivar uma fórmula contraditória, como "$0 = 0$ e $0 \neq 0$", utilizando os axiomas e regras de T. Se cada proposição finitária verdadeira corresponde a um teorema de T e se T usa um sistema dedutivo standard (tal como o de Frege), então a conservatividade de T é equivalente à sua consistência.[21] Segue-se que o requisito da matemática ideal é a consistência.

A ênfase na consistência transitou assim do dedutivismo de Hilbert presente em escritos anteriores (ver secção anterior). Lembremos que ele escreveu a Frege que "se os axiomas arbitrariamente dados não se contradizem com todas as suas consequências, então eles são verdadeiros e as coisas definidas por eles existem. Isto é para mim

---

[21] Com regras lógicas vulgares, se Φ é uma contradição e Ψ é uma fórmula qualquer, então "se Φ, então Ψ" [em símbolos: $\Phi \to \Psi$] é derivável. Portanto, se uma teoria formal T é inconsistente, toda e qualquer fórmula pode ser derivada em T. *A fortiori*, as proposições finitárias falsas podem ser derivadas em T. Conversamente, seja Φ uma proposição finitária verdadeira, tal como uma equação, e suponhamos que a negação de Φ é um teorema de T. Por hipótese, Φ e a sua negação são ambas teoremas de T, logo T é inconsistente.

o critério de verdade e existência." Aqui, naturalmente, a noção de "consistência" está mais completamente articulada, e o papel filosófico da consistência foi explicitado. Quer sigamos Hilbert (ou o formalista de termos) ou não na *identificação* dos números naturais com os seus nomes, há claramente uma conexão estrutural próxima entre números e símbolos. Esta conexão foi explorada por lógicos e outros matemáticos desde então (ver, por exemplo, Corcoran *et al.* 1974). A identificação dos números naturais com tipos de caracteres permite aplicar a aritmética finitária à *metamatemática*, o que é crucial para o programa de Hilbert. Isto é, os próprios sistemas formais podem agora ficar ao alcance da *aritmética finitária*. Como disse Hilbert, "uma demonstração formalizada, tal como um símbolo numérico, é um objecto concreto e visível. Podemos descrevê-lo completamente." E, usando a aritmética finitária, podemos demonstrar coisas sobre tais demonstrações formalizadas.

Note-se também que se T é um sistema axiomático formalizado, então a asserção de que T é consistente é ela própria finitária, formulável utilizando uma letra para exprimir generalidade. A afirmação de que T é consistente tem a forma:

α não é uma derivação em T cuja última linha é "$0 \neq 0$".

A etapa final do programa de Hilbert é fornecer demonstrações *finitárias* de consistência de teorias matemáticas completamente formalizadas. Isto é, para usar uma teoria de matemática ideal temos de a formalizar e então mostrar, dentro da aritmética finitária, que a teoria é consistente. Uma vez que isto seja realizado para uma teoria T, teremos alcançado a meta epistémica. Temos a máxima confiança que a utilização de T não nos trará contradição, nem irá produzir qualquer proposição finitária falsa. Isto é tudo o que podemos pedir de uma teoria matemática ideal. Se T é uma formalização da teoria cantoriana dos conjuntos, então uma vez que temos uma demonstração finitária de consistência, *sabemos* com certeza máxima que não seremos expulsos do paraíso.

John von Neumann (1931) forneceu um resumo sucinto do programa de Hilbert, como envolvendo quatro etapas:

(1) Enumerar todos os símbolos usados em matemática e lógica...
(2) Caracterizar sem ambiguidade todas as combinações destes símbolos que representam proposições classificadas como "significativas" em matemática clássica. Estas combinações são chamadas "fórmulas"...
(3) Fornecer um procedimento de construção que nos permita construir sucessivamente todas as fórmulas que correspondem a proposições "demonstráveis" da matemática clássica. Este procedimento, naturalmente, é chamado "demonstrar".
(4) Mostrar (de maneira... finitária) que aquelas fórmulas que correspondem a proposições da matemática clássica que podem ser verificadas por métodos aritméticos finitários podem ser demonstradas... pelo processo descrito em (3) se e só se a verificação da proposição correspondente mostra que ela é verdadeira.

Os itens (1)-(3) requerem a formalização de vários ramos da matemática. Tudo isto foi realizado, brilhantemente, e o estudo dos sistemas formais resultantes é agora um dos ramos com mais sucesso da lógica matemática. O item (4), a culminação crucial, revelou-se problemático.

4. Incompletude

Kurt Gödel (1931, 1934) estabeleceu um resultado que desferiu um golpe – muitos dizem um golpe fatal – nas metas epistémicas do programa de Hilbert. Seja T um sistema dedutivo formal que contém uma certa dose de aritmética. Suponhamos que a sintaxe de T é *efectiva* no sentido de haver um algoritmo que determina se uma dada sequência de caracteres é uma fórmula gramaticalmente correcta, e um algoritmo que determina se uma dada sequência de fórmulas é uma dedução legítima em T. Estas condições são, discutivelmente, essenciais para T desempenhar um papel no programa de Hilbert. Sob estas suposições, Gödel mostrou que há uma frase G na linguagem de T tal que 1) se T é consistente, então G não é um teorema de T, e 2) se T tem uma propriedade um pouco mais forte do que a consistência, a chamada "consistência-ω",[22] então a negação de G não é um teorema de T. Isto é, se T é consistente-ω, então ela não "decide" G de uma maneira ou de outra. Este resultado, conhecido por *(primeiro) teorema de incompletude de Gödel*, é um das realizações intelectuais mais importantes do séc. xx.

A fórmula G tem a forma de uma asserção finitária (usando letras para exprimir generalidade). *Grosso modo*, G é uma formalização da afirmação de que G não é demonstrável em T. Então, se T é consistente, G é verdadeira mas não demonstrável. O resultado de Gödel quebra assim a esperança de encontrar um sistema formal único que capture toda a matemática clássica, ou apenas toda a aritmética. Se alguém propuser um candidato para um tal sistema formal, então podemos encontrar uma frase que

---

[22] Uma teoria aritmética T é consistente-ω se não há nenhuma fórmula $\Phi(x)$ tal que $\Phi(0), \Phi(1), \Phi(2), \ldots$ sejam todas demonstráveis, e também seja demonstrável a proposição de que há um número natural x tal que $\Phi(x)$ falha [$(\exists x)\neg\Phi(x)$]. J. Barkley Rosser (1936) provou um resultado semelhante ao de Gödel a partir da suposição mais fraca de que T é consistente.

o sistema não "decide", embora possamos ver que a frase é verdadeira.

O teorema de incompletude levanta assim dúvidas sobre qualquer filosofia da matemática (formalista ou outra) que requeira um sistema dedutivo único para toda a aritmética – um método formal único para derivar todas as verdades da aritmética.([23]) Todavia, o sonho de encontrar um sistema formal único para toda a matemática ideal não fazia parte oficial (ou essencial) do programa de Hilbert. O problema, se o é, vem de outra banda.

Gödel mostrou que o argumento acima, do teorema de incompletude, pode ser reproduzido *dentro* do sistema formal dado T. Em particular, se a formalização de "demonstrável em T" satisfaz alguns requisitos simples, então podemos derivar, em T, uma frase que expressa o seguinte:

Se T é consistente, então G não é derivável em T.

Mas, como foi observado acima, "G não é derivável em T" é equivalente a G. Então, podemos derivar, em T, uma frase com o efeito de que

Se T é consistente, então G.

Suponhamos que T é consistente, e que podemos derivar, em T, a afirmação requerida de que T é consistente; então seguir-se-ia que podemos derivar G em T. Isto contradiz o teorema de incompletude. Logo, se T é consistente, então não podemos derivar em T a afirmação requerida de que T é consistente. Isto é conhecido por *segundo teorema de incompletude de Gödel*. Afirma, *grosso modo*, que nenhuma

---

([23]) Embora se possa argumentar que o logicismo fregeano original não seria bem sucedido sem um tal sistema dedutivo, os neo-logicistas contemporâneos não estão vinculados a uma reivindicação de que existe um sistema dedutivo único que permita deduzir todas as verdades aritméticas (ver Cap. 5, §§1, 4).

teoria consistente (que contenha uma certa dose de aritmética) pode demonstrar a sua própria consistência.

Este resultado representa um problema para o programa de Hilbert. Seja PA [Aritmética de Peano] uma formalização da aritmética (ideal), digamos a teoria clássica dos números naturais. O programa de Hilbert requer uma *demonstração finitária* da consistência de PA. Mas o segundo teorema de incompletude diz que se PA é de facto consistente, então uma simples afirmação de consistência de PA não é derivável em PA, e muito menos na porção finitária de PA. O mesmo acontece para qualquer outro sistema formal, desde que contenha uma certa dose de aritmética. O programa de Hilbert requer uma demonstração finitária de que o sistema dedutivo é consistente, e, todavia, ao que parece, a consistência não pode ser demonstrada no próprio sistema, e muito menos num subsistema mais seguro.

Um artigo muito discutido (Gödel 1958) começa por parafrasear Bernays:

> Visto que a consistência de um sistema não pode ser demonstrada utilizando métodos de demonstração mais fracos do que os do sistema, é necessário ir além do quadro do que é a matemática finitária, no sentido de Hilbert, se quisermos demonstrar a consistência da matemática clássica, ou até da teoria dos números clássica... Nas demonstrações utilizamos intuições... que não brotam das propriedades combinatoriais (espaço-temporais) das combinações de sinais... mas somente do *significado*.

Gödel enfatizou que, visto que não temos "noção precisa do que significa ser evidente", não podemos demonstrar rigorosamente a reivindicação de Bernays, mas Gödel acrescentou que "não pode haver dúvida de que é correcta".

Há um consenso quase universal sobre a conclusão de Bernays-Gödel. Uma defesa pós-Gödel de um programa no estilo do de Hilbert tem pelo menos duas opções. Uma é desafiar a formalização da consistência utilizada na demonstração do segundo teorema de incompletude. Há outras maneiras de exprimir propriedades de consistência que escapam ao segundo teorema de incompletude (ver Feferman 1960, Gentzen 1969, e Detlefsen 1980). A questão, então, gira em torno do que conta como expressão de consistência, e o que uma demonstração de consistência deve mostrar para satisfazer as metas epistémicas do programa de Hilbert.

Uma segunda opção seria mostrar, ou pretender, que a metodologia da aritmética finitária não pode ser capturada em PA ou em qualquer outra teoria formalizada. Isto é, mesmo que o propósito de um ramo da matemática ideal seja facilitar a derivação de proposições finitárias, os métodos de demonstração de qualquer teoria formalizada dada não incluem todos os métodos de prova finitários. A tese é que a aritmética finitária é *inerentemente informal*. Ver Detlefsen 1986.

5. Curry

Qualquer filosofia contemporânea da matemática que assente fortemente na formalização rigorosa das teorias matemáticas exibe assim alguma influência do formalismo, e provavelmente tem uma dívida para com o programa de Hilbert. Embora o formalismo ainda tenha defensores entre os matemáticos, depois dos anos 40 (aproximadamente) poucos filósofos e lógicos o declararam explicitamente. Uma excepção notável é Haskell Curry.

A filosofia de Curry começa com uma observação de que, à medida que um ramo da matemática se desenvolve, torna-se mais e mais rigoroso na sua metodologia, sendo o resultado final a codificação do ramo num sistema dedutivo formal. Curry toma este processo de formalização como sendo a essência da matemática.

Argumenta ele que todas as outras filosofias da matemática são "vagas" e, o que é mais importante, "dependem de suposições metafísicas". A matemática, reclama, deve ser livre de quaisquer dessas suposições, e argumenta que o enfoque nos sistemas formais proporciona esta liberdade. Ele dá assim eco à reivindicação de Thomae de que o formalismo não comporta suposições metafísicas estranhas.

A principal tese do formalismo de Curry é que as asserções de uma teoria matemática madura podem ser interpretadas não tanto como os resultados de movimentos *num* sistema dedutivo formal particular (como diria Hilbert, ou um formalista de jogo), mas antes como asserções *sobre* um sistema formal. Uma asserção no fim de um artigo de investigação seria interpretada como algo da forma "Φ é um teorema no sistema formal *T*". Para Curry, portanto, a matemática é uma ciência objectiva, e tem um conteúdo. Escreveu que "o conceito central em matemática é o de sistema formal" e "a matemática é a ciência dos sistemas formais" (Curry 1954). Curry é, assim, mais aliado do termo-formalismo do que do formalismo de jogo. Um *slogan* apropriado é que a matemática é metamatemática.

Ao contrário de Hilbert, todavia, Curry não restringe a metamatemática à aritmética finitária: "No estudo de sistemas formais, não nos confinamos à derivação passo a passo de proposições elementares. Antes, tomamos o sistema... como *datum*, e... estudamo-lo por qualquer meio ao nosso dispor" (Curry 1954). Curry concede que alguma "intuição" está envolvida nesta metamatemática, mas reivindica que "a natureza metafísica desta intuição é irrelevante".

Recuando um nível, na posição de Curry, a metamatemática é um ramo da matemática. Como tal, deve ser formalizada. Isto é, os resultados não finitários em metamatemática (como a maior parte da lógica matemática contemporânea) são acomodados mediante a produção de um sistema formal para a metamatemática, e interpretando os resultados em questão como teoremas sobre aquele sistema formal. Isto não constitui, presumivelmente, uma regressão infinita viciosa.

Para Curry, não há questão real alguma relativa à verdade de um dado sistema formal. Ao invés, há apenas uma questão de "considerações que nos levam a estar interessados num sistema formal em vez de outro". Esta questão do "interesse" é, em grande parte, pragmática: "Aceitabilidade é relativa a um propósito, e um sistema aceitável para um propósito pode não o ser para outro."([24]) Curry menciona três "critérios de aceitabilidade" para sistemas formais: 1) a evidência intuitiva das premissas; 2) consistência...; 3) a utilidade global da teoria" (Curry 1954).

Naturalmente, o segundo critério, consistência, é importante. Um sistema formal inconsistente tem uso limitado (admitindo uma lógica dentro dos padrões normais, ver nota 21 acima). Ao contrário de Hilbert, todavia, Curry não requer uma *demonstração* de consistência:

> O critério de consistência foi enfatizado por Hilbert. A razão para isto, presumivelmente, é que ele... procura uma justificação *a priori*. Mas, para além do facto de que para a física a questão de uma justificação *a priori* é irrelevante, mantenho que uma demonstração de consistência não é condição necessária nem suficiente para a aceitabilidade. Obviamente não é suficiente. Quanto à necessidade, enquanto não for conhecida alguma inconsistência, uma demonstração de consistência, embora acrescente ao nosso conhecimento sobre o sistema, não altera a sua utilidade. Mesmo que uma inconsistência seja descoberta, isto não significa o abandono completo da teoria, mas sim a sua modificação e refinamento... A posição peculiar de Hilbert a respeito da consistência não faz assim parte da concepção formalista da matemática... (Curry 1954)

([24]) A noção de aceitabilidade de Curry é bem semelhante à "questão externa" de Carnap relativa à aceitabilidade de uma "estrutura linguística" (por exemplo, Carnap 1950). Ver Capítulo 5, §3.

Visto que não há necessidade de demonstrar a consistência antes de aceitar um sistema formal, a filosofia de Curry não é afectada pelo segundo teorema de incompletude de Gödel. Visto que Curry não restringe a matemática a um único sistema formal, os seus pontos de vista também não são afectados pelo primeiro teorema de incompletude de Gödel.

Curry parece requerer, tal como a maioria dos formalistas, que cada ramo legítimo da matemática seja formalizado. Que deve o formalista (ou dedutivista) pensar da prática, digamos, da aritmética, antes de ter sido formalizada no séc. XIX? Arquimedes, Cauchy, Fermat, e Euler não faziam matemática? Na cena contemporânea, qual é o estatuto da prática matemática *informal*, que não invoque explicitamente um sistema dedutivo rigoroso? De facto, qual é o estatuto da *meta*matemática informal?

Os opositores do formalismo à Curry questionam a importância filosófica da observação de que à medida que um ramo das matemáticas se desenvolve e se torna rigoroso, torna-se formalizado. Com Frege e Gödel, alguns filósofos mantêm que algo essencial se *perde* no formalismo. A linguagem matemática tem significado e constitui uma grossa distorção tentar ignorar esse significado. No melhor dos casos, formalismo e dedutivismo focam um aspecto menor da matemática, deixando deliberadamente de lado o que é essencial ao empreendimento. No próximo capítulo, viramo-nos para uma filosofia que insiste que a matemática é inerentemente informal.

6. Leituras adicionais

Muitas das fontes primárias mencionadas acima estão disponíveis em tradução inglesa. Geach e Black 1980: 162-213 contém uma tradução das secções (§86-§137) de Frege 1893 sobre o formalismo (i.e., relativas a Thomae e Heine). Benacerraf e Putnam 1983 contém traduções de

Von Neumann 1931 e Hilbert 1925 (as passagens acima citadas de Hilbert 1925 são daquela versão). Van Heijenoort 1967 contém outra tradução de Hilbert 1925, assim como traduções de Hilbert 1904 e 1927.([25]) Outros artigos relevantes são Hilbert 1918, 1922, e 1923. Ver também Hilbert e Bernays 1934. Curry 1954 também é reimpresso na antologia Benacerraf e Putnam 1983, com uma nota que avisa que este artigo representa os seus pontos de vista em 1939. Curry 1958 é uma elaboração mais completa do seu formalismo maduro. Resnik 1980: caps. 2, 3 é uma fonte secundária excelente para os vários tipos de formalismo (e a crítica de Frege do formalismo de jogo). Para uma amostra da vasta literatura sobre o programa de Hilbert, ver Detlefsen 1986, Feferman 1988, Hallett 1990, Sieg 1988, 1990, Simpson 1988, e Tait 1981. Bernays 1967 é uma reconstrução lúcida e condescendente dos pontos de vista de Hilbert. A monografia Reid 1970 compreende uma biografia intelectual de Hilbert.

([25]) [Apêndices VII e IX, respectivamente, da referência indicada na nota 10.]

7
INTUICIONISMO:
ALGO ESTÁ ERRADO COM A NOSSA LÓGICA?

A crença de longa data na validade universal do princípio do terceiro excluído em matemática é considerada pelo intuicionismo como um fenómeno da história da civilização, do mesmo tipo que a crença antiga na racionalidade de π *ou na rotação do firmamento em torno de um eixo que passa pela Terra. E o intuicionismo tenta explicar a longa persistência deste dogma pela... validade prática... da lógica clássica para um grupo extenso de* fenómenos quotidianos simples. *Este facto aparentemente causou tão forte impressão que... a lógica clássica... se tornou um hábito profundo do pensamento que foi considerado não apenas como útil mas como* a priori.

Espero ter tornado claro que o intuicionismo, por um lado, subjuga a lógica, enquanto, por outro, denuncia a lógica como uma fonte de verdade. E, além disso, que a matemática intuicionista é arquitectura interior, e que a pesquisa nos fundamentos da matemática é inquirição interior... (Brouwer 1948: 94, 96)

1. Revendo a lógica clássica

A prática da matemática é principalmente uma actividade *mental*. Por certo, os matemáticos usam papel, lápis, e computadores, mas pelo menos em teoria estes são dispensáveis. A ferramenta principal do matemático é a sua mente. Embora as filosofias consideradas neste capítulo sejam bem diferentes (e até incompatíveis) entre si, todas elas enfatizam esta actividade da matemática, prestando atenção à sua base ou justificação. Um tema central que une os pontos de vista é uma rejeição de certos modos de inferência em matemática (ver também Cap. 1, §2). As filosofias aqui consideradas requerem revisões da matemática do seu dia, e do nosso dia.

O item principal é a *lei do meio excluído* (LME), às vezes chamada a "lei do terceiro excluído" e "tertium non datur" (TND). Seja Φ uma proposição. Então a particularização correspondente do terceiro excluído é a proposição de que é o caso de Φ ou não é o caso de Φ, às vezes abreviado como Φ *ou não-*Φ, ou, em símbolos, Φ∨ ¬Φ. Na semântica, o parente próximo *princípio da bivalência* diz que cada proposição é verdadeira ou falsa, e portanto só há dois valores de verdade possíveis – daí o nome "meio excluído".([1]) *Intuicionismo* é um termo geral para filosofias da matemática que objectam ao terceiro excluído.

Os sistemas lógicos comuns que incluem o terceiro excluído são chamados *clássicos*, e a matemática prosseguida com a lógica clássica é chamada *matemática clássica*. A lógica mais fraca, sem terceiro excluído, é chamada *lógica intuicionista*, e a matemática correspondente é a *matemática intuicionista*. Ver Dummett 1977 para mais pormenores.

A lógica intuicionista falha outros princípios e inferências que dependem do terceiro excluído. Um destes é a lei de eliminação da dupla negação, que permite inferir uma proposição Φ da negação da negação de Φ. Utilizando a

---

([1]) Terceiro excluído e bivalência são equivalentes se admitirmos as banalidades de que para qualquer proposição, Φ é verdadeira se e só se Φ, e Φ é falsa se e só se Φ não é verdadeira. Estes princípios são às vezes chamados "bicondicionais de Tarski" ou "proposições-T".

lógica intuicionista, pode-se inferir não-não-Φ de Φ, mas não reciprocamente. Suponhamos que alguém deriva uma contradição de uma proposição da forma não-Φ. Então o matemático clássico e o intuicionista concluirão ambos que não-não-Φ (via *reductio ad absurdum*). O lógico clássico também inferirá (a verdade de) Φ, mas esta última inferência é rejeitada na lógica intuicionista (a menos que o matemático já saiba que Φ é ou verdadeira ou falsa).

Tomando outro exemplo, suponhamos que um matemático demonstra que nem todos os números naturais têm uma certa propriedade P. Em símbolos, o teorema é $\neg \forall x P x$. Um matemático clássico inferiria então que há um número natural que falha P (isto é, $\exists x \neg P x$). O intuicionista não permitiria esta conclusão (em geral). Os leitores familiarizados com a lógica matemática são convidados a verificar que uma inferência de $\neg \forall x P x$ para $\exists x \neg P x$ utiliza o terceiro excluído ou algum princípio ou inferência equivalente.

As revisões propostas, ou exigidas à lógica estão ligadas à filosofia. Os intuicionistas argumentam que o terceiro excluído e inferências relacionadas indiciam uma crença na existência independente dos objectos matemáticos e/ou uma crença de que as proposições matemáticas são verdadeiras ou falsas independentemente do matemático. Em termos presentes, os intuicionistas argumentam que o terceiro excluído é uma consequência do realismo em ontologia e/ou do realismo em valor de verdade (ver Cap. 2, §2.1, §2.2). Alguns intuicionistas rejeitam totalmente este realismo, enquanto outros apenas argumentam que a matemática não deve pressupor uma tal tese metafísica.

A matemática que se obtém por via das restrições intuicionistas é muito diferente da matemática clássica (ver, por exemplo, Heyting 1956, Bishop 1967, Dummett 1977). Os críticos queixam-se comummente de que as restrições intuicionistas enfraquecem a matemática. Por outro lado, a matemática intuicionista permite muitas distinções potencialmente importantes não disponíveis na matemática clássica, e é frequentemente mais subtil de maneiras interessantes. Examinamos aqui o que leva alguns filósofos a exigir a restrição.

2. Brouwer, o mestre

Embora a aritmética finitária de Hilbert tenha sofrido uma clara e explícita influência kantiana (ver Cap. 6, §3), os dois capítulos anteriores registaram uma marcada tendência de afastamento em relação à filosofia da matemática de Immanuel Kant. De todos os autores do séc. xx considerados neste livro, L. E. J. Brouwer era o mais kantiano. Brouwer (1912: 78) apelidou a filosofia de Kant de "uma forma antiga de intuicionismo" (embora Kant não fosse crítico da prática da matemática). Não é, portanto, mera coincidência que a aritmética finitária de Hilbert possua uma afinidade com a matemática intuicionista. Brouwer e Hilbert notaram ambos que se nos limitarmos à prática da aritmética finitária, não há muita diferença entre as abordagens clássica e intuicionista. Há, todavia, diferenças substanciais e irreconciliáveis entre Hilbert e Brouwer. Eles discordam claramente sobre o que Hilbert chama matemática ideal, que, naturalmente, é o grosso da matemática. O que é mais importante aqui, é que as bases filosóficas dos seus empreendimentos não podiam ser mais diferentes.

Num artigo que compara o intuicionismo com o formalismo, Brouwer (1912: 77) observou que os princípios científicos "só podem ser considerados como realizados na natureza com um certo grau da aproximação", e indicou que as principais "excepções a esta regra têm sido desde os tempos antigos a aritmética prática e a geometria...". A matemática "resistiu até agora a todas as melhorias nos instrumentos de observação". O problema filosófico é explicar a reputação de exactitude de que a matemática goza, e a sua resistência ao refinamento empírico.

Os intuicionistas e formalistas diferem na fonte da "validade exacta" das ciências matemáticas: "A questão sobre onde reside a exactidão matemática é respondida diferentemente pelos dois lados; o intuicionista diz: no intelecto humano; o formalista diz: no papel."

Para Brouwer, no que respeita a Kant, a maioria das verdades matemáticas não é capaz de "demonstração analítica". Elas não podem tornar-se conhecidas por mera análise de conceitos, e não são verdadeiras em virtude do seu significado. Então a maior parte da matemática é *sintética*. Todavia, a verdade matemática é *a priori*, independente de quaisquer observações particulares ou outra experiência que possamos ter. Brouwer defendeu que a matemática é dependente da mente, e diz respeito a um aspecto específico do pensamento humano. Na terminologia do Cap. 2, §2, Brouwer era anti-realista em ontologia e anti-realista em valor de verdade. E não era de todo empirista. Brouwer tentou, tal como Kant, forjar uma síntese entre realismo e empirismo.

Para Kant e para Brouwer, "a possibilidade de refutar" experimentalmente leis matemáticas é "não apenas excluída por uma crença firme, mas [é] completamente impensável". Para Brouwer, a matemática concerne aos meios pelos quais os seres humanos abordam o mundo. Pensar de todo é pensar em termos matemáticos.([2])

Brouwer (1912: 77) ecoa o importante tema kantiano de que um ser humano não é um observador passivo da natureza, mas antes desempenha um papel activo na organização da experiência: "que o homem sempre e em toda a parte crie ordem na natureza é devido ao facto de que ele não apenas isola as sequências causais de fenómenos...

([2]) Como vimos no §3 do capítulo anterior, Hilbert disse algo semelhante sobre a matemática, mas a afirmação de Hilbert era limitada ao uso de *símbolos* no raciocínio. Como veremos, para Brouwer, os símbolos são uma questão acessória, bem removida da essência da matemática.

mas também os suplementa com fenómenos causados pela sua própria actividade...". A matemática concerne este papel activo.

Brouwer concedeu que os desenvolvimentos na matemática do séc. XIX tornaram insustentável a posição kantiana na *geometria*. O advento do rigor, que leva à ideia de consequência lógica como independente do conteúdo, e o desenvolvimento de múltiplas interpretações da geometria projectiva, apoiaram a tese de que só interessa a forma lógica de um teorema geométrico (ver Cap. 6, §2). Isto não deixou espaço para a "intuição pura" em geometria. De acordo com Brouwer, o golpe principal à ideia kantiana de que a geometria diz respeito a formas sintéticas *a priori* da percepção foi o advento e aceitação da geometria não-euclidiana: "isto mostrou que os fenómenos normalmente descritos na linguagem da geometria elementar podem ser descritos com exactidão igual... na linguagem da geometria não-euclidiana; portanto, não só é impossível defender que o espaço da nossa experiência tem as propriedades da geometria euclidiana como não faz sentido requerer *a* geometria que seria verdadeira para o espaço da nossa experiência" (Brouwer 1912: 80). Este ponto também foi defendido por Henri Poincaré (1903: 104), outro matemático com inclinações intuicionistas (ver Shapiro 1997: Cap. 5, §3.1).

Assim, Brouwer abandonou a visão de Kant do *espaço*. Em seu lugar, fez uma proposta corajosa para fundar toda a matemática num ponto de vista kantiano do *tempo*. Passagens difíceis como a seguinte ocorrem profusamente nos escritos de Brouwer:

> [O intuicionismo moderno] considera o esboroamento [*falling apart*] de momentos da vida em partes qualitativamente diferentes, a serem reunidas somente enquanto permanecem separadas pelo tempo, como os fenómenos fundamentais do intelecto humano, passando por abstrair do seu conteúdo emotivo no fenómeno fundamen-

tal do pensamento matemático, a intuição da bi-unidade [*two-oneness*] crua. Esta intuição da bi-unidade, a intuição básica da matemática, não só cria os números um e dois, mas também todos os números ordinais finitos, visto que um dos elementos da bi-unidade pode ser pensado como uma nova bi-unidade, processo este que pode ser repetido indefinidamente. (Brouwer 1912: 80)

Isto parece desafiar interpretações penetrantes. A ideia subjacente poderá ser a de basear os números naturais nas formas da percepção temporal, tal como Kant fundou a geometria nas formas da percepção espacial. Apreendemos o mundo como uma série de momentos distintos. Cada momento dá origem a outro. Isto é a "bi-unidade" crua. E o segundo momento dá lugar a um terceiro, e assim por diante, produzindo desse modo os números naturais.

Brouwer afirma que esta "intuição básica" une o "ligado e o separado". Cada momento é único, todavia está ligado a todos ou outros momentos. A intuição original também une o "contínuo e o discreto" e "origina imediatamente a intuição do contínuo linear". Os momentos de tempo são distintos, mas fluem continuamente. Brouwer menciona que a noção de "(estar situado) entre"([3]) leva aos números racionais e, em última análise, aos reais. A ideia parece ser a de que sabemos *a priori* que entre quaisquer dois momentos, há um terceiro. O contínuo temporal "não se esgota pela interposição de novas unidades e... portanto, [não pode] ser pensado como uma mera colecção de unidades." Então, tanto os números naturais como os

---

([3]) [Trata-se de uma noção primitiva da chamada geometria sintética, ou geometria sem números, implícita na geometria de Euclides, tornada explícita e sujeita a certos axiomas (como "Para quaisquer dois pontos *A* e *B* há sempre pelo menos um ponto *C* tal que *C* está entre *A* e *B*") somente em finais do séc. XIX, nomeadamente por M. Pasch. Ver Hilbert 1899.]

reais – o discreto e o contínuo – são fundados na intuição temporal. Isto produz a aritmética e a análise real.

Brouwer utiliza então técnicas cartesianas comuns para fundar a geometria nos números reais, identificando um ponto com um par de números [etc.]. Brouwer afirma que isto qualifica as geometrias plana e sólida comuns, assim como a não-euclidiana e a geometria n-dimensional, como sintéticas *a priori*.([4]) Toda a geometria se baseia em última análise na intuição do tempo.

Lembremos que, para Kant, a aritmética e a geometria não são analíticas porque dependem da "intuição". Como foi observado no Cap. 4, §2, há uma discordância substancial entre os especialistas sobre em que consiste exactamente a intuição kantiana. No tratamento dado aí, sugeri que uma componente central da intuição matemática *a priori* de Kant era a *construção*. Em particular, os aspectos intuitivos (e sintéticos) cruciais de uma demonstração euclidiana são a "preparação inicial", onde é desenhada uma figura típica que satisfaz as hipóteses, e as construções auxiliares, onde o leitor é instruído para desenhar linhas rectas e/ou circunferências adicionais na figura dada. Estas construções não são claramente operações físicas no papel ou num quadro negro, mas são suas idealizações. Não podemos desenhar uma linha literalmente sem espessura. Para Kant, a "construção" de Euclides é um acto mental, o processo activo da mente para apreender as formas da percepção.

Brouwer bem explicita que a essência da matemática é construção mental idealizada. Considere-se, por exemplo, a proposição de que para cada número natural n, há um número primo $m > n$ tal que $m < n! + 2$. Para Brouwer, esta

---

([4]) Lembremos que Frege sustentou que a aritmética e a análise são analíticas, e manteve uma visão kantiana da geometria como a forma sintética *a priori* do espaço. Assim, Frege não aceitaria a fundamentação cartesiana da geometria na aritmética e análise. Nisto, era assim o exacto oposto de Brouwer.

proposição invoca um *procedimento* que, dado qualquer número natural n, produz um número primo m que é maior do que n mas menor do que $n! + 2$. O matemático não estabelece esta proposição enquanto não fornecer um tal procedimento. Brouwer (1912, 87-88) discute uma versão do teorema de Schröder-Bernstein: se há uma correspondência um-a-um entre um conjunto A e um conjunto dividido em três partes disjuntas $A_1 + B_1 + C_1$ tal que há uma correspondência um-a-um entre A e A_1, então há também uma correspondência um-a-um entre A e $A_1 + B_1$. Este teorema é demonstrável na matemática clássica, e de facto até na lógica de segunda ordem. Todavia, Brouwer escreveu que o intuicionista interpreta a proposição como se segue:

> se é possível, *primeiro*, construir uma lei que determina uma correspondência um-a-um entre as entidades matemáticas de tipo A e as de tipo A_1, e *segundo*, construir uma lei que determina uma correspondência um-a-um entre as entidades matemáticas de tipo A e as de tipo $A_1 + B_1 + C_1$, então é possível determinar a partir destas duas leis por meio de um número finito de operações uma correspondência um-a-um entre as entidades matemáticas de tipo A e as de tipo A_1 e B_1.

O teorema clássico relativo à existência de correspondência um-a-um não fornece o *procedimento* requerido. Brouwer argumentou que é pouco provável que o teorema de Schröder-Bernstein seja demonstrável, visto que não conhecemos um método geral para produzir o procedimento da conclusão.

A rejeição por Brouwer do terceiro excluído emana da sua concepção construtiva da matemática. Considere primeiro a inferência da eliminação da dupla negação, a regra clássica que permite inferir uma proposição Φ de uma premissa de que não é o caso de que não é o caso de que Φ [$\neg\neg\Phi$]. Seja P uma propriedade definida no domínio dos números naturais e considere-se a proposição de que existe um número *n* que satisfaz *P*; em símbolos isto escreve-se $\exists nPn$. Para um intuicionista, esta proposição é estabelecida somente quando mostramos *como construir* um número *n* que possui a propriedade *P*. A negação de uma proposição Φ, simbolizada por ¬Φ é estabelecida quando mostramos que a suposição de (a construção correspondente a) Φ é contraditória. Assim, a negação dupla ¬¬$\exists nPn$ é estabelecida quando mostramos que uma suposição de ¬$\exists nPn$ é contraditória. É claro que derivar uma contradição da suposição de ¬$\exists nPn$ não é construir um número *n* tal que *Pn*. De facto, podemos derivar a contradição e não ter ideia alguma do que um tal número *n* possa ser. Assim, na perspectiva de Brouwer, a eliminação da dupla negação é inválida.

O caso particular correspondente do terceiro excluído é que há ou não há um número *n* tal que *Pn*. Para estabelecer este caso particular, teríamos de construir um número *n* e depois demonstrar *Pn*, ou então derivar uma contradição da suposição de que $\exists nPn$. Durante toda a sua carreira, Brouwer argumentou incessantemente que não temos qualquer razão *a priori* para acreditar que este princípio é válido em geral.

Brouwer (1948: 90) concede que a análise [infinitesimal] clássica (real e complexa) pode ser "apropriada para a ciência", mas argumenta que ela tem "menos verdade matemática" do que a análise intuicionista, visto que a análise clássica vai contra a natureza dependente da mente da construção matemática. Isto representa um divórcio marcado entre a matemática e as ciências empíricas.

Brouwer atribui a crença no terceiro excluído a uma filosofia da matemática incorrecta e antiquada, a posição a que eu chamo "realismo em ontologia". Argumenta que as "várias maneiras" pelas quais a matemática clássica é justificada "resultam todas da mesma ideia principal, nomeadamente, a pressuposição da existência de um mundo de objectos matemáticos, um mundo independente do indivíduo pensante, obedecendo às leis da lógica clássica..."

(Brouwer 1912: 81). Alguém que defende, digamos, que os números naturais têm existência independente do matemático interpreta provavelmente o exemplo precedente do terceiro excluído em termos de "a colecção dos números naturais contém um número n tal que Pn ou não contém". Daquela perspectiva, cada caso do terceiro excluído é óbvio e, de facto, uma verdade lógica.

Lembremos que Platão era crítico dos geómetras por estes utilizarem uma linguagem dinâmica, falando de "quadrar e aplicar e adicionar e o que mais...". Insistiu que "o verdadeiro objecto real de todo o assunto é... conhecimento... do que existe eternamente, não de qualquer coisa que se torna nisto em algum instante e cessa de o ser" (*República*, Livro 7, ver Cap. 1, §2, e Cap. 3, §2 acima). É claro que Brouwer tomaria o partido dos geómetras contra Platão. A matemática diz respeito à actividade mental, não a algum reino ideal de entidades com existência independente. Como tal, a linguagem deve ser dinâmica, não estática.

Do ponto de vista de Brouwer, a prática da matemática flui da *introspecção* da nossa mente. Em filosofia, um lema do idealismo tradicional é: "existir é ser percebido." Um lema correspondente para o intuicionismo seria que em matemática, "existir é ser construído". Resulta do ponto de vista de Brouwer que todas as verdades matemáticas são acessíveis ao matemático, pelo menos em princípio: "O... ponto de vista de que não há verdades não experimentadas... encontrou aceitação com respeito à matemática muito mais tarde do que com respeito à vida prática e à ciência. A matemática tratada rigorosamente deste ponto de vista, incluindo teoremas deduzidos exclusivamente por meio de construção introspectiva, é chamada matemática intuicionista" (Brouwer 1948: 90). De acordo com Brouwer, o matemático clássico está equivocado quando "acredita na existência de verdades incognoscíveis".

Para Brouwer, cada proposição matemática legítima invoca directamente capacidades mentais humanas. As asserções matemáticas "são conhecidas, isto é,... transmitem verdades, se estas verdades tiverem sido experimentadas". Assim, entendido por um intuicionista, o princípio do terceiro excluído equivale a um princípio de *omnisciência:* "Cada atribuição... de uma propriedade a uma entidade matemática pode ser julgada, isto é, demonstrada ou reduzida a um absurdo." O argumento de Brouwer é que não somos omniscientes, e, portanto, não devemos assumir o terceiro excluído.

Lembremos que uma definição de uma entidade matemática é *impredicativa* se se refere a uma colecção que contém a entidade (Cap. 1, §2, e Cap. 5, §2). Por exemplo, a definição usual de "supremo" ["menor dos majorantes"] é impredicativa, visto que caracteriza um número em termos de uma colecção de majorantes, e o número definido é membro daquela colecção. Para um realista em ontologia, as definições impredicativas são inócuas, visto que não há qualquer problema em caracterizar uma entidade objectivamente existente em termos de uma colecção que contém a entidade. Para um realista, não há um problema com "supremo" maior do que com a similarmente impredicativa "professor mais teimoso desta escola". Para um intuicionista, todavia, uma definição impredicativa é viciosamente circular. Não podemos *construir* uma entidade matemática utilizando uma colecção que contém a entidade.

Analogamente, Brouwer (1912: 82) objecta à consideração de colecções de entidades matemáticas, como se fossem totalidades completadas. Queixa-se de que um matemático clássico "introduz vários conceitos inteiramente sem sentido para o intuicionista, tais como, por exemplo 'o conjunto cujos elementos são os pontos de espaço', 'o conjunto cujos elementos são as funções contínuas de uma variável', 'o conjunto cujos elementos são as funções descontínuas de uma variável', etc.". Para o intuicionista, nunca terminamos a construção de todos os elementos de uma destas colecções, e então não podemos falar de "o conjunto" de tais elementos.

A concepção de Brouwer da natureza da matemática e seus objectos leva a teoremas que são (demonstravelmente) falsos na matemática clássica. Um número real, classicamente concebido, pode ser pensado como uma dízima infinita, uma infinidade completada. Como Brouwer (1948) sublinhou, o matemático clássico defende que "para cada n, o n-ésimo elemento [dígito] é fixado desde o início". Além disso, qualquer sequência arbitrária ou casual de algarismos é um número real legítimo. Desde cedo na sua carreira que Brouwer identificou números reais com expansões decimais dadas *por uma regra*: "Consideremos o conceito: 'número real entre 0 e 1'.. Para o intuicionista [este conceito] significa 'lei para a construção de uma série elementar de algarismos à direita da vírgula decimal, construída por meio de uma série finita de operações'" (Brouwer 1912: 85). Por razões técnicas, a focalização nas expansões decimais mostrou-se inadequada e, em qualquer caso, é mais comum os matemáticos falarem de sucessões de Cauchy de números racionais do que de expansões decimais. Nestes termos, para o jovem Brouwer, só sucessões de Cauchy dadas por regras determinam números reais legítimos.([5])

Mais tarde, todavia, Brouwer suplementou estas sucessões governadas por regras com as por vezes chamadas "sucessões de escolhas livres" [*free-choice sequences*]. Brouwer vislumbrou um "sujeito criativo" com o poder de livremente produzir mais termos de uma sucessão de escolhas em desenvolvimento (ou, ignorando o detalhe técnico, mais algarismos de uma expansão decimal). Sucessões de

---

([5]) Uma sucessão $a_1, a_2, \ldots$ de números racionais é *de Cauchy* se para cada número racional $\varepsilon > 0$ há um número natural N tal que para quaisquer números naturais, m, n, se $m > N$ e $n > N$ então $-\varepsilon < a_m - a_n < \varepsilon$. Uma sucessão de Cauchy é dada por uma regra somente se há um procedimento efectivo para calcular os termos a_n, e um procedimento efectivo para calcular a ordem N, dado ε. O princípio de completude [à Cauchy] diz que cada sucessão de Cauchy de números racionais converge para um número real.

escolhas livres não têm a propriedade supracitada, atribuída a números reais clássicos, "para cada n, o n-ésimo elemento é fixo desde o início". A característica chave de ambas, sucessões governadas por regras e sucessões de escolhas livres, é que cada uma é apenas um infinito potencial, não um infinito actual. Nunca temos a sucessão inteira ante os nossos olhos, por assim dizer. Só temos a capacidade de continuar a sucessão tanto quanto desejarmos, ou segundo uma dada regra ou deixando o sujeito criativo continuar a elaborar uma sucessão de escolhas livres.

De esta perspectiva, quaisquer teoremas sobre um número real dado devem emanar de uma quantidade finita de informações sobre ele. Para uma sucessão governada por regras, o matemático pode usar a regra para estabelecer factos sobre o número real correspondente. Para uma sucessão de escolhas livres, todavia, não há regra alguma, e então a única informação que o matemático alguma vez tem sobre ela – em qualquer ponto no tempo – consiste de um segmento inicial finito da sucessão. Seja a uma sucessão de escolhas livres. Segue-se que qualquer propriedade P que um matemático atribua a a deve ser baseada num segmento inicial finito de uma sucessão de Cauchy correspondente. Isto é, o matemático nunca deve ter de determinar a sucessão inteira para a antes de ser capaz de determinar se a satisfaz P – simplesmente porque a sucessão inteira nunca existe. Assim, se a tem a propriedade P, então há um número racional $\varepsilon > 0$ tal que se um número real b está próximo de a a menos de ε, então b também satisfaz P. Por meio de um raciocínio semelhante, Brouwer estabeleceu que toda a função real de variável real é (uniformemente) contínua![6]

---

[6] A propósito, segue-se do teorema de Brouwer que o Axioma da Escolha falha na análise intuicionista. Uma formulação deste axioma é que se para cada número real a há um número real b tal que a está numa dada relação R com b, então há uma função f tal que para cada a, a está na relação R com $f a$. A função f selecciona ou escolhe um valor b. Em análise intuicionista, é demonstrável que para cada número

A demonstração deste teorema faz uso essencial de sucessões de escolhas livres. Se forem considerados apenas números reais governados por regras, então as funções descontínuas não podem ser descartadas somente por motivos lógicos. Todavia, a existência de funções descontínuas requer casos particulares indesejáveis do terceiro excluído. Por exemplo, seja f uma função qualquer tal que para todo número real x, $fx = 0$ se $x \le 0$ e $fx = 1$ se $x > 0$. Então f possui uma descontinuidade em 0. Agora definamos uma sucessão de Cauchy $(a_n)_{n \ge 1}$ como se segue: se não há contra-exemplo algum à conjectura de Goldbach[7] menor do que n, então $a = 1/n$; no caso contrário, seja $a = 1/p$, onde p é o mais pequeno tal contra-exemplo. Para um intuicionista, $(a_n)_{n \ge 1}$ é uma sucessão de Cauchy legítima (visto que podemos calcular efectivamente[8] cada termo, e determinar efectivamente aproximações arbitrariamente próximas – ver nota 5 acima). Seja a o número real para o qual $(a_n)_{n \ge 1}$ converge. Note-se que $a > 0$ se e só se a conjectura de Goldbach é falsa. E quanto ao número real fa? Temos que $fa = 1$ se a conjectura de Goldbach é falsa e $fa = 0$ no caso contrário. Então não podemos aproximar fa a menos de 0,4 a não ser que saibamos se a conjectura de Goldbach é ou não verdadeira. Assim, se f fosse uma função legítima, então ou a conjectura de Goldbach é verdadeira, ou não se dá o caso de a conjectura de Goldbach ser verdadeira. Isto constitui um caso indesejável do terceiro excluído (pelo menos até ao

---

real a há um número natural b tal que $b > a$. Necessitamos apenas de aproximarmos a a menos de, digamos, 0,5, e então seleccionamos um número natural muito maior do que aquela aproximação. Todavia, não pode haver uma função contínua f tal que, para cada número real a, fa é um número natural e $fa > a$.

[7] [Trata-se da conjectura de que todo o número natural par maior ou igual a 4 é igual a uma soma de dois primos (não necessariamente distintos).]

[8] [No presente contexto, e em outros mais adiante, "efectivamente" é sinónimo de "algoritmicamente".]

momento em que a verdade ou falsidade da conjectura de Goldbach seja determinada, momento esse a partir do qual recorreremos a outro exemplo).

Este argumento é um exemplo do chamado "método dos contra-exemplos fracos", em que o intuicionista se demarca de um certo princípio da matemática clássica (a existência de descontinuidades, neste caso), mostrando que o princípio requer casos particulares do terceiro excluído. Tomando outro exemplo, consideremos uma (suposta) função g tal que $gx = 0$ se x é racional e $gx = 1$ se x é irracional. Seja c um número real qualquer. Para determinar se $gc = 0$, devemos determinar se c é racional. Se c é uma sucessão de escolhas livres, não podemos determinar se c é racional. Lembremos que qualquer informação sobre uma sucessão de escolhas livres deve ser obtida de um segmento finito de uma sucessão de Cauchy correspondente. Qualquer segmento finito (ou qualquer dízima finita) pode ser continuado de modo a produzir um racional e qualquer segmento finito pode ser continuado para produzir um irracional. Se c é governado por regras, então em alguns casos pode ser possível determinar se c é racional e, portanto, se $gc = 0$, mediante um raciocínio acerca da regra. Todavia, não há método geral para calcular gc. Novamente, a existência de g requer casos indesejáveis do terceiro excluído. Assim, a definição de g não é legítima para um intuicionista.

Em contraste com isto, as funções descontínuas são essenciais à matemática clássica. Prova-se que são essenciais em física (ver, por exemplo, Wilson 1993a) mas, como foi observado acima, Brouwer não estava interessado em talhar a matemática segundo as necessidades da ciência.

Brouwer reconheceu que a matemática intuicionista não é uma mera restrição da matemática clássica, mas é incompatível com ela:[9] "há estruturas intuicionistas

---

[9] Há uma escola de matemática e filosofia, chamada "construtivismo", que não aceita nem o terceiro excluído nem os aspectos não

que não podem ser enquadradas na lógica clássica, e há argumentos clássicos não aplicáveis a qualquer imagem introspectiva" (Brouwer 1948: 91). A razão disto diz respeito às diferenças básicas em como os dois campos são interpretados:

> Os teoremas que são válidos no intuicionismo, mas não na matemática clássica, decorrem frequentemente da circunstância de que para entidades matemáticas... a posse de uma certa propriedade impõe um carácter especial à sua maneira de desenvolvimento a partir da intuição básica, e que deste carácter especial da sua maneira de desenvolvimento a partir da intuição básica, resultam propriedades que são falsas para a matemática clássica.

Além da, ou em consonância com a tendência para afastamento em relação à filosofia da matemática de Kant, os pensadores considerados nos dois capítulos anteriores mostraram uma tendência crescente para se concentrarem na *linguagem* e na *lógica* da matemática. Os logicistas embarcam na redução da matemática à lógica, alegando que a matemática não é mais que lógica, enquanto os formalistas apelaram à prática de manipular caracteres de maneiras governadas por regras. Alberto Coffa (1991) chama "tradição semântica" a esta tendência, e Michael Dummett apelidou-a de "viragem linguística". Brouwer inverteu a tendência. Para ele, a linguagem não é mais do que um meio imperfeito para comunicar construções mentais, e são estas construções que constituem a essência da matemática. Suponhamos que um matemático realiza

---

clássicos de análise intuicionista. *Grosso modo*, Errett Bishop (1967) abrange apenas o núcleo comum à matemática clássica e intuicionista. Insiste numa compreensão epistémica da linguagem da matemática. Para poder afirmar que existe um número com uma propriedade dada, por exemplo, deve-se dar um método para encontrar um tal número. Bishop chama ao terceiro excluído um princípio de "omnisciência limitada".

uma construção mental e quer compartilhá-la. Escreve alguns símbolos no papel e submete-o a uma revista. Se tudo estiver bem com o editor e depois com os leitores subsequentes, outros matemáticos podem experimentar a construção matemática mental por si próprios, lendo os símbolos na revista. Mas a linguagem é tão falível como qualquer outro meio. Os leitores podem não "apanhá-la" no sentido de eles não poderem experimentar qualquer construção depois de ler o artigo (ou tentar fazê-lo), ou podem experimentar uma construção diferente da do primeiro matemático. Em qualquer dos casos, o problema não está com a primeira construção matemática. Como no filme *Cool Hand Luke* [*O Presidiário* (1967)], o que temos aqui é (tão-só) um fracasso de comunicação. Do ponto de vista de Brouwer, a lógica é meramente uma codificação das regras para comunicar matemática por meio da linguagem.

Assim, para Brouwer, tanto o logicismo como o formalismo se focalizam nos ornamentos externos da comunicação matemática e ignoram completamente a essência da matemática. Ele rejeitou explicitamente o interesse em demonstrações de consistência:

> numa... construção... nem a linguagem comum nem qualquer linguagem simbólica podem ter outro papel que não seja o de servir como um auxiliar não matemático, ajudar a memória matemática ou capacitar indivíduos diferentes para construir a mesma [construção]. Por esta razão o intuicionista nunca pode sentir a garantia da exactidão de uma teoria matemática por meio de garantias tais como a prova da sua não contradição, a possibilidade de definir os seus conceitos por um número finito de palavras... nem a certeza prática de que nunca levará a um equívoco nas relações humanas. (Brouwer 1912, 81)

Por outras palavras, o enfoque na linguagem e na lógica erra o alvo.

3. Heyting, o discípulo

O discípulo de Brouwer, Arend Heyting era, de certa maneira, o mais influente dos dois – através de uma contribuição que Brouwer não aprovou, e até Heyting encarou com alguma ambivalência. Desenvolveu uma *formalização* rigorosa da lógica intuicionista. O sistema é por vezes chamado *cálculo de predicados de Heyting* (ver, por exemplo, Heyting 1956: Cap. 7, ou alguns textos contemporâneos de lógica simbólica como Forbes 1994: Cap. 10). Heyting 1930 sugeriu que a partir de suposições metafísicas subjacentes – realismo em valor de verdade – da lógica clássica, a linguagem da matemática clássica é melhor entendida em termos de *condições de verdade* (objectivas). Uma semântica para a matemática clássica delinearia assim as condições sob as quais cada frase é verdadeira ou falsa. Com a rejeição da bivalência (ver §1 acima), uma semântica como esta é inadequada para o intuicionismo. Em vez disso, a linguagem intuicionista deve ser entendida em termos de *condições de demonstração*. Uma semântica iria delinear o que conta como uma demonstração canónica para cada proposição. Em termos grosseiros, eis algumas cláusulas:

Uma demonstração de uma proposição da forma "Φ e Ψ" consiste numa demonstração de Φ e uma demonstração de Ψ.

Uma demonstração de uma proposição da forma "Φ ou Ψ" consiste numa demonstração de Φ ou numa demonstração de Ψ.

Uma demonstração de uma proposição da forma "se Φ, então Ψ" consiste num método para transformar qualquer demonstração de Φ numa demonstração de Ψ.

Uma demonstração de uma proposição da forma "não-Φ", consiste num procedimento para transformar qualquer demonstração de Φ numa demonstração do absurdo. Por outras palavras, uma demonstração de não-Φ é uma demonstração de que não pode haver nenhuma demonstração de Φ.

Uma demonstração de uma proposição da forma "para todo x, $\Phi(x)$" consiste num procedimento que, dado qualquer n, produz uma demonstração da proposição correspondente $\Phi(n)$.

Uma demonstração de uma proposição da forma "existe x tal que $\Phi(x)$" consiste na construção de um item n e uma demonstração da correspondente $\Phi(n)$.

Este sistema é conhecido por *semântica de Heyting* (ver também Dummett 1977: Cap. 1). Observe-se que não podemos ter uma demonstração canónica de uma disjunção "Φ ou Ψ" a menos que tenhamos uma demonstração de uma das componentes. Então não podemos ter uma tal demonstração de um exemplo do terceiro excluído "Φ ou não-Φ" a menos que tenhamos uma demonstração de Φ ou uma demonstração de que não pode haver demonstração de Φ. Portanto, muitos exemplos do terceiro excluído não parecem ser justificados por esta semântica. Note-se também que não se pode demonstrar uma proposição que começa por "existe x" sem mostrar como produzir um tal x. Esta é uma formalização de um importante tema intuicionista, partilhada por todas as escolas de intuicionismo.

É irónico que o trabalho de Heyting seja um anátema da atitude de Brouwer em relação à linguagem e à lógica. As propostas formais de Heyting podem ter sido uma tentativa para ser útil aos seus colegas clássicos, proporcionando-lhes pelo menos um esboço dos enfeites linguísticos da matemática intuicionista. Heyting compartilhou os pontos de vista de Brouwer relativos ao predomínio da construção mental e a *minimização* da linguagem e da lógica. Em "The Intuitionistic Foundations of Mathematics" (1931: 53), escreveu que o "acompanhamento linguístico não é uma representação da matemática; menos ainda é propriamente matemática". No livro *Intuitionism*

(1956: 5), ele faz eco da reivindicação de Brouwer de que a linguagem é um meio imperfeito para comunicar as construções reais da matemática. O sistema formal é ele próprio uma construção matemática legítima, mas "nunca estamos seguros de que o sistema formal represente plenamente qualquer domínio do pensamento matemático; em qualquer momento a descoberta de novos métodos de raciocínio pode forçar-nos a estender o sistema formal". Heyting defendeu que "a lógica é dependente da matemática", não ao contrário. Por isso ele não pretendeu com o seu trabalho em lógica *codificar* o raciocínio intuicionista. Nada o pode fazer.

Seja como for, o trabalho formal de Heyting permitiu que a matemática intuicionista (e construtivista) ficasse ao alcance da teoria da demonstração ordinária, e há agora uma extensa literatura sobre versões formalizadas da aritmética, da análise, da teoria intuicionista dos conjuntos, e assim por diante. Muito (mas não todo) trabalho meta-teórico em lógica intuicionista emprega uma metateoria clássica. Isto é, o especialista em teoria da demonstração típico usa a lógica clássica para estudar sistemas formais que empregam lógica intuicionista eles mesmos. Uma contribuição duradoura, pelo menos do ponto de vista do matemático clássico, tem sido um estudo detalhado do papel do terceiro excluído na prática matemática. Sabemos agora exactamente quão diferente da intuicionista é a matemática clássica, assumindo – (contra Brouwer e Heyting) que os sistemas formais intuicionistas modelam com precisão a matemática intuicionista. Analogamente para o construtivismo de Bishop (ver nota 9 acima). O trabalho metamatemático tem também levado a um debate vigoroso sobre a medida em que a matemática intuicionista pode servir as necessidades da ciência.[10]

---

[10] Como vimos na secção anterior, Brouwer não daria muita importância ao resultado deste debate.

Os escritos filosóficos de Heyting reiteram a tese de Brouwer de que a matemática é dependente da mente e o enfoque na construção matemática:

> O matemático intuicionista propõe-se fazer matemática como uma função natural do seu intelecto, como uma actividade vital livre do pensamento. Para ele, a matemática é uma produção da mente humana... Não atribuímos uma existência independente do nosso pensamento, isto é, uma existência transcendente, a... objectos matemáticos... Os objectos matemáticos são pela sua natureza dependentes do pensamento humano. A sua existência é garantida somente na medida em que eles podem ser determinados pelo pensamento. Têm propriedades só na medida em que estas podem ser discernidas neles pelo pensamento... A crença na existência... transcendente deve ser rejeitada como meio de demonstração matemática... Esta é a razão para duvidar da lei do terceiro excluído. (Heyting 1931: 52-53)

Tal como o seu mestre, Heyting argumenta que a matemática clássica utiliza um princípio "metafísico" de que os objectos da matemática existem independentemente do matemático e que as verdades da matemática são objectivas e eternas. Concede que um matemático é livre para defender ou rejeitar tais princípios metafísicos nos seus tempos livres. Todavia, a única maneira de evitar "um labirinto de dificuldades metafísicas é "bani-los da matemática" (Heyting 1956: 3). Heyting acusa os matemáticos clássicos de invocar argumentos metafísicos via terceiro excluído:

> Se "existir" não quer dizer "ser construído", então deve ter algum significado metafísico. Não pode ser tarefa do matemático investigar este significado nem decidir se é ou não sustentável. Não temos qualquer objecção contra o matemático admitir, em privado, qualquer significado metafísico que queira, mas o programa de Brouwer requer

que estudemos a matemática como algo mais simples, mais imediato do que a metafísica. No estudo das construções matemáticas mentais "existir" deve ser sinónimo de "ser construído". (Heyting 1956: 2)

Em resumo, Heyting insiste que a prática da matemática não deve depender de metafísica alguma.[11]
Em alguns locais, parece ir ainda mais longe com a dependência da mente, e até alegar que a matemática é *empírica*:

> Uma proposição matemática expressa uma certa expectativa. Por exemplo, a proposição, "a constante C de Euler é racional" exprime a espectativa de que podemos encontrar dois números inteiros a e b tais que $C = a/b$ ... A afirmação de uma proposição significa a realização de uma intenção. A afirmação "C é racional", por exemplo, quereria dizer que encontrámos os números inteiros desejados. A afirmação de uma proposição não é ela própria uma proposição; é a determinação de um facto empírico, nomeadamente, a realização da intenção expressa pela proposição. (Heyting (1931: 59)

> A matemática intuicionista consiste... em construções mentais; um teorema matemático expressa um facto puramente empírico, a saber o êxito de uma certa construção. "2 + 2 = 3 + 1" deve ser lida como uma abreviatura da proposição: "Efectuei as construções mentais indicadas por '2 + 2' e por '3 + 1' e descobri que levam ao mesmo resultado"... As proposições acerca das construções... expressam resultados puramente empíricos. (Heyting 1956: 8)

---

[11] No §5 do capítulo anterior vimos que Haskell Curry alegou que uma virtude capital do seu formalismo é que é livre de suposições metafísicas. Evitar a metafísica parece ser uma condição comum entre filósofos da matemática.

Sugiro, todavia, que afirmações como estas não devem ser tomadas muito literalmente. Heyting não advogava um empirismo como o de John Stuart Mill (ver Cap. 4, §3 acima). Suponhamos que alguém fez um estudo dos seres humanos a fazer somas. Se "2 + 2" e "3 + 1" foram substituídos com números de sete algarismos, os resultados empíricos certamente difeririam dos resultados dos matemáticos. Afinal de contas, os seres humanos cometem erros. É certo que Heyting consideraria os dados empíricos como irrelevantes para a matemática. Similarmente, o intuicionista aceita teoremas como "$2^{1001} + 1$ é primo ou $2^{1001} + 1$ é composto", mesmo que a grandeza dos factores (se alguns) desafie a concretização empírica real.

Encontrámos idealizações semelhantes várias vezes neste estudo. Sugiro que as idealizações tornam difícil a ambas as partes afirmar que o seu ponto de vista é metafisicamente neutro. Em filosofia da matemática, a metafísica é quase inevitável – embora se possa inquirir da relevância da metafísica para a *prática* da matemática (ver Cap. 1, §2). A própria posição kantiana de Brouwer não é metafisicamente neutra. Ela exprime pontos de vista definidos sobre a natureza da matemática e as suas entidades. Poderia pensar-se que a melhor maneira de se aproximar da neutralidade seria rejeitar as sucessões de escolhas livres de Brouwer e aderir a algo mais parecido com o construtivismo de Bishop (nota 9 acima), o núcleo comum das matemáticas clássica e intuicionista. Heyting (1931: 57) admite que a matemática intuicionista ficaria "empobrecida" se as sucessões de escolhas livres fossem banidas. A matemática clássica seria empobrecida sem o terceiro excluído.

Um dos primeiros artigos de Heyting (1931) reflecte a afirmação de Brouwer de que a matemática clássica é faltosa e deve ser substituída pelo intuicionismo: "o intuicionismo é a única maneira possível de construir a matemática." Todavia, o seu livro (1956) é mais ecléctico, argumentando que a matemática intuicionista merece um lugar "ao lado" da matemática clássica. Heyting escreveu que o intuicionista não reivindica um "monopólio" em matemática, e ficará satisfeito se o matemático clássico "admitir o justo direito da" concepção intuicionista. Um acordo de cavalheiros. Todavia, Heyting permaneceu dúbio sobre os pressupostos "metafísicos" que supostamente sustentam a matemática clássica.

4. Dummett

Lembremos que tanto Brouwer como Heyting consideraram a linguagem um meio imperfeito para comunicar a construção matemática mental, a essência real da matemática. Para eles, a lógica diz respeito às meras formas para a disposição deste meio, e portanto um enfoque directo na linguagem e na lógica está bem longe do terreno real do debate. A abordagem principal de Michael Dummett à matemática e a sua lógica é, pelo contrário, linguística desde o começo. Os seus interesses filosóficos inclinam-se mais para a lógica intuicionista do que para questões matemáticas (embora as sucessões de escolhas livres sejam tratadas em Dummett 1977: Cap. 3). Tal como Brouwer mas distintamente de Heyting, Dummett não tem uma orientação eclética. Ao invés, ele explora a tese de que a "matemática clássica emprega formas de raciocínio que não são válidas em qualquer maneira legítima de interpretar as proposições matemáticas..." (Dummett 1973: 97).

Dummett sugere que qualquer consideração relativa a qual lógica é correcta deve em última análise girar em torno de questões de *significado*. Ele adopta, assim, um ponto de vista largamente defendido de que as regras para tirar inferências de um conjunto de premissas fluem do significado de alguns termos nas premissas, a chamada "terminologia lógica". Isto está em consonância com a tese de que a inferência lógica é analítica, ou constitutiva de significado.

A linguagem, pela sua natureza, é um meio de comunicação público e, como tal, os significados dos termos numa linguagem são determinados pela maneira como os termos são utilizados correctamente no discurso. Como diria o Humpty Dumpty de Lewis Carroll, os utilizadores de uma linguagem são responsáveis pela maneira como os termos irão ser usados. O seu uso determina o significado. Que outra coisa poderia fazê-lo? Dummett (1973: 98-99) elabora vigorosamente este ponto:

> O significado de uma proposição matemática determina e é exaustivamente determinado pelo seu *uso*. O significado de tal proposição não pode ser, nem pode conter como ingrediente, qualquer coisa que não seja manifesta no uso que dela será feito, repousando unicamente na mente do indivíduo que apreende aquele significado... se dois indivíduos concordam completamente sobre o uso a ser feito de uma proposição, então eles concordam sobre o seu significado. A razão é que o significado de uma proposição consiste unicamente no seu papel como um instrumento de comunicação entre indivíduos... Um indivíduo não pode comunicar o que não pode ser observado como estando a ser comunicado: se um indivíduo associou algum conteúdo mental com um símbolo ou fórmula matemática, em que a associação não reside no uso que ele fez do símbolo ou fórmula, então ele não poderia transmitir esse conteúdo por meio do símbolo ou fórmula, pois a sua audiência ignoraria a associação e não teria maneira de se aperceber dela.
> Supor que há um ingrediente do significado que transcende o uso que é feito daquilo que carrega o significado é supor que alguém poderia ter aprendido tudo o que é directamente ensinado quando a linguagem de uma teoria matemática lhe é ensinada, e poderia então comportar-se em todos os aspectos como alguém que entendeu a linguagem, e todavia não a entendeu realmente, ou só a entende incorrectamente.

Presumo que o mesmo também valha para a linguagem não matemática.(¹²)

Esta maneira sensata de encarar a linguagem suporta o *requisito de manifestação* [*manifestation requirement*] de Dummett, uma tese de que qualquer pessoa que compreenda o significado de uma expressão deve ser capaz de demonstrar essa compreensão pelo seu comportamento – pelo seu *uso* da expressão: "deve haver uma diferença observável entre o comportamento ou capacidades de alguém de quem se diz ter... conhecimento [do significado de uma expressão] e alguém de quem se diz não o ter. Segue-se, portanto... que a apreensão do significado de uma proposição matemática deve, em geral, consistir numa capacidade de utilizar essa proposição de uma certa maneira, ou reagir de uma certa maneira ao seu uso por outros". Dummett identifica um critério importante de qualquer semântica que deva desempenhar um papel em filosofia: a compreensão não deve ser inefável. Compreendemos as expressões disponíveis numa linguagem se, e só se, sabemos como utilizar correctamente a linguagem.

O lema comum a tais posições é "significado é uso", mas isto pode ser enganador. Os defensores destes pontos de vista são frequentemente criticados por deixarem indefinido o que entendem por "uso". Se esta noção merece um lugar tão central em filosofia, então é certa-

---

(¹²) O alvo de Dummett inclui o ponto de vista de Frege de que os "sentidos" das expressões são objectivos, entidades independentes da mente (por exemplo, Frege 1892). De acordo com aquele ponto de vista, compreender uma frase é apreender o seu sentido. Dummett (1973: 100) escreveu que uma "noção de significado tão privada do indivíduo é... irrelevante para a matemática como é realmente praticada, a saber, como um corpo de teoria no qual muitos indivíduos estão corporativamente empenhados, uma investigação na qual cada um pode comunicar os seus resultados a outros". Observe-se o contraste total entre Dummett e os seus companheiros intuicionistas Brouwer e Heyting.

mente necessária alguma clarificação. Como disse Ludwig Wittgenstein (1978: 366-367), "Tudo depende *daquilo* que determina o sentido de uma proposição. O uso dos sinais deve determiná-lo; mas o que consideramos como sendo o uso?"

Algumas articulações de "uso" tornam absurdo motivar a revisão da prática lógica e matemática por meio de considerações do significado. Se tudo o que o matemático faz (e com que leva a sua adiante) é uso legítimo, então a lei do terceiro excluído é tão legítima como qualquer outra coisa. Atendendo à maneira como a negação e a disjunção são usadas na prática, o terceiro excluído é correcto. Os matemáticos profissionais não recusam o seu emprego, e sabem certamente do que falam, se alguém sabe. Para melhor ou para pior, a lógica clássica ganhou o dia entre os matemáticos. Assim, como pode haver um argumento em termos semânticos para rejeitar a lei do terceiro excluído? Numa posição destas, ao que parece, *todo* o uso é sacrossanto. Bem, como pediu Wittgenstein, "o que conta como uso?"

Há pelo menos duas orientações quanto à linguagem matemática que sugeririam uma interpretação de "uso" segundo tais linhas fortemente anti-revisionistas. Um tal ponto de vista é o formalismo, a tese de que a prática matemática correcta pode ser codificada em sistemas dedutivos formais (ver capítulo precedente). Se a lógica clássica é um ingrediente dos sistemas dedutivos apropriados, então a questão da lógica clássica está determinada. Basta observar que quando tanto Dummett como os intuicionistas que o precederam – como Heyting – falam de "demonstração", eles não querem dizer "demonstração num sistema formal fixo". Para o intuicionista, demonstração é inerentemente informal. O formalismo e o intuicionismo não são aliados naturais.

Outro entendimento anti-revisionista de "uso" na linguagem é o que Dummett chama uma explicação "holística": "De uma tal posição é ilegítimo exigir o conteúdo de uma qualquer proposição... A importância de cada proposição... é modificada pelas múltiplas conexões que tem... com outras proposições noutras áreas da linguagem tomadas em conjunto, logo não há maneira adequada de entender a proposição sem passar pelo conhecimento de toda a linguagem." A "teia de crenças" de W. V. O. Quine é talvez um ponto de vista parecido com este (ver Cap. 8, §2). Dummett argumenta que num tal holismo semântico, não há maneira de *criticar* uma proposição particular, tal como um caso particular da lei do terceiro excluído sem que do mesmo golpe se critique toda a linguagem. Isto não é totalmente correcto. O próprio Quine levanta a possibilidade de mudanças na lógica e na matemática, devidas a dados empíricos recalcitrantes. Claramente, todavia, num ponto de vista holístico como o de Quine, a crítica da prática matemática não resulta da semântica, nem de reflexões sobre o significado e a compreensão em geral.

Dummett (1991a) sugere que o empreendimento da teoria semântica não vai bem com o tipo de holismo semântico em consideração. Não é preciso concedermos isto aqui. Uma semântica típica é composicional no sentido de que o conteúdo semântico de uma proposição composta é analisado em termos do conteúdo semântico das suas partes. Na semântica tarskiana predominante, por exemplo, as condições de verdade de uma fórmula complexa são definidas em termos das condições de verdade das suas subfórmulas. Para Dummett, o problema é que esta semântica se emaranha com o requisito de manifestação. Numa interpretação bivalente clássica de uma teoria matemática,

> a noção central é a de verdade: uma apreensão do significado de uma proposição... consiste num conhecimento daquilo que quer dizer uma proposição ser verdadeira. Como, em geral, as proposições da linguagem não serão aquelas cujo valor de verdade somos capazes de decidir

efectivamente,(¹³) a condição para a verdade de uma tal proposição será tal que não somos, em geral, capazes de reconhecer como verificada sempre que se verifica, ou de nos colocarmos numa posição em que assim o podemos reconhecer dessa maneira. (Dummett 1973: 105)

Para satisfazer o requisito de manifestação, Dummett argumenta que a *verificabilidade* ou assertabilidade [*assertability*] devem substituir a verdade como constituinte principal de uma semântica composicional. Presumivelmente, os utilizadores da linguagem podem manifestar o seu entendimento das condições sob as quais cada proposição pode ser verificada ou pode ser afirmada. Na matemática, verificação é *demonstração*, visto que um matemático pode afirmar [*assert*] uma proposição dada somente se a demonstrou. A proposta de Dummett invoca assim o tema central da semântica de Heyting para a lógica intuicionista. Em vez de proporcionar condições de verdade de cada fórmula, fornecemos condições de demonstração (ver §3 acima, ou Dummett 1977: Cap. 1 para detalhes).

A alternativa de Dummett ao holismo semântico é o que ele chama uma semântica *molecular*, de acordo com a qual: "proposições individuais transportam um conteúdo que lhes pertence de acordo com a maneira como elas são compostas a partir das suas constituintes, *independente de outras proposições da linguagem que não envolvem esses constituintes...*" (Dummett 1973: 104). A proposta de Dummett é que, pelo menos, algumas partes cruciais da linguagem podem ser entendidas independentemente de quaisquer outras partes. Isto aplica-se, acima de tudo, à terminologia lógica: conectivas como negação, conjunção, disjunção, e

---

(¹³) [Ver nota 8. Sabe-se (metateorema de Church) que a verdade/validade semântica não é efectivamente decidível, na lógica de primeira ordem clássica, ao contrário do que acontece com a lógica proposicional clássica.]

"se-então", e quantificadores como "existe" e "para todo". Neil Tennant (1997: 315), um dummettiano proeminente, coloca bem a questão:

> a disputa aqui é que o projecto analítico deve considerar os operadores [lógicos] um por um. As regras básicas que determinam a competência lógica devem especificar a contribuição singular que cada operador pode aportar aos significados de proposições complexas em que ocorre, e, como corolário, à validade dos argumentos em que tais proposições ocorrem... Segue-se... que devemos ser capazes de dominar vários fragmentos da linguagem isoladamente, ou um por um. Não deve importar a ordem pela qual aprendemos (adquirimos a apreensão de) os operadores lógicos. Não deve importar se de facto alguns operadores não estão ainda ao alcance da apreensão. Tudo o que importa é que a nossa apreensão de qualquer operador deve ser total, simplesmente com base nas regras esquemáticas que governam as inferências que os envolvem.

A prática estabelecida pode ser criticada a partir de um ponto de vista como este. Uma análise da linguagem poderá revelar uma incoerência na maneira como os operadores lógicos são utilizados. Em particular, o filósofo poderá descobrir uma desarmonia entre aspectos diferentes de como os termos são usados. Dummett e, com mais detalhe, Tennant, argumentam que as maneiras típicas de introduzir os operadores lógicos nas demonstrações estão em conflito com princípios e inferências clássicos. Isto é, as regras para introduzir – e mostrar que apreendemos o significado de – os operadores de negação e de disjunção, separadamente, não justificam o terceiro excluído quando as conectivas são combinadas. Tennant (1997: 317) chama ao terceiro excluído um "falso casamento de conveniência". Assim, Dummett e Tennant suportam o argumento de Heyting de que a lógica intuicionista é justificada com base nesta semântica, mas a lógica clássica não é.

No quadro dummettiano, uma pressuposição importante da matemática clássica é que há, ou pode haver, verdades que não virão a ser conhecidas. Uma semântica bivalente sugere que verdade é uma coisa e conhecibilidade é outra. A abordagem de Dummett, chamada por vezes *anti-realismo semântico global*, implica que, pelo menos em princípio, todas as verdades são conhecíveis. A possibilidade de uma verdade incognoscível é excluída *a priori*. Como vimos no §2 acima, o próprio Brouwer adoptou o anti-realismo semântico para a matemática, bem como a "vida prática e ciência".

As coisas aqui não são simples. Note-se que até com a semântica de Heyting, uma linguagem satisfaz o requisito de manifestação somente sob as incómodas idealizações referidas acima. Ninguém pode manifestar entendimento das condições de demonstração de uma fórmula longa, e ninguém pode saber de alguns números grandes se eles são ou não primos. Novamente, é um teorema da aritmética intuicionista que cada número natural [≥ 2] é primo ou composto. A razão é que temos um *método* finito para determinar se um número é primo. Não importa se este método é ou não praticável ou até se alguém o executou num caso dado. Em particular, $2^{1001} + 1$ é primo ou composto. Tennant (1997: Cap. 5) apresenta uma defesa lúcida das idealizações necessárias para apoiar a semântica de Heyting.

Por outro lado, não devemos idealizar de mais. O caminho que vai da semântica de Heyting ao repúdio da lógica clássica depende de um certo pessimismo relativamente a capacidades matemáticas humanas (ver, por exemplo, Posy 1984 e Shapiro 1991: Cap. 6). Se os seres humanos são capazes de decidir o valor de verdade de cada proposição matemática [gramaticalmente] bem-formada, então a lógica clássica acabará por prevalecer – mesmo sob a semântica de Heyting. Parece que o intuicionismo de Dummett reside entre um ponto de vista estritamente finitista de que só entendemos aquilo que realmente já demonstrámos, e ou um realismo directo e simples que contempla verdades incognoscíveis ou então um optimismo robusto que defende que para cada proposição matemática não ambígua Φ, o matemático pode determinar se Φ é verdadeira ou falsa. Tennant (1997: caps. 6-8) articula uma defesa da lógica intuicionista como o equilíbrio correcto destas possibilidades.

Um defensor da lógica clássica tem duas opções à luz da crítica de Dummett. Uma é prover uma semântica que satisfaz os requisitos de manifestação, separabilidade e harmonia e ainda sanciona a lógica clássica. Um filósofo que encete por este caminho aceita o quadro amplo de Dummett e, trabalhando dentro dele, argumenta a favor da justificação da lógica clássica. É natural que o debate gire em torno de questões de idealização, adequação semântica, e a extensão e detalhes da manifestação. Outra opção para o matemático clássico seria rejeitar todo o enquadramento de Dummett. O filósofo concede que a lógica clássica não goza do tipo de justificação que Dummett exige, mas argumenta que a matemática clássica não precisa deste tipo de justificação. Os frutos e poder da matemática clássica estabelecem o lugar desta na nossa vida intelectual. Se a matemática clássica está em conflito com o quadro semântico de Dummett, é este último que deve ceder. Aqueles que se inclinam neste sentido podem ser tentados pelo holismo (ver Cap. 8, §2).

Como o próprio Dummett (1973: 109) assinala, as considerações precedentes são muito gerais, girando unicamente em torno do modo como a linguagem é entendida. Assim, se as suas conclusões são correctas, então elas apoiam a adopção da lógica intuicionista para todo o discurso, não apenas para a matemática. Portanto, Dummett vai além dos intuicionistas precedentes Brouwer e Heyting, que concordam que a lógica clássica é apropriada para o raciocínio comum sobre colecções finitas de objectos independentes da mente. Isto motiva Dummett a procurar outros argumentos para a lógica intuicionista que dependem apenas de características especiais da matemática: "Existe, então, qualquer defesa alternativa da rejeição, para a matemática, da lógica clássica a favor da intuicionista? Existe uma tal defesa que dependa do facto de que lidamos com proposições *matemáticas* em particular, e que deixa em aberto se desejamos ou não estender o argumento a proposições de qualquer outra classe geral?"

Dummett conclui que o caminho para um tal revisionismo "local" é um finitismo "obstinado" [*"hard-headed"*], no qual negamos que exista um facto determinado relativo ao resultado de um procedimento que não foi executado. Deste ponto de vista, não podemos concluir que

$$2^{1001} + 1 \text{ é primo ou composto}$$

enquanto não tivermos executado o procedimento pertinente. Assim, contrariamos as idealizações discutidas previamente. Sob um tal ponto de vista, o terceiro excluído permanece por justificar, mas o finitista obstinado tem de restringir a lógica ainda mais do que o intuicionista. Não é claro quais inferências e princípios da lógica intuicionista são justificados nesta abordagem realista. Algumas inferências (intuicionisticamente correctas) que levam a "$2^{1001} + 1$ é primo ou composto" têm que ser rejeitadas. Se o intuicionista não descarta o bébé com a água do banho, certamente o finitista realista não se coíbe de o fazer.

Trabalhos recentes de Dummett (1991, 1991a) proporcionam outro ângulo sobre o repúdio da matemática clássica. Num artigo mais antigo (Dummett 1963) sobre o teorema de incompletude de Gödel, ele define que um conceito é *indefinidamente extensível* se não é possível delimitar o domínio de objectos a que o conceito se aplica. Isto é, um conceito é indefinidamente extensível se qualquer tentativa para delimitar a extensão do conceito conduz a um exemplo do conceito não delimitado dessa maneira. Dummett argumenta que o teorema de incompletude mostra que a noção de verdade aritmética é indefinidamente extensível. Seja *T* um procedimento efectivo qualquer para enumerar as verdades da aritmética. Uma aplicação do teorema de incompletude produz uma verdade aritmética Φ não enumerada por *T*. Portanto, *T* fracassa como uma caraterização da verdade aritmética.

Dummett argumenta que praticamente qualquer domínio matemático substancial – os números naturais, os números reais, a hierarquia conjuntista,([14]) e assim por diante, é indefinidamente extensível. Qualquer tentativa para delimitar o domínio leva a extensões dele. Isto pode ser relacionado com a reivindicação intuicionista primordial de que não há infinito actual, só infinito potencial.

Seja *d* um domínio. Dummett sugere que um quantificador "para todo *d*" é coerente quer *d* seja ou não indefinidamente extensível.([15]) Caso contrário, a matemática está condenada desde o princípio. Nos trabalhos posteriores, todavia, ele argumenta que a lógica clássica se aplica a um domínio só se não for indefinidamente extensível. Esta conclusão baseia-se em parte numa análise da lógica matemática, em particular da teoria dos modelos. Ao provar uma interpretação de uma linguagem formal, exige-se a especificação de um *domínio do discurso*. Dummett argumenta que a demonstração usual de que a lógica clássica é correcta [ou adequada] para a teoria dos modelos clássica pressupõe que um tal domínio é definido – não indefinidamente extensível. Assim, argumenta, a teoria lógica

---

([14]) [Também conhecida por *Hierarquia Cumulativa dos Tipos* ou *Hierarquia Comulativa dos Conjuntos*. Relativamente à teoria axiomática dos conjuntos de Zermelo-Fraenkel (ZF), a classe universal ou classe de todos os conjuntos *V* é vista como uma hierarquia de conjuntos enumerada pelos ordinais (V_α: $\alpha \in$ Ord), onde os conjuntos V_α são construídos por recorrência transfinita sobre os ordinais a partir do conjunto vazio iterando as operações conjuntistas de conjunto das partes (operação $\mathcal{P}$ e união generalizada (operação $\cup$): $V_0 = \emptyset$, $V_{\alpha+1} = \mathcal{P}(V_\alpha)$, $V_\lambda = \cup_{\alpha<\lambda} V_\alpha$, se λ é um ordinal limite ($\neq 0$). Então $V = \cup_{\alpha \in \text{Ord}} V_\alpha$.]

([15]) [Parece-nos, em face do resto do parágrafo, que o autor quererá dizer "para todo o indivíduo em *d*".]

clássica não se aplica à matemática onde o alcance dos quantificadores é indefinidamente extensível. Mas ainda necessitamos de uma justificação de que a lógica intuicionista plena se pode aplicar a tais domínios.

5. Leituras adicionais

Benacerraf e Putnam 1983 contém um diálogo encantador extraído de Heyting 1956, e traduções de Brouwer 1912 e 1948, e Heyting 1931. Também aí se encontra Dummett 1973. Van Heijenoort 1967 contém traduções de outros artigos relevantes por Brouwer, nomeadamente, Brouwer 1923. Outra fonte interessante em inglês é Brouwer 1952. As monografias Heyting 1956 e Dummett 1977 são introduções excelentes à matemática intuicionista, ambas em inglês. Dummett 1978 contém muitos dos seus artigos filosóficos importantes (incluindo 1963 e 1973). Para mais sobre a capacidade de extensão indefinida, ver Dummett 1994. O trabalho mais recente de Dummett na filosofia da matemática é desenvolvido em 1991 e 1991a. Ver Tennant 1987 e 1997 para um desenvolvimento extenso de um programa amplamente dummettiano. Ver também Prawitz 1977.

PARTE IV
A CENA CONTEMPORÂNEA

8
OS NÚMEROS EXISTEM

Nestes capítulos finais examinamos algumas posições contemporâneas na filosofia da matemática, como uma amostra do estado presente da disciplina. Peço desculpa a defensores de pontos de vista que foram omitidos (e, naturalmente, a defensores de pontos de vista que eu deturpei). Os problemas em torno da aplicabilidade da matemática recebem agora mais atenção, talvez, e os avanços na lógica matemática foram digeridos e postos ao serviço das questões filosóficas.

Falando em termos gerais, há duas escolas de pensamento na contemporânea filosofia da matemática (e, até certo ponto, na metafísica e na epistemologia). Um grupo defende que as asserções da matemática devem ser tomadas mais ou menos literalmente, "pelo seu valor nominal". Um axioma da aritmética é que zero é um número natural, e um teorema é que para cada número natural n, há um número $m > n$ tal que m é primo. Junto, eles implicam que há infinitos números primos. Isto é, infinitos números primos *existem*. Similarmente, os conjuntos existem, e assim por diante. Os membros da primeira escola entendem isto num sentido literal directo. Há uma só espécie de "existência", aplicável tanto à matemática como ao discurso comum. Assim como há presidentes adúlteros, há números primos.

À luz de princípios como a lei do terceiro excluído e inferências relacionadas (ver §1 do capítulo anterior), a maioria dos filósofos em questão defende que números, conjuntos, e assim por diante existem independente da mente, linguagem, e convenções dos matemáticos. Em termos presentes, os membros da primeira escola são realistas em ontologia.

Como é bem sabido, este grupo enfrenta problemas epistemológicos sérios. Por exemplo, como é possível os seres humanos saberem qualquer coisa sobre objectos matemáticos, e que confiança podemos ter de que as nossas asserções sobre eles sejam verdadeiras?

A segunda escola é a oposta da primeira. Os seus membros são cépticos da matemática, se esta for tomada literalmente, mas aceitam a importância da matemática nas nossas vidas intelectuais em geral. Por conseguinte, eles tentam reformular a matemática, ou alguma coisa que desempenhe o papel da matemática, sem invocar entidades matemáticas. O objectivo do segundo empreendimento é vermos até onde poderemos chegar, sem afirmarmos a existência de objectos abstractos, como conjuntos e números.

Este capítulo diz respeito aos membros da primeira escola, os realistas ontológicos. As pessoas consideradas aqui são também realistas em valor de verdade, defendendo que a maioria das proposições matemáticas é verdadeira ou falsa objectivamente, independentemente do matemático. Em resumo, os nossos realistas defendem que os matemáticos querem significar exactamente o que dizem, e que o que eles dizem é, na maior parte, verdade. Os realistas ontológicos encontrados acima incluem Platão (Cap. 3, §2), Gottlob Frege (Cap. 5, §1), e os neo-logicistas Crispin Wright e Bob Hale (Cap. 5, §4).

1. Gödel

Kurt Gödel foi um dos lógicos mais influentes da história. Embora tivesse um interesse de longa data na filosofia, os seus exigentes padrões pessoais permitiram somente a publicação de alguns artigos no nosso campo.([1])

Gödel 1944 abre com uma citação favorável ao ponto de vista inicial de Bertrand Russell de que a lógica "se preocupa tanto com o mundo real como a zoologia, possuindo embora características mais gerais e abstractas" (Russell 1919: 169). Atendendo ao logicismo de Russell (ver Cap. 5, §2), parece que, para ele, a matemática também se debruça sobre as características gerais do "mundo real". Isto sugere, pelo menos, realismo em valor de verdade. As asserções matemáticas são verdadeiras ou falsas, objectivamente. Em matéria de ontologia, todavia, Russell acabou por adoptar a teoria "sem classes", que considera os números e outros objectos matemáticos como "ficções lógicas". Gödel argumentou que este anti-realismo em ontologia não é sustentável.

Como vimos, muita da filosofia da matemática de Russell centra-se no princípio do círculo vicioso, que Gödel resumiu como "nenhuma totalidade pode conter membros definíveis somente em termos desta totalidade, ou membros que envolvem ou pressupõem essa totalidade". Note-se que há três princípios diferentes aqui:

(1) Nenhuma totalidade pode conter membros definíveis só em termos dessa totalidade.

([1]) Gödel 1995 contém muito do seu trabalho filosófico não publicado, e Wang 1974: 8-13, 324-6 inclui alguma correspondência relevante (e muito discutida). Gödel também escreveu sobre a teoria de relatividade e argumentou contra o mecanicismo, a tese de que a mente é, ou pode ser modelada exactamente como uma máquina. Ver Wang 1987: Cap. 7 para uma discussão lúcida e criteriosa da filosofia de Gödel.

(2) Nenhuma totalidade pode conter membros que envolvem essa totalidade.
(3) Nenhuma totalidade pode conter membros que pressupõem essa totalidade.

O segundo e terceiro destes princípios são ambos plausíveis, dependendo, é claro, do que se entender por "envolver" e "pressupor". Estes princípios excluem o que pode ser chamado de "circularidade ontológica". Mas eles não contemplam quaisquer ramificações para a prática. Gödel observou que é somente a forma (1) do princípio do círculo vicioso que leva a restrições em matemática, ou a maneira como a matemática é apresentada. Aquela versão impede o matemático de *introduzir* certos termos, tais como definições impredicativas, um tema que já encontrámos anteriormente. Trabalhos subsequentes mostraram que as restrições enfraqueceriam a matemática: "é demonstrável que o formalismo da matemática clássica não satisfaz o princípio do círculo vicioso na sua primeira forma, visto que os axiomas implicam a existência neste formalismo de números reais só definíveis por referência a todos os números reais" (Gödel 1944: 455). Portanto, a primeira forma do princípio do círculo vicioso está em conflito com a matemática clássica. Gödel disse que "antes consideraria isso como uma prova de que [esta versão de] o círculo vicioso é falso do que como prova de que a matemática clássica é falsa".

Gödel, todavia, não abandonou as coisas com este choque entre a teoria de Russell e a prática matemática. Argumentou que a primeira versão (1) do princípio do círculo vicioso "só se aplica se assumirmos um ponto de vista construtivista... para com os objectos da... matemática" (Gödel 1944: 456).([2]) Quer dizer,

---

([2]) Russell não era construtivista, logo a sua defesa do princípio do círculo vicioso deve ser encontrada noutro sítio. Ver Goldfarb 1989.

o círculo vicioso na sua primeira forma só se aplica se as entidades envolvidas forem construídas por nós. Neste caso, deve claramente existir uma definição (a saber, a descrição da construção) que não se refere a uma totalidade a que o objecto definido pertence, porque a construção de uma coisa certamente não pode ser baseada numa totalidade de coisas a que a coisa a ser construída pertence.

Se, todavia, se trata de objectos que existem independentemente das nossas construções, então nada há de absurdo na existência de totalidades que contêm membros, que podem ser descritos (isto é, caracterizados de modo único) somente por referência a essa totalidade... As classes... podem... também ser concebidas como objectos reais, a saber... como "pluralidades de coisas" ou como estruturas consistindo de pluralidades de coisas... que existem independentemente das nossas definições e construções.

Como vimos acima, diversas vezes, para um realista em ontologia uma definição não é uma receita para criar um objecto, mas apenas um método para descrever ou indicar uma entidade já existente. Daquela perspectiva, as definições impredicativas são inócuas.

Gödel também assinalou que o seu realismo está conforme as versões plausíveis (2) e (3) do princípio do círculo vicioso: "tal estado de coisas não iria... contradizer a segunda forma do princípio do círculo vicioso, visto que não podemos dizer que um objecto descrito por referência a uma totalidade 'envolve' esta totalidade, embora a descrição que dele é feita sim; nem iria contradizer a terceira forma, se 'pressupor' significar 'pressupor a existência', não 'a cognoscibilidade'".

O aspecto mais proeminente da filosofia de Gödel é uma analogia entre objectos matemáticos e objectos físicos comuns. Ele atribui esta ideia a Russell que, como diz,

> compara axiomas da lógica e matemática com leis da natureza, e evidência lógica com percepção sensorial, de modo

que os axiomas não têm necessariamente de ser auto-evidentes, mas a sua justificação reside (exactamente como em física) no facto que eles tornarem possível deduzir estas "percepções sensoriais"; o que não exclui naturalmente que eles também possuam uma espécie de plausibilidade intrínseca semelhante à que existe em física. Penso que este ponto de vista tem sido em grande parte justificado por desenvolvimentos subsequentes (desde que "evidência" seja entendida num sentido suficientemente preciso), e é de esperar que o venha a ser ainda mais no futuro. (Gödel 1944: 449)

Gödel fez aqui uma sugestão deveras intrigante – e deveras controversa – de que, assim como desenvolvemos teorias físicas sofisticadas com vista a explicar (e predizer) observações sensoriais, em matemática desenvolvemos teorias sofisticadas para explicar "intuições", ou crenças entrincheiradas sobre objectos matemáticos. Estas crenças intuitivas incluem os princípios da matemática finitária de David Hilbert (ver Cap. 6, §3).

Os detractores gostam de atribuir a Gödel um ponto de vista de que os seres humanos possuem um sexto sentido que utilizam para "ver" directamente números e conjuntos. Este ponto de vista, por vezes assemelhado a discursos de Platão sobre o "mundo do Ser" inteligível (ver Capítulo 3, §1), é então ridicularizado por contradizer todo o conhecimento científico. Os oponentes de Gödel argumentam que, enquanto seres totalmente físicos, os humanos apreendem directamente entidades apenas por reagirem fisicamente com elas. Visto que as entidades matemáticas, se existem, não são físicas, então não podemos "percebê-las", mesmo indirectamente.

Não é completamente claro o que Gödel quis dizer por intuição matemática nem por analogia entre matemática e física. Há uma diferença entre conhecimento-*de que* uma certa *proposição* é verdadeira e conhecimento-*de objectos* individuais. O último requer algum tipo de contacto com, ou apreensão de, objectos como números.

No artigo de 1944, Gödel escreveu que os princípios da aritmética elementar, tal como equações básicas e desigualdades, têm uma espécie de "evidência incontestável que pode bem apropriadamente ser comparada com percepção sensorial" (p. 449). Isto sugere que os "dados" da matemática consistem em certas *proposições* que julgamos compulsórias e assim tentamos explicar através da teoria matemática. O conhecimento aqui é assim *conhecimento-de--que*, por exemplo, o conhecimento de que 7 + 5 = 12 ou de que o quadrado de qualquer número real é não negativo.

Este aspecto da posição de Gödel não justifica o escárnio acima referido, visto que nada foi dito até agora sobre a apreensão de objectos matemáticos individuais. No segundo artigo, todavia, Gödel falou favoravelmente do filósofo que "considera os objectos matemáticos como existentes independentemente das nossas construções e da nossa posse de uma *intuição deles individualmente...*" (Gödel 1964: 474, ênfase minha). Então talvez Gödel não tenha sustentado que possuímos algum tipo de compreensão dos objectos matemáticos, um *conhecimento* intuitivo *de* objectos matemáticos individuais como números e conjuntos. Mas talvez não devamos levá-lo muito literalmente em conta neste ponto.

Gödel (1964: 483) observou que "os objectos da teoria dos conjuntos transfinitos... não pertencem claramente ao mundo físico e até a sua conexão indirecta com a experiência física é muito frouxa (devido principalmente ao facto de que os conceitos da teoria dos conjuntos jogam apenas um papel menor nas teorias físicas de hoje)". Isto é, naturalmente, um realismo tradicional em ontologia. O que se segue é provavelmente a passagem filosófica mais famosa (ou deplorável) de Gödel:

> Mas, apesar de afastada da experiência sensorial, possuímos também algo como uma percepção dos objectos da teoria dos conjuntos, como se vê do facto de os axiomas se nos imporem como verdadeiros. Não vejo qualquer razão

para devermos ter menos confiança nesta espécie da percepção, isto é, na intuição matemática, do que na percepção sensorial, que nos induz a construir teorias físicas e esperar que as percepções sensoriais futuras concordem com elas...

Deve-se observar que a intuição matemática não precisa de ser concebida como uma faculdade que dá conhecimento *imediato* dos objectos em questão. Antes parece que, como no caso de experiência física, também *formamos* as nossas ideias desses objectos com base em algo mais que *é* imediatamente dado. Só que este algo mais *não* é, ou não é principalmente, as sensações. Que algo para além das sensações é realmente dado segue-se imediatamente (independentemente da matemática) do facto de até as nossas ideias referentes a objectos físicos conterem constituintes qualitativamente diferentes das sensações ou meras combinações de sensações, por exemplo, a própria ideia de objecto. Evidentemente, a matemática subjacente "dada" está intimamente relacionada com os elementos abstractos contidos nas nossas ideias empíricas. (Gödel 1964: 483-484)

Note-se que não é claro se esta passagem se refere à intuição/percepção de objectos individuais – conhecimento-de – ou a crenças intuitivas de certas proposições matemáticas – conhecimento-de-que. Gödel disse que são os *axiomas* que se nos impõem como verdadeiros, e que podemos não ter conhecimento imediato dos próprios objectos.

Gödel observou que, mesmo com objectos físicos, as nossas percepções sensoriais não correspondem exactamente às nossas crenças "intuitivas" sobre objectos físicos. Um edifício visto de perto parece muito mais largo do que o mesmo edifício visto de longe. Insistindo no óbvio, acreditamos inevitavelmente que a percepção grande e a pequena são ambas percepções d*o mesmo edifício.* Além disso, a percepção sensorial por vezes é enganadora. Gödel fez uma analogia entre ilusões ópticas no mundo físico e antinomias como o Paradoxo de Russell no domínio matemático. Em ambos os casos, as nossas crenças intuitivas podem ser enganadoras, e precisam de ser corrigidas pela teoria.

O uso por Gödel da palavra "intuição" é explicitamente kantiano. Numa nota de rodapé, ele indicou um "relacionamento estreito entre o conceito de conjunto... e as categorias do entendimento puro no sentido de Kant. A saber, a função de ambos é 'síntese', isto é, o gerar de unidades a partir de multitudes (por exemplo, em Kant, da ideia de *um* objecto a partir dos seus vários aspectos)." A ideia mesma de *objecto físico* não está contida nas próprias percepções, mas é antes uma contribuição da mente. Tivemos um breve encontro com a filosofia da matemática de Immanuel Kant no Cap. 4, §2, e no Cap. 7, §§2-3 considerámos um kantiano moderno, o intuicionista L. E. J. Brouwer. Gödel afasta-se dos intuicionistas, e do próprio Kant, com o seu realismo em ontologia. Ele diz que, para Kant, a intuição é "subjectiva". Presumo que Gödel não tenha pretendido atribuir a Kant um ponto de vista de que pessoas diferentes têm matemáticas diferentes, tal como o de que pessoas diferentes têm gostos subjectivos diferentes. A ideia é que a intuição kantiana diz respeito às *formas* subjacentes da percepção. Para Kant, e para o intuicionista kantiano, a matemática é dependente da mente. Em contraste, para Gödel a matemática subjacente "dada" "pode representar um aspecto da realidade objectiva, mas, ao contrário das sensações, a sua presença em nós pode ser devida a outra espécie de relacionamento entre nós e a realidade". Para Gödel, portanto, as nossas intuições matemáticas são vislumbres (de certo tipo) de um domínio matemático objectivo.

Esta diferença entre Gödel e os kantianos tem ramificações para a prática matemática. Anteriormente no artigo Gödel afasta-se de uma concepção construtivista da matemática, "que admite objectos matemáticos só na medida em que eles são interpretáveis como as nossas próprias construções ou, pelo menos, *podem ser completamente dados na intuição*" (Gödel 1964: 474, ênfase minha). Para um kantiano, nada mais há nos objectos matemáticos além do que é dado na intuição. Em contraste, o ponto de vista de Gödel é que, embora a intuição represente um relacionamento entre nós e a realidade matemática, o mundo matemático vai além da nossa "percepção" dele – tal como o faz o mundo físico. Isto é o que significa ser independente da mente.

No primeiro artigo, Gödel permitiu-se admirar a teoria sem classes de Russell como "um dos poucos exemplos, executado em detalhe, da tendência a eliminar suposições sobre a existência de objectos fora dos 'dados' e substituí-las por construções com base nestes dados." (Gödel 1944: 460). Isto é uma alusão a tentativas filosóficas para negar que os objectos *físicos* existem independentemente da mente, e para construir tais objectos a partir de dados sensoriais. Há acordo geral em que todas essas tentativas fracassaram. Gödel argumenta que a tentativa de Russell para "construir" objectos matemáticos (a partir de atributos e coisas semelhantes) também fracassou: "as classes e conceitos introduzidos [via teoria sem classes] não possuem todas as propriedades necessárias à sua utilização em matemática." Concluiu que isto é uma "verificação do ponto de vista... de que a lógica e a matemática (assim como a física) são baseadas em axiomas com um conteúdo real", e "mais não pode ser explicado" sobre este conteúdo (Gödel 1944: 461).

Gödel estende ainda mais a analogia entre matemática e física. Aprendemos sobre objectos físicos por meio da actividade científica altamente teórica. Embora as teorias científicas devam estar ligadas à observação, eles vão além da observação. Não *vemos* átomos e electrões, mas eles ajudam-nos a entender os objectos que vemos. Por analogia, para determinar propriedades de objectos matemáticos, em particular números naturais, temos que ir além da "intuição" e desenvolver teorias matemáticas poderosas. Além disso, "acontece que... a solução de problemas aritméticos requer o uso de suposições que transcendem essencialmente a aritmética" (Gödel 1944: 449). Gödel refere-se aqui ao facto de que algumas proposições simples na linguagem da aritmética (tal como as equações diofantinas[3]) são indecidíveis([4]) na aritmética elementar, mas são decidíveis em teorias mais ricas como análise real e a teoria dos conjuntos. Porque pensar que a teoria dos conjuntos pode lançar alguma luz sobre *os números naturais* se não somos realistas, em algum nível, sobre os números naturais e sobre os conjuntos?

O assunto principal do artigo de 1964 é a *Hipótese do Contínuo*, um caso de estudo interessante para o ponto de vista filosófico de Gödel. Georg Cantor mostrou que não há uma correspondência um-a-um entre os números naturais e os números reais. Isto é, há mais números reais do que números naturais.([5]) Existem conjuntos infinitos cujo tamanho [cardinal] está entre o dos números naturais e o dos números reais? Por outras palavras, existe um conjunto infinito S de números reais tal que não há uma correspondência um-a-um entre S e os números naturais nem nenhuma correspondência um-a-um entre S e os números reais? Isto é por vezes chamado o *problema do contínuo*, visto que pede o "tamanho" do contínuo. Cantor conjecturou que não há cardinalidades infinitas entre a dos números naturais e a dos números reais (e, portanto, não há um

---

([3]) [Trata-se de equações polinomiais com coeficientes inteiros, isto é, da forma $p(x_1, ..., x_k) = 0$, onde $(x_1, ..., x_k)$ é um polinómio de grau ≥ 1 nas variáveis $x_1, ..., x_k$, com coeficientes inteiros.]

([4]) [Quer dizer, nem elas nem as suas negações são demonstráveis na aritmética elementar.]

([5]) [Isto é obviamente uma maneira informal e pouco rigorosa de exprimir que o cardinal do conjunto dos números reais é maior do que o do conjunto dos números naturais, mas convém não perder de vista que isto não resulta simplesmente do facto de o primeiro conjunto conter propriamente o segundo.]

conjunto *S* como descrito acima). Isto é conhecido por *Hipótese do Contínuo*,(⁶) abreviadamente HC.

A formalização recebida da teoria dos conjuntos é conhecida por *teoria dos conjuntos de Zermelo-Fraenkel com Escolha* (ZFC). Gödel (1938) mostrou que se ZFC é consistente, então ZFC com HC também é. Por outras palavras, não é possível refutar a Hipótese do Contínuo em ZFC (a menos que ZFC seja inconsistente). No artigo de 1964, ele conjecturou que é mesmo impossível demonstrar HC em ZFC. Esta conjectura foi estabelecida por Paul Cohen (1963, embora Gödel não soubesse deste resultado quando escreveu o artigo de 1964). Em termos técnicos, a Hipótese do Contínuo é *independente* de ZFC.

Então qual é o estatuto da Hipótese do Contínuo sob estas circunstâncias? De acordo com a maioria das versões do formalismo (ver Cap. 6 acima), o resultado de independência *determina* a HC. O dedutivista, por exemplo, reclama que se Φ é uma proposição na linguagem de ZFC, então "Φ é verdadeira" reduz-se a algo como "Φ pode ser deduzida dos axiomas de ZFC" e "Φ é falsa" a "Φ possa ser refutada dos axiomas de ZFC". Portanto, o resultado metamatemático de independência mostra que HC não é verdadeira nem falsa. Analogamente, o Hilbert dos anos tardios considerou todas as proposições não finitárias (como HC) como desprovidas de sentido. O único papel para tais proposições é facilitar a dedução de proposições finitárias. Visto que HC não pode ser demonstrada nem refutada em ZFC, ela não pode desempenhar papel algum (via ZFC) na dedução de proposições finitárias.(⁷)

(⁶) Os números reais têm o mesmo cardinal que o conjunto potência [i.e. o conjunto dos subconjuntos de] dos números naturais. A *Hipótese Generalizada do Contínuo*, HGC, diz que, para qualquer conjunto infinito *S*, não há cardinal algum maior do que o de *S* e menor do que o do conjunto potência de *S*.

(⁷) O intuicionista defende que nenhum sistema formal, como ZFC, pode capturar o significado construtivo de qualquer asserção matemática. Então quaisquer versões legítimas de HC permanecem

Contrariamente a estes pontos de vista, o realismo de Gödel defende que os termos primitivos da teoria dos conjuntos têm um significado bem determinado, logo "os conceitos e teoremas da teoria dos conjuntos descrevem alguma realidade bem determinada, na qual a conjectura de Cantor deve ser verdadeira ou falsa" (Gödel 1964: 476). Assim, para Gödel, a independência de HC relativamente a ZFC mostra que "estes axiomas não contêm uma descrição completa daquela realidade".

Como poderia então o matemático determinar o valor de verdade da Hipótese do Contínuo? Como foi observado acima, Gödel (1944: 449) indicou que algumas proposições da aritmética só são decididas indo além da aritmética. Isto é uma lição a tirar do seu teorema de incompletude (ver Cap. 6, §4). O mesmo vale para a teoria dos conjuntos: "parece possível que para decidir questões da teoria abstracta dos conjuntos e até para certas questões relacionadas da teoria dos números reais serão necessários novos axiomas baseados em alguma ideia por enquanto desconhecida. Talvez também as dificuldades aparentemente inultrapassáveis que alguns outros problemas matemáticos têm apresentado durante anos sejam devidas ao facto de os axiomas necessários não terem sido encontrados." (Gödel 1944: 449).

Gödel apela assim a novos axiomas que "desvelem mais ainda o conceito de conjunto". Como vimos, ele sustentou que os axiomas básicos da teoria dos conjuntos possuem uma necessidade intrínseca, e eles "impõem-se-nos como verdadeiros". Seria bonito, naturalmente, que os axiomas novos gozassem da mesma necessidade intrínseca, mas Gödel sustentou que a matemática pode passar sem esta

---

em aberto, à espera que sejam desenvolvidos novos métodos de construção (ver Brouwer 1912). No estado presente dos conhecimentos, o intuicionista não diria que HC é ou verdadeira ou falsa. Isso seria um exemplo do terceiro excluído. Ver Cap. 7.

necessidade intrínseca. Mais uma vez, ele perseguiu a analogia com as ciências naturais:

> Uma decisão provável sobre [a] verdade [de um axioma novo proposto] é possível... de outra maneira, a saber, indutivamente, mediante o estudo do seu "sucesso". O sucesso, aqui, significa fecundidade em consequências, em particular em consequências "verificáveis", isto é, demonstráveis sem o novo axioma, cujas demonstrações com a ajuda do novo axioma, todavia, são consideravelmente mais simples e mais fáceis de descobrir, e tornam possível contrair muitas demonstrações diferentes numa só... É concebível, todavia, um grau muito mais alto de verificação. Poderão existir axiomas tão abundantes nas suas consequências verificáveis, que lancem tanta luz sobre toda uma área [matemática], e que forneçam métodos tão poderosos para resolver problemas... que, quer sejam ou não intrinsecamente necessários, teriam que ser aceites pelo menos no mesmo sentido que qualquer teoria física bem estabelecida. (Gödel 1964: 477)

Isto é um eco interessante do programa de Hilbert, que também fala das consequências significativas, ou "finitárias" das teorias ideais. Naturalmente, ao contrário de Gödel, Hilbert não considerou a fecundidade como um critério de *verdade* objectiva.[8]

Em que patamar deixa então Gödel a filosofia da matemática? Em particular, como se sai o seu realismo perante algumas crenças filosóficas tradicionais sobre a matemática? Recorde-se que, do ponto de vista de Gödel, a matemática ocupa-se de um reino ideal de objectos que existem independentemente de nós. O mundo matemático é intemporal e eterno. Assim, o realismo de Gödel sanciona o ponto de vista consagrado de que a verdade

---

[8] Gödel formulou considerações tentativas contra a Hipótese do Contínuo, sugerindo que se trata de um princípio bastante estéril, com consequências desagradáveis.

matemática é verdade necessária, e não sofre das contingências das proposições comuns sobre objectos físicos comuns. E quanto ao conhecimento matemático? Se nos mantivermos apegados à metodologia tradicional de dedução de teoremas a partir de axiomas que possuem – como disse Gödel – necessidade intrínseca, então presumivelmente o conhecimento matemático é *a priori*, ou independente da experiência (desde que os axiomas sejam conhecidos *a priori*). Tendo em conta os temas kantianos no pensamento de Gödel, é plausível que ele tenha considerado que a matemática era sintética – contra os logicistas. E quanto ao ponto de vista comum de que o conhecimento matemático é, ou devia ser, certo? Como acima se observou, Gödel disse que as antinomias indicam que a intuição é falível. Portanto, talvez a matemática não seja absolutamente certa. A certeza absoluta é ainda subvertida pela metodologia proposta de escolher axiomas novos com base na sua fecundidade. Nas palavras do próprio Gödel, os axiomas novos seriam "apenas prováveis". No primeiro artigo, Gödel concede que se uma metodologia destas fosse comum, "a matemática pode perder muito da sua 'certeza absolutamente', mas... isto já aconteceu em grande parte" (Gödel 1944, 449).

No final do artigo de 1964, Gödel mencionou a possibilidade de um novo axioma matemático poder ser aceite devido à sua fecundidade em *física*, embora indique que isto é bastante especulativo no estado presente da ciência e da matemática. Estamos longe de sermos capazes de estabelecer quaisquer conexões produtivas entre novos axiomas matemáticos propostos e princípios da física. Observe-se, todavia, que se esta metodologia fosse seguida, então o conhecimento matemático perderia o seu estatuto de *a priori*. Usaríamos a teoria física para determinar a verdade matemática. A especulação de Gödel proporciona uma transição suave ao próximo ponto de vista considerado a seguir.

2. A teia de crenças

W. V. O. Quine, um dos mais influentes filósofos contemporâneos (pelo menos no lado americano do Atlântico), é herdeiro do empirismo implacável de John Stuart Mill (ver Cap. 4, §3). Lembremos que o tema principal do empirismo é que todo o conhecimento substancial se baseia em última análise na observação sensorial. Como vimos, a filosofia da matemática de Mill vacilou porque, no melhor dos casos, ela apenas contemplou a matemática simples como a geometria elementar e somas aritméticas pequenas. Parte da razão para este fracasso é a insistência de Mill de que todo o conhecimento matemático é fundado na indução enumerativa – inferir conclusões gerais de casos individuais. Assim como acabamos por acreditar que todos os corvos são negros pela observação de muitos corvos, acabamos por acreditar que 2 + 3 = 5 mediante a realização de muitas contagens. O empirismo de Quine é tão consciencioso quanto o de Mill, mas a sua epistemologia da matemática é mais sofisticada, e acomoda muita, mas não toda, a matemática contemporânea.

Uma característica intimamente relacionada da filosofia de Quine é um naturalismo profundo, que também foi herdado de Mill. Quine caracterizou o naturalismo como "o abandono do objectivo da filosofia primeira" e "o reconhecimento de que será dentro de ciência... que a realidade é identificada e descrita" (Quine 1981: 72; ver Cap. 1, §3 acima). A filosofia não se posiciona antes da ciência, pronta para determinar quão justificados são os manifestos científicos. A epistemologia deve misturar-se com as ciências naturais, em última análise, com a física: "O filósofo naturalista começa o seu raciocínio dentro da teoria mundial herdada como um interesse em curso"; e a "teoria mundial herdada é principalmente científica, o produto actual do empreendimento científico". Com Mill, Quine defende que praticamente nenhum conhecimento é *a priori*.

Os primeiros textos de Quine constituíam em grande parte uma reacção a outra escola de empirismo, o positivismo lógico do seu professor Rudolf Carnap e de outros no Círculo de Viena (ver Cap. 5, §3). Ao contrário de Mill, Carnap não defendeu que a matemática é em última análise baseada na observação sensorial. O ponto de vista de Carnap requer uma distinção entre frases analíticas, que são verdadeiras ou falsas por força do significado dos termos que nelas ocorrem, e frases sintéticas, verdadeiras ou falsas por força da maneira como o mundo é. Para os positivistas lógicos, todo o conhecimento de frases sintéticas se baseia na observação. As frases analíticas são conhecidas ao sabermos como a nossa linguagem funciona. Os positivistas lógicos usaram esta distinção para reconciliar o seu empirismo com as teses consagradas de que as asserções matemáticas não são verdadeiras nem falsas por força da maneira como o mundo (físico) é, e a matemática não é conhecida via observação. Para Carnap, a matemática preocupa-se com "princípios de enquadramento", regras para operar dentro de uma linguagem. Sendo assim, a matemática é analítica. Havia, portanto, uma afinidade entre positivismo lógico e logicismo.

Num artigo de referência, "Dois Dogmas do Empirismo" (1951), Quine prepara o caminho para um empirismo integral. Atacou o "dogma" de que há "alguma clivagem fundamental entre verdades que são *analíticas*, ou fundadas em significados independentes dos factos, e verdades *sintéticas*, ou fundadas nos factos" (Quine 1951: 20). Naturalmente, Quine não nega o lugar-comum de que o valor de verdade de cada frase não ambígua se deve simultaneamente ao significado dos termos na frase e à maneira como o mundo é. A frase "Clinton foi acusado [de comportamento inadequado]" é verdadeira por causa dos significados das palavras "Clinton", "foi", e "acusado", a estrutura da frase, e factos sobre o mundo extra-linguístico – votação na Câmara dos Representantes, por exemplo. A frase poderia ter um valor de verdade diferente se as palavras tivessem significados diferentes (por exemplo se "Clinton" denotasse George Washington) ou se os factos tivessem sido diferentes (por exemplo se Clinton tivesse perdido as eleições, ou se a Câmara não tivesse aprovado os elementos de acusação). A tese de Quine é que os factores-linguagem e os factores-mundo estão entrelaçados, e não há separação nítida entre eles. Assim, não faz qualquer sentido dizer que uma dada frase é verdadeira *somente* em virtude da linguagem.

Para Quine, o outro "dogma" que é rejeitado é o "*reducionismo:* a crença de que a cada afirmação significativa é equivalente a alguma construção lógica sobre termos referentes à experiência imediata". A ideia atrás deste "dogma" é que cada afirmação individual significativa deveria ser uma combinação lógica de proposições que são directamente verificáveis por meio da experiência.

Para o lugar destes "dogmas", Quine propõe uma metáfora de que o nosso sistema de crenças é uma "teia sem remendos". Cada "nó" (crença) tem inúmeros elos com outros nós na teia. Alguns destes elos são lógicos, no sentido em que o assentimento de algumas crenças requer o assentimento de outras. Alguns elos são linguísticos, guiados pelo uso da linguagem. Os nós que se ligam directamente à experiência, de modo que podem ser confirmados por observação directa, estão nos bordos da teia. Insistindo na metáfora, a experiência sensorial colide com a teia somente na "periferia", mediante estímulos nas extremidades dos nossos nervos – observação. Novas observações produzem mudanças dentro da teia, via os inumeráveis elos entre os nós, até ser alcançado algum tipo de equilíbrio.

Para Quine, "a ciência é uma ferramenta... para predizer experiências futuras à luz das experiências passadas" (Quine 1951: §6). Em última análise, a única evidência relevante a favor de uma teoria é a experiência sensorial.(⁹) Isto, naturalmente, é empirismo. Todavia, Quine argumenta que a experiência não incide em proposições científicas consideradas uma a uma. As nossas crenças encaram o juízo da experiência somente em grupos. À luz de experiências recalcitrantes, o cientista tem muitas opções sobre qual das suas crenças modificar. Em filosofia, o termo técnico para o ponto de vista de Quine é *holismo*. Isto é a rejeição do segundo "dogma".

Os críticos do ponto de vista de Quine salientam que algumas frases são de facto verdadeiras em virtude do significado. Podemos realmente contemplar a experiência sensorial que nos poderia levar a negar que "os gatos são felinos", "os solteiros não são casados", ou "6 = 6"? Quine pensa realmente que tais experiências são possíveis? Note--se que este dilema pressupõe que se uma frase não é verdadeira em virtude do significado, então é desconfirmável por experiência sensorial. Os positivistas lógicos parecem aceitar esta condicional, mas talvez exista uma maneira de a contornar.

Em qualquer caso, penso que Quine pode conceder que algumas frases são verdadeiras em virtude do significado e, portanto, são analíticas. Afinal de contas, a linguagem é parte do mundo natural, e poderia pensar-se que a linguística teórica ocupa uma parte significativa da teia de crenças. A pesquisa empírica poderá revelar que aprender Inglês é suficiente por si mesmo para aprender o valor de verdade de frases como "os gatos são felinos" (ver Putnam 1963, para um argumento relacionado com este). O ponto de Quine é que a analiticidade não pode desempenhar o papel central que os positivistas lógicos lhe destinavam. Num momento retrospectivo, escreveu:

> Eu percebo agora que a pergunta filosoficamente importante sobre analiticidade... é a pergunta... da [sua]

(⁹) Quine permite que outros factores, como a simplicidade, desempenhem um papel subsidiário no desenvolvimento das teorias.

relevância para a epistemologia. O segundo dogma do empirismo, de que cada frase empiricamente com sentido tem um conteúdo empírico próprio, foi citado em "Dois Dogmas" meramente como encorajador da falsa confiança na noção de analiticidade; mas agora acrescentaria que o segundo dogma cria uma necessidade de analiticidade como noção chave da epistemologia, e que a necessidade desvanece quando... pomos o segundo dogma de lado.

Pois, dado o segundo dogma, a analiticidade é necessária para dar conta da significância de verdades matemáticas lógicas, que são claramente livres de conteúdo empírico. Mas quando deixamos cair o segundo dogma e vemos a lógica e a matemática antes como mescladas com a física e as outras ciências para a implicação conjunta de consequências empíricas, a questão da limitação do conteúdo empírico a algumas frases à custa de outras deixa de surgir. (Quine 1986a: 207)

A ideia, então, é que não há *necessidade* filosófica real de introduzir uma noção de analiticidade. Quine concluíu que a "noção de analiticidade... simplesmente decai para o patamar mais humilde onde as intuições que a apoiam possuem influência: o domínio de aprendizagem da linguagem e a semântica empírica" (p. 208).

Regressando ao tema deste livro, o que se pode dizer da matemática? Claramente, o ponto de vista de Quine requer uma descrição da matemática diferente da estória à maneira logicista contada por Carnap. Sem o reino privilegiado das frases analíticas, Quine deve juntar-se a Mill na argumentação de que até a matemática é (em última análise) baseada na observação. O ponto de vista de Mill fracassou por causa da sua limitada epistemologia. O holismo de Quine, com a teia de crenças, proporciona o pano de fundo indispensável para atacar o baluarte mais profundo do *a priori*.

Para Quine, as teorias científicas são artefactos na teia cujo propósito é organizar e predizer observações. A teoria científica final, ou mais básica, é a física. Aceitamos a física como verdadeira por causa de seu lugar primeiro na teia. Sem ela, não podemos organizar e predizer tantas experiências. A matemática desempenha um papel central nas ciências. De facto, é difícil imaginar qualquer pesquisa científica séria sem invocar a matemática. Assim, para Quine, a própria matemática ocupa um lugar central na teia de crenças. Ele aceita a matemática como verdadeira pela mesma razão que aceita a física como verdadeira. De facto, para Quine, a matemática tem o mesmo estatuto que as partes mais teóricas da ciência. Ela permanece longe da "periferia" da teia, onde a observação tem um papel mais directo. O critério final para aceitar qualquer coisa – matemática, física, psicologia, objectos comuns, mito – é que devem jogar um papel essencial na teia de crenças. A física, a química, juntamente com a matemática, estão entrincheiradas na teia, e por isso acreditamos nesses campos. Quine argumenta que acreditamos na existência de objectos comuns pela mesma razão – por causa da sua posição na teia. A mitologia grega não está assim tão entrincheirada, e não acreditamos nela.

Sejam quais forem os méritos do seu programa filosófico geral, Quine tem certamente razão em que é difícil marcar uma divisória nítida e fundamentada entre a matemática e os ramos mais teóricos da ciência, em particular da física (pondo de lado fronteiras departamentais e factores como o nível salarial e as categorias de financiamento). Há um contínuo entre a ciência experimental, num extremo, a ciência mais teórica e a matemática aplicada, no centro, e a matemática pura no outro extremo. As diferentes disciplinas misturam-se naturalmente. O holista não pode senão aceitar a maior parte da ciência como verdadeira, ou quase verdadeira. Por isso deve aceitar a matemática como verdadeira também.

Isto tende a apoiar um realismo em valor de verdade. Chegamos ao realismo em ontologia insistindo que a matemática seja tomada pelo seu valor nominal, assim como tomamos a física pelo seu valor nominal. As asserções matemáticas referem (têm variáveis sobre) entidades como números reais, pontos geométricos, e conjuntos. Algumas destas asserções matemáticas são literalmente verdadeiras. Assim, os números, pontos, e conjuntos existem. Além disso, parece que os objectos existem independentemente do matemático.

Uma das articulações mais claras do argumento subjacente à perspectiva de Quine sobre a matemática encontra-se em *Philosophy of Logic* de Hilary Putnam (1971: Cap. 5). O ponto de vista de que não há objectos abstractos, tais como números e conjuntos, chama-se agora *nominalismo* (à maneira de um ponto de vista medieval sobre as propriedades). Para um nominalista, tudo o que existe é concreto, ou físico. Definamos como *nominalista* uma linguagem que não faz referência a, e não tem quantificadores que variam sobre, objectos abstractos. Para Putnam, o problema do realismo matemático (em ontologia ou em valor de verdade) reduz-se à questão de saber se uma linguagem nominalista pode servir as necessidades da ciência. Quine e Putnam argumentam que não pode, logo eles não são nominalistas (mas, num ponto, o reconhecimento por parte de Quine dos objectos abstractos era relutante; ver Goodman e Quine 1947).

Putnam convida-nos a "considerar o exemplo mais conhecido de uma lei física: a lei da gravitação de Newton" (Putnam 1971: 36). O facto de este princípio ter sido suplantado é irrelevante, visto que o mesmo ponto se aplica às versões mais actualizadas dos princípios. A lei de Newton

> afirma que há uma força f_{ab} exercida por qualquer corpo a sobre qualquer outro corpo b. A... magnitude F [da força] é dada por:
>
> $$F = gM_aM_b/d^2$$
>
> onde g é uma constante universal, M_a é a massa de a, M_b é a massa de b, e d é a distância que separa a e b.

O ponto do exemplo é que a lei de Newton tem um conteúdo que, embora num sentido seja perfeitamente claro (diz que a "tracção" gravitacional é directamente proporcional às massas e obedece a uma lei do inverso do quadrado), transcende bastante o que pode ser expressado em linguagem nominalista. Mesmo se o mundo fosse mais simples do que é, de modo que a gravitação fosse a única força, e a lei de Newton se aplicasse com exactidão, ainda assim seria impossível "fazer" física em linguagem nominalista. (Putnam 1971: 37)

Putnam quer sublinhar que a física clássica e a física moderna estão repletas de magnitudes que são medidas com números reais: volume, força, massa, distância, temperatura, pressão atmosférica, aceleração, e assim por diante. Além disso, as relações entre estas magnitudes são expressas em equações. Assim, não há esperança alguma de "fazer" ciência sem números reais, e portanto Putnam conclui que os números reais existem: "Se queremos fazer sentido da determinação numérica [*numericalization*] de magnitudes físicas, então devemos aceitar noções como as de função e número real; e estas são precisamente as noções que o nominalista rejeita. Todavia, se nada realmente lhes corresponde, então o que afirma afinal de contas a lei de gravitação? Pois essa lei não faz sentido a menos que possamos explicar variáveis sobre distâncias arbitrárias (e também forças e massas, naturalmente)". (Putnam 1971: 43).

Poderei acrescentar que as explicações de fenómenos físicos envolvem por vezes factos matemáticos. Uma explicação da razão por que uma caixa de 191 ladrilhos não cobrirá uma área rectangular (a menos que tenha um lado da largura de um ladrilho) poderá mencionar o facto de 191 ser um número primo. Para um exemplo mais complexo, para explicar por que a chuva se forma em gotas, o cientista pode invocar a tensão superficial, um conceito físico, e então junta o facto matemático de que uma esfera é o maior volume que pode ser contido com uma superfície dada. Para podermos conhecer a explicação, então devemos conhecer os constituintes matemáticos. Este *argumento da indispensabilidade* de Quine-Putnam pressupõe que há um único sentido de "existência". Os objectos físicos de tamanho médio, planetas, electrões, e números existem todos no mesmo sentido. Em todos casos, o critério é a utilização de tais itens no empreendimento científico.

Note-se que o argumento da indispensabilidade, tal como foi articulado até agora, não proporciona algo parecido com uma descrição detalhada do papel da matemática nas ciências naturais. A posição de Quine-Putnam não *resolve* qualquer dos problemas filosóficos relativos à aplicabilidade da matemática. Em vez disso, Quine e Putnam encaram a aplicabilidade como um facto – uma espécie de dado filosófico – e extraem conclusões ontológicas e semânticas sobre a matemática. Uma explicação mais detalhada do papel da matemática na ciência ou solidificaria o argumento da indispensabilidade de Quine-Putnam ou daria ao nominalista os recursos para mostrar que, afinal de contas, a matemática é dispensável. Regressaremos a esta questão no próximo capítulo.

Por certo, a posição quineana em matemática não combina com os pontos de vista tradicionais de que a verdade matemática é necessária, e que o conhecimento matemático é *a priori*. Uma vez mais, enquanto empirista implacável, ele rejeita a ideia mesma de conhecimento *a priori*. Todo o conhecimento – toda a teia de crenças – é baseada na experiência sensorial. Não há outras fontes de conhecimento. Além disso, Quine defende que nenhumas verdades são necessárias, ou absolutamente certas no sentido de serem incorrigíveis ou incriticáveis à luz da experiência futura. Quine nada tem que ver com a noção de necessidade: "Devemos estar no nosso direito de defender que nenhuma formulação de qualquer parte da ciência é definitiva enquanto permanecer formulada em idiomas de... modalidade... Entre as melhores utilizações das modalidades podem provavelmente encontrar-se maneiras mais claras e já conhecidas" (Quine 1986: 33-4).

Não basta deixar as coisas neste estado de rejeição massiva dos pontos de vista tradicionais sobre a matemática. Quine deve explicar por que é que a matemática era (e é) *pensada* como sendo necessária, certa, e conhecível *a priori*. O que é que enganou os nossos antepassados e ainda continua a enganar muitos de nós? Para Quine, a matemática está profundamente entrincheirada na teia de crenças, tal como as partes mais teóricas das ciências naturais. Isto, por si mesmo, não explica a crença consagrada de que a matemática é *a priori*. Não é provável que alguém conclua erradamente que a física teórica é necessária e conhecível *a priori* (não obstante o racionalismo tradicional – ver Cap. 4, §1). *Prima facie*, parece haver diferenças importantes entre frases como "7 + 5 = 12" e frases como "a força gravitacional é inversamente proporcional à distância" ou "os electrões têm carga oposta à dos protões". As proposições matemáticas simples, pelo menos, gozam de um nível alto de evidência e, talvez, certeza, não partilhada pela ciência essencialmente teórica.

Uma diferença entre matemática e física teórica é que não se pode imaginar que verdades matemáticas simples, pelo menos, sejam outra coisa. Não podemos conceber que 7 + 5 seja outra coisa qualquer que não 12. Isto, todavia, é uma característica psicológica dos seres humanos, não é uma percepção metafísica profunda sobre a natureza da verdade matemática. Não obstante, ela leva alguns filósofos a concluir (erradamente) que a verdade matemática é necessária. Além disso, a matemática *impregna* o tecido da ciência, no sentido de que desempenha um papel em praticamente cada canto e fissura. A matemática, por ser tão comum, é menos susceptível de ser candidata a revisão à luz de observações recalcitrantes. Quando obtém dados que refutam parte de uma teoria, o cientista tenderá a modificar as partes mais científicas da teoria e não a matemática. A razão para isto é pragmática e não metafísica. Modificar a matemática provocaria demasiados estragos no resto do tecido. Será difícil alcançar um equilíbrio. Para quineanos, a matemática tem o estatuto de ser *relativamente a priori* na medida em que é "mantida fixa" enquanto o cientista tenta acomodar a teoria à observação. Isto é o mais próximo que eles chegam à visão tradicional de que a matemática é necessária e conhecível *a priori*. Os quineanos insistem que as revisões da matemática (e da lógica) são possíveis. ([10])

Quine, para além do seu holismo e do seu empirismo, aceita como verdadeiras somente aquelas partes da matemática que encontram aplicação na ciência. Estritamente falando, para um quineano aceitar um ramo da matemática, deve haver alguma conexão, por muito remota que seja, entre as asserções daquele ramo e as observações sensoriais. No caso contrário, a matemática não é, ou não precisa ser, parte da teia de crenças. Quine diz pode aceitar um pouco mais de matemática, com a finalidade de "arredondar as coisas". Presumo que ele queira dizer que um ramo da matemática é aceitável se desempenhar um papel na organização e simplificação da matemática que desempenha um papel no tecido. Mas a matemática aplicada mais o "arredondamento" não esgota toda a matemática contemporânea. Quine explicitamente objecta aos voos mais altos da teoria dos conjuntos, visto que não são conhecidas aplicações à ciência: "tanta matemática como a que é requerida pela ciência empírica está para mim ao nível do resto de ciência. [Alguma teoria dos conjuntos avançada está] no mesmo patamar, na medida em que resulta num arredondamento simplificatório, mas qualquer coisa mais além está ao nível dos sistemas não interpretados" (Quine 1984: 788). Para ramos não inter-

---

([10]) Visto que, como acima, Quine objecta a qualquer uso de noções modais, não é claro o que poderá significar dizer que as revisões da matemática são *possíveis*.

pretados, Quine adopta um espírito hipotético, muito em linha com o ponto de vista que apelidámos de "dedutivismo" no Cap. 6, §2.

Os próprios matemáticos não encaram a aplicação à ciência como um critério de verdade matemática. Na maioria, eles não se preocupam absolutamente com aplicações no seu trabalho do dia-a-dia, e não confiam no papel da matemática na ciência para confirmar proposições matemáticas. A metodologia da matemática é dedutiva – e assim uma proposição matemática deve ser *demonstrada* antes de se tornar conhecida. Assim, o empirismo de Quine não brinca com a metodologia da matemática. Talvez um quineano possa conceder que está a apresentar uma filosofia global da matemática e ciência. Pode argumentar que, pragmaticamente, achamos que praticar a matemática "por si mesma", independente de quaisquer aplicações, favorece as necessidades de ciência. Não obstante a razão última para ser realista em valor de verdade sobre (algumas) proposições matemáticas e acreditar na existência de (alguns) objectos matemáticos ser o lugar da matemática no empreendimento científico.

3. O realismo conjuntista

Nos anos à volta de 1990 assistimos à publicação abundante de livros importantes de filosofia da matemática, muitos deles pela Oxford University Press.([11]) Uma contribuição proeminente foi a defesa por Penelope Maddy (1990) de um realismo em ontologia e em valor de verdade que sintetiza aspectos do platonismo de Gödel e do empirismo de Quine, evitando as deficiências de ambos.

Tal como Quine (e Mill), Maddy é naturalista. Argumenta que o realismo em ontologia sobre um tipo de enti-

---

([11]) Incluindo Maddy 1990, Dummett 1991, Field 1989, Chihara 1990, Hellman 1989, Coffa 1991, Lewis 1991, e eu próprio, Shapiro 1991.

dade é justificado se a existência objectiva das entidades é parte da nossa melhor explicação do mundo. Maddy (1990) sanciona o argumento da indispensabilidade de Quine-Putnam, descrito na secção anterior. Visto que a matemática é essencial à ciência moderna, e esta mesma ciência moderna é a nossa "melhor teoria", temos boas razões para acreditar na existência de objectos matemáticos. A avaliação das teorias científicas não nos deixa muitas escolhas nesta matéria. Maddy observa, todavia, que o simples e directo argumento da indispensabilidade não pode ser a história toda sobre a matemática, visto que, como acabamos de observar, não cobre a matemática não aplicada. Ao contrário de Quine, Maddy considera como desiderato de qualquer filosofia da matemática que ela acomode a maior parte da matemática, não apenas a parte que os cientistas acharam útil. Além disso, ela observa que o argumento da indispensabilidade ignora o "carácter óbvio" da matemática elementar. As partes mais teóricas da teia de crenças são, geralmente, tudo menos óbvias, e portanto não serve assimilar a matemática a partes teóricas da teia de crenças e ficar por aí.

Assim, Maddy procura um "platonismo comprometido": "De Quine/Putnam, este compromisso assume a centralidade dos argumentos da indispensabilidade; de Gödel, toma o reconhecimento de formas puramente matemáticas de evidência e a responsabilidade para explicá-las" (Maddy 1990: 35). A epistemologia de Maddy para a matemática tem dois níveis. No nível inferior temos a "intuição", que sustenta os princípios subjacentes das teorias matemáticas básicas. Com Gödel, os axiomas de vários ramos da matemática impõem-se-nos como verdades. A matemática de nível superior é justificada "extrinsecamente", através das suas aplicações à matemática de nível inferior e às ciências naturais. Cada nível da epistemologia de Maddy suporta o outro, e juntos acomodam o vasto campo das matemáticas – pelo menos é o que Maddy defende.

Como foi observado acima, a noção de Gödel de intuição matemática é frequentemente criticada – ou ridicularizada – por colidir com o naturalismo. Como podem os seres humanos, como organismos físicos que habitam um universo físico, ter conhecimento intuitivo de um reino inerte de objectos abstractos? Como pode uma mente humana, tal como descrita pela psicologia empírica, chegar a saber qualquer coisa sobre conjuntos e números, tais como descritos pela matemática? Como se indica na passagem citada, Maddy leva a sério a "responsabilidade de explicar" a intuição matemática – o nível inferior da epistemologia. A intuição matemática deve tornar-se respeitável com base em fundamentos *científicos* antes que o naturalista a possa invocar.

Lembremos que, para Gödel, a intuição matemática é *análoga* à percepção dos sentidos. Maddy propõe uma ligação ainda mais estreita entre matemática e percepção sensorial (Maddy 1990: Cap. 2; ver também 1980). Para Maddy, os objectos matemáticos a justificar são *conjuntos*, logo chama ao seu ponto de vista "realismo conjuntista".[12] Ela argumenta que realmente percepcionamos alguns conjuntos, a saber, conjuntos de objectos físicos de tamanho médio. A sua inovação consiste em trazer pelo menos alguns objectos matemáticos para o mundo físico, e portanto sob o alcance directo de física e a psicologia.

De acordo com o trabalho de D. O. Hebb sobre a percepção (1949, 1980), durante a infância um ser humano normal forma certos aglomerados de células neurofisiológicas que permitem a percepção, e discriminação, de objectos físicos. Como diz Maddy (1990: 58), estes aglomerados de células "estabelecem a ponte entre aquilo que está em interacção com e o que é percebido". Permitem

---

[12] Maddy (1990: Cap. 3) sugere que os números naturais são propriedades dos conjuntos, seguindo talvez Russell. O número 3, por exemplo, é a propriedade partilhada por todas colecções de três elementos (ver também Maddy 1981). Ver Hodes 1984 e Luce 1988 para pontos de vista semelhantes sobre os números.

ao sujeito separar objectos físicos do ambiente. Maddy chama aos aglomerados de células "detectores de objectos". Ela sugere que os nossos cérebros poderão também conter "detectores de conjuntos" que identificam *colecções* de objectos físicos. Seja qual for o destino do trabalho científico de Hebb, Maddy especula que a história fisiológica correcta da percepção, uma vez que seja conhecida, estenderá a percepção a conjuntos de objectos físicos.

Considere-se uma colecção A de quatro pares de sapatos (e pense em cada par como um conjunto de dois sapatos). Seja B a colecção desses mesmos oito sapatos. De acordo com a teoria dos conjuntos, A e B não são o mesmo: A tem quatro membros, enquanto B tem oito. Os membros de A são eles próprios conjuntos (cada com dois membros) enquanto os membros de B são sapatos e não conjuntos. De acordo com a teoria de Maddy, há uma diferença entre *perceber* o material como oito sapatos (isto é, B) e percebê-lo como quatro pares (A). Isto é, A e B *parecem* diferentes – há um *gestalt* diferente – mesmo que ocupem a mesma porção de espaço e tempo.

A relação "conjunto de" é iterada mais ainda. Considere-se um conjunto C de três grupos de pares de sapatos, digamos os sapatos de Pedro, Paulo, e Maria. O conjunto C tem três membros, cada um dos quais é um conjunto de conjuntos de sapatos. E assim por diante, com conjuntos de conjuntos de conjuntos de... conjuntos de sapatos, até qualquer "profundidade". Muitas teorias de conjuntos, incluindo ZFC (ver §1 acima), contêm um axioma do infinito que afirma a existência de um conjunto com iterações arbitrariamente profundas da relação "conjunto de" entre os seus membros. Naturalmente, Maddy não reivindica (nem precisa de o fazer) que os seres humanos possam distinguir perceptivamente todos estes conjuntos (ou até que percebemos todos eles). Provavelmente não há diferença perceptual além do segundo ou terceiro nível. A existência de conjuntos profundamente iterados, incluindo os infinitos, é uma suposição teórica, suportada pelo nível superior da epistemologia de Maddy. A teoria dos conjuntos – incluindo o axioma do infinito – proporciona uma fundamentação uniforme para a matemática que, por sua vez, forma uma parte essencial da teia de crenças. Como ramos da matemática pura, as modernas teorias de conjuntos não se ocupam de conjuntos de objectos físicos. A hierarquia [cumulativa] dos conjuntos é completamente abstracta, consistindo no conjunto vazio, o conjunto potência [conjunto dos subconjuntos] do conjunto vazio, e assim por diante. Maddy não reivindica que percebemos tais "conjuntos puros", nem que temos intuições directas acerca deles. Como concessão a filósofos inclinados contra objectos abstractos, Maddy (1990: Cap. 5) mostra como dispensar os conjuntos puros, esboçando uma teoria dos conjuntos suficientemente forte em que tudo é ou um objecto físico ou um conjunto de conjuntos de... objectos físicos.

Lembremos que, para Gödel, a intuição matemática representa algum tipo de relacionamento entre o humano e o reino matemático não-físico. As suas observações sobre a natureza kantiana da intuição sugerem que, para ele, a intuição matemática fornece um conhecimento *a priori* de, pelo menos, alguma matemática. E quanto a Maddy? Os seres humanos necessitam, por certo, de alguma experiência para desenvolver os seus detectores de objectos e detectores de conjuntos, mas nenhuma experiência sensorial *particular* é necessária. Ela concede, pois, que há um sentido no qual as crenças intuitivas são *a priori*: "embora a experiência seja necessária para formar conceitos, uma vez disponibilizados estes conceitos, nenhuma experiência adicional é necessária para produzir crenças intuitivas. Isto significa que, na medida em que as crenças intuitivas são sustentadas pela sua natureza intuitiva, esse apoio é o que é chamado 'impuramente *a priori*'" (Maddy 1990: 74).

Note-se que praticamente todo o conhecimento que é sustentado como sendo *a priori* é, no melhor dos casos, "impuramente *a priori*" no sentido de Maddy. Considere-

-se, por exemplo, a frase "os gatos são felinos", que é supostamente verdadeira em virtude do seu significado. Não podemos subverter a reivindicação de que isto é *a priori* pela indicação de que a experiência sensorial é necessária para saber o que "gato" significa, ou saber o que é um gato. Se a frase é *a priori*, é porque o significado das palavras é suficiente por si mesmo para determinar a verdade da frase. O facto de necessitarmos da experiência para apreender este significado é irrelevante. Como escreve Simon Blackburn (1994: 21), uma proposição é conhecível *a priori* se o conhecimento não se baseia na "experiência com o curso específico de acontecimentos do mundo real".

Em qualquer caso, Maddy argumenta que a natureza *a priori* da matemática é especialmente fraca. Primeiro, ela assinala que a intuição sozinha não suporta muita matemática. Mais importante, um naturalista não pode aceitar a intuição pelo valor nominal, mas deve querer saber qual a justificação para dependermos da intuição. Por que razão pensar que ela fornece informação exacta sobre um universo matemático independente? A resposta àquela pergunta invoca o papel da matemática na teia de crenças – o outro nível da epistemologia. Lembrando Mill, sabemos *pela experiência* que a intuição é confiável. Como diz Maddy, não se segue da natureza da intuição que até "crenças matemáticas primitivas são *a priori*. Sem a corroboração de apoios teóricos convenientes, nenhuma crença intuitiva pode contar mais do que mera conjectura." Então Maddy está mais próxima de Mill e Quine do que do ponto de vista tradicional sobre a natureza do conhecimento matemático.

Como realista, Maddy (1990: Cap. 4, §5) concorda com Gödel que cada proposição não ambígua da teoria dos conjuntos tem um valor de verdade objectivo, mesmo que a proposição não seja decidida pelas teorias de conjuntos comummente aceites. A Hipótese do Contínuo é um caso exemplar (ver §1 acima). Ela examina várias maneiras de estender ZFC, observando que cada uma delas "resolve pelo menos [algumas] questões em aberto... Cada uma goza de apoios extrínsecos, suplementados em vários graus por evidências intuitivas e regras-de-polegar... A questão filosófica em aberto é: sobre que fundamentos racionais se pode escolher entre estas... teorias?" (Maddy 1990: 143). Aqueles que se inclinam para o realismo são deixados com este desafio.

Muito do trabalho de Maddy na filosofia da matemática centraliza-se nesta questão relativa a proposições independentes, e a questão intimamente relacionada do que exactamente subjaz à crença nos axiomas da teoria dos conjuntos (1988, 1988a, 1993). O seu interesse pelo naturalismo (e independência) levou a um extenso estudo da metodologia matemática e do papel da matemática na ciência – a teia de crenças. Este trabalho culminou em *Naturalism in Mathematics* (1997) (ver também Maddy 1995, 1996). O foco de interesse no naturalismo levou-a a modificar substancialmente o realismo advogado no seu *Realism in Mathematics* (1990).

4. Leituras adicionais

As fontes primárias consideradas neste capítulo incluem Gödel 1944 e 1964, Quine 1951, Putnam 1971, e Maddy 1990. Muito foi escrito sobre a intuição gödeliana, algumas coisas melhor do que outras. Parsons 1979 é especialmente notável (como são outros ensaios em Parsons 1983). Os pontos de vista de Quine sobre a matemática estão dispersos por toda a sua produção, e a sua influência é marcada por uma riqueza de artigos e livros sobre o assunto por muitos autores, tanto em apoio como em oposição. Há também uma literatura extensa sobre o argumento da indispensabilidade. O leitor faria bem em consultar o *Philosopher's Index*. Charles Chihara (1973: Cap. 2 e 1990: Parte 2) é um dos críticos mais persistentes dos realismos ontológicos advogados por Gödel e Maddy.

9
NÃO EXISTEM, NÃO

Consideramos agora filosofias que negam a existência de objectos matemáticos. Este ponto de vista, às vezes chamado de "nominalismo", é uma versão radical do anti-realismo cm ontologia.([1]) É de supor que alguém possa defender simplesmente que a matemática é desprovida de valor. Para um tal filósofo, os objectos matemáticos iriam a par com feiticeiras e calórico, e a própria matemática seguiria o destino da alquimia – descartada como desperdício intelectual. Por muito atraente que este ponto de vista possa parecer a um dos meus filhos (a quem este livro é dedicado), pelo menos, estamos interessados aqui em filosofias que consideram a matemática seriamente, e admitem o bom papel da matemática nos esforços intelectuais. Os autores considerados neste capítulo tentaram

---

([1]) O realismo em ontologia é o ponto de vista de que os objectos matemáticos existem independentemente da mente, linguagem, etc., do matemático. Uma maneira menos radical de negar isto, e de continuar a ser anti-realista em ontologia, é defender que os objectos matemáticos existem, mas dependem de alguma maneira do matemático. Os autores considerados na primeira parte deste capítulo negam de todo a existência de objectos matemáticos.

reformular a matemática, ou um seu substituto, de tal maneira que a existência de objectos matemáticos especiais – números e conjuntos – não seja pressuposta no empreendimento científico.

Um dos autores, Hartry Field, toma a linguagem matemática pelo seu valor nominal. Visto defender que os objectos matemáticos não existem, as proposições matemáticas têm valores de verdade objectivos mas *vácuos*. Ele mantém, por exemplo, que "todos os números naturais são primos" é verdade, visto que não existem números naturais.([2]) Isto é semelhante a dizer que "todos os intrusos serão baleados e depois processados" é verdade mesmo que (como esperado) não haja transgressor. Analogamente, Field defende que "há um número primo maior do que 100" é falso. Assim, os valores de verdade das proposições matemáticas não correspondem a teoremas matemáticos. Portanto, para Field, a finalidade da matemática não pode ser a de afirmar verdades e negar falsidades. Isto seria um exercício trivial sem objectivo. Todavia, Field encara a matemática seriamente, e delimita um papel para ela diferente do de afirmar verdades sobre objectos matemáticos (inexistentes). Os valores de verdade vácuos das proposições matemáticas não desempenham qualquer papel na determinação da aceitabilidade da matemática ou do papel da matemática na ciência. Assim, pelo menos em espírito, Field é aliado dos anti-realistas em valor de verdade, aqueles que negam que as proposições matemáticas têm valores de verdade objectivos (excepto no facto de Field não advogar revisões da prática matemática – ver Cap. 7).

([2]) [Aristóteles considerava uma frase universal afirmativa (*A*) "Todo o *P* é *Q*" como falsa quando *P* é vazio. Os lógicos modernos argumentam, ao invés, que a única maneira de aquela afirmativa ser falsa é existir um ente com a propriedade *P* que não tem a propriedade *Q*, o que não acontece se *P* for vazio. Portanto, se *P* for vazio, a frase é verdadeira.]

Outro anti-realista ontológico proeminente, Charles Chihara, propõe uma maneira sistemática de *interpretar* a linguagem matemática de modo que ela não faça referência (implícita ou explícita) a objectos matemáticos. Todavia, as proposições na linguagem da matemática, assim interpretadas, têm os seus valores de verdade habituais. Por exemplo, no sistema de Chihara o Princípio de Indução Matemática na aritmética e o Axioma de Completude [topológica] na análise real são ambos verdadeiros. Assim, Chihara é realista em valor de verdade, concordando com os autores considerados no capítulo precedente que as proposições matemáticas têm valores de verdade objectivos, independentes da mente, linguagem, ou ordem social do matemático.

1. Ficcionalismo

Começamos por expor o ponto de vista de Field, a que ele chama "ficcionalismo". A ideia consiste em pensar os objectos matemáticos como personagens numa ficção. O número três e o conjunto vazio têm o mesmo estatuto que Oliver Twist. Há uma literatura filosófica considerável sobre a semântica da ficção, que, felizmente, podemos aqui evitar. Pelo menos *prima facie*, podemos encarar a ficção seriamente (por assim dizer) sem nos comprometermos com uma "ontologia" ficcionalista. Poucos filósofos são tentados a pensar que Oliver Twist existe no mesmo sentido que, digamos, a Casa Branca.

Field (1980: 5) reclama que há "um e um só argumento sério para a existência de entidades matemáticas", que é o *argumento da indispensabilidade* de W. V. O. Quine e Hilary Putnam introduzido no Cap. 8, §2 acima. Field alega que outros argumentos terão peso só se o argumento da indispensabilidade vingar. Portanto, a sua posição de partida é que se se puder subverter o argumento da indispensabilidade, então o realismo ontológico é um dogma injustificado.

Concentremo-nos na análise real [cálculo infinitesimal] e na física. *Grosso modo*, o argumento da indispensabilidade assenta nas seguintes premissas:

(1) A análise real refere-se a, e tem variáveis para objectos abstractos chamados "números reais". Além disso, quem aceita a verdade dos axiomas da análise real está comprometido com a existência destas entidades abstractas.
(2) A análise real é indispensável à física. Isto é, a física moderna não pode ser formulada nem praticada sem proposições da análise real.
(3) Se a análise real é indispensável à física, então quem aceitar a física como verdadeira acerca da realidade material fica assim comprometido com a verdade da análise real.
(4) A física é verdadeira, ou quase verdadeira.([3])

A conclusão do argumento é que os números reais existem. Se acrescentarmos que os números reais existem independentemente do matemático, acabamos por cair no realismo em ontologia. Não parece que os números reais estejam localizados no espaço e tempo, e eles não entram em relações causais com objectos físicos ou seres humanos.

Field aceita a primeira e terceira premissas, que representam (actualmente) teses comummente aceites relativamente a compromissos ontológicos. Ele também aceita a premissa (4), a verdade da física, e adopta os pontos de vista usuais sobre a natureza dos objectos matemáticos. Naturalmente, recusa a conclusão do argumento. Argumenta detalhadamente contra a premissa (2), a indispensabilidade da análise real para a física. Field concorda

---

([3]) Uma suposição subjacente é que a física verdadeira está semelhantemente impregnada de análise real, ou alguma outra teoria matemática poderosa.

(como devia) que a matemática é *útil* na ciência, observando que a matemática é uma "necessidade prática" para o cientista. Seria altamente impraticável pôr de lado a matemática. Mas isto não obriga a conceder que a matemática é *essencial* à ciência de uma maneira ontologicamente relevante. Ele argumenta que, num certo sentido, a ciência pode prescindir da matemática. Daí o título do seu livro, *Science Without Numbers*.

Lembremos do §2 do capítulo anterior que uma linguagem nominalista é uma linguagem que não faz qualquer referência a, e não tem quantificadores sobre objectos abstractos como números ou conjuntos. Como vimos, a linguagem científica normal não é nominalista. As formulações normais de vários princípios científicos contêm elas mesmas terminologia matemática e envolvem objectos matemáticos. Putnam (1971) argumentou que debalde se tenta fazer ciência numa linguagem nominalista. A primeira parte da tarefa de Field é a refutação desta acusação, ao proporcionar formulações "nominalistas" de teorias científicas.

Naturalmente, seria pedir de mais a um único nominalista que formulasse uma versão aceitável de cada teoria científica respeitável. Isto requereria estar *em sintonia* com todas as ciências contemporâneas: mecânica quântica, relatividade geral, química, fisiologia, astronomia, economia, e assim por diante. Em vez disso, Field desenvolve uma versão nominalista detalhada da teoria newtoniana da gravitação, e de algumas suas extensões. Esta versão destina-se a servir como paradigma para outros ramos da ciência actual.([4])

([4]) Um crítico proeminente, David Malament (1982) argumenta cuidadosamente que o exemplo de Field não se estende prontamente à mecânica quântica. A matemática está mais profundamente entrincheirada nesta teoria do que na mecânica clássica. Balaguer (1998: Cap. 5) ensaia uma "nominalização" da mecânica quântica mais ou menos segundo as linhas de Field.

A formulação de Field da teoria newtoniana da gravitação postula, e tem variáveis para pontos e para regiões do espaço-tempo. Field defende, pois, que pontos e regiões existem. Cada colecção de pontos constitui uma região. Um realista acerca da matemática diria que cada *conjunto* de pontos corresponde a uma região, mas Field não colocaria a questão desta maneira (visto ele acreditar que não existem conjuntos).([5])

Field argumenta que pontos e regiões do espaço-tempo são concretos e não abstractos. Por outras palavras, pontos e regiões não são objectos matemáticos. Primeiro, aspectos da colecção dos pontos do espaço-tempo, tal como o seu cardinal e a sua geometria, dependem mais da teoria física do que da matemática. A própria teoria gravitacional determina as propriedades estruturais dos pontos. Segundo, e mais importante, as propriedades contingentes dos pontos do espaço-tempo, tais como a de possuir uma força gravitacional relativamente grande, são partes essenciais das explicações causais dos fenómenos observáveis.

Field compromete-se aqui com uma controvérsia importante na história e filosofia da ciência. O *substantivalismo*, que remonta a Isaac Newton, é o ponto de vista de que o espaço ou espaço-tempo é fisicamente real. O ponto de vista oposto, *relacionalismo*, tenta caracterizar o espaço-tempo em termos de relações entre objectos físicos reais ou possíveis. Estas relações são tipicamente descritas em termos matemáticos. A linhagem do relacionalismo inicia-se com Gottfried Wilhelm Leibniz (ver, por exemplo, Friedman 1983 e Wilson 1993). Field junta-se ao substantivalismo – aceitando a realidade física do espaço-tempo – com vista a defender o seu anti-realismo relativo a objectos *matemáticos* abstractos (ver também Field 1989: 38-43).

([5]) [O leitor deve recordar que, modernamente, o termo "colecção" permanece com a conotação intuitiva, enquanto o termo "conjunto" ficou tecnicamente arregimentado à(s) axiomática(s) da teoria dos conjuntos.]

Todavia, "fisicamente real" pode não ser o mesmo que concreto, e Field vai mais longe do que outros substantivalistas nas suas alegações sobre pontos e regiões. Considera-os entidades físicas teóricas a par de, digamos, moléculas e *quarks*. Alguns filósofos (por exemplo, Resnik 1985) discordam das afirmações de Field sobre os pontos do espaço-tempo. Os pontos do espaço-tempo não possuem algumas propriedades partilhadas por objectos físicos comuns como bolas de basebol, cadeiras, ou até moléculas. Os pontos não subsistem no tempo; eles não podem ser movidos, decompostos, ou destruídos; e um ponto individual não tem massa nem extensão. Isto torna os pontos mais parecidos com números do que com bolas de basebol. Além disso, a existência de pontos não é contingente, da maneira que é a existência das bolas de basebol. Podemos chegar ao ponto de alegar que um ponto dado não possui uma localidade. Ele *é*, antes, uma localidade. Não é preciso determinar aqui esta questão potencialmente discutível. Digamos que seria bom dispor de uma melhor elaboração da distinção entre objectos físicos e objectos abstractos (ver Hales 1987 e Burgess e Rosen 1997: Parte I, Cap. A, para um bom começo).

A terminologia da física nominalista de Field inclui relações primitivas entre pontos de espaço-tempo. Entre elas incluem-se "y Entre xz", interpretada como "x, y, e z são colineares e y está situado entre x e z na recta comum", e "xy Tempcong zw", interpretado como "a diferença entre as temperaturas em x e y é idêntica à diferença entre as temperaturas em z e w". Estas são relações físicas sobre entidades físicas. A ideia básica subjacente à teoria nominalista consiste em enunciar princípios das quantidades físicas (e geométricas) directamente, sem referência a números reais. Field formula as suposições estruturais relevantes mediante axiomas sobre as várias relações. Os seus axiomas requerem que o espaço-tempo seja contínuo e completo. Ele mostra brilhantemente como formular substitutos de derivadas e integrais na linguagem da mecânica nominalista, e demonstra que estas derivadas e integrais substitutos têm todas as propriedades certas.

O contraste entre a física de Field e a física newtoniana clássica é muito semelhante ao contraste entre os *Elementos* "sintéticos" de Euclides, e a mais contemporânea geometria "analítica" que utiliza números reais para medir distâncias, ângulos, funções trigonométricas, e assim por diante. Euclides não apresentou as magnitudes geométricas como medidas por números. Pelo contrário, as relações entre magnitudes são formuladas e são estudadas directamente. Considere-se, por exemplo, o teorema pitagórico de que o quadrado na hipotenusa de um triângulo rectângulo é igual à soma dos quadrados nos outros dois lados. Nos *Elementos*, isto é tomado literalmente como referente a *quadrados* desenhados nos lados de um triângulo rectângulo, não aos resultados de multiplicar e adicionar números reais ([6]) (ver Fig. 9.1). Assim, na medida em que o assunto da geometria euclidiana é o *espaço* físico, ele seria considerado nominalista em olhos de Field – apesar da classificação tradicional da geometria como matemática *per excellence*. A física de Field foi chamada de "mecânica sintética" (ver Burgess 1984). Adoptamos este termo no que segue.

Os axiomas da teoria de Field do espaço-tempo implicam que existem infinitos pontos. De facto, pode-se mostrar que há uma correspondência de um-a-um entre quádruplos de números reais (se existirem) e os pontos do espaço-tempo de Field. Em termos técnicos, o espaço-tempo de Field é isomorfo a $\mathbb{R}^4$, e, portanto, há tantos pontos como números reais, e há tantas regiões como conjuntos de números reais. Para o realista, a ontologia de Field é do tamanho do conjunto potência [conjunto

---

([6]) Ver as proposições 12 e 13 do Livro 2 dos *Elementos* de Euclides para versões "sintéticas" da lei dos cosenos. Este exemplo proporciona só por si evidência convincente do poder da geometria analítica. Não conheço quaisquer conexões entre a distinção entre geometria sintética e analítica e a distinção analítico-sintético em filosofia (invocada na maioria dos capítulos anteriores).

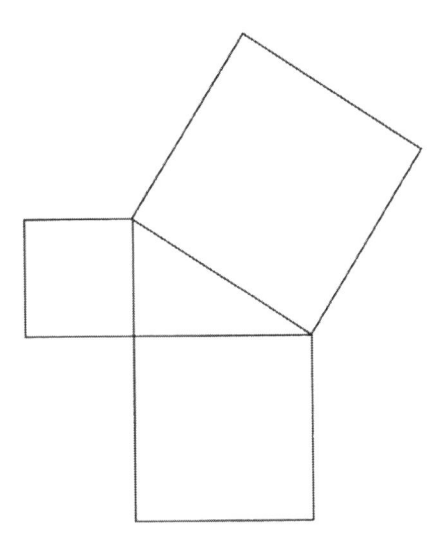

Fig. 9.1 *Proposição 47 do Livro I dos Elementos de Euclides: Em triângulos rectângulos, o quadrado no lado que subtende o ângulo recto [hipotenusa] é igual aos quadrados nos lados que contêm o ângulo recto [catetos].*

das partes, ou conjunto dos subconjuntos] do contínuo.[7] Field defende que há muitos objectos *físicos*.

A aritmética e a análise real podem ser simuladas no espaço-tempo, usando certos pontos e regiões do espaço-tempo como substitutos para números (ver Shapiro 1983). Também se pode formular uma versão da Hipótese do Contínuo (ver §1 do capítulo anterior) na física sintética de Field. Ela diz respeito a tamanhos relativos de várias regiões. Visto que a proposição versa sobre o espaço-tempo, esta versão da Hipótese do Contínuo é presumivelmente não vácua. Ela enuncia uma afirmação substancial sobre o espaço-tempo fisicamente real. Assim, Field deve

---

([7]) [O cardinal de $\mathbb{R}$, e também o de $\mathbb{R}^4$ é $\mathfrak{c} = 2^{\aleph_0}$, chamado a *potência do contínuo*; o cardinal do conjunto potência (ou conjunto dos subconjuntos) de $\mathbb{R}$, $\mathcal{P}(\mathbb{R})$, é $2^{2^{\aleph_0}}$, que é estritamente maior do que $2^{\aleph_0}$.]

admitir que esta versão da Hipótese do Contínuo possui um valor de verdade objectivo. Um realista defenderia certamente que a versão espaço-tempo da Hipótese do Contínuo tem o mesmo valor de verdade que a versão conjuntista, visto que as estruturas são as mesmas. Alguns críticos de Field assinalam que a sua teoria gravitacional sintética apenas substitui os números reais por pontos do espaço-tempo, e questionam-se sobre o que se ganhou com isso.([8]) Field considera a objecção natural de que "não parece haver uma diferença muito significativa entre postular um espaço físico tão rico e postular os números reais", e responde:

> a objecção nominalista ao uso de números reais não se baseava na sua cardinalidade nem nas suposições estruturais (por exemplo, completude à Cauchy) tipicamente feitas sobre eles. Pelo contrário, a objecção era contra a sua natureza abstracta: até postular apenas *um* número real teria constituído uma violação do nominalismo... Inversamente, postular uma quantidade não numerável de entidades *físicas*... não constitui uma objecção ao nominalismo; nem se torna mais objeccionável quando se postula que estas entidades físicas satisfazem suposições estruturais análogas às que os platonistas postulam para os números reais. (Field 1980: 31)

A formulação de versões nominalistas (isto é, sintéticas) de teorias científicas é somente o primeiro passo no programa de Field. Um segundo aspecto consiste em mostrar como a matemática pode ser acrescentada às teo-

---

([8]) Alguns matemáticos afirmaram, em conversa particular, que, apesar do seu título, *Science Without Numbers* não é uma ciência sem matemática. Argumentam que a matemática está imbuída na teoria do espaço-tempo. Poderia pensar-se que os matemáticos reconheceriam o seu assunto quando confrontados com ele, mas talvez estes matemáticos não estejam interessados em questões filosóficas relativas à ontologia e à distinção abstracto-concreto.

rias sintéticas, e depois estabelecer que a matemática é *conservativa* sobre cada teoria sintética. Seja N uma teoria sintética e seja S uma teoria matemática a ser apensa a N. Então, ignorando um detalhe técnico, a conservatividade da matemática de S sobre a ciência N é formulada como se segue:

> Seja Φ uma proposição na linguagem nominalista. Então Φ não é consequência de $S + N$ a menos que Φ seja consequência de apenas N.

Se a matemática é de facto conservativa neste sentido, então mesmo que a matemática seja útil para derivar consequências físicas de teorias físicas, em princípio ela é dispensável. Qualquer consequência física obtida com a ajuda da matemática poderia ser obtida sem ela.

Field (1980: Cap. 1) argumenta primeiramente que a matemática é conservativa sobre a ciência em termos da natureza do conteúdo da matemática, e da sua ontologia abstracta, em particular. Mesmo para um realista em ontologia, seria estranho se alguns factos sobre o universo matemático abstracto e causalmente inerte tivessem algumas consequências para o mundo material:

> seria surpreendente em extremo se se descobrisse que a matemática comum implicasse que há pelo menos 10 objectos não matemáticos no universo, ou que a Comuna de Paris foi derrotada; e se tal descoberta fosse feita, todo o racionalista, excepto o mais impertinente, tomaria isto como mostrando que a matemática comum necessita de uma revisão. A *boa* matemática é conservativa; uma descoberta que aceitasse que a matemática não é conservativa seria uma descoberta que não é boa. (Field 1980: 13)

O exemplo da Comuna de Paris, de Field, é suficientemente claro, mas a mim, pelo menos, parece plausível que a "matemática standard" poderia ter consequências não-triviais sobre a estrutura do espaço-tempo (ver Shapiro 1993). Assim, a plausibilidade do argumento de Field depende do traçado das fronteiras da matemática ou, de forma talvez mais importante, da fronteira entre o abstracto e o físico. De modo que aquela questão ergue uma vez mais a sua cabeça hedionda.

Field vai além deste tratamento informal, proporcionando dois modelos de argumentos teóricos a favor da conservatividade (1980: Apêndice ao Cap. 1). Fazendo suposições razoáveis sobre teorias matemáticas e teorias sintéticas, ele mostra que a matemática é conservativa sobre a ciência no sentido requerido.

Os argumentos formais de Field são o que ele apelida de "platonistas", na medida em que eles assentam na matemática usual. Isto é, Field *utiliza* suposições matemáticas substanciais para mostrar que, digamos, a teoria dos conjuntos é conservativa sobre teorias nominalistas. Podemos indagar se, como nominalista, Field tem o direito de acreditar que a matemática é conservativa. A demonstração de conservatividade tem premissas matemáticas, que Field rejeita. A sua posição oficial é que todo o argumento de *Science Without Numbers* é um longo *reductio ad absurdum* contra o argumento da indispensabilidade de Quine-Putnam. Ao assumir a correcção da matemática comum, Field argumenta que a matemática não é indispensável para a ciência. Se este desenvolvimento é adequado, então o argumento da indispensabilidade é auto-destrutivo.[9]

De acordo com Field, a aplicação da matemática a uma ciência sintética faz-se como se segue: para cada frase Φ na linguagem nominalista há uma "contrapartida abstracta" Φ′ na linguagem da teoria matemática S, tal que se pode demonstrar na teoria combinada $(S + N)$ que Φ é equivalente a Φ′. As equivalências permitem ao

---

[9] Field (1980: Cap. 13 e 1989) sugere mais tarde que o nominalista também pode aceitar o argumento a favor da conservatividade (mas veja-se Burgess e Rosen 1997: 192-3).

cientista apropriar-se dos recursos e operações da teoria matemática. Suponhamos, por exemplo, que temos duas premissas nominalistas Φ_1 e Φ_2. O cientista obtém contrapartidas abstractas Φ'_1 e Φ'_2 na linguagem matemática. Então ele deduz uma consequência matemática Ψ', que é a contrapartida abstracta de uma frase nominalista Ψ. Por conservatividade, conclui que Ψ deriva das premissas originais Φ_1, Φ_2 na teoria sintética N. A utilização da matemática é teoricamente supérflua, logo é ontologicamente inofensiva. O cientista não precisa de acreditar na existência das entidades matemáticas para obter a conclusão nominalista Ψ.

Mais uma vez, a técnica analítica usual consiste em fixar um quadro de referência e associar a cada ponto do espaço-tempo um quádruplo de números reais. Assim, com a teoria gravitacional newtoniana, as "contrapartidas abstractas" de várias frases substituem pontos do espaço-tempo por quádruplos de números reais, e substituem regiões por conjuntos de quádruplos de números reais. Há funções que preservam a estrutura, *homomorfismos de representação*, de pontos do espaço-tempo para estruturas apropriadas definidas a partir dos números reais. Por exemplo, há uma função g que mede a temperatura em cada ponto do espaço-tempo de acordo com uma escala fixa (tal como a de Celsius), os pares a, b e c, d estão na relação Tempcong se e só se

$$|g(a) - g(b)| = |g(c) - g(d)|.$$

Os homomorfismos representativos permitem ao cientista aplicar os recursos poderosos da teoria dos conjuntos aos substitutos. Podemos lidar com regiões do espaço-tempo *como se* fossem conjuntos, sem realmente acreditar nos conjuntos.

O programa de Field para a ciência é estruturalmente análogo ao programa de David Hilbert para a matemática (ver Cap. 6, §3). À ciência sintética de Field corresponde a matemática finitária de Hilbert, e a própria matemática corresponde à matemática ideal no programa de Hilbert. Lembremos que a tese de Hilbert era a de que o papel da matemática ideal é facilitar derivações dentro da linguagem finitária. Hilbert requeria que a matemática ideal fosse conservativa sobre a matemática finitária, mas naquele caso a conservatividade reduz-se à consistência. A analogia é resumida como se mostra na Tabela 9.1.

TABELA 9.1 **Programas comparados de Hilbert e Field**

	Programa de Hilbert	Programa de Field
Base:	matemática finitária	ciência nominalista
Instrumento:	matemática ideal	matemática
Necessidade:	consistência	conservatividade

Em ambos os casos, o papel do "instrumento" é facilitar derivações na "base".

Lembremos que se acredita largamente que o programa de Hilbert vacilou com o teorema de incompletude de Gödel (ver Cap. 6, §4). Em "Conservativeness and Incompleteness" (1983), mostro que essencialmente o mesmo resultado se aplica ao programa de Field, visto que, como acima, a aritmética pode ser simulada na física sintética. Em particular, há uma proposição G na linguagem nominalista tal que G não é um teorema da física sintética, mas G pode ser derivada naquela teoria acrescida de alguma teoria dos conjuntos (e princípios de transposição). A frase G é uma análoga de uma frase utilizada para estabelecer a incompletude da aritmética. Isto subverte a reivindicação de Field de que "as conclusões a que chegamos [utilizando a matemática] são já deriváveis de maneira mais ou menos enfadonha a partir das premissas [nominalistas], sem recurso às entidades matemáticas. A nossa frase G não é derivável na teoria sintética por si só.

Este contra-exemplo à conservatividade é uma frase bastante artificial na linguagem nominalista. Há alguns contra-exemplos geometricamente naturais (ver Burgess e Rosen 1997: 118-23), mas um defensor do programa de Field poderá alegar que mesmo aqueles não têm grande interesse *físico*. Ele pode defender-se restringindo o requisito de conservatividade a frases nominalistas fisicamente importantes. Todavia, se a teoria sintética de Field é uma descrição exacta do espaço-tempo, então a frase G é *verdadeira* a seu respeito, e, portanto, a matemática fornece algumas verdades sobre o espaço-tempo (quer sejam interessantes ou não).

Numa resposta a um artigo meu de 1983, Field (1985) sugeriu que, num sentido, a frase G é consequência da teoria sintética. Podemos necessitar de matemática para *ver que* G é uma consequência da teoria sintética, mas é, não obstante, uma consequência.([10]) Isto sugere que a matemática desempenha um papel na ciência para além de proporcionar derivações mais curtas de frases nominalistas deriváveis. Utilizamos a matemática para descobrir consequências das nossas teorias sintéticas. Uma passagem de *Science Without Numbers* sugere que este papel para a matemática é aceitável para um nominalista: "alguém que não acredita em entidades matemáticas é livre para utilizar [matemática] na derivação de consequências enunciadas nominalisticamente a partir de premissas enunciadas nominalisticamente. E pode fazer isto, não porque pense que essas premissas [matemáticas] intervenientes são verdadeiras, mas porque sabe que elas *conservam a verdade* entre afirmações enunciadas nominalisticamente." (Field

---

([10]) Em Shapiro 1983, mostro como reformular as teorias matemáticas sintéticas, de modo a que seja mantida a conservatividade (pelo facto de utilizar uma linguagem de primeira ordem). Mas então a explicação de Field sobre a aplicação da matemática fracassa. Não podemos estabelecer a existência dos homomorfismos representativos. Field 1985 proporciona uma descrição mais subtil daquela aplicação.

1980: 14, ênfase minha). Ver Burgess e Rosen 1997: 192-3 para uma discussão mais ampla das questões subjacentes.

Sejam quais forem os méritos do programa filosófico do anti-realismo em ontologia, *Science Without Numbers* é uma realização intelectual importante. Este livro constitui uma das poucas tentativas sérias persistentes para mostrar exactamente como a matemática é aplicada nas ciências. Como foi observado no Cap. 2, §3 acima, trata-se aqui de uma questão filosófica central. Muitas filosofias da matemática nada adiantam sobre aquele relacionamento. Podemos aceitar o desenvolvimento de Field, invocando homomorfismos representativos, como descrição parcial, pelo menos, da aplicação sem aceitar também as suas alegações ontológicas.

O programa de Field concentra-se nas estruturas realmente exemplificadas na realidade física, e distingue estas das estruturas matemáticas mais ricas utilizadas para estudar estruturas "fisicamente reais". É claro, a introdução de um quadro particular de referência e unidades (como metros e horas) é uma convenção arbitrária, mas são tais convenções que permitem que a análise real seja aplicada ao espaço-tempo. Field define que uma explicação de um fenómeno físico é *intrínseca* se não refere, nem depende de, uma convenção. No caso da geometria ou da teoria gravitacional newtoniana, uma explicação intrínseca seria formulada na linguagem da estrutura do espaço-tempo, e não envolveria a estrutura mais rica dos números reais. Por outras palavras, uma explicação intrínseca seria formulada numa linguagem sintética. Field sugere que toda a gente devia estar interessada em explicações intrínsecas (quando estão disponíveis) independentes de quaisquer pontos de vista sobre a existência de objectos matemáticos. A sua ênfase em explicações intrínsecas é ilustrada pelo facto de que a apresentação de muitos aspectos da sua física é conseguida pela reflexão sobre propriedades (geométricas e físicas) do espaço-tempo que são invariantes para a escolha de um quadro de referência e unidades de medida. As propriedades invariantes produzem os axiomas apropriados. A questão subjacente beneficiaria de um estudo extenso da fecundidade e poder das explicações *extrínsecas*, aquelas que invocam teorias matemáticas ricas (ver nota 4 acima).

2. A construção modal

Encontrámos no Cap. 8, §2 o cepticismo influente de Quine relativamente às noções modais, como a possibilidade e a necessidade: "Devemos estar no nosso direito em defender que nenhuma formulação de qualquer parte da ciência é definitiva enquanto ela permanecer assente em idiomas de... modalidade... Os bons usos a que as modalidades se prestam podem provavelmente ser servidos de maneiras que são mais claras e já conhecidas" (Quine 1986: 33-4). Alguns destes "bons usos" são obtidos refundindo noções modais utilizando entidades matemáticas, tipicamente conjuntos. O exemplo melhor desenvolvido disto é a teoria dos modelos, que pode ser vista como uma tentativa para compreender a possibilidade lógica e a consequência lógica em termos de um mundo de construções conjuntistas. Dizer que uma dada proposição é logicamente possível é dizer que há um modelo [sistema] que a satisfaz. Vários autores tentam entender a possibilidade e a necessidade em geral em termos de construções conjuntistas, às vezes chamadas "mundos possíveis". Como observa Putnam (1975: 70), a matemática "livrou-se da *possibilidade* assumindo simplesmente que, em todo o caso, a menos de *isomorfismo*, todas as possibilidades são simultaneamente *actuais* – actuais, quer dizer, no universo dos 'conjuntos'." O programa geral consiste em objectar à discussão da necessidade e possibilidade, substituindo-a pela discussão sobre objectos abstractos como conjuntos e números.

Há um grupo dedicado de filósofos da matemática que inverte esta orientação. Negam a existência de objectos matemáticos, como conjuntos e números, e aceitam pelo menos algumas formas de modalidade. Mais precisamente, estes filósofos são *menos* cépticos da modalidade do que, digamos, da teoria dos conjuntos (quando esta é entendida literalmente como uma teoria de objectos abstractos). Propõem-se então reformular a matemática em termos modais. O próprio Putnam chegou a ser membro deste grupo (em 1967). Abordamos aqui outro anti-realista ontológico proeminente, Charles Chihara (1990).([11])

Chihara providencia um sucedâneo da versão da matemática "sem classes" de Russell (ver Cap. 5, §2). *Grosso modo*, segundo o plano de Russell, qualquer referência a conjuntos devia ser eliminada a favor de propriedades ou atributos. Por exemplo, em vez de falar do conjunto de gatos falamos do atributo de ser um gato. Aparentemente, Russell achou que os atributos são menos problemáticos que os objectos matemáticos como conjuntos, ou talvez ele pensasse que as nossas teorias filosóficas/científicas globais necessitassem sempre de invocar atributos. Os atributos são itens naturais para empregar numa teoria de predicação, e, claramente, a lógica lida com a predicação. Não vale a pena ter atributos *e* conjuntos, se bastam atributos.

Muitos filósofos acham hoje que os atributos são problemáticos. Num artigo inicial sobre o co-autor de Russell, Alfred North Whitehead, Quine (1941) argumentou que não há critério estabelecido sobre a identidade ou a distinção entre atributos. Por exemplo, o atributo de ser um triângulo equilátero é o mesmo que o atributo de ser um triângulo equiângulo? Um lema quineano agora comum é "nenhuma entidade sem identidade". A tese é que não se justifica introduzir, nem falar de, um tipo de entidade a menos que haja um critério bem determinado de identidade para esses itens. Quine propõe, assim, o exacto

---

([11]) No §3 do próximo capítulo, consideramos o estruturalismo modal de Geofrey Hellman (1989).

oposto da teoria sem classes de Russell – que os atributos devem ceder o lugar aos conjuntos. ([12])

Seja como for, é compreensível que um nominalista contemporâneo como Field ou Chihara não esteja ansioso por abraçar os atributos. Os atributos parecem compartilhar as insuficiências dos conjuntos e números. Eles não existem no espaço e tempo, e não entram em relações causais com objectos físicos. Como podemos saber qualquer coisa sobre atributos? Além disso, a crítica supracitada dos atributos, por Quine, não fica perdida para o anti-realista ontológico (mas ver Bealer 1982).

Em vez disso, Chihara invoca itens linguísticos. Uma *frase aberta* é uma frase em que um termo singular (tal como um nome próprio) foi substituído por uma variável. Exemplos em português incluem "x é um gato" ou "y é a esposa de um Presidente incriminado". A relação de "verdade acerca de" entre objectos (ou pessoas) e frases abertas é chamada *satisfação*. Por exemplo, a nossa gata Sofia satisfaz a frase aberta "x é um gato" e Hilary Clinton satisfaz a frase aberta "y é a esposa de um Presidente incriminado".

O programa de Chihara consiste em substituir conjuntos por frases abertas. Por exemplo, em vez de falar do conjunto de todos gatos, falamos da frase aberta "x é um gato". Em vez de falar do conjunto de todos os amantes, falamos da frase aberta "x ama alguém". Visto que nenhuma linguagem real tem frases abertas suficientes para proporcionar substitutos para os objectos matemáticos invocados na ciência (para não falar da matemática), Chihara não se pode limitar à consideração de linguagens existentes no momento presente, como o português.

([12]) Este argumento faz parte do ataque de Quine à lógica de segunda ordem (ver Quine 1986: Cap. 5). Ele argumenta que, por se invocarem conjuntos, cruzámos a fronteira para fora da lógica e para dentro da matemática propriamente dita. À luz da metáfora de Quine da teia de crenças, sem remendos (ver Cap. 8, §2 acima), esta jogada é irónica.

Uma solução seria vislumbrar extensões ideais da nossa linguagem, mas frases abertas numa expansão ideal do português parecem ser tão abstractas quanto números e conjuntos. Então Chihara vira-se para a modalidade, e fala da *possibilidade* de escrever frases abertas – em que as possibilidades não são limitadas a linguagens actuais que foram ou serão empregues.

Chihara segue a tradição de que os quantificadores comuns como "para todo x" (simbolizado por "$\forall x$") e "existe x" ("$\exists x$") assinalam um "compromisso ontológico". A maneira como um orador observa a existência de uma entidade de certo tipo é utilizar um quantificador que varie sobre essas entidades (ver Quine 1948). O lema é "ser é ser o valor de uma variável ligada".([13]) Não se pretende com isto enunciar uma tese metafísica profunda. O ponto é apenas o de que o quantificador existencial é um disfarce conveniente para a palavra portuguesa "existência".

A inovação técnica de Chihara é um "quantificador de construtibilidade". Sintacticamente, comporta-se como um quantificador existencial comum: se Φ é uma fórmula e x uma variável de certo tipo, então $(Cx)\Phi$ é uma fórmula, que deve ser lida "é possível construir um x tal que Φ".

No seu desenvolvimento formal, a semântica e a teoria da demonstração destes quantificadores de construtibilidade são muito semelhantes às do quantificador existencial comum, mas os quantificadores de construtibilidade têm significado diferente. Chihara argumenta que, ao contrário dos quantificadores comuns, os seus quantificadores de construtibilidade não carregam nenhum compromisso ontológico. Isto é sustentado pelo senso comum – na medida em que a noção de compromisso ontológico

---

([13]) [Os quantificadores usuais ($\forall$, $\exists$) pertencem à classe dos *operadores de limitação de variáveis*. "Variável ligada (ou limitada)", no presente contexto, é sinónimo de "variável quantificada", ou "variável muda (ou aparente)". Uma quantificação universal ($\forall$) também se chama uma *generalização*.]

é parte do senso comum. Se alguém diz, por exemplo, que é possível construir uma nova destilaria na Ilha de Skye, não está a afirmar a existência de tal destilaria, nem a existência de uma entidade misteriosa chamada "destilaria possível", nem a existência de um mundo possível contendo uma tal destilaria. Ela está só a proferir uma afirmação sobre o que é possível fazer.

A linguagem formal desenvolvida por Chihara em *Constructibility and Mathematical Existence* (1990) tem infinitas espécies (ou "tipos") diferentes de variáveis. As variáveis de nível 0 variam sobre objectos comuns (presumivelmente materiais), como gatos, pessoas, e pedras. Estas variáveis podem ser ligadas pelos quantificadores universal e existencial usuais (mas não por quantificadores de construtibilidade). As variáveis de nível 1 variam sobre frases abertas satisfeitas por objectos comuns. Assim, por exemplo, as frases acima "x é um gato" e "x ama alguém" estariam abrangidas pelas variáveis de nível 1. Considere-se o par de sapatos na caixa mais à direita no meu armário. Um conjuntista seria tentado a pensar nisto como um conjunto S com dois membros. Na linguagem de Chihara falaríamos, pelo contrário, das frases abertas "x é um sapato na caixa mais à direita no meu armário". Seja c o sapato esquerdo naquele par. Para o conjuntista, c é *membro* de S, o que se escreve, em símbolos, $c \in S$. Para Chihara, c *satisfaz* a frase aberta dada.

As variáveis de nível 1 podem ser limitadas por quantificadores de construtibilidade (e não por quantificadores comuns). A linguagem não fala de frases abertas *existentes* em português ou em qualquer outra língua. Pelo contrário, fala de que espécies de frases abertas são *possíveis*. Suponhamos que nos queremos referir a um par particular de sapatos, mas faltam à nossa linguagem os recursos para seleccionar esse par. Então consideraríamos uma expansão da linguagem que possuísse este recurso.

Continuando, as variáveis de nível 2 variam sobre frases abertas satisfeitas por frases abertas de nível 1. Estas frases abertas correspondem a conjuntos de conjuntos. Por exemplo, suponhamos que um conjuntista queria falar do conjunto de pares de sapatos no meu armário. Na linguagem de Chihara usaríamos uma frase aberta como "α é uma frase aberta que descreve dois sapatos de um par no meu armário". Esta frase aberta é abrangida pelas variáveis de nível 2, visto que a variável α é ela própria de nível 1 (e varia sobre frases abertas satisfeitas por objectos comuns como sapatos). Novamente, as variáveis de nível 2 podem ser limitadas por quantificadores de construtibilidade, e não por quantificadores comuns. Em geral, para cada $n > 1$, as variáveis de nível n variam sobre frases abertas satisfeitas pelos itens no alcance das variáveis de nível $n - 1$. Todas as variáveis de frases abertas podem ser limitadas por quantificadores de construtibilidade, mas não por quantificadores comuns.

Apesar da conversa da "construção" de frases abertas, Chihara (1990) não se propõe rever a matemática. O seu programa é uma tentativa de tornar verdadeira, segundo uma leitura ontologicamente austera, a maior parte da matemática contemporânea. Diferentemente do desenvolvimento no seu anterior *Ontology and the Vicious Circle Principle* (1973), o sistema aqui permite definições impredicativas em cada nível. Se $\Phi(\alpha)$ é uma fórmula na qual a variável α, de nível 1, tem uma ocorrência livre, então há um axioma que afirma que é possível construir uma frase aberta (de nível 2) que é satisfeita exactamente por todas as frases abertas de nível 1 que satisfariam $\Phi(\alpha)$ (desde que existissem). A fórmula Φ pode conter variáveis limitadas de qualquer nível. Assim, asseguramos a construtibilidade de uma dada frase aberta de nível 2, mediante a referência a quais espécies de frases abertas de níveis mais altos podem ser construídas. Chihara argumenta a favor desta impredicatividade com fundamento na natureza da modalidade envolvida. A característica impredicativa do sistema permite que a matemática não-construtiva clássica seja nele desenvolvida, e é este aspecto que faz este sistema chocar com o trabalho anterior de Chihara e com o intuicionismo (ver Cap. 7).

Em suma, pois, o sistema em Chihara (1990) é bem semelhante ao da teoria simples dos tipos (ver Cap. 5, §2). Chihara mostra como traduzir qualquer frase da teoria dos tipos no seu sistema: substituir variáveis sobre conjuntos de tipo n por variáveis sobre frases abertas, substituir pertença [∈] (ou predicação) por satisfação, e substituir quantificadores sobre variáveis de nível 1 e superior por quantificadores de construtibilidade. Desse modo, a existência de conjuntos de conjuntos de conjuntos de objectos, ou atributos de atributos de atributos de objectos, é substituída pela possível construção de frases abertas de nível 3.

Seria um exercício rotineiro retroverter da linguagem de Chihara para a teoria simples dos tipos. O sistema de Chihara é, portanto, formalmente equivalente ao da teoria simples dos tipos. Há, todavia, uma diferença filosófica importante entre eles. Suponhamos que um matemático demonstra uma frase da forma, "há um conjunto x de tipo 3 tal que $\Phi(x)$". Isto pressupõe a existência de um conjunto de conjuntos de conjuntos. Como é que verificamos a existência de objecto tão abstracto? O nominalista nega a existência de tais coisas. O análogo do teorema no sistema de Chihara tem a forma "é possível construir uma frase aberta s de nível 3 tal que $\Phi^*(s)$". Chihara mostra que, pelo menos em alguns casos, podemos verificar a frase da contraparte mediante a construção efectiva da frase aberta s, ou indicar como construir esta frase.

Chihara prossegue com atenção admirável ao detalhe o desenvolvimento da aritmética, análise, análise funcional, e assim por diante, de maneira análoga ao seu desenvolvimento na teoria simples dos tipos. Por exemplo, há um teorema de que é possível construir uma frase aberta (de nível 2) que é satisfeita por todas e só as frases abertas de nível 1 que são satisfeitas por exactamente quatro objectos. Esta frase aberta desempenha o papel do número 4 na versão da aritmética – assim como o conjunto de todos os conjuntos com 4 membros (ou o atributo de todos os atributos que são satisfeitos por exactamente quatro coisas) desempenha o papel do número 4 no logicismo de Frege e Russell. Mais especificamente, o teorema que afirma a *construtibilidade* desta frase aberta desempenha o papel do teorema da teoria dos tipos que afirma a *existência* do conjunto (ou atributo) relevante. Lembremos que, para desenvolver a aritmética, Russell invocara um princípio de infinidade afirmando a existência de infinitos objectos. Chihara tem um princípio modal correspondente de que *poderia haver* infinitos objectos. Se as frases abertas correspondentes aos números naturais fossem construídas, elas exemplificariam a estrutura dos números naturais. É este o ponto.

No tratamento usual da análise real na teoria dos tipos, define-se os números reais como sendo conjuntos de números naturais. Na versão correspondente aqui, um número real seria uma frase aberta satisfeita pela espécie de frases abertas que correspondem a números naturais. Tanto o tratamento original como esta contraparte são algo artificiais. Chihara proporciona um segundo desenvolvimento interessante e perspicaz da análise real em termos da possibilidade de construir objectos com vários comprimentos. Cada axioma da análise real, incluindo o princípio de completude, corresponde a uma afirmação de quais construções são possíveis. Novamente, se o sistema relevante de frases abertas possíveis fosse para construir, elas exemplificariam a estrutura dos números reais.

No sistema de Chihara, há uma frase equivalente ao seguinte:

> Para cada frase aberta α de nível 3, se α pode ser satisfeita por uma quantidade não numerável de frases abertas substitutas de números naturais, então α pode ser satisfeita por tais frases abertas na quantidade do contínuo.

A tal frase é obtida traduzindo uma versão na linguagem dos tipos da Hipótese do Contínuo na linguagem de Chihara. Visto que Chihara é realista em valor de verdade, então presumivelmente esta frase é plenamente objectiva, e, naturalmente, é independente dos axiomas do sistema. Por conseguinte, Chihara deve juntar-se aos realistas na tentativa de desenvolver maneiras racionais de adjudicar os valores de verdade de tais frases.

3. O que devemos pensar de tudo isto?

John P. Burgess e Gideon Rosen em *A Subject with no Object* (1997) proporcionam uma crítica detalhada e de longo alcance dos programas para desenvolver a matemática (ou a matemática utilizada na ciência) sem referência a objectos abstractos como números e conjuntos. O título do seu livro indica como seria a matemática se um destes programas tivesse êxito, a saber, um assunto sem objecto. O livro proporciona uma perspectiva importante e perspicaz sobre as principais questões deste capítulo e do anterior.

Uma questão fundamental diz respeito à *motivação* para o realismo em ontologia bem como a motivação para o nominalismo. Por que se deve acreditar na existência objectiva de objectos abstractos como números e conjuntos? Porquê levantar objecções àquela crença? Burgess e Rosen descrevem um "nominalista estereotipado" que se centra nas dificuldades epistémicas com objectos abstractos. O nominalista faz notar que a maneira como os seres humanos, como criaturas físicas num universo físico, podem ter conhecimento do eterno, desprendido e acausal reino matemático, constitui um verdadeiro mistério. Ele argumenta que, visto não haver conexões causais entre entidades matemáticas e nós próprios (não obstante Maddy 1990), então o realista ontológico não pode explicar o conhecimento matemático sem postular algumas capacidades místicas para apreender o universo matemático. Aqui, o nominalista pode troçar da faculdade de intuição matemática postulada por Gödel, capacidade frequentemente caracterizada exactamente como uma tal capacidade mística (ver Cap. 8, §1). Burgess e Rosen fazem notar que um elo crucial no argumento nominalista é a chamada "teoria causal do conhecimento", uma tese geral de que nada podemos saber sobre quaisquer objectos a menos que tenhamos uma conexão causal com pelo menos amostras dos objectos. Esta limitação impõe severas restrições ao que pode ser sabido, e vai contra o que o bom senso inculto considera como sendo o conhecimento (da matemática). Nem a literatura sobre teorias causais em epistemologia ou sobre anti-realismo em ontologia na filosofia da matemática contém um argumento a favor de uma limitação causal geral, nem alguém articulou alguma vez exactamente que tipo de relações causais são requeridas para o conhecimento. Em vez de proporcionar estes argumentos, o nominalista estereotipado transfere para o realista ontológico a obrigação de proporcionar uma epistemologia aceitável para os objectos matemáticos.

E quanto ao anti-nominalista estereotipado – a que chamámos aqui "realista em ontologia"? Burgess e Rosen descrevem-no como um epistemologista naturalizado, rejeitando a filosofia-primeiro e defendendo que a ciência nos dá a nossa melhor informação sobre o conhecimento (ver Cap. 1, §2). Se a matemática é utilizada na nossa melhor ciência, então a matemática é verdadeira e as entidades matemáticas existem. Isto, naturalmente, é o argumento da indispensabilidade de Quine-Putnam que encontrámos no Cap. 8, §2. Burgess e Rosen resumem o estereótipo como se segue: "Nós [realistas ontológicos] chegamos à filosofia acreditando numa grande variedade de teorias matemáticas e científicas – para não mencionar muitas opiniões de senso comum – que abundam em suposições sobre entidades nada semelhantes a corpos concretos que podemos ver ou tocar, de números e funções a conjuntos... de formas a livros e a linguagens." (p. 34). O estereotipado realista ontológico transfere assim o ónus sobre o nominalista, e insiste que o nominalista fornece razões *científicas* contra a existência de objectos matemáticos. Os apelos à intuição filosófica ou a algumas "generalizações do que vale para as entidades com que somos bem familiares ao que deve valer para qualquer entidade" não são aceitáveis ao realista ontológico típico descrito por Burgess e Rosen.

Assim, ao nível dos estereótipos, Burgess e Rosen colocam cada lado a alegar vantagem e a remeter o ónus para a oposição. Além disso, cada lado sugere que o ónus da prova é tão incrivelmente difícil que não pode ser satisfeito. Supostamente, o realista em ontologia não consegue realmente mostrar como o conhecimento matemático se pode conciliar com a natureza abstracta dos objectos matemáticos, e o nominalista não consegue realmente avançar razões científicas convincentes sobre a razão pela qual as melhores teorias científicas têm que ser revistas de maneira a eliminar a referência a objectos matemáticos.

Burgess e Rosen observam que muitos filósofos da matemática contemporâneos concedem que subverter o argumento da indispensabilidade é suficiente para estabelecer o nominalismo. Por outras palavras, muitas facções no debate concordam que se justifica a crença nos objectos matemáticos *se e só se* a matemática é indispensável à ciência.([14]) Observe-se que isto é defender que: 1) é o realista ontológico que carrega o ónus inicial da prova, e 2) o argumento da indispensabilidade é realmente o único a considerar seriamente (segundo Field; ver §1 acima). Subverter aquele único argumento recoloca a questão no ponto de partida, em que o realista carrega com o

---

([14]) Na secção seguinte temos um breve encontro com uma excepção. Mark Balaguer argumenta que, mesmo que se prove que a matemática é indispensável à ciência, ainda carecemos de justificação para aceitar a existência de objectos matemáticos.

peso insuportável. Burgess e Rosen sugerem que o realista não deve concordar com este quadro, em parte porque a questão do ónus da prova não deve ser decidida tão precipitadamente.

Observe-se, de passagem, que o enfoque na indispensabilidade, por ambas as partes do debate, mostra a influência de Quine na América do Norte. Do ponto de vista mais tradicional de que o conhecimento matemático é *a priori*, poderia pensar-se que o último lugar para proprocurar uma justificação para a crença em entidades matemáticas seria um empreendimento empírico como a ciência. Nas perspectivas tradicionais, os objectos matemáticos existem necessariamente (se existem de todo), mas a ciência apenas nos fala da existência contingente. Assim, do ponto de vista tradicional, o papel da matemática na ciência nem sequer seria visto como argumento a favor do realismo ontológico sobre matemática, quanto mais como o único argumento sério. Como disse Neil Tennant (1997: 309), alegações sobre o papel da matemática na ciência "não são estritamente relevantes para o problema filosófico da existência de números", ou pelo menos não da maneira como aquele problema tem sido tradicionalmente concebido (ver também Tennant 1997a).

Lembremos que todos os programas anti-realistas acima invocam recursos conceptuais adicionais. Field propõe um domínio de pontos e regiões do espaço-tempo, e utiliza uma lógica mais forte. Chihara invoca um operador modal de construtibilidade e recursos necessários para a definição da noção semântica de satisfação. A situação é típica dos programas ontológicos anti-realistas. Em termos quineanos, eles trocam ontologia por "ideologia". Burgess e Rosen prestam atenção cuidadosa às permutas envolvidas, analisando o que é exactamente requerido em cada caso, e se as ofertas são vantajosas.

Lembremos que o nominalista estereotipado rejeita os objectos matemáticos com o fundamento de que os seres humanos, como entidades físicas, não podem ter conhecimento de objectos abstractos causalmente inertes. Ele argumenta que o seu oponente não pode suportar o ónus de proporcionar uma epistemologia naturalista para a matemática. Note-se, todavia, que Field tem a obrigação de proporcionar uma epistemologia para a estrutura altamente abstracta do espaço-tempo, e Chihara tem a obrigação de explicar o nosso conhecimento das verdades modais invocado no programa. Como é que os seres humanos, enquanto organismos físicos num universo físico, têm um conhecimento tão detalhado do que é possível relativamente a construções tão abstrusas como frases iteradas de satisfazibilidade (ver Shapiro 1993)?

Outra questão fundamental diz respeito ao que é reivindicado em nome de cada reconstrução da matemática ou da física-matemática. Suponhamos, de momento, que temos uma física aceitável que não invoca objectos matemáticos – por meio de uma das reduções nominalistas. Que poderia ou deveria o nominalista (ou um observador neutro) concluir? Para que será usada a austera teoria nominalista? Burgess e Rosen propõem duas orientações. A abordagem *revolucionária* consiste em reclamar que a teoria nominalista é superior à física-matemática standard, e portanto deve *substituí-la*. Nesta abordagem, Field insistiria que os cientistas começassem a usar as teorias sintéticas em vez das suas confortáveis contrapartes "platonistas"; Chihara estaria reivindicando que os cientistas usassem o seu sistema relativo à construtibilidade de frases abertas em lugar da matemática usual que envolve números e conjuntos (embora nem Field nem Chihara façam esta reivindicação).

Há mais uma distinção, que invoca uma questão do Cap. 1, §2. Uma orientação *filosofia-primeiro* consistiria em insistir que a ciência nominalista deve ser preferida à ciência matemática legada, com fundamentos metafísicos *a priori* que se impõem antes do critério usado pelos cientistas para seleccionar as suas teorias. Quer dizer, o nominalista reivindica que a análise *filosófica* revela que os objectos matemáticos são perniciosos, e adverte os colegas científicos para se conformarem com este escrúpulo. Dado o enfoque na indispensabilidade, poucos participantes no debate seguem a rota da filosofia-primeiro, e Burgess e Rosen não lhe fazem mais do que uma referência de passagem.

O nominalista *naturalista* revolucionário argumenta que as teorias nominalistas rigorosas são superiores às teorias científicas comuns com base em fundamentos científicos comuns. Por outras palavras, ele reivindica que há boas razões *científicas* para preferir teorias que evitam objectos matemáticos. Burgess e Rosen lembram-nos pacientemente que os filósofos profissionais não são aqueles que adjudicam questões de mérito científico. Se qualquer anti-realista ontológico é tentado pela abordagem naturalista revolucionária, ele deve submeter o seu trabalho a uma revista especializada da corrente principal da física.

Se Field ou Chihara seguissem esta sugestão impertinente, o melhor que poderiam esperar seria uma nota cortêz do editor sugerindo que o autor tentasse o mercado filosófico. O ponto sério subjacente à sugestão de Burgess e Rosen é que somente os *cientistas* (incluindo editores de revistas científicas) devem determinar o que constitui o mérito *científico*. E, para um naturalista, o que conta mais como *mérito*? O facto é que os cientistas não estão muito interessados em eliminar referências a objectos matemáticos. O nominalista tem de lhes mostrar que, de acordo com os padrões que eles implicitamente adoptaram, os cientistas deviam evitar referências a objectos matemáticos.

Para sustentar o seu ponto de vista, Burgess e Rosen proporcionam uma lista de critérios de escolha uma de teorias científicas que a maioria dos observadores anotou e aceitou: (a) correcção e exactidão de predições; (b) precisão, alcance, e amplitude de previsões; (c) rigor interno e consistência; (d) minimalidade ou economia de suposições em vários aspectos; (e) consistência e coerência com teorias estabelecidas e familiares (ou fracassando isto, minimalidade de mudança); (f) transparência das noções básicas e (g) fecundidade, ou capacidade para extensão. Concluem que o nominalista: "parece estar a dar muito mais peso ao factor (d), economia, ou, mais precisamente, a uma variedade específica disto, economia de ontologia abstracta, do que fazem os cientistas profissionais. E o nominalista reconstrutivo parece estar a dar muito menos peso aos factores (e) e (f), familiaridade e transparência" (p. 210).

Nada mais a dizer quanto à abordagem revolucionária ao nominalismo. Burgess e Rosen sugerem outra abordagem. A opção *hermenêutica* consiste em alegar que a teoria nominalista reconstruída proporciona o *significado* subjacente da teoria científica *original*. O filósofo argumenta que, apesar das aparências, a física-matemática entendida como deve ser – *tal como é* – não invoca objectos matemáticos. É difícil enquadrar esta abordagem com a versão de Field (visto que este toma a matemática pelo seu valor nominal). Chihara reivindicaria que a discussão matemática sobre números reais e coisas análogas é realmente uma discussão sobre que frases abertas podem ser construídas. Nesta perspectiva, o cientista deve continuar a fazer ciência como antes, usando a matemática. Não há compromissos ontológicos na linguagem científica realmente em uso.

Seja P uma afirmação científica que faz referência a, digamos, números reais, e seja P' uma reconstrução nominalista de P. O nominalista hermenêutico pretende que P e P' têm o mesmo significado, logo, apesar das aparências, que P não faz realmente qualquer referência a números reais. Burgess e Rosen destacam que se P e P' têm o mesmo significado, então o realista em ontologia tem razão ao tirar a conclusão oposta: apesar das aparências, P' faz referência a números reais, visto que tem o mesmo significado que P. Afinal de contas, a relação de sinonímia é simétrica – se P "significa realmente" P', então P' "significa realmente" P – e expressões sinónimas compartilham os seus compromissos ontológicos. Então, por exemplo, falar de construtibilidade de frases abertas invoca realmente os números reais, apesar das aparências.

Naturalmente, o anti-realista ontológico nega que isto seja assim. Portanto, o nosso nominalista hermenêutico deve ir além de uma reivindicação de sinonímia. Ele propõe uma assimetria entre proposições comuns como P e as suas traduções ontologicamente rigorosas P'. Ele argumenta que a P' nominalista fornece algo como a estrutura profunda subjacente de P, e não vice-versa. Burgess e Rosen modestamente observam, então, que isto é uma reivindicação *empírica* e, portanto, deve ser encaminhada para peritos, tal como linguistas, que podem determinar o que as proposições em português significam. Burgess e Rosen prosseguem com considerações contra o nominalista hermenêutico, ao reflectirem sobre a metodologia da linguística científica.

Assim, Burgess e Rosen argumentam que nem a abordagem revolucionária (naturalista) nem a abordagem hermenêutica têm alguma probabilidade de sucesso, pelo menos enquanto tal sucesso for entendido em termos científicos. E que outros termos estão disponíveis aqui, face ao que parece ser um acordo geral sobre a premência das considerações de indispensabilidade?

Burgess e Rosen não tentam interpretar filósofos particulares, como Field e Chihara, como nominalistas revolucionários ou hermenêuticos. Suspeito que Field e Chihara acusariam Burgess e Rosen de propor um falso dilema, reclamando que a abordagem revolucionária e a abordagem hermenêutica não esgotam as opções para entender os seus programas. Eles falam por vezes das maneiras pelas quais a ciência *poderia* proceder – independentemente de ser ou não melhor para a ciência prosseguir dessa maneira – e de seguida deduzem lições filosóficas desta reivindicação modal. Deixaremos este assunto com um desafio ao anti-realista ontológico para que articule somente o que reivindica em nome do sistema reconstrutivo detalhado.

4. Adenda: os jovens turcos

Termino este capítulo com descrições breves de dois livros recentes que adoptam uma abordagem fresca ao problema ancestral relativo à existência de objectos matemáticos. Os autores propõem, de diferentes maneiras, que os argumentos filosóficos são, e em algum sentido devem ser, insuficientes para determinar se os objectos matemáticos – conjuntos e números – possuem existência independente do matemático. Propõem que a questão seja transcendida.

Como vimos acima – várias vezes – um problema fundamental para o realismo em ontologia é mostrar como é possível referir, e saber coisas sobre, objectos matemáticos se não temos contacto causal com tais objectos. Os autores considerados nesta secção sugerem que uma questão mais profunda e frutífera é a de saber por que razão a inércia causal dos objectos matemáticos não parece jogar nenhum papel na matemática, ou mesmo na ciência. O que é que a prática da matemática e da ciência têm que lhes permitem prosseguir com termos que se referem a objectos com os quais não temos qualquer contacto causal? O que é que isto diz sobre os objectos matemáticos?

Metaphysical Myths, Mathematical Practice, de Jody Azzouni (1994), centra-se na natureza da referência e da verdade em matemática. Como diferem estas das suas contrapartes na linguagem comum e nas ciências empíricas? As questões de ontologia não estão longe do centro do palco, visto que não podemos determinar a natureza da referência sem alguma descrição do que é que nos estamos a referir. Azzouni sugere que a prática matemática, se alguma coisa faz, é fixar a referência matemática, e portanto o filósofo precisa de prestar atenção à prática.

Um *sistema de postulados* é uma colecção de axiomas. Como vimos no Cap. 6, §§2-4, o projecto de identificar cada ramo da matemática com um *único* sistema de postulados fracassou, pelo menos no que diz respeito à descrição da prática dedutiva da matemática. Isto é uma lição de incompletude. Azzouni alvitra que um ramo vivo das matemáticas, como a aritmética ou a análise real, corresponde a uma *família aberta* de sistemas de postulados. Os sistemas estão mergulhados uns nos outros, e não há fronteira fixa e determinada entre os sistemas de postulados de cada ramo. Os vários sistemas são adoptados por consenso das comunidades científicas e matemáticas.

Azzouni (1994: 87) sugere que a ontologia – ou "compromisso ontológico" – de um ramo da matemática é uma questão de gramática: "quando utilizamos um sistema Γ, 'assumem-se' os compromissos sistemáticos de Γ": Assim, quando a comunidade aceita os sistemas de postulados para a aritmética, incluindo os axiomas de Peano, eles comprometem-se com a existência dos números. Isto é tudo o que há quanto à ontologia. Para um matemático que trabalhe num ramo da matemática, uma proposição é verdadeira se ela deriva de um sistema de postulados daquele ramo. Isto é tudo quanto há acerca da verdade. Como esta bem curta sinopse indica, a visão de Azzouni da referência e da ontologia é fortemente convencional.[15]

Suponhamos que um termo singular *t* refere um objecto *o* num dado discurso. De acordo com Azzouni, a referência a *o* é *grossa* se há uma epistemologia que explica esta referência via interacção causal entre nós e objectos do mesmo tipo que *o*. A referência a objectos físicos comuns de tamanho médio e a referência a objectos teóricos concretos (como moléculas) é grossa. Como vimos no capítulo precedente, o nominalista "estereotipado" de Burgess e Rosen (1997) insiste que toda a referência é grossa, logo este filósofo exige que o realista mostre que a referência a números e conjuntos é grossa. Presumivelmente, isto é impossível. Para Azzouni, a referência

---

[15] Azzouni argumenta que a sua explicação evita os problemas bem conhecidos com a noção de "verdade por convenção" (por exemplo, Quine 1936).

a um objecto *o* é *fina* se a referência ocorre mediante a postulação de uma teoria, em que a teoria é aceite pelo seu papel na organização da nossa experiência. Para os quineanos, toda a referência é fina neste sentido. A referência a *o* é *ultrafina* se a referência é estipulada puramente por postulação.([16]) Neste caso, a postulação é tudo o que concerne à referência, e portanto não há explicação alguma da natureza do objecto *o*.

O ponto de vista de Azzouni é que a referência matemática é ultrafina. Ele mostra como tal referência é todavia "não local", no sentido em que os termos podem ter uma referência comum em sistemas de postulados diferentes. Se um ramo da matemática contém dois sistemas sobrepostos, então os termos comuns têm a mesma referência, embora ultrafinamente, naquele ramo. É geralmente admitido, por exemplo, que os números naturais são números reais. Então o "2" dos números naturais refere-se ao mesmo objecto que o "2" dos números reais, novamente de uma maneira de ultrafina.

Azzouni ilustra e apoia a sua visão da referência matemática ao contrastar a referência matemática ultrafina com a referência grossa a objectos físicos. A sua perspicácia interessante flui de uma análise cuidadosa das espécies diferentes de *erros* de referenciação que são possíveis nos dois casos. Isto é, Azzouni apoia a sua versão do estatuto especial da referência matemática ao observar mais atentamente os tipos de falhas de referência que ocorrem em matemática e nos discursos empíricos.

Azzouni explica a aplicabilidade da matemática ao mundo material pela capacidade humana de seleccionar sistemas de postulados úteis. Ele concorda com os quineanos em que não sabemos *a priori*, nem incorrigivel-

---

([16]) Os pontos de vista de Azzouni sobre referência e ontologia evoluíram desde *Metaphysical Myths*. Em trabalhos posteriores (1997, 1997a, 1998) ele faz distinções cuidadosas entre causalidade e papel epistémico.

mente, que a matemática actual permanecerá parte da nossa melhor ciência empírica. Azzouni tenta, com Quine, explicar o que levou os nossos antepassados a acreditar que a matemática é necessária e conhecível *a priori*. Ao contrário de Quine, ele argumenta que as nossas crenças intuitivas sobre a matemática não podem ser explicadas pela invocação da centralidade da matemática na ciência. Parte da resposta de Azzouni é que a derivabilidade a partir de sistemas de postulados, via lógica básica, é independente de qualquer tese particular da ciência empírica. Todavia, as nossas crenças intuitivas sobre a matemática são robustas, subtis, e complexas. Não posso aqui fazer justiça ao tratamento detalhado que Azzouni lhes dá.

Em *Platonism and Anti-Platonism in Mathematics,* Mark Balaguer (1998) argumenta a favor de algumas conclusões arrojadas e surpreendentes. Primeiro, há exactamente uma única versão sustentável do "platonismo", ou o que chamamos aqui "realismo em ontologia". Além disso, este ponto de vista é invencível, imune a todo e qualquer desafio racional. Segundo, há exactamente uma versão sustentável do "anti-platonismo", ou nominalismo, e este ponto de vista é igualmente invencível. Assim, não há maneira de determinar se os objectos matemáticos existem ou não. A terceira conclusão de Balaguer é a mais arrojada de todas: o dilema epistémico deve-se a não haver matéria de facto sobre se os objectos matemáticos existem ou não.

O singular e defensável realismo em ontologia de Balaguer é chamado "platonismo forte" [*full-blooded Platonism*]. É a tese de que todos os objectos matemáticos possíveis existem. Assim, se Γ é uma teoria logicamente possível qualquer, então existe alguma classe C de objectos matemáticos tal que Γ é verdadeira acerca de C. Por outras palavras, cada teoria possível é uma descrição correcta de alguma porção do universo matemático.

De acordo com Balaguer, a objecção mais importante ao realismo em ontologia é a queixa supracitada de que os seres humanos nada podem saber sobre objectos matemáticos visto não haver interacções causais entre humanos e objectos matemáticos abstractos. O platonismo forte – e só o platonismo forte – responde àquela objecção. De acordo com aquele ponto de vista, para alguém possuir o conhecimento de que as proposições de uma dada teoria Γ são verdadeiras, não necessita de contacto causal com os objectos de Γ. Pois, argumenta Balaguer, se o platonismo forte é correcto, então o conhecimento de que Γ é possível basta para o conhecimento de que Γ é verdadeira (acerca de alguma parte do universo matemático). Além disso, o conhecimento de que Γ é possível não requer qualquer contacto com os objectos de Γ. Se Γ é possível e um matemático raciocina dentro de Γ, ele não precisa preocupar-se sobre se os seus termos denotam alguma coisa. O platonismo forte garante-nos que existem tais objectos.

Balaguer identifica "possibilidade" com consistência. Assim, a essência do platonismo forte é um lema antigo de Hilbert: consistência implica existência. Lembremos a resposta de Hilbert a uma acusação feita por Frege: "se... axiomas arbitrariamente dados não se contradizem com quaisquer consequências suas, então eles são verdadeiros e as coisas definidas por eles existem. Isto é para mim o critério de verdade e existência."[17] Parece então que o platonismo forte se aproxima de algumas versões do formalismo, com a cláusula adicional de que se uma teoria é consistente, então é [semanticamente] verdadeira acerca de algo. O formalista conclui que esta cláusula metafísica adicional não joga qualquer papel na prática da matemática ou da ciência.

---

[17] Ver Cap. 6, §2. A correspondência Frege-Hilbert foi publicada em Frege 1976 e traduzida em Frege 1980. Naturalmente, Hilbert e Balaguer podem não utilizar "verdade" e "existência" da mesma maneira. Balaguer está ciente de que quando o matemático diz que uma frase (ou teoria) Φ é verdadeira, ele não quer meramente dizer que Φ é consistente.

A consistência, tal como emergiu do programa de Hilbert, é um conceito matematicamente definido, aplicado a proposições numa linguagem formal. As linguagens formais são elas próprias objectos matemáticos, sujeitas ao estudo por métodos matemáticos. Por outras palavras, na medida em que a consistência é entendida na matemática e na filosofia contemporânea, ela é uma noção matemática. Assim, o platonista forte de Balaguer reduz a existência matemática à consistência, mas esta última é uma noção matemática como qualquer outra. A circularidade espreita. Isto é parte da razão por que o Hilbert dos últimos anos (e outros formalistas, como Curry) consideraram a metamatemática como estando fora do alcance do formalismo (ver Cap. 6, §§3, 5). Para Hilbert, a metamatemática finitária tem "conteúdo", ao contrário do resto da matemática.

A fim de ilustrar este ponto, observe-se que as duas explicações mais comuns de "consistência" emanam da teoria dos modelos e da teoria da demonstração. Um conjunto Γ de proposições diz-se *satisfazível* [ou: *compatível*] se existe um modelo que satisfaz todos os membros de Γ. Esta definição é dada na linguagem da teoria dos conjuntos. De acordo com o platonista forte, a teoria dos conjuntos é verdadeira acerca de alguma parte do universo matemático (supondo que ela é consistente). Mas porquê pensar que as questões nesta parte do reino matemático determinam o que existe fora delas? Analogamente, um conjunto Γ de frases é dedutivamente consistente se nenhuma contradição é derivável dele. As derivações são entendidas como objectos matemáticos em si mesmos, estruturalmente semelhantes a números naturais. Novamente, porquê pensar que questões nesta parte do universo matemático desempenham um papel no universo inteiro?

Balaguer responde que a noção de consistência em jogo no platonismo forte não é nem a noção dedutiva de consistência nem a noção semântica de compatibilidade. Ao invés, consistência é uma noção primitiva já compreendida por nós antes. Presumivelmente, a noção primitiva de consistência é uma propriedade de colecções de frases de português (ou grego, francês, etc.). A consistência dedutiva e a derivabilidade proporcionam de alguma maneira informação sobre a extensão da noção primitiva de consistência. Por exemplo, se uma teoria formal é satisfazível, então uma tradução dela para português é realmente consistente, e se uma teoria é realmente consistente, então não é possível derivar uma contradição de uma sua formalização.

A noção (primitiva) de consistência de Balaguer não pode de todo ser uma noção matemática. Se fosse, então estaria amarrada a uma teoria matemática particular, como está qualquer noção matemática (pelo menos, de acordo com o platonismo). Se esta "teoria da consistência" (ou talvez metamatemática) fosse consistente, então o platonista forte declará-la-ia verdadeira acerca de alguma parte do universo matemático. Isto, todavia, não faz justiça ao papel que a consistência desempenha no platonismo forte. A consistência é o critério epistémico para a existência do reino matemático inteiro, não apenas a pequena vizinhança descrita pela teoria da consistência. O conhecimento de que uma teoria dada é consistente não devia requerer por si próprio o conhecimento de objectos matemáticos abstractos. De acordo com o platonismo forte, deve funcionar no sentido contrário: o conhecimento da existência de objectos abstractos sai fora do conhecimento de consistência. Portanto, o platonista forte deve ter uma descrição separada da (conhecimento de) consistência, diferente da (e prévia a) sua explicação geral do conhecimento matemático – e da matemática em geral.

O tratamento que Balaguer dá ao nominalismo tem o mesmo formato que o seu tratamento do realismo em ontologia. Ele argumenta que há um único argumento contra o nominalismo que "pode seriamente reclamar a irrefutabilidade", a saber, o argumento acima referido da indispensabilidade de Quine-Putnam (Balaguer 1998:

95). Como podemos explicar as aplicações da matemática à ciência sem defender que os objectos matemáticos existem? E Balaguer defende que há exactamente uma versão do nominalismo que emerge incólume, a saber, o ficcionalismo de Hartry Field (ver §1 acima).

Há duas maneiras de o ficcionalista responder ao problema da aplicabilidade. Uma, consiste em seguir Field e tentar mostrar que a matemática não é indispensável à ciência. Como foi indicado acima, isto significa fornecer uma versão de cada teoria científica legítima numa linguagem nominalista, e depois mostrar que da junção da matemática a estas teorias não resultam quaisquer novas consequências na linguagem nominalista. Balaguer dedica um capítulo a responder a uma objecção ao programa de Field, e parece acreditar que há teorias nominalistas verdadeiras acerca do mundo físico. Todavia, ele está preparado para a conclusão de que, em última análise, o programa de Field fracassa, e neste caso a matemática seria indispensável para a ciência. Balaguer argumenta que, mesmo assim, o filósofo não deve conceder a existência de objectos matemáticos. Em vez disso, pode-se fornecer uma descrição ficcionalista da aplicabilidade da matemática. Balaguer sugere que a matemática fornece um "instrumento teórico" ou "estrutura descritiva" para desenvolver teorias sobre o mundo físico. Na ciência (e não só) fazemos afirmações sobre entidades matemáticas imaginárias para descrever o universo não matemático.

Se a matemática é de facto indispensável, então não podemos descrever o mundo físico sem a invocar. Não obstante, o ficcionalista de Balaguer mantém que a indispensabilidade não proporciona evidência convincente para a existência de objectos matemáticos. Visto que os objectos matemáticos são causalmente inertes, o mundo físico seria da maneira que é quer existissem, ou não, quaisquer destes objectos matemáticos. Assim, mesmo que necessitemos de utilizar a linguagem matemática (invocando objectos matemáticos) para descrever o mundo físico, nada acerca do mundo físico – ou as nossas teorias a seu respeito – conta como evidência para a existência de objectos matemáticos. Teríamos os mesmos "dados" quer os objectos matemáticos existam ou não.

Novamente, Balaguer não pensa que o programa de Field irá fracassar, mas quem sabe que tipos de teorias os cientistas futuros irão desenvolver? Se o programa de Field não fracassar, então o ficcionalista de Balaguer concede que não podemos descrever completamente o que é real sem invocar entidades que não existem. Tendo em conta a indispensabilidade, o ficcionalista prefere este resultado estranho a cometer uma falácia lógica e desistir do ficcionalismo.

Suponhamos, então, que Balaguer está correcto nas arrojadas alegações que foram aqui esboçadas, de que nem o platonismo forte nem o ficcionalismo são refutados pelos melhores argumentos formulados contra eles. Então o filósofo da matemática que seja neutro fica perplexo, pelo menos neste instante. Não temos maneira alguma de determinar se os objectos matemáticos existem. Balaguer vai mais longe ainda, argumentando que o impasse entre o platonismo forte e o ficcionalismo é robusto: "nunca poderemos ter" um argumento racionalmente convincente para aceitarmos a existência de objectos matemáticos, e nunca poderemos ter um argumento que racionalmente nos compele a negar a existência de objectos matemáticos. Se Balaguer está certo sobre isto, o impasse deve continuar eternamente. Não há adjudicação racional da disputa entre realismo em ontologia e o seu oposto.

Balaguer salta então desta conclusão epistémica para a tese metafísica de que simplesmente não há qualquer verdade estabelecida sobre se os objectos matemáticos existem. Argumenta que se há condições de verdade para uma frase como "os números existem", elas são determinadas pela maneira como a nossa linguagem é usada (por exemplo, os significados dos termos). Ele argumenta, então, que nada no uso da linguagem determina condições de verdade para esta frase. Assim, "os números existem" não tem absolutamente condições de verdade. Nem é verdadeira nem falsa.

5. Leituras adicionais

Os trabalhos primários considerados neste capítulo são Field 1980, Chihara 1990, Burgess e Rosen 1997, Azzouni 1994, e Balaguer 1998. De entre estes, o programa de Field foi o que gerou mais discussão na literatura. Praticamente todas as revistas de filosofia publicaram uma recensão do livro, e várias incluíram estudos críticos detalhados sobre aspectos dele. Algumas críticas proeminentes são referenciadas e discutidas em Field 1989. A segunda metade de Chihara 1990 tem também algumas críticas detalhadas ao programa de Field.

10

ESTRUTURALISMO

Este capítulo final apresenta uma filosofia da matemática, chamada *estruturalismo*, que emergiu de desenvolvimentos na lógica e na matemática no início do séc. XX. Os seus defensores principais incluem Paul Benacerraf (1965), Geoffrey Hellman (1989), Michael Resnik (por exemplo, 1997), e eu próprio (por exemplo, Shapiro 1997).([1]) A ideia central é que a matemática é a ciência da estrutura.

A maioria dos estruturalistas é realista em valor de verdade, defendendo que cada frase não ambígua de, digamos, aritmética e análise, é verdadeira ou falsa, independentemente da linguagem, mente, e convenções sociais do matemático. Todavia, os estruturalistas diferem entre si sobre a existência de objectos matemáticos. Benacerraf e Hellman articulam e defendem versões da perspectiva que não pressupõem a existência de objectos matemáticos, enquanto Resnik e eu somos realistas em ontologia, de certa maneira. As nossas versões do estruturalismo têm ramificações para noções básicas como exis-

---

([1]) Este capítulo baseia-se vagamente em Shapiro 1997: caps. 3 e 4.

tência, objecto, e identidade, pelo menos no sentido em que esses conceitos são utilizados em matemática.

1. A ideia subjacente

Lembremos que um platonista tradicional, ou realista em ontologia, defende que o conteúdo de um ramo dado da matemática, como a aritmética ou a análise real, é uma colecção de objectos que tem algum tipo de independência ontológica. Resnik (1980: 162) define um "platonista ontológico" como alguém que defende que os objectos do espaço físico comum estão "a par" com os números. Para um tal filósofo, os números são coisas – objectos – da mesma espécie que os automóveis, só que há mais números do que automóveis e os números são abstractos e eternos.

Prosseguindo na analogia, o nosso platonista atribui algum tipo de independência ontológica aos números naturais individuais. Tal como cada automóvel é independente de qualquer outro automóvel, cada número natural – enquanto objecto individual – é independente de qualquer outro número natural.(²) Talvez a ideia seja a de que se pode revelar a *essência* de cada número sem invocar outros números. A essência do número 2 não envolve o número 6 nem o número 6.000.000.

O estruturalista rejeita vigorosamente qualquer tipo de independência ontológica entre os números naturais. A essência de um número natural reside nas suas *relações* com outros números naturais. O conteúdo da aritmética é uma estrutura abstracta única, o padrão comum a qualquer colecção infinita de objectos que tem uma relação

---

(²) Não sei se esta tese de independência ontológica pode ser exposta coerentemente. Afinal de contas, o platonista típico defende que os números naturais existem necessariamente; e, portanto, não faz sentido alguns deles existirem mas outros não.

de sucessão, um único objeto inicial,([3]) e satisfaz o Princípio de Indução Matemática. O número 2 não é mais nem menos do que a segunda([4]) posição na estrutura dos números naturais; e 6 é a sexta posição. Nenhum deles tem qualquer independência da estrutura em que estão posicionados, e, como posições nesta estrutura, nenhum dos números é independente do outro.

Uma criança pode, por certo, aprender muito sobre o número 2 e ao mesmo tempo nada ou quase nada sobre outro número como 6 ou 6.000.000. Mas esta independência *epistémica* não impede um elo ontológico entre os números naturais. Por analogia, pode-se saber muito sobre um objeto físico, como uma bola de basebol, enquanto quase nada se sabe sobre moléculas e átomos. Não se conclui daqui que a bola de basebol é ontologicamente independente das suas moléculas e átomos.

A estrutura dos números naturais é exemplificada pelas séries de caracteres sobre um alfabeto finito por ordem lexicográfica, uma sequência infinita de momentos distintos no tempo, e uma sequência infinita de marcas:

| | | | | | | ...

Analogamente, a análise real é o estudo do padrão de qualquer corpo real fechado completo. A teoria dos grupos estuda não uma única estrutura, mas um tipo de estrutura, o padrão comum a colecções de objectos com uma operação binária [associativa], um elemento neutro, e um oposto de cada elemento. A geometria euclidiana estuda a estrutura do espaço euclidiano, a topologia estuda as estruturas topológicas, e assim por diante.

([3]) [Quer dizer: não é sucessor. As três propriedades referidas nesta frase são essencialmente os conhecidos axiomas de Dedekind-Peano para os números naturais.]

([4]) [Terceira posição, se iniciarmos os números naturais em zero.]

Chamemos *sistema* a uma colecção de objectos com certas relações entre eles. Uma hierarquia corporativa ou um governo é um sistema de pessoas com relações de supervisão e trabalho partilhado; uma configuração de xadrez é um sistema de peças sob relações espaciais e "movimento possível"; uma linguagem é um sistema de caracteres, palavras, e frases, com relações sintácticas e semânticas entre eles; e uma defesa de basquetebol é uma colecção das pessoas com relações espaciais e "papel defensivo" entre elas. Definamos *padrão* ou *estrutura* como a forma abstracta de um sistema, destacando as interrelações entre os objectos, e ignorando quaisquer características que não afectem a maneira como eles se relacionam com outros objectos no sistema.

Uma maneira de apreender um padrão particular é por meio de um processo da abstracção. Observam-se vários sistemas com a mesma estrutura, e focamos a atenção nas relações entre os objectos – ignorando aquelas características dos objectos que não são relevantes para estas relações. Por exemplo, pode-se entender uma defesa de basquetebol assistindo a um jogo (ou vários jogos) e observando as relações espaciais e os papéis dos jogadores na equipa sem a bola, ignorando coisas como a altura, cor de cabelo, e percentagem de cestos em campo, visto que estes nada têm que ver com o sistema de defesa.

Nestes termos, o estruturalista defende que a matemática (pura) é o estudo dedutivo de estruturas como tais. O assunto da aritmética é a estrutura dos números naturais e o assunto da geometria euclidiana é a estrutura de espaço euclidiano. Na matemática, estas estruturas são estudadas independentemente de quaisquer particularizações que possam ter no mundo não matemático. Por outras palavras, o matemático está interessado nas relações internas das posições destas estruturas. Como diz Resnik:

> Afirmo que, na matemática, não temos objectos com uma composição "interna" organizada em estruturas, temos

só estruturas. Os objectos da matemática, isto é, as entidades que as nossas constantes e quantificadores matemáticos denotam, são pontos sem estrutura ou posições em estruturas. Como posições em estruturas, eles não têm identidade ou características fora de uma estrutura. (Resnik 1981)
    Considere-se o caso da linguística. Imaginemos que por meio do processo de abstracção... um gramático chega a uma estrutura complexa que ele chama *Inglês*. Agora suponhamos que mais tarde se conclui que o *corpus* Inglês falha de maneira significativa a realização deste padrão, de modo que muitas das alegações que o nosso linguista fez relativamente à sua estrutura serão falsificadas. Em tom de zombaria, os linguistas alcunham a estrutura de *Tinglês* [*Tenglish*]. Não obstante, muito do conhecimento do nosso linguista sobre Tinglês *qua* padrões permanece de pé; pois ele conseguiu descrever *algum* padrão e discutir algumas das suas propriedades. Analogamente, eu afirmo que sabemos muito sobre o espaço euclidiano apesar do seu fracasso em ser realizado fisicamente. (Resnik 1982)

    É claro que alguns dos exemplos mencionados acima são simples de mais para serem dignos da atenção do matemático. O que podemos demonstrar sobre uma defesa de basquetebol? Há, todavia, teoremas não triviais sobre jogos de xadrez. Por exemplo, não é possível forçar xeque-mate com um rei e dois cavalos contra um rei solitário. Isto é assim seja qual for o material de que as peças são feitas, e até se a partida for bem ou mal jogada. Este facto sobre o xadrez é um teorema matemático mais ou menos típico sobre uma certa estrutura. Neste caso, trata-se da estrutura de um certo jogo.
    Retornemos brevemente a uma questão que surgiu na discussão no §1 do capítulo anterior da reconstrução "nominalista" da teoria gravitacional newtoniana de Hartry Field (1980). Field mantém que os objectos matemáticos não existem, mas a ontologia da sua física inclui infinitos pontos e regiões do espaço-tempo. Ele argumenta

que os pontos e regiões do espaço-tempo são *objectos físicos* concretos, e, portanto, que eles não são matemáticos. Field considera a objecção natural de que "não parece haver diferença muito significativa entre postular... um espaço físico rico e postular os números reais". A sua resposta é:

> A objecção nominalista à utilização de números reais não se baseava na sua [cardinalidade] nem nas suposições estruturais (por exemplo, completude à Cauchy) tipicamente feitas sobre eles. Antes, a objecção era a sua abstracção: até postular *um só* número real que fosse teria sido uma violação do nominalismo... Inversamente, postular [infinitas] muitas entidades *físicas*... não é uma objecção ao nominalismo; nem se torna mais objeccionável quando postulamos que estas entidades físicas satisfazem suposições estruturais análogas às que os platonistas postulam para os números reais. (p. 31)

O estruturalista discorda desta distinção. Para ele, um número real *é* uma posição na estrutura dos números reais. Não faz sentido "postular um número real", visto que cada número real faz parte de uma estrutura ampla. Seria como tentar imaginar um armador([5]) independente de uma equipa de basquetebol, ou uma peça que desempenhe o papel do bispo da rainha preta independente de um jogo de xadrez. Onde seria posicionado? Quais os seus movimentos? Podemos, naturalmente, perguntar se a estrutura dos números reais é exemplificada por um dado sistema (como uma colecção de pontos físicos). Então poder-se-ia localizar objectos que desempenham o *papel* de números individuais, assim como no dia do jogo se poderia iden-

---

([5]) [Também chamado *base*, ou *posição-base*. Normalmente, são cinco as posições (ou postos) no jogo de basquetebol: base (posição 1), ala-armador (escolta ou segundo-base, posição 2) ala (ou extremo, posição 3), ala-pivô (ou extremo-poste, posição 4) e pivô (poste, ou centro, posição 5).]

tificar a pessoa no papel de armador numa das equipes, ou as peças que são bispos num jogo de xadrez. Mas é um disparate considerar *números* independentes da estrutura de que eles fazem parte.

Field concede que a sua física nominalista faz "suposições estruturais" substanciais sobre o espaço-tempo, e articula estas suposições com rigor admirável. Embora Field não colocasse a questão desta maneira, as "suposições estruturais" do seu espaço-tempo caracterizam uma estrutura muito parecida com a dos quádruplos de números reais, $\mathbb{R}^4$.([6]) De facto, Field *demonstra teoremas* acerca desta estrutura. Aos olhos do estruturalista, ele empenha-se assim na *matemática*, a ciência da estrutura. A actividade de demonstrar coisas sobre o espaço-tempo é do mesmo tipo que a actividade de demonstrar teoremas sobre os números reais. Ambas constituem um estudo dedutivo de uma estrutura.

Há duas questões inter-relacionadas relativamente à ontologia do estruturalismo. Uma diz respeito ao estatuto das próprias estruturas. Qual é a estrutura dos números naturais, a estrutura dos números reais, e assim por diante? As estruturas existem como objectos por direito próprio? E quanto a estruturas e padrões mais mundanos, como uma configuração de xadrez, uma defesa de basquetebol, ou uma sinfonia? O outro grupo de questões concerne ao estatuto dos objectos matemáticos individuais, as posições dentro das estruturas. O que dizem os estruturalistas sobre números, pontos geométricos, conjuntos, e assim por diante? Naturalmente, estas questões estão intimamente relacionadas e serão tratadas em conjunto.

([6]) Como foi observado no §1 do capítulo anterior, a distinção entre o espaço-tempo de Field e $\mathbb{R}^4$ é semelhante à distinção entre a geometria sintética de Euclides e a geometria analítica contemporânea. A diferença principal entre a estrutura do espaço-tempo de Field e a estrutura de $\mathbb{R}^4$ é que este último tem um referencial [sistema de eixos coordenados] e unidades métricas.

Visto que uma só estrutura pode ser exemplificada por mais de um sistema, uma estrutura é um-em-muitos. Entidades como estas têm recebido a sua quota-parte de atenção filosófica em todas as épocas. O exemplo tradicional de um-em-muitos é uma *propriedade*, às vezes chamada um *atributo*, um *universal*, ou uma *Forma*. Todos os objectos vermelhos diferentes no mundo partilham a propriedade única da vermelhidão. Todas as diferentes pessoas no mundo compartilham a propriedade da humanidade. Na filosofia mais recente, há uma dicotomia tipo-espécime (introduzida no Cap. 6, §§1.1, 3). As várias manchas de tinta, giz, e toner queimado na forma "E", por exemplo, são chamadas *espécimes* do *tipo* "E". Os espécimes são objectos físicos que podem ser criados ou destruídos à nossa vontade. O tipo é um objecto abstracto, a *forma* que eles comungam. Assim, a seguinte linha:

E E E E

consiste de quatro espécimes diferentes de um único tipo. Uma cópia diferente deste livro teria outros quatro espécimes daquele tipo na página correspondente. Se a página relevante fosse arrancada do livro com raiva e cortada em pedaços, os espécimes seriam consequentemente destruídos. Mas (felizmente) o tipo não seria. O tipo sobreviveria mesmo que todas as cópias da página fossem destruídas.

Como se definiu atrás, um sistema é uma colecção de objectos com algumas relações entre eles, e uma estrutura é a forma de um sistema. Assim, estrutura está para estruturado, como padrão para padronizado, como universal para particular da mesma espécie, como tipo para espécime.

Na extensa literatura sobre universais encontramos várias posições que delimitam opções para o estruturalismo. Um ponto de vista, que remonta a Platão, é que pelo menos alguns universais existem antes de, e independentes de quaisquer itens que os exemplificam (ver

Cap. 3, §1). Mesmo que não existissem pessoas nem coisas vermelhas, as propriedades de humanidade e vermelhidão ainda existiriam. Este ponto de vista é por vezes chamado *realismo ante rem*, e os universais assim concebidos são *universais ante rem*. Os universais *ante rem* (se alguns houver) existem antes de (e, portanto, independentes de) os objectos que possuem o universal. Deste ponto de vista, "um-em-muitos" é ontologicamente anterior a "muitos". Por isso não podemos livrar-nos do tipo "E" mesmo que sejam destruídos todos os espécimes desta letra.

Uma alternativa ao realismo *ante rem*, atribuída a Aristóteles, é que os universais são ontologicamente dependentes das suas particularizações (ver Cap. 3, §4). De acordo com este ponto de vista, não há mais na vermelhidão do que o que todas as coisas vermelhas têm em comum. Livramo-nos de todas as coisas vermelhas e a vermelhidão vai com elas. Se destruímos todas as pessoas, então não há mais humanidade. Os universais assim concebidos são chamados *universais in re* [ou *in Rebus*], e o ponto de vista aristotélico é por vezes chamado *realismo in re*. Os defensores típicos deste ponto de vista admitem que os universais existem, de certa maneira, mas negam que os universais tenham uma existência independente das suas particularizações. Num certo sentido, um universal existe somente nas suas particularizações. Ontologicamente, "muitos" vem primeiro, e só depois vem "um-em-muitos".

Há outros pontos de vista sobre os universais. Os conceptualistas defendem que os universais são construções mentais e os nominalistas tradicionais defendem que ou os universais são construções linguísticas ou não existem de todo.([7]) Para a discussão presente, a distinção impor-

---

([7]) Como foi observado no capítulo precedente, na filosofia da matemática contemporânea, "nominalismo" é o termo comum para o ponto de vista de que os objectos matemáticos não existem. O uso da palavra deriva de seu uso medieval relativo a universal. O nominalismo é uma versão do que eu chamo "anti-realismo em ontologia" (ver Cap. 2, §2.1).

tante está entre realismo *ante rem* e outros pontos de vista. A nossa pergunta é se, e em que sentido, as próprias estruturas têm existência independente dos sistemas de objectos que as exemplificam. É razoável falar da estrutura dos números naturais, da estrutura dos números reais, ou do espaço euclidiano, se não houver sistemas que exemplifiquem estas estruturas? Consideramos uma abordagem *ante rem* do estruturalismo na próxima secção e algumas abordagens *in re* na que vem logo a seguir.

2. Estruturas *ante rem*, e objectos

Mais uma vez, para um estruturalista um número natural é uma posição num padrão infinito particular, a estrutura dos números naturais. Este padrão pode ser exemplificado por muitos sistemas diferentes, mas é o mesmo padrão em cada caso. Para o estruturalista *ante rem* este padrão existe independentemente de quaisquer sistemas que o exemplifiquem. O número 2 é a segunda posição naquele padrão. Os números individuais são análogos a *cargos* particulares dentro de uma organização. Num clube, por exemplo, distinguimos o cargo de tesoureiro da pessoa que ocupa aquele cargo numa administração particular, e em xadrez distinguimos o bispo do rei branco da peça de mármore que desempenha aquele papel num dado tabuleiro de xadrez. Num jogo diferente, a mesmíssima peça pode desempenhar outro papel, tal como o de bispo da rainha branca ou, concebivelmente, a torre do rei preto. Analogamente, podemos distinguir um objecto que desempenha o papel de 2, numa exemplificação da estrutura dos números naturais, do próprio número. O número está no gabinete, a *posição* na estrutura. O mesmo se passa com os números reais, os pontos da geometria euclidiana, e os membros da hierarquia conjuntista. Cada estrutura antecede as posições que contém, tal como qualquer organização antecede os cargos que a constituem.

A estrutura dos números naturais antecede 2, assim como a organização do clube antecede o seu "tesoureiro", ou "o governo dos EUA" (ou a Constituição) antecede o "vice-presidente".(⁸)

Na história da filosofia, dá-se por vezes aos universais *ante rem* uma primazia explicativa. Poderá dizer-se, por exemplo, que a *razão* pela qual a Casa Branca é branca é que tem o universal de Brancura. Ou o que *faz* uma bola de basquetebol ser redonda é que tem o universal de Redondeza. Todavia, nem Resnik nem eu reivindicamos esta primazia explicativa para estruturas. Não defendemos, por exemplo, que um dado sistema é um modelo dos números naturais porque exemplifica a estrutura dos números naturais. Se alguma coisa, é exactamente ao contrário. O que faz o sistema exemplificar a estrutura dos números naturais é compreender uma função sucessor um-a-um com um objecto inicial e satisfazer o princípio de indução matemática. Isto é, o que faz um sistema exemplificar a estrutura dos números naturais é ser um modelo da aritmética.

O estruturalismo *ante rem* resolve um problema encarado seriamente por alguns platonistas – ou realistas em ontologia, pelo menos. Lembremos que Gottlob Frege (1884) forneceu uma descrição eminentemente plausível do uso de termos numéricos em contextos como "o número de *F* é *y*", onde *F* representa um predicado como "luas de Júpiter" ou "cartas nesta mesa" (ver Cap. 5, §1). Mas Frege observou que esta explicação preliminar não sustenta a sua desejada conclusão de que os números são *objectos*. Ele sugeriu que um realista ontológico deve proporcionar um critério que determine se qualquer número dado, como 2, é o mesmo ou diferente de qualquer outro

---

(⁸) Durante o recente julgamento de impedimento legal de exercício do cargo [*impeachment* do ex-Presidente Bill Clinton em 1998], era comum os membros do Congresso expressarem respeito pela presidência, enquanto exprimiam desprezo pela pessoa que a exerce na época. Esta é a distinção banal invocada aqui.

objecto, digamos Júlio César. Isto é, a explicação preliminar de Frege nada tem a dizer sobre o valor de verdade da identidade "Júlio César = 2". Este dilema, actualmente conhecido por *Problema de César*, ocupa o pensamento de alguns logicistas contemporâneos (ver Cap. 5, §4).

Paul Benacerraf (1965) e Philip Kitcher (1983: Cap. 6) suscitam uma variante deste problema, como objecção ao realismo em ontologia. Depois da descoberta de que praticamente cada ramo das matemáticas pode ser reduzido à (ou modelado na) teoria dos conjuntos, os fundacionalistas acabaram por encarar a hierarquia conjuntista como a ontologia para toda a matemática. Para quê ter conjuntos, números, pontos, e assim por diante quando bastam os conjuntos por si sós? Mas há várias reduções da aritmética à teoria dos conjuntos, e aparentemente nenhuma maneira fundamentada para decidir entre elas. O conjuntista Ernst Zermelo propôs que o número 0 é o conjunto vazio "∅", e para cada número n, o sucessor de n é o [conjunto] singular de n, de modo que 1 é {∅}, 2 é {{∅}}, 3 é {{{∅}}}, etc. Então cada número excepto 0 tem exactamente um membro. Outra redução popular, devida a John von Neumann, define cada número natural n como sendo o conjunto dos números menores do que n. Então 0 é o conjunto vazio ∅, 1 é {∅}, 2 é {∅, {∅}}, e 3 é {∅, {∅}, {∅, {∅}}}. Neste sistema, cada número n tem exactamente n membros. Bem, ou é Von Neumann ou é Zermelo que está certo (ou nenhum deles)? Se os números são objectos matemáticos e todos os objectos matemáticos são conjuntos, então necessitamos de saber que conjuntos *são* os números naturais. O que é realmente o número 3? Como podemos contar? Somos deixados com outra interrogação. Na redução de Von Neumann, 1 é membro de 3, mas o 1 de Zermelo não é membro de 3. Assim, ficamos sem resposta à pergunta, "1 é realmente membro de 3, ou não?" Destas observações e questões, Benacerraf e Kitcher concluem, contra Frege, que os números não são objectos, logo rejeitam o realismo em ontologia.

O estruturalista *ante rem* acha que esta conclusão carece de justificação. Para ver porquê, regressamos à pergunta geral de o que é *ser um objecto*, pelo menos em matemática. Em vez de tentar resolver o Problema de César e responder às questões de Benacerraf-Kitcher directamente, o estruturalista argumenta que estas questões não necessitam de respostas. Novamente, um número natural é uma posição na estrutura dos números naturais. Esta última é o padrão comum a todos os modelos da aritmética, quer estejam realizados na hierarquia conjuntista ou em qualquer outro lugar. Pode-se formular proposições coerentes e determinadas sobre a identidade de dois números: 1 = 1 e 1 ≠ 4. E pode-se indagar sobre a identidade entre números designados por descrições diferentes *na linguagem da aritmética*. Por exemplo, 7 é o maior primo que é menor que 10. Mas não faz sentido indagar da identidade entre uma posição na estrutura dos números naturais e algum outro objecto. A identidade entre números naturais é determinada; a identidade entre números e outros tipos de objectos não é, nem é a identidade entre números e as posições de outras estruturas. Alternativamente, podemos declarar com segurança que muitas das identidades são falsas. Evidentemente, César não é uma posição numa estrutura, logo César não é um número.

Na mesma linha de pensamento, pode-se esperar respostas determinadas a questões sobre relações *numéricas* entre números, relações definíveis na linguagem da aritmética. Assim, 1 < 3, e 7 não divide 22. Estas proposições são *internas* à estrutura dos números naturais. Também se pode esperar respostas a questões standard sobre cardinalidade de colecções. O número de planetas é 9 (tendo já decidido o que contar como planeta). Mas se perguntamos, com Kitcher e Benacerraf, se 1 é elemento de 3, então não há resposta à espera de ser descoberta. É semelhante a perguntar se o número 1 é mais engraçado do que o número 4, ou se é mais verde.

Considerações semelhantes valem para padrões mundanos. É assente que o guarda-redes não é um avançado (simultaneamente), mas há algo de estranho no perguntar se as posições em padrões são idênticas a outros objectos. Há algo de estranho no perguntar se a Presidência é idêntica a Bill Clinton – se o cargo é idêntico à pessoa. Novamente, se se insiste na pergunta, podemos dizer que Bill Clinton não é – e nunca foi – a Presidência.

Analogamente, é assente que o bispo da rainha não pode capturar o bispo da rainha oposta, mas tem algo de esquisito perguntar se o bispo da rainha é mais esperto do que o bispo da rainha oposta. Há também algo de estranho em perguntar se a posição-base no basquetebol é mais alta, ou mais rápida, ou melhor armador que a posição ala-pivô. Ser baixo, alto ou percentagem de extremo não se aplica a posições [no basquetebol].

Perguntas semelhantes, menos filosóficas, são feitas em dia de jogo, sobre um alinhamento particular, mas aquelas perguntas respeitam às pessoas que ocupam as posições-base e ala-pivô nesse dia, não as próprias posições. Praticamente qualquer pessoa preparada para jogar pode ser um armador – qualquer pessoa pode ocupar este posto numa equipa de basquetebol (alguns melhores do que outros). Qualquer objecto móvel pequeno pode jogar o papel de (isto é, pode ser) bispo da rainha negra. Analogamente, absolutamente qualquer coisa pode "ser" 3 – qualquer coisa pode ocupar aquele lugar num sistema que exemplifique a estrutura dos números naturais. O 3 de Zermelo ({{{∅}}}), o 3 de Von Neumann ({∅, {∅}, {∅, {∅}}}), e até Júlio César pode desempenhar esse papel (em sistemas diferentes, naturalmente). Para o estruturalista, as questões de Frege-Benacerraf-Kitcher são ou triviais ou imediatas, ou então as questões não têm respostas determinadas, e não precisam delas.

O estruturalismo aponta na direcção de um tipo de relatividade no que concerne a objectos e existência, pelo menos na matemática. Os objectos matemáticos estão presos às estruturas que eles constituem. Benacerraf (1965: §III.A) propôs um ponto de vista semelhante, pelo menos provisoriamente, sugerindo que algumas proposições de identidade são desprovidas de sentido: "proposições de identidade fazem sentido só em contextos onde existem possíveis condições de individuação... (...) Questões de identidade pressupõem que as 'entidades' indagadas pertencem a alguma categoria geral." O estruturalista está de acordo, observando que posições na mesma estrutura estão certamente na mesma "categoria geral" e há "condições de individuação" entre elas. Benacerraf conclui: "o que constitui uma entidade depende da categoria ou teoria... Há duas... maneiras correlativas de olhar para o problema. Podemos concluir que a identidade é sistematicamente ambígua, ou então podemos concordar com Frege, que a identidade não é ambígua, significando sempre coincidência do objeto, mas que (agora contra Frege) a noção de *objecto* varia de teoria para teoria, categoria para categoria..." O estruturalista mantém que, em matemática, as noções de "objecto" e "identidade" são inequívocas mas inteiramente relativas.

Resnik atribui esta relatividade à tese quineana da relatividade da ontologia. Para Resnik, tal como para Quine, a relatividade aqui é bastante geral, aplicando-se a todo o tecido de crenças científicas (ver, por exemplo, Quine 1992). A minha versão do estruturalismo não leva a relatividade tão longe, mesmo para a matemática. Por vezes, os matemáticos acham conveniente, e até obrigatório identificar as posições de estruturas diferentes. Isto ocorre, por exemplo, quando teóricos da teoria dos conjuntos aceitam as definições de Von Neumann dos números naturais (em oposição às de Zermelo ou qualquer outro). Para um exemplo mais simples, é certamente avisado identificar as posições na estrutura dos números naturais com as suas contrapartes nas estruturas dos números inteiros, racionais, reais e complexos. Assim, o número natural 2 é idêntico ao número inteiro 2, ao número racional 2, ao número real 2, e ao número complexo 2 + 0*i*. Mais simples do que isto não pode haver.(⁹)

Há, naturalmente, uma diferença intuitiva entre um objecto e uma posição numa estrutura, entre um funcionário e um cargo. Muita da motivação precedente para o estruturalismo gira em torno desta distinção. Para poder manter que os números, conjuntos, e pontos (etc.) são *objectos*, o estruturalista *ante rem* invoca uma distinção na prática linguística. Há, com efeito, duas orientações diferentes envolvidas na discussão dos padrões e suas posições. Às vezes as posições de uma estrutura são tratadas no contexto de um ou mais *sistemas* que exemplificam a estrutura. Poderíamos dizer, por exemplo, que o guarda-redes hoje era um ponta-de-lança ontem, que o tesoureiro actual é mais dedicado à organização do que o seu antecessor, ou que alguns presidentes têm mais integridade do que outros. Analogamente, poderíamos dizer que o 3 de Von Neumann tem mais dois elementos que o 3 de Zermelo. Em cada caso, tratamos cada posição de uma estrutura em termos dos objectos ou das pessoas que ocupam a posição. Chamemos a esta perspectiva *posições-são-cargos*. Assim interpretadas, as posições de uma estrutura são mais como propriedades do que objectos. A orientação a favor dos cargos pressupõe uma ontologia base que fornece objectos para preencher as posições das estruturas. No caso das equipas, organizações, e governos, a ontologia base é constituída pelas pessoas, e no caso dos jogos de xadrez a ontologia base consiste em objectos pequenos, movíveis, com certas cores e formas típicas. No caso da aritmética, os conjuntos – ou qualquer outra coisa – servem como ontologia base.

Em contraste com esta orientação a favor dos cargos, há contextos em que as posições de uma estrutura dada

---

(⁹) Como vimos no Cap. 5, §2, Bertrand Russell (1919: Cap. 7) argumentou que todos os 2 são diferentes. Ver Parsons 1990: 334, para uma discussão subtil da identidade no contexto do estruturalismo.

são tratadas como *objectos* por direito próprio, pelo menos gramaticalmente. Isto é, às vezes, itens que denotam posições são termos singulares, como nomes próprios. Dizemos que o Vice-Presidente é Presidente do Senado, que o bispo de xadrez se move numa diagonal, ou que o bispo que está num quadrado preto não se pode mover para um quadrado branco. Chamemos a esta perspectiva *posições-são-objectos*. Aqui, as proposições são sobre a estrutura respectiva *enquanto tal*, independente de quaisquer exemplificações que possa ter. Desta perspectiva, a aritmética versa sobre a estrutura dos números naturais, e o seu universo do discurso consiste nas posições desta estrutura, tratadas na perspectiva posições-são-objectos. Analogamente para outras disciplinas, tais como análise real e complexa, geometria euclidiana, e talvez a teoria dos conjuntos.

A sugestão aqui é que, por vezes, oradores competentes de português tratam as posições de uma estrutura matemática *como objectos*, pelo menos no que concerne à gramática superficial. Alguns estruturalistas, como Resnik e eu próprio, encaram isto como fornecendo a forma lógica subjacente da linguagem matemática. Isto é, frases na linguagem da aritmética, como "$7 + 9 = 16$" e "para cada número natural n, há um número primo $m > n$" são tomadas literalmente como referindo-se às posições da estrutura dos números naturais. Os termos que denotam números estão na perspectiva posições-são-objectos. Na matemática, as posições de estruturas matemáticas são objectos *bona fide*.

Por conseguinte, para o estruturalista *ante rem*, a distinção entre cargo e funcionário do cargo – e, portanto, a distinção entre posição e objecto – é relativa, pelo menos na matemática. O que é um objecto de uma perspectiva é, de outra, uma posição-numa-estrutura. Na perspectiva posições-são-cargos, a ontologia base pode consistir em posições de outras estruturas, quando dizemos, por exemplo, que os números reais inteiros negativos exemplificam a estrutura dos números naturais, ou que uma linha recta euclidiana exemplifica a estrutura dos números reais. De facto, a ontologia base para a perspectiva posições-são-cargos pode até consistir nas posições da *própria estrutura sob discussão*, quando se observa que até os números naturais exemplificam a estrutura dos números naturais. Em particular, cada estrutura exemplifica-se a si mesma. As suas posições, encaradas como objectos, exemplificam a estrutura.

Michael Hand (1993) argumenta que o estruturalismo *ante rem* vacila numa versão do argumento aristotélico tradicional "Terceiro Homem", argumento contra os universais *ante rem*. ([10]) Ambas as reduções de Von Neumann e de Zermelo exemplificam a estrutura dos números naturais. Da perspectiva *ante rem*, a própria estrutura dos números naturais também exemplifica a estrutura dos números naturais. Hand argumenta que o estruturalista *ante rem* necessita, assim, de uma *nova* estrutura, uma super estrutura dos números naturais, que a estrutura original dos números naturais partilha com os sistemas de Von Neumann e de Zermelo. E um retrocesso emerge. Da perspectiva *ante rem*, todavia, a frase "a própria estrutura dos números naturais exemplifica a estrutura dos números naturais" depende de diferentes orientações sobre estruturas. A ideia é que as posições da estrutura dos números naturais, consideradas da perspectiva posições--são-objectos, podem ser organizadas num sistema, e este exemplifica a estrutura dos números naturais (cujas posições são agora vistas da perspectiva posições-são-cargos).

([10]) [O argumento em questão é uma crítica filosófica da teoria das Formas, e foi primeiramente proposto pelo próprio Platão no diálogo *Parménides*. Foi retomado por Aristóteles, que utilizou o exemplo de um homem para explicar a sua objecção à teoria das Formas do seu mestre: se um homem é um homem porque participa da forma de homem, então seria necessária uma terceira forma para explicar como homem e forma de homem são ambos homem, e assim por diante, *ad infinitum*.]

A estrutura dos números naturais, como sistema de posições, exemplifica-se a si mesma, como faz cada estrutura.

3. Estruturalismo sem estruturas

A perspectiva *ante rem* pressupõe assim que as proposições, na perspectiva posições-são-objectos, devem ser tomadas literalmente, pelo seu valor nominal. Termos como "tesoureiro", "guarda-redes", "22", e "6 + 3*i*" são termos singulares genuínos que denotam objectos. Alguns estruturalistas opõem-se a isto, e não consideram a perspectiva posições-são-objectos seriamente. Note-se que as proposições lugares-são-objectos implicam generalizações sobre *todos* os sistemas que exemplificam a estrutura em questão. Toda a gente que é Vice-Presidente – se é Gore, Quayle, Bush, ou Mondale – é Presidente do Senado naquele governo. Cada bispo de xadrez move-se numa diagonal, e nenhum bispo em casas negras se pode jamais mover em casas brancas (no mesmo jogo). Nenhuma pessoa pode ser armador e ala-pivô simultaneamente; e qualquer coisa que desempenhe o papel de 3 num sistema de números naturais é o sucessor do que quer que seja que desempenhe o papel de 2 naquele sistema. Em suma, proposições posições-são-objectos aplicam-se aos objectos ou pessoas que ocupam as posições em *qualquer* sistema que exemplifique a estrutura.

Um filósofo que rejeite a abordagem *ante rem* a favor de uma descrição mais *in re* das estruturas poderá defender que as proposições posições-são-objectos mais não são do que um refrasear conveniente de generalizações correspondentes sobre sistemas que exemplificam a estrutura em questão. Um passo como este, se for bem sucedido, eliminaria completamente a perspectiva posições-são-objectos. A tese seria a de que proposições posições-são-objectos não devem ser tomadas literalmente. Os termos singulares aparentes mascaram variáveis limitadas implícitas.

Este plano depende da capacidade de generalização a todos os sistemas que exemplificam a estrutura em questão. No programa *in re*, uma proposição matemática como "3 + 9 = 12" tornar-se-ia em algo como:

em qualquer sistema S de números naturais,
adicionando-S ao objecto na posição-3-de-S
ao objecto na posição-9-de-S,
resulta o objecto na posição-12-de-S.

Quando parafraseadas desta maneira, as alegações ontológicas aparentemente arrojadas perdem a sua eficácia. Por exemplo, a frase "3 existe" devém "cada sistema de números naturais tem um objecto na sua posição-3", e "números existem" devém "cada sistema de números naturais tem objectos nas suas posições." Coisa mais inócua não deve haver.

O programa de refrasear proposições matemáticas como generalizações é uma manifestação de estruturalismo, mas que não considera as estruturas – nem os objectos matemáticos, decerto – como objectos legítimos. Falar de números é uma maneira abreviada conveniente de falar de todos os sistemas que exemplificam a estrutura. Falar de estruturas em geral é uma maneira conveniente de falar acerca de sistemas.

Charles Parsons (1990: §§2-7) apresenta (mas abandona prontamente) um ponto de vista como este, que ele apelida de *estruturalismo eliminativo:* "Este… evita singularizar um qualquer… sistema como sistema dos números naturais… [O estruturalismo eliminativo] exemplifica uma resposta muito natural às considerações em que se baseia o ponto de vista estruturalista, encara as proposições sobre uma espécie de objectos matemáticos como proposições gerais sobre estruturas de um certo tipo e procura uma maneira de eliminar a referência a objectos matemáticos da espécie em questão por meio desta ideia" (Parsons 1990: 307). Benacerraf (1965) adopta uma versão eliminative *in re* do estruturalismo quando escreve que a teoria dos números "é a elaboração das propriedades de todos [os sistemas] do tipo de ordem dos números." Isto, naturalmente, não compagina com a sua rejeição da tese de que números são objectos.

Em termos actuais, o programa do estruturalista eliminativo parafraseia as proposições posições-são-objectos em termos da perspectiva posições-são-cargos. Lembremos que a orientação posições-são-cargos requer uma ontologia base, um universo do discurso, para preencher as posições nas estruturas (*in re*). Para dar sentido a uma parte substancial da matemática, a ontologia base deve ser bastante robusta, o que constitui uma pedra no sapato potencial do programa eliminativo. Não importa a *natureza* dos objectos da ontologia, mas ela deve conter *muitos* objectos. Para ver isto, seja Φ uma proposição na linguagem da aritmética. De acordo com o estruturalista eliminativo, Φ equivale a algo da forma:

(Φ′) para qualquer sistema *S*, se *S* exemplifica a estrutura dos números naturais, então Φ[*S*],

em que Φ[*S*] se obtém de Φ interpretando a terminologia aritmética e as variáveis em termos dos objectos e relações do sistema *S*. Cada sistema que exemplifique a estrutura dos números naturais tem obrigatoriamente infinitos objectos. Logo, se a ontologia base é finita, então não há sistema algum que exemplifique a estrutura dos números naturais. Neste caso, Φ′ resulta verdadeira, seja qual for a proposição Φ. Isto é, se a ontologia base é finita, então as interpretações de "3 + 5 = 4", "todos os números são primos" e "alguns números não são primos" são todas elas verdadeiras. Portanto, se a ontologia base é finita, então não obtemos uma versão da aritmética que respeite os valores de verdade usuais das frases aritméticas. Assim, uma descrição estruturalista eliminativa da aritmética requer uma ontologia infinita. Analogamente, uma descrição estruturalista eliminativa da análise real e geometria euclidiana requer uma ontologia base cuja cardinalidade é pelo menos a do contínuo. Uma descrição eliminativa da teoria dos conjuntos requer ainda mais objectos. Caso contrário, os campos são vácuos.

Há duas respostas a esta ameaça (para além do retorno ao estruturalismo *ante rem* ou uma rejeição em absoluto do estruturalismo). Uma delas consiste em postular a existência de objectos abstractos suficientes para que todas as estruturas sob estudo possam ser exemplificadas. Isto é, para cada ramo legítimo da matemática, supomos que há objectos suficientes para evitar que aquele ramo seja vácuo. Esta é a chamada opção ontológica. O ponto de vista é o estruturalismo ontológico eliminativo.

Neste programa, se queremos uma explicação única de toda (ou quase toda) a matemática, então a ontologia base de objectos abstractos deve ser bem grande. Vários lógicos e filósofos encaram a hierarquia conjuntista como a ontologia para toda a matemática. Se admitimos que cada conjunto na hierarquia existe, então haverá certamente objectos suficientes para exemplificar praticamente qualquer estrutura que possamos considerar. Visto que, historicamente, um propósito da teoria dos conjuntos era proporcionar modelos de tantas estruturas quanto possível, a teoria dos conjuntos é um bom candidato a ontologia base para o estruturalismo eliminativo.([11]) As noções relevantes de sistema e satisfação são partes normais de teoria dos modelos comuns. Uma estrutura é um tipo de ordem de uma interpretação modelo-teorética.

A característica crucial do estruturalismo ontológico eliminativo é que a ontologia base não é entendida em ter-

---

([11]) Alguns lógicos e matemáticos mostraram que a matemática pode ser realizada em outras teorias que não a hierarquia conjuntista (por exemplo, Quine 1937, Lewis 1991, 1993). Há um contingente dedicado que defende que a categoria de todas as categorias é a fundação adequada para a matemática (ver por exemplo Lawvere 1966). McLarty 1993 é uma articulação entusiasta do estruturalismo em termos da teoria das categorias.

mos estruturalistas. Se a hierarquia conjuntista é o fundo, então a teoria dos conjuntos não é, afinal de contas, a teoria de uma estrutura particular. Ao invés, a teoria dos conjuntos versa sobre uma classe particular de objectos, a ontologia base. Talvez a teoria dos conjuntos possa ser pensada de um ponto de vista diferente, como o estudo de uma estrutura particular U, mas isto requereria que outra ontologia base tomasse o lugar de U. A nova ontologia base não deve ser entendida como as posições de outra estrutura, ou, se for, necessitamos ainda de mais outra ontologia base para as *suas* posições. O estruturalista ontológico eliminativo deve terminar esta regressão. A ontologia final não é entendida em termos de estruturas, mesmo que tudo o mais em matemática o seja.

Alguns filósofos que se inclinam para o anti-realismo em ontologia expressaram simpatia por uma descrição estruturalista da matemática, mas, naturalmente, eles não contemplam estruturas *ante rem*. Da perspectiva nominalista, a opção ontológica eliminativa não é melhor, devido à ontologia base. O nosso nominalista propõe que falemos de *estruturas possíveis* em vez de estruturas. Em vez de dizer que a aritmética diz respeito a todos os sistemas de um certo tipo, dizemos que a aritmética diz respeito a todos os sistemas *possíveis* de um certo tipo. Novamente, seja Φ uma proposição na linguagem da aritmética. Acima, na opção ontológica, uma proposição da aritmética Φ é interpretada como "para qualquer sistema S, se S exemplifica a estrutura dos números naturais, então Φ[S]". Com a opção presente, Φ é entendida como:

para qualquer sistema possível S, se S exemplifica a estrutura dos números naturais, então Φ[S];

ou como

necessariamente, para qualquer sistema S, se S exemplifica a estrutura dos números naturais, então Φ[S].

Para o anti-realista ontológico, o *embaraço* consiste em impedir que a aritmética, a análise, e assim por diante sejam vácuas, sem assumir que existe um sistema que exemplifique a estrutura. A solução presente consiste em supor, contrariamente, que um tal sistema é possível. Ao contrário da opção ontológica (ou estruturalismo *ante rem*), não requeremos aqui uma ontologia base real, abundante. Pelo contrário, necessitamos que uma ontologia real, abundante, seja *possível*. Chame-se a este ponto de vista *estruturalismo eliminativo modal*.

Hellman (1989) desenvolve um programa como este com detalhe meticuloso. O título do seu livro, *Mathematics Without Numbers*, resume bem as coisas. É uma descrição estruturalista da matemática que não contempla a existência de estruturas – nem de objectos matemáticos. As proposições num ramo da matemática são entendidas como generalizações [ver nota 13, p. 251] sob o alcance de um operador de possibilidade ou necessidade. Em vez de asserções de que várias estruturas ou sistemas existem, Hellman tem asserções de que os sistemas poderão existir.

Provavelmente, a questão central com a opção modal seja a natureza da modalidade invocada. Como devemos considerar as "possibilidades" e "necessidades" utilizadas na expressão de proposições matemáticas? Talvez seja *fisicamente* possível existir um sistema que exemplifique a estrutura dos números naturais. Poderemos até pensar o espaço euclidiano como fisicamente possível. Todavia, seria desvirtuar esta noção modal para além do reconhecível alegar que um sistema que exemplifique qualquer estrutura mais rica é fisicamente possível (não obstante Maddy 1990: Cap. 5; ver Cap. 8, §3 acima). Certamente, não é possível existirem tantos objectos físicos.

O operador modal relevante também não deve ser entendido como possibilidade *metafísica*. Intuitivamente, se os objectos matemáticos – como números, pontos e conjuntos – existem absolutamente, então a sua existência é metafisicamente necessária. A maioria dos proponentes e oponentes da existência de objectos matemáticos concorda que "os números naturais existem" seja equivalente a "possivelmente, os números naturais existem" e a "necessariamente, os números naturais existem". O mesmo vale para praticamente quaisquer objectos matemáticos, pelo menos da maneira como são tradicionalmente concebidos. Assim, a existência e a possível existência de itens na ontologia base são equivalentes. Portanto, o uso da modalidade metafísica realmente não enfraquece o peso ontológico do estruturalismo eliminativo (para elaboração de um ponto de vista semelhante, ver Resnik 1992).

Para estas razões, Hellman não invoca a possibilidade física ou metafísica. Pelo contrário, ele mobiliza as modalidades *lógicas* para o seu estruturalismo eliminativo. A nossa proposição da aritmética Φ torna-se:

para qualquer sistema S logicamente possível,
se S exemplifica a estrutura dos números naturais,
então $\Phi[S]$.

A possibilidade lógica é aparentada da consistência. Desta perspectiva, o estruturalista modal necessita apenas de supor que é logicamente possível que existam sistemas que exemplificam a estrutura dos números naturais, a estrutura dos números reais, etc.

Emerge aqui uma questão do §2 e §4 do capítulo anterior. Lembremos que em textos contemporâneos de lógica e classes as modalidades lógicas são entendidas em termos de *conjuntos*. Dizer que uma frase é logicamente possível é dizer que *existe* um certo conjunto que a satisfaz. De acordo com a opção modal do estruturalismo eliminativo, todavia, dizer que existe um certo conjunto é dizer algo sobre cada sistema logicamente possível que exemplifique a estrutura da hierarquia conjuntista. Isto constitui uma circularidade inaceitável. Não é bom converter a "existência" matemática em termos de possibilidade lógica se esta última é deixada em termos de existência na hierarquia conjuntista. Agregando os pontos de vista, a afirmação de que uma proposição é logicamente possível é realmente uma afirmação sobre todos os modelos conjuntistas da teoria dos conjuntos. Quem diz que existem tais modelos? Hellman aceita este ponto simples, logo ele demarca-se das descrições modelo-teoréticas comuns das modalidades lógicas. Pelo contrário, ele toma as noções lógicas como primitivas, não redutíveis à teoria dos conjuntos.

4. O conhecimento das estruturas

As diferentes versões do estruturalismo têm ontologias diferentes, e utilizam recursos conceptuais diferentes para interpretar as proposições matemáticas. Por conseguinte, as diferentes versões do estruturalismo têm epistemologias diferentes. O estruturalista ontológico *in re* (por exemplo, Benacerraf) requer uma grande quantidade de objectos abstractos para preencher as posições das estruturas. As proposições matemáticas são entendidas como generalizações acerca desta ontologia. A parte estruturalista deste ponto de vista é essencialmente teoria dos modelos, um ramo respeitável da lógica matemática. Até aqui, há pouco de filosoficamente problemático, ou não especialmente assim. Da perspectiva ontológica eliminativa, a parte difícil é perceber como sabemos alguma coisa sobre os *sistemas* de objectos abstractos que exemplificam as estruturas *in re*. Assim, o estruturalismo ontológico eliminativo herda os problemas e as soluções potenciais do realismo em ontologia (platonismo).

Lembremos que o estruturalista *ante rem* propõe a existência de um reino de estruturas, que existe independentemente de quaisquer sistemas que as exemplifiquem. O conhecimento matemático é, assim, conhecimento de, e sobre, tais estruturas. Portanto, o estruturalista *ante rem* deve especular sobre a maneira como conseguimos obter este conhecimento. O estruturalista modal (por exemplo,

Hellman) deve especular sobre como sabemos quais sistemas são possíveis, e como obtemos o conhecimento do que é válido nos sistemas possíveis. Sugiro que esta questão está intimamente relacionada com o problema epistemológico para o estruturalista *ante rem*. Quando o estruturalista *ante rem* diz que uma estrutura dada existe, o estruturalista modal diz que um sistema correspondente é logicamente possível. E vice-versa. Em vista disto, lidarei com os dois pontos de vista em conjunto.

4.1. *Reconhecimento de padrões e outra abstracção*

Um estruturalista poderá começar com a tese de que podemos apreender algumas estruturas via *reconhecimento de padrões*. Naturalmente, o reconhecimento de padrões é um problema profundo e desafiador da psicologia cognitiva, e não há descrição comummente aceite dos mecanismos subjacentes. Não obstante, o reconhecimento de padrões não é filosoficamente obscuro, como, por exemplo, se supõe que seja a intuição gödeliana (ver Cap. 8, §2). Dou a seguir alguns exemplos do procedimento em causa, mostrando como ele pode levar à apreensão de estruturas pequenas. Sobrará naturalmente a questão de saber se estas estruturas devem ser interpretadas como *ante rem* ou como *in re*.

Comecemos com o reconhecimento de letras, numerais, e fiadas curtas de caracteres. Estes são os exemplos mais simples da dicotomia tipo-espécime supracitada, e um dos exemplos simples de abstracção. Estes tipos são apreendidos por meio dos seus espécimes. Vemos vários dos espécimes e obtemos, de alguma maneira, conhecimento dos tipos.

O mecanismo primário para introduzir caracteres ao não iniciado é a definição ostensiva. Um dos pais aponta para vários exemplos de, digamos, uma letra maiúscula "F" e pronuncia "efe". Mais tarde ou mais cedo, a criança chega ao conhecimento de que é a letra – o tipo – que é ostentado, e não os espécimes particulares. Ludwig Wittgenstein (1953) é conhecido por ter lembrado que a prática da ostensão pressupõe capacidades tanto da parte do professor como do aprendiz. Eles já devem ser capazes de reconhecer os tipos de coisas ostentadas – sejam esses tipos de coisas o que forem. Assim, o estruturalista não alega que o reconhecimento de padrões resolve por si só os problemas epistemológicos.

Durante o processo de aprendizagem, vê-se cada carácter tipo exemplificado por cada vez mais espécies de objectos. A princípio, naturalmente, a criança associa o tipo "F" com espécimes que têm mais ou menos a mesma forma: um segmento vertical com dois segmentos horizontais que se projectam para o lado direito, um no topo e outro mais curto no meio (com ou sem serifas). Passado pouco tempo, todavia, a criança aprende a identificar espécimes com diferentes formas, tais como "**F**", "F", "F", "$\mathscr{F}$" para "Fs" maiúsculos. A criança aprende então que há um tipo cujos espécimes incluem "Fs" maiúsculos e minúsculos.

Neste ponto, não há algo como uma forma comum em que se concentrar, e entretanto já nos movemos para além da simples abstracção. Ainda assim, os vários espécimes "F" são inscrições físicas, consistem em manchas de tinta, grafite, giz, toner queimado, pixéis, e assim por diante. Mas a criança também aprende que há espécimes entre certos *sons*. O som "efe" é também um "F". Há linguagem de sinais, bandeirolas, sinais de fumo, e código de Morse. Após codificação, um carácter pode até ser representado por (espécimes de) *outros caracteres*. "Olha, Watson, o 'H' aqui é um 'A', o 'C' é um 'B'...."

Sugiro que estamos agora a pensar em termos de *posições num padrão* ou estrutura. O que os vários "Fs" têm em comum é que todos eles desempenham o mesmo papel num alfabeto e em várias fiadas. Por esta altura, a nossa criança aprendeu a reconhecer uma estrutura alfabética, e "F" é uma posição nela – a sexta.

Consideremos outro tipo simples de padrão, os números cardinais pequenos. Para cada número natural *n*, há uma estrutura exemplificada por todos os sistemas consistindo de exactamente *n* objectos. Por exemplo, o *padrão-4* é a estrutura comum a todas as colecções de quatro objectos. O padrão-4 é exemplificado pelos membros de um quarteto de cordas, pelos seus instrumentos, pelas paredes de uma sala típica, e por dois pares de luvas. Definimos o "padrão-2", o "padrão-3", e assim por diante de maneira análoga. Chamemo-las "estruturas cardinais finitas". Cada estrutura cardinal finita não tem quaisquer relações, logo é a estrutura mais simples que pode ser. Incluímos o "padrão-1" como um caso degenerado. É exemplificado por um "sistema" consistindo num único objecto submetido a nenhuma relação.

A nossa criança começa, em parte, a aprender sobre estruturas cardinais por definição ostensiva. Um dos pais aponta para um grupo de quatro objectos, e diz "quatro", depois aponta para um grupo diferente de quatro objectos e repete o exercício. Mais tarde ou mais cedo a criança aprende a reconhecer o padrão. Praticamente tudo o que é dito acima sobre tipos de caracteres aplica-se *mutatis mutandis* a estruturas cardinais finitas (pequenas).

A princípio, talvez, a nossa criança pode acreditar que o padrão-4 se aplica somente a sistemas de objectos físicos que por acaso estão próximos uns dos outros, mas ela cedo aprende a contar toda a espécie de sistemas e a descobrir que o padrão-4 tem aplicação universal. Contamos os planetas no sistema solar, as letras numa palavra dada, os toques de um relógio, as cores numa pintura, e propriedades: "Justiça e misericórdia são duas virtudes cardinais." Visto que qualquer coisa pode ser contada, os sistemas de coisas quaisquer exemplificam os padrões cardinais. Nós até contamos os *números* quando observamos que há quatro primos menores do que 10. Isto é, sistemas de números como {2,3,5,7} exemplificam estruturas cardinais finitas.

Para obter conhecimento de tipos de caracteres e estruturas cardinais através do reconhecimento de padrões, um observador deve *observar* espécimes e colecções de objectos. Portanto, naquele sentido, o conhecimento obtido por meio do reconhecimento de padrões não é *a priori*. Todavia, não são necessários espécimes particulares – qualquer signo do tipo relevante e qualquer colecção do tamanho correcto servem. A situação com conceitos de cor é análoga. Presumivelmente, necessitamos de alguma experiência perceptiva para saber o que as cores são, mas é plausível que pelo menos algumas proposições sobre cores sejam *a priori*. Por exemplo, poderemos saber *a priori* que todos os objectos verdes são coloridos e que nada que seja totalmente vermelho seja também totalmente verde. Alguém poderá argumentar numa linha de raciocínio semelhante que possuímos um conhecimento *a priori* de certos factos sobre estruturas finitas. Talvez possamos saber *a priori* que um qualquer sistema que exemplifique o padrão-4 é maior do que qualquer sistema que exemplifique o padrão-3.

O estruturalista *ante rem* argumentaria, ou apenas alegaria que as definições ostensivas e o reconhecimento de padrões forneceriam conhecimento de estruturas *ante rem* pequenas. Até agora, isto é uma pílula difícil de engolir, visto que são de esperar explicações menos extravagantes. O estruturalista modal tem a vida facilitada nesta etapa. É claro, os *sistemas* ostensivos existem, logo não há problema com a *possibilidade* de tais sistemas.

Note-se que, no melhor dos casos, temos apenas padrões finitos simples neste ponto do panorama epistemológico. As estruturas são não apenas finitas, mas muito pequenas. É claro que o reconhecimento de padrões simples não pode ser muito mais do que uma modesta introdução à epistemologia do estruturalismo, se os estruturalistas quiserem apresentar uma filosofia da matemática séria.

Em algum momento, ainda cedo na educação da nossa criança, ela desenvolve a capacidade de entender estruturas cardinais, para além daquelas que pode reconhecer de imediato por meio do reconhecimento de padrões, e além daquelas que ela realmente contou, ou poderia contar. E quanto ao padrão-12.444, para não mencionar os tamanhos necessários para a física atómica, a astronomia, ou a dívida soberana dos Estados Unidos da América? Ninguém jamais observou sistemas suficientemente grandes, de modo a abstrair a estrutura cardinal. Ninguém contou, digamos, um sistema de, digamos, 4 triliões de notas de dólar (visto que não há assim tantas). (^{12}) Certamente que não aprendemos sobre, e ensinamos tais padrões por simples abstracção e definição ostensiva. O pai não diz, "Olha para aqui, são 12.444". Mas falamos de números grandes com facilidade. Aprendemos sobre, discutimos e manipulamos números de moléculas em objectos físicos e distâncias a outras galáxias. Para acomodar estruturas finitas grandes, o estruturalista deve tornar-se mais especulativo.

Retornando à nossa jovem aprendiz, talvez ela reflicta na sequência dos *numerais*, observando mais tarde ou mais cedo que a sequência vai além das colecções que realmente contou. Ela vê então que qualquer colecção finita pode ser contada e, portanto, tem uma cardinalidade. Uma possibilidade relacionada é que os seres humanos têm uma faculdade que se assemelha ao reconhecimento de padrões mas vai além da simples abstracção. Vê-se que as próprias estruturas finitas pequenas, uma vez abstraídas, exibem padrões. Por exemplo, as estruturas cardinais finitas manifestam-se na ordem natural: o padrão-1, seguido do padrão-2, seguido do padrão-3, e assim por diante. A seguir *projectamos* este padrão de padrões para além das

---

(^{12}) [Trilião = 1 seguido de 18 zeros no Reino Unido, trilião = milhão de milhões = 1 seguido de 12 zeros nos EUA. Recorde-se que o Autor é professor de filosofia na Universidade Estadual de Ohio, EUA, e professor visitante regular na Universidade de St. Andrews, Escócia.]

estruturas obtidas por simples abstracção. Consideremos a nossa criança a aprender os padrões representados por:

|, | |, | | |, | | | |, ...

Refletindo sobre estes padrões finitos, o observador apercebe-se de que a sequência de padrões vai bem além daqueles de que ela viu exemplos. Talvez isto seja uma sugestão precoce de uma estrutura *ante rem*, ou da possibilidade de uma estrutura *in re* não exemplificada no mundo real. Em todo o caso, o nosso observador obtém assim a ideia de uma sequência de 12.444 traços e a ideia do padrão-12.444. Pouco tempo depois, apreende o padrão--(4-triliões), e fica assim com uma apreciação da grandeza da dívida nacional.

Se o que precede é aceitável, então a estrutura infinita mais simples está mesmo à mão. O nosso observador, não mais uma criança, continua a reflectir sobre a sequência de estruturas finitas cada vez maiores e apreende a noção de *estrutura cardinal finita per se*. As estruturas cardinais finitas são ordenadas como se segue:

|, | |, | | |, | | | |, ...

em que a sequência não tem fim. Um estruturalista *ante rem* alegaria que o nosso observador descobre que a sequência de estruturas cardinais finitas continua indefinidamente. Um estruturalista eliminativo modal diria, pelo contrário, que para cada n, se pode haver um sistema de tamanho n, então pode haver um sistema de tamanho maior do que n. Em qualquer dos casos, o observador vê que o sistema (possível) de estruturas cardinais finitas (possíveis) *exibe um padrão*. Para cada estrutura cardinal finita, há uma única de tamanho imediatamente maior, e portanto não há estrutura cardinal finita máxima. O sistema de estruturas cardinais finitas é, pelo menos, potencialmente infinito. Mais tarde ou mais cedo, o observador pode discutir coerentemente a estrutura destes padrões finitos, talvez formular uma versão dos axiomas de Peano para esta estrutura. Alcançámos agora a estrutura dos números naturais.

O estruturalista *ante rem* caracteriza o processo como se segue: primeiro consideramos as estruturas cardinais finitas como *objectos* por direito próprio. De seguida formamos um *sistema* consistindo na colecção destas estruturas finitas com uma ordem apropriada. Finalmente, discutimos a *estrutura* deste sistema. Note-se que esta estratégia depende de interpretar as várias estruturas finitas, e não apenas os seus membros, como *objectos* que podem ser organizados em sistemas. São as *estruturas* que exibem o padrão requerido. Temos assim uma nova prega na dicotomia estrutura-sistema. O que é estrutura de um ponto de vista – a perspectiva das estruturas cardinais finitas – é *objecto* do outro. As estruturas finitas são elas próprias organizadas num sistema, e a estrutura daquele sistema é contemplada. O padrão-4 desempenha o papel de 4 na estrutura dos números naturais. O estruturalista eliminativo modal usaria noções diferentes para contar essencialmente a mesma história.

A estrutura dos números naturais também pode ser alcançada por reflexão sobre a passagem do tempo. Se a recta-tempo é pensada como estando dividida em momentos discretos, distanciados por um segundo, então os momentos futuros exemplificam a estrutura dos números naturais. A estrutura dos números naturais também pode ser alcançada por reflexão sobre sequências finitas de caracteres,

a, aa, aaa, aaaa, aaaaa.

Ou talvez o nosso observador possa reflectir sobre sequências indefinidamente crescentes de "a's", e formular a noção de uma sequência que não termina (num dos sentidos). Naturalmente, não podemos escrever um espécime desta fiada infinita. Em vez disso, a prática é escrever algo como:

aaaaaaaa...

Os estudantes, mais tarde ou mais cedo acabam por entender o que se pretende dizer com as elipses "...", no sentido de poderem até discutir coerentemente o padrão infinito e ensiná-lo a outros. Quando o fazem, já apreenderam (um exemplo de) a estrutura dos números naturais. De um ponto de vista estruturalista, não há muita diferença entre sequências de tipos de carácter e números naturais (ver Corcoran *et al.* 1974).

Depois de uma estrutura dada ser entendida, outras estruturas podem ser caracterizadas e podem ser entendidas em termos dela. A estrutura dos números inteiros, por exemplo, é como a estrutura dos números naturais, mas interminável em ambos os sentidos:

... | | | | | | ...

Novamente, os estudantes entendem mais tarde ou mais cedo o que se quer dizer, e podem discutir a estrutura coerentemente. A estrutura dos números racionais é a estrutura de pares de números naturais, com as relações apropriadas.

Para obter estruturas maiores, o nosso observador pode considerar certos conjuntos de números racionais, como nos cortes de Dedekind, ou pode considerar certas sequências infinitas de racionais, como nas sucessões de Cauchy (supondo que tais discursos acerca de conjuntos ou sequências são coerentes). Estas duas técnicas diferem, naturalmente, mas resultam na *mesma estrutura*, a estrutura dos números reais. Pode ser mais natural para o nosso observador conceber a estrutura dos números reais (ou um possível sistema que a exemplifique) por meio da consideração de magnitudes físicas ou geométricas reais ou possíveis. A apresentação é frequentemente um desafio pedagógico, mas uma vez que o estudante adquira alguma facilidade em trabalhar dentro das estruturas, na linguagem apropriada, nenhuns problemas surgem. Temos pelo menos a aparência de comunicação, e na descrição presente, trata-se de comunicação de factos sobre estruturas – ou sistemas possíveis.

Naturalmente, um céptico sobre objectos abstractos tropeçará na pretensão ontológica do estruturalista *ante rem*. Ele insistirá que, no melhor dos casos, só falamos de predicados de inscrições físicas (isto é, espécimes) e colecções de objectos físicos. Afinal de contas, com nada mais temos contacto. Poderá conceder que o reconhecimento de padrões e outros tipos da abstracção conduzem a *crenças* sobre objectos abstractos, e uma capacidade de discutir coerentemente os padrões não exemplificados. Mas o nosso anti-realista ontológico manterá que estes mecanismos não produzem *conhecimento* a menos que as estruturas (ou, pelo menos, os objectos nas suas posições) existam. Ficou estabelecida esta última pretensão ontológica? Pode isto ser feito sem incorrer numa petição de princípio?

O estruturalista *ante rem* deve pelo menos uma descrição especulativa de como os mecanismos às vezes fornecem conhecimento verídico de estruturas. Resnik (1997: Cap. 11) delimita um processo "genético" pelo qual os nossos antepassados (e presumivelmente nós próprios) podem ter ficado "comprometidos" com, pelo menos, estruturas abstractas (*ante rem*) pequenas, embora ele não valorize muito um processo da abstracção. Resnik segue Quine ao defender que a existência de objectos tanto físicos como matemáticos é *postulada*, como parte da nossa "teoria" abrangente do mundo. A existência de quaisquer tipos de objectos – pedras, bolas de basebol, electrões, números, e estruturas – é justificada com fundamentos holísticos, na base do seu papel na ciência. É o nosso velho amigo argumento da indispensabilidade, agora aplicado a estruturas. A minha própria epistemologia (Shapiro 1997: Cap. 4) depende da força do estruturalismo como filosofia perspícua da matemática. Apresento uma explicação da existência de estruturas, de acordo com a qual uma capacidade para discutir uma estrutura é um indício de que a estrutura existe coerentemente. O argumento a favor do realismo em ontologia é um exemplo de uma forma chamada por vezes "inferência a favor da melhor explicação".([13]) A ideia é que a natureza das estruturas garante que certas experiências contam como evidência para a sua existência.([14])

Um estruturalista eliminativo modal, como Hellman, não tem de mostrar que as estruturas existem, apenas que elas são possíveis. Pode ser que os mecanismos psicológicos ajudem nessa tarefa. Como indicado acima, isto depende da natureza da modalidade envolvida. O estruturalista eliminativo modal deve uma descrição de como os mecanismos que levam a crenças sobre padrões produzem às vezes conhecimento verídico sobre quais sistemas são possíveis.

4.2. *Definição implícita*

Há limites aos tamanhos de estruturas que podem ser apreendidas por qualquer das técnicas acima referidas.

([13]) [Também chamado "raciocínio abdutivo" (ou "abdução"), formulado e introduzido na lógica filosófica por Charles S. Peirce como método de investigação científica. Consiste em escolher as hipóteses que, se verdadeiras, melhor explicam a evidência relevante.]

([14]) Um resultado destas propostas epistémicas é um turvar da divisória abstracto-concreto (ver Resnik 1985 e 1997: Cap. 6, Shapiro 1997: Cap. 8, Maddy 1990). Não é que não haja diferença – um fronteira difusa é ainda um fronteira – mas a diferença não permite juízos filosóficos distintos, nem respostas fáceis a questões profundas. Parsons (1990: 304) delimita o papel de entidades que ele chama "quase-concretas". Estes são objectos abstractos que têm particularizações concretas.

Apreendemos uma estrutura através do reconhecimento simples de padrões somente por via da observação de um sistema que exemplifique a estrutura. Uma tal estrutura pode ter quando muito um número finito pequeno de posições. As extensões para além do reconhecimento de padrões produzem estruturas finitas grandes, estruturas do tamanho [do conjunto] dos números naturais, e talvez estruturas do tamanho [do conjunto] dos números reais, mas não muito mais. Estamos ainda tristemente aquém da plenitude de estruturas consideradas em matemática. Consideramos a seguir uma técnica mais poderosa, mas mais especulativa para apreender estruturas.([15])

Uma maneira de entender e comunicar um padrão particular é mediante a sua descrição directa. Por exemplo, podemos descrever uma defesa de basquetebol como se segue: o armador ocupa esta posição e cobre esta parte do campo, o ala-pivô faz isto, e assim por diante. Analogamente, a estrutura do Governo dos EUA pode ser descrita mediante a listagem dos vários cargos e das maneiras como os seus vários funcionários se relacionam uns com os outros. Em todo o caso, naturalmente, um interlocutor poderá entender mal e pensar que está a ser descrito um *sistema* particular. Ele poderá manifestar esta confusão com questões inapropriadas, como "qual é o nome da mãe do extremo-poste?" ou "O Senador mais sénior da Carolina do Sul é republicano?" Mais tarde ou mais cedo, todavia, um interlocutor adequadamente preparado compreenderá que o que está sendo descrito é a própria estrutura, e não qualquer exemplo particular dela. Não pretendo ter iluminado os mecanismos da psicolinguística subjacentes a esta compreensão. Há inúmeras pressuposi-

---

([15]) Shapiro (1997: Cap. 4, §§5-6) delineia um tipo da abstracção linguística que é semelhante em alguns meios à abstracção empregada pelos neo-logicistas Wright (1983) e Hale (1987, ver Cap. 5, §4 acima). Nesta abordagem, o Princípio de Hume fornece conhecimento da estrutura dos números naturais.

ções da parte do interlocutor. Não obstante, é claro que pelo menos alguns interlocutores o entendem.

Temos aqui um exemplo de *definição implícita*, uma técnica familiar em lógica matemática. Uma definição implícita é uma caraterização simultânea de um número de entidades em termos das suas relações *umas com as outras*. Na filosofia contemporânea estas definições são às vezes chamadas "definições funcionais".([16]) Aqui, a tese é que uma definição implícita bem-sucedida caracteriza uma estrutura, ou um sistema possível.

Ao caracterizar uma estrutura por meio de uma definição implícita, utilizamos termos singulares para denotar as posições da estrutura. Por exemplo, "o armador" e "o Vice-Presidente" são descrições definidas ou nomes próprios. Todavia, na definição implícita os termos não denotam pessoas; denotam posições nas estruturas respectivas. Os termos singulares denotam os cargos, não os funcionários que os ocupam. No §2 acima, esta orientação a respeito da estrutura é designada "posições-são-objectos".

Note-se que uma definição implícita pode descrever uma estrutura, mesmo que não seja exibido um único exemplo da estrutura. Poderíamos descrever uma variação de uma defesa de basquetebol ou um governo que não foi experimentado. Alguém poderá perguntar a si mesmo como seria se houvesse dois Presidentes, um dos quais seria Comandante-em-Chefe das forças armadas e o outro seria quem veta a legislação. Se forem bem-sucedidas, estas

---

([16]) Por exemplo, na filosofia da mente, uma definição funcional de "dor" seria uma tentativa de caracterizar a dor em termos da sua relação com crenças, desejos, e outros estados psicológicos (assim como "entradas" [*"inputs"*] e "saídas" [*"outputs"*]). Por acaso, há uma ambiguidade na frase "definição implícita". Aqui utilizamo-la como uma definição simultânea de vários itens em termos das suas relações uns com os outros. Num sentido diferente, uma "definição implícita" pressupõe que todos menos um dos termos de uma linguagem já têm um significado fixo, e tentamos definir aquele termo provendo frases que utilizam o novo termo. A oposição é com "definições explícitas".

definições implícitas descrevem ou estruturas *ante rem* ou sistemas possíveis (depende da versão de estruturalismo em questão). Nas primeiras páginas de um compêndio de teoria dos números poderíamos ler que cada número natural tem um único sucessor, que 0 não é o sucessor de qualquer número, e que o Princípio de Indução Matemática é válido. Analogamente, um tratado de análise real poderia começar com um anúncio de que certos objectos matemáticos, chamados "números reais", irão ser estudados. A única coisa que nos dizem sobre estes objectos é que certas relações entre eles são satisfeitas. Poderemos ser informados, por exemplo, que os números têm uma ordenação linear densa, que há operações associativas e comutativas de adição e multiplicação, e assim por diante. Facilmente ficamos com a impressão de que os próprios objectos não importam; as relações e operações ou, encurtando, a estrutura é o que irá ser estudado. Uma leitura deste material como definição implícita é imediata. As proposições numa definição implícita são às vezes chamadas "axiomas".

No §2 do Cap. 6 observámos que David Hilbert (1899: §1) proporcionou definições implícitas no seu tratamento clássico de geometria: "pensamos de... pontos, linhas rectas, e planos como tendo certas relações mútuas, que indicamos por meio de palavras como 'incide', '(estar situado) entre', 'paralelo', 'congruente', 'contínuo', etc. A descrição exacta e completa destes relações resulta como uma consequência dos *axiomas da geometria*." O dedutivismo de Hilbert tem muito em comum com o estruturalismo (ver Shapiro 1997: Cap. 5).

A definição implícita suporta a crença de longa data de que o conhecimento matemático é *a priori*. Novamente, uma definição implícita caracteriza, se alguma coisa, uma estrutura ou classe de sistemas possíveis. Assim, se a experiência sensorial não está envolvida na capacidade de entender uma definição implícita, nem na justificação de que uma definição implícita é bem sucedida, nem na nossa compreensão da consequência lógica, então o conhecimento sobre a(s) estrutura(s) definida(s) obtido por via dedutiva a partir da definição implícita é *a priori*.

É claro que nem todo o conjunto de proposições caracteriza com sucesso uma estrutura (ou sistema possível), mesmo que alguém pretenda utilizá-lo para esse fim. O estruturalista necessita de uma descrição de quando uma pretensa definição implícita é bem sucedida. Este pode bem ser o aspecto mais especulativo do estruturalismo. Há dois requisitos que poderíamos exigir de uma definição implícita. O primeiro é que, *pelo menos*, uma estrutura – ou sistema possível – satisfaça os axiomas. Chamemos "condição de existência" a este requisito. O segundo é que, *quando muito*, uma estrutura seja descrita – ou que todos os sistemas caracterizados partilhem uma estrutura. Isto é a "condição de unicidade".[17]

A condição de unicidade depende do relacionamento semântico entre estruturas (ou sistemas) e proposições que são verdadeiras ou falsas nelas. Por outras palavras, a condição de unicidade depende da lógica subjacente da axiomatização. Resnik e eu discordamos nesta questão. Ele favorece uma lógica relativamente fraca, às vezes chamado "lógica de primeira-ordem". Segue-se (de resultados como os teoremas de Löwenheim-Skolem) que nenhuma teoria que é verdadeira de um sistema infinito caracteriza uma estrutura única. Resnik argumenta que, em alguns casos, não se põe a questão de saber se duas definições implícitas caracterizam ou não a mesma estrutura. Eu prefiro uma lógica mais forte, a chamada "lógica de segunda ordem" (ver Shapiro 1991), e defendo que há caraterizações únicas de estruturas matemáticas ricas (Shapiro 1997: Cap. 4, §§8-9).

---

[17] [Na gíria da lógica matemática, no presente contexto, o requisito de existência também é conhecido por *compatibilidade* (ver adiante). De um ponto vista matemático, mais interessante do que a unicidade é a *categoricidade*, ou unicidade a menos de isomorfismo.]

Resnik e eu estamos um pouco mais próximos sobre a questão difícil de quando uma definição implícita caracteriza pelo menos uma estrutura – a condição de existência. A ideia é usar "possibilidade" como um critério para a existência de estruturas *ante rem*. Várias vezes nas secções anteriores deste capítulo eu inferi a existência de um padrão a partir de uma capacidade de discutir o padrão *coerentemente*. O mesmo vale para definições implícitas, portanto seja-me permitido formular o *princípio de coerência* explicitamente:

Se Φ é um conjunto consistente de proposições, então há uma estrutura que satisfaz Φ.

Visto que coerência é uma noção modal, o princípio de coerência aproxima o estruturalismo *ante rem* do estruturalismo modal, pelo menos na frente epistemológica. Mais uma vez, se um estruturalista modal afirma correctamente que um tipo de sistema dado é possível, o estruturalista *ante rem* conclui que a estrutura existe. Para o estruturalista *ante rem*, o princípio de coerência é uma tentativa para abordar o problema tradicional relativo à existência de objectos matemáticos. Quando estivermos convencidos que uma definição implícita é coerente, não mais se põe a questão de saber se ela caracteriza uma estrutura, e se os seus termos se referem a alguma coisa. Para um estruturalista *ante rem*, os objectos matemáticos estão amarrados a estruturas, e uma estrutura existe se houver uma axiomatização coerente dela. Uma consequência aparentemente útil é que, se é possível uma estrutura existir, então existe. Assim, a teoria das estruturas é aliada ao que Mark Balaguer (1998) chama "platonismo forte" (ver Cap. 9, §4), desde que se leia a sua "consistência" como "coerência". A modalidade que aqui invocamos é não trivial, mais ou menos tão problemática como a questão tradicional da existência em matemática.

Uma primeira tentativa para articular o princípio de coerência consistiria em seguir Balaguer e ler "coerente" como "consistente", e então entender consistência em termos *dedutivos*. A tese seria então que se não podemos derivar consequências contraditórias de um conjunto de axiomas, então estes axiomas descrevem pelo menos uma estrutura. Como vimos, Hilbert adoptou uma versão do lema, "consistência implica existência".

Surge aqui uma questão que já encontrámos acima. A manobra coerência-é-consistência resulta numa circularidade. A consistência é normalmente definida como a inexistência de uma dedução com conclusão contraditória. O que queremos dizer por dedução? Certamente, a consistência de uma axiomatização não se segue da falta de *espécimes* concretos para a dedução relevante. Isto é, não podemos concluir que uma axiomatização é consistente apenas porque ninguém ainda escreveu uma dedução de uma contradição a partir dela. Então consistência é a inexistência de um certo *tipo* de dedução. Logo, esta formulação da condição de coerência invoca objectos abstractos. Tal como acima, a estrutura das fiadas é a mesma que a dos números naturais. O estruturalista não pode bem argumentar que a estrutura dos números naturais existe porque a aritmética é consistente, se esta consistência é entendida como um facto sobre a estrutura dos números naturais. Ou pode? Talvez esta circularidade seja tolerável, visto que não pretendemos colocar a matemática numa fundamentação extra-matemática sólida. Podemos encontrar apoio para o estruturalismo dentro da matemática, mesmo que o apoio seja corrigível.

Para um estruturalista *ante rem*, uma alternativa seria arrancar uma página do manual de estratégia do estruturalismo modal, e definir consistência em termos de "espécimes de deduções possíveis", ou talvez se pudesse tomar a consistência como um primitivo não explicado. Não é claro o que este movimento para a modalidade nos concede. Teríamos um problema sobre a "existência possível" das fiadas e das estruturas.

Se este problema pudesse ser resolvido, a tese "consistência implica existência" poderia receber apoio do teorema de completude de Gödel, que afirma que se um conjunto de proposições numa linguagem de primeira ordem é dedutivamente consistente, então há uma estrutura conjuntista que satisfaz aquelas proposições. Isto é, se uma axiomatização é consistente, então a estrutura definida tem pelo menos uma concretização. Observe-se, todavia, que o teorema de completude é um resultado *da* matemática, da teoria dos conjuntos em particular. Os vários modelos das axiomatizações consistentes são encontrados na hierarquia conjuntista, que o estruturalista *ante rem* considera como sendo uma estrutura. Assim, há outra circularidade aqui, mas, novamente, talvez ela seja razoável.

Todavia, o teorema da completude só vale para linguagens de primeira ordem. Na lógica de segunda ordem, a minha preferida, há proposições que são dedutivamente consistentes mas não possuem qualquer modelo.([18]) Portanto, o teorema da completude é mais útil à abordagem de Resnik do que à minha. Da minha perspectiva, a formulação formal relevante de "coerência" não é "consistência dedutiva". Um análogo melhor de coerência é algo como "satisfazibilidade" [ou: "compatibilidade"]: um conjunto Γ de proposições é satisfazível [ou: compatível] se há um sistema conjuntista que satisfaz cada membro de Γ. Não vale, naturalmente, *definir* coerência como satisfazibilidade. A circularidade é flagrante e, além do mais, as estruturas são supostamente *ante rem*. No quadro da lógica matemática, dizer que um conjunto Γ de proposições é satisfazível é dizer que existe um modelo de Γ na hierarquia conjuntista. Para o estruturalista, a hierarquia conjuntista

---

([18]) Ver Shapiro 1991: Cap. 4. A incompletude da lógica de segunda ordem é uma consequência de teorema de Gödel da incompletude da aritmética, e do facto de existir uma caraterização de segunda ordem da estrutura dos números naturais.

é somente mais outra estrutura. O que nos leva a pensar que a própria teoria dos conjuntos é coerente?

Não há maneira de evitar esta situação. Não podemos fundar a matemática em qualquer domínio ou teoria que seja mais seguro do que a matemática. Mas, novamente, a circularidade a que estamos presos pode não ser viciosa, e talvez possamos viver com ela. "Coerência" é uma noção intuitiva, primitiva, não reduzida a algo formal. As noções da teoria dos modelos de consistência e satisfazibilidade são explicações úteis da coerência, mas não fornecem uma análise nem uma redução dela.

Na matemática tal como é praticada, a teoria dos conjuntos (ou algo equivalente) é considerada como o supremo tribunal de recurso para questões de existência. As dúvidas sobre se um certo tipo de objecto matemático existe são resolvidas mostrando que objectos desse tipo podem ser encontrados ou podem ser modelados na hierarquia conjuntista. Entre os exemplos podem encontrar-se a "construção" de entidades outrora problemáticas, como os números complexos. Outro tanto é consonante com o estruturalismo. "Modelar" uma estrutura é encontrar um sistema que a exemplifica. Se uma estrutura é exemplificada por um sistema, então certamente a axiomatização é coerente e a estrutura é possível. Para o estruturalista *ante rem*, ela existe. A teoria dos conjuntos é o tribunal de recurso apropriado porque é compreensiva. A hierarquia conjuntista é tão grande que praticamente qualquer estrutura pode ser modelada ou exemplificada nela. Os especialistas da teoria dos conjuntos frequentemente indicam que a hierarquia conjuntista contém tantos tipos de *isomorfismo* quanto é possível. É para isto que serve a teoria.[19]

---

[19] Ver Wilson 1993 para outras manifestações desta "questão de existência". Sugeri acima (§3) que a hierarquia conjuntista pode ser a ontologia apropriada para estruturalismo eliminativo pela mesma razão. A diferença é que o estruturalista eliminativo ontológico não consideraria a hierarquia conjuntista como uma estrutura.

Certamente, todavia, não podemos justificar a coerência da teoria dos conjuntos por meio da sua modelização na hierarquia conjuntista. Pelo contrário, a consistência da teoria dos conjuntos é *pressuposta* por muita da actividade fundacionalista na matemática contemporânea. Justa ou injustamente, a matemática pressupõe que satisfazibilidade (na hierarquia conjuntista) é suficiente para a existência. Um exemplo disto é o uso da hierarquia conjuntista como pano de fundo para a teoria dos modelos, e da lógica matemática em geral. Os estruturalistas *ante rem* e eliminativos aceitam esta pressuposição e utilizam-na como quaisquer outros, e não estão em melhor (ou pior) posição para a justificar.

5. Leituras adicionais

As fontes primárias para este capítulo são Resnik 1997, Shapiro 1997, Hellman 1989, e Benacerraf 1965. Ver também Resnik 1981, 1982, 1988, e 1990, e Shapiro 1983a, 1989, e 1989a. Parsons 1990 é um artigo importante, lidando com muitas questões subtis relativas ao estruturalismo. A revista *Philosophia Mathematica*, 3:4, no. 2 é dedicada ao estruturalismo, contendo artigos de Resnik, Hellman, Hale, Benacerraf, MacLane, e de mim próprio.

REFERÊNCIAS

ANNAS, J. (1976), *Aristotle's Metaphysics: Books M and N* (Oxford, Clarendon Press).
APOSTLE, H. G. (1952), *Aristotle's Philosophy of Mathematics* (Chicago, University of Chicago Press).
AYER, A. J. (1946), *Language, Truth and Logic* (New York, Dover).
AZZOUNI, J. (1994), *Metaphysical Myths, Mathematical Practice* (Cambridge, Cambridge University Press).
—— (1997), 'Thick Epistemic Access: Distinguishing the Mathematical From the Empirical', *Journal of Philosophy*, 94, 472-84.
—— (1997a), 'Applied Mathematics, Existential Commitment and the Quine-Putnam Indispensability Thesis', *Philosophia Mathematica*, 3: 5, 193-209.
—— (1998), 'On "On What There Is"', *Pacific Philosophical Quarterly*, 79, 1-18.
BALAGUER, M. (1998), *Platonism and Anti-Platonism in Mathematics* (Oxford, Oxford University Press).
BEALER, G. (1982), *Quality and Concept* (Oxford, Oxford University Press).
BENACERRAF, P. (1965), 'What Numbers Could Not Be', *Philosophical Review*, 74, 47-73; reimpr. em Benacerraf e Putnam (1983), 272-94.
—— (1973), 'Mathematical Truth', *Journal of Philosophy*, 70, 661-79; reimpr. em Benacerraf e Putnam (1983), 403-20.
—— e PUTNAM, H. (1983), *Philosophy of Mathematics*, segunda edição (Cambridge, Cambridge University Press).
BERNAYS, P. (1935), 'Sur le platonisme dans les mathématiques', *L'Enseignement mathématique*, 34, 52-69; tr. como 'Platonism in Mathematics' em Benacerraf e Putnam (1983), 258-71.

—— (1967), 'Hilbert, David', em *The Encyclopedia of Philosophy*, Vol. 3, ed. P. Edwards (New York, Macmillan Publishing Co. e The Free Press), 496-504.

BISHOP, E. (1967), *Foundations of Constructive Analysis* (New York, McGraw-Hill).

BLACKBURN, S. (1994), *The Oxford Dictionary of Philosophy* (Oxford, Oxford University Press). Trad. port. *Dicionário de Filosofia* (Lisboa, Gradiva, 1994).

BOOLOS, G. (1975), 'On Second-Order Logic', *Journal of Philosophy*, 72, 509-27; reimpr. em Boolos (1998), 37-53.

—— (1984), 'To Be Is To Be a Value of a Variable (Or To Be Some Values of Some Variables)', *Journal of Philosophy*, 81, 430-49; reimpr. em Boolos (1998), 54-72.

—— (1987), 'The Consistency of Frege's *Foundations of Arithmetic*', em *On Being and Saying: Essays for Richard Cartwright*, ed. Judith Jarvis Thompson (Cambridge, Mass., MIT Press), 3-20; reimpr. em Boolos (1998), 183-201, e em Demopoulos (1995), 211-33.

—— (1997), 'Is Hume's Principle Analytic?', em Heck (1997), 245-61; reimpr. em Boolos (1998), 301-14.

—— (1998), *Logic, Logic, and Logic* (Cambridge, Mass., Harvard University Press).

—— e JEFFREY, R. (1989), *Computability and Logic*, terceira edição (Cambridge, Cambridge University Press). [Com Burgess, John P., quinta edição, 2007.]

BOURBAKI, N. (1950), 'The Architecture of Mathematics', *American Mathematical Monthly*, 57, 221-32.

BROUWER, L. E. J. (1912), *Intuitionisme en formalisme* (Gronigen, Noordhoof); tr. como 'Intuitionism and Formalism', em Benacerraf e Putnam (1983), 77-89.

—— (1948), 'Consciousness, Philosophy and Mathematics', em Benacerraf e Putnam (1983), 90-6.

—— (1952), 'Historical Background, Principles and Methods of Intuitionism', *South African Journal of Science*, 49, 139-146.

BURGE, T (1977), 'A Theory of Aggregates', *Nous*, 11, 97-117.

BURGESS, J. (1984), 'Synthetic Mechanics', *Journal of Philosophical Logic*, 13, 379-95.

—— e ROSEN, G. (1997), *A Subject With No Object: Strategies for Nominalistic Interpretation of Mathematics* (Oxford, Oxford University Press).

CARNAP, R. (1931), 'Die logizistische Grundlegung der Mathematik', *Erkenntnis*, 2, 91-105; tr. como 'The Logicist Foundations of Mathematics', em Benacerraf e Putnam (1983), 41-52.

—— (1950), 'Empiricism, Semantics, and Ontology', *Revue Internationale de Philosophie*, 4, 20-40; reimpr. em Benacerraf e Putnam (1983), 241-57.

CHIHARA, C. (1973), *Ontology and the Vicious-Circle Principle* (Ithaca, NY, Cornell University Press).

—— (1990), *Constructibility and Mathematical Existence* (Oxford, Oxford University Press).

COFFA, A. (1991), *The Semantic Tradition From Kant to Carnap* (Cambridge, Cambridge University Press).

COHEN, P. J. (1963), 'The Independence of the Continuum Hypothesis', *Proceedings of the National Academy of the Sciences*, 50, 1143-8, e 51, 105-10.

CORCORAN, J., FRANK, W. e MALONEY, M. (1974), 'String Theory', *Journal of Symbolic Logic*, 39, 625-37.

CROWELL, R. e FOX, R. (1963), *Introduction to Knot Theory* (Boston, Ginn and Co.).

CURRY, H. (1954), 'Remarks on the Definition and Nature of Mathematics', *Dialectica*, 8; reimpr. em Benacerraf e Putnam (1983), 202-6.

—— (1958), *Outline of a Formalist Philosophy of Mathematics* (Amsterdam, North-Holland).

DEDEKIND, R. (1872), *Stetigkeit und irrationale Zahlen* (Brunswick, Vieweg); tr. como '*Continuity and Irrational Numbers*', em *Essays on the Theory of Numbers*, ed. W. W. Beman (New York, Dover Press, 1963), 1-27.

—— (1888), *Was sind und was sollen die Zahlen?* (Brunswick, Vieweg); tr. como '*The Nature and Meaning of Numbers*', em *Essays on the Theory of Numbers*, ed. W. W. Beman (New York, Dover Press, 1963), 31-115.[1]

DEMOPOULOS, W. (1994), 'Frege, Hilbert, and the Conceptual Structure of Model Theory', *History and Philosophy of Logic*, 15, 211-25.

—— (1995), *Frege's Philosophy of Mathematics* (Cambridge, Mass., Harvard University Press).

DETLEFSEN, M. (1980), 'On a Theorem of Feferman', *Philosophical Studies*, 38, 129-40.

—— (1986), *Hilbert's Program* (Dordrecht, D. Reidel Publishing Co.).

DUMMETT, M. (1963), 'The Philosophical Significance of Gödel's Theorem', Ratio, 5, pp. 140-55; reimpr. em Dummett (1978), 186-201.

---

[1] [Dedekind 1872 e 1888 têm tradução portuguesa como 'Continuidade e números irracionais' e *O que são e para que servem os números?*, respectivamente, disponíveis em http://sites.google.com/site/tutasplace/.]

—— (1973), 'The Philosophical Basis of Intuitionistic Logic', em Dummett (1978), 215-47; reimpr. em Benacerraf e Putnam (1983), 97-129.
—— (1977), *Elements of Intuitionism* (Oxford, Oxford University Press).
—— (1978), *Truth and Other Enigmas* (Cambridge, Mass., Harvard University Press).
—— (1991), *Frege: Philosophy of Mathematics* (Cambridge, Mass., Harvard University Press); ch. 22, 'Frege's Theory of the Real Numbers', reimpr. em Demopoulos (1985), 386-404.
—— (1991a), *The Logical Basis of Metaphysics,* (Cambridge, Mass., Harvard University Press).
—— (1994), 'Reply to Wright', em *The Philosophy of Michael Dummett,* ed. B. McGuinness e G. Oliveri (Dordrecht, Kluwer Academic Pub--Ushers), 329-38.
FEFERMAN, S. (1960), 'Arithmetization of Mathematics in a General Setting', *Fundamenta Mathematicae,* 49, 35-92.
—— (1988), 'Hilbert's Program Relativized: Proof-theoretical and Foundational Reductions', Journal *of Symbolic Logic,* 53, 364-84.
FEYNMAN, R. (1967), *The Character of Physical Law* (Cambridge, Mass., MIT Press).
FIELD, H. (1980), *Science Without Numbers* (Princeton, Princeton University Press).
—— (1985), 'On Conservativeness and Incompleteness', *Journal of Philosophy,* 82, 239-60; reimpr. em Field (1989), 125-46.
—— (1989), *Realism, Mathematics and Modality* (Oxford, Basil Blackwell).
FORBES, G. (1994), *Modern Logic* (Oxford, Oxford University Press).
FREGE, G. (1879), *Begriffsschrift, eine der arithmetischen nachgebil-dete Formelsprache des reinen Denkens* (Halle, Louis Nebert); tr. em Van Heijenoort (1967), 1-82.
—— (1884), *Die Grundlagen der Arithmetik* (Breslau, Koebner); *The Foundations of Arithmetic,* tr. J. Austin, segunda edição (New York, Harper, 1960). Trad. port. *Os Fundamentos da Aritmética* (Lisboa, Imprensa Nacional – Casa da Moeda, 1992).
—— (1892), 'On Sense and Nominatum', em *Readings in Philosophical Analysis,* ed. H. Feigel e W. Sellars, (New York, Appleton-Century--Cross, 1949), 85-102.
—— (1893), *Grundgesetze der Arithmetik 1* (Olms, Hildescheim).
—— (1903), *Grundgesetze der Arithmetik 2* (Olms, Hildescheim).
—— (1971), On *the Foundations of Geometry and Formal Theories of Arithmetic,* tr. Eikee-Henner W. Kluge (New Haven, Conn., Yale University Press).

—— (1976), *Wissenschaftlicher Briefwechsel*, ed. G. Gabriel, H. Hermes, F. Kambartel, e C. Thiel (Hamburg, Felix Meiner).
—— (1980), *Philosophical and Mathematical Correspondence* (Oxford, Basil Blackwell).
—— (1980a), Extracts from a review of Husserl's *Philosophic der Arithmetic*, em Geach e Black (1980), 79-85.
FRIEDMAN, M. (1983), *Foundations of Space-Time Theories: Relativistic Physics and Philosophy of Science* (Princeton, Princeton University Press).
—— (1985), 'Kant's Theory of Geometry', *Philosophical Review*, 94, 455-506; reimpr. em Posy (1992), 177-219.
—— (1992), *Kant and the Exact Sciences* (Cambridge, Mass., Harvard University Press).
GEACH, P. e BLACK, M. (1980), *Translations From the Philosophical Writings of Gottlob Frege* (Oxford, Basil Blackwell).
GENTZEN, G. (1969), *The Collected Papers of Gerhard Gentzen*, tr. e ed. M. E. Szabo (Amsterdam, North Holland Publishing Co.).
GÖDEL, K. (1931), 'Uber formal unentscheidbare Satze der Principia Mathematica und verwandter Systeme I', *Montatshefte fur Mathematik und Physik*, 38, 173-98; tr. como 'On Formally Undecidable Propositions of the Principia Mathematica', em Van Heijenoort (1967), 596-616; original e translation reimpr. em Gödel (1986), 144-95.
—— (1934), 'On Undecidable Propositions of Formal Mathematical Systems', em *The Undecidable,* ed. M. Davis (Hewlett, New York, Raven Press, 1965), 39-74; reimpr. em Gödel (1986), 346-71.
—— (1938), The Consistency of the Axiom of Choice and the Generalized Continuum Hypothesis', *Proceedings of the National Academy of the Sciences, U.S.A.*, 24, 556-67; reimpr. em Gödel (1990), 26-7.
—— (1944), 'Russell's Mathematical Logic', em Benacerraf e Putnam (1983), 447-69; reimpr. em Gödel (1990), 119-41.
—— (1951), 'Some Basic Theorems on the Foundations of Mathematics and Their Implications', em Gödel (1995), 304-23.
—— (1958), 'Uber eine bisher noch nicht beniitzte Erweiterung des finite Standpunktes', *Dialectica*, 12, 280-7; tr. em *Journal of Philosophical Logic*, 9 (1980), 133-42; original e tr. reimpr. em Gödel (1990), 240-51.
—— (1964), 'What is Cantor's Continuum Problem', em Benacerraf e Putnam (1983), 470-85; reimpr. em Gödel (1990), 254-70.
—— (1986), *Collected Works I* (Oxford, Oxford University Press).
—— (1990), *Collected Works II* (Oxford, Oxford University Press).
—— (1995), *Collected Works III* (Oxford, Oxford University Press).

GOLDFARB, W. (1979), 'Logic in the Twenties: The Nature of the Quantifier', *Journal of Symbolic Logic*, 44, 351-68.
—— (1988), 'Poincaré against the Logicists', em *History and Philosophy of Modern Mathematics*, ed. W. Aspray e P. Kitcher, Minnesota Studies in the Philosophy of Science, 11 (University of Minnesota Press), 61-81.
—— (1989), 'Russell's Reasons for Ramification' em *Rereading Russell*, Minnesota Studies in the Philosophy of Science, 12 (University of Minnesota Press), 24-40.
GOODMAN, NELSON, e QUINE W. V. O. (1947), 'Steps Toward a Constructive Nominalism', Journal *of Symbolic Logic*, 12, 97-122.
GOODMAN, NICOLAS (1979), 'Mathematics as an Objective Science', *American Mathematical Monthly*, 86, 540-51.
HALE, BOB (1987), *Abstract Objects* (Oxford, Basil Blackwell).
—— (1994), 'Dummett's Criticism of Wright's Attempt to Resuscitate Frege', *Philosophia Mathematica*, 3: 2, 169-84.
—— (2000), The Reals by Abstraction', *Philosophia Mathematica*, 3:8, 100-23.
HALLETT, M. (1990), 'Physicalism, Reductionism and Hilbert', em *Physicalism in Mathematics*, ed. A. D. Irvine (Dordrecht, Kluwer Academic Publishers), 183-257.
—— (1994), 'Hilbert's Axiomatic Method and the Laws of thought', em *Mathematics and Mind*, ed. Alexander George, (Oxford, Oxford University Press), 158-200.
HAND, M. (1993), 'Mathematical Structuralism and the Third Man', *Canadian Journal of Philosophy*, 23, pp. 179-92.
HAZEN, A. (1983), 'Predicative Logics', em *Handbook of Philosophical Logic* 1, ed. D. Gabbay e F. Guenthner (Dordrecht, D. Reidel), 331-407.
HEBB, D. O. (1949), *The Organization of Behavior* (New York, John Wiley & Sons).
—— (1980), *Essay on Mind* (Hillsdale, NJ, Lawrence Erlbaum Associates).
HECK, R. (1997), *Language, Thought, and Logic: Essays in Honour of Michael Dummett* (Oxford, Oxford University Press).
—— (1997a), The Julius Caesar Objection', em Heck (1997), 273-308.
HEINE, E. (1872), 'Die Elemente der Funktionslehre', *Crelle's Journal fur die reine und angewandte Mathematik*, 74.
HELLMAN, G. (1989), *Mathematics Without Numbers* (Oxford, Oxford University Press).
HEMPEL, C. (1945), 'On the Notion of Mathematical Truth', *American Mathematical Monthly*, 52, 543-56; reimpr. em Benacerraf e Putnam (1983), 377-93.

HEYTING, A. (1930), 'Die Formalen Regeln der Intuitionischen Logik', *Sitzungsberichte Preuss. Akad. Wiss. Phys. Math. Klasse*, 42-56.
—— (1931), The Intuitionistic Foundations of Mathematics', em Benacerraf e Putnam (1983), 52-61.
—— (1956), *Intuitionism, an Introduction* (Amsterdam, North Holland); [segunda edição revista 1966].
HILBERT, D. (1899), *Grundlagen der Geometric* (Leipzig, Teubner); *Foundations of Geometry*, tr. por E. Townsend (La Salle, Ill., Open Court, 1959).
—— (1900), 'Mathematische Probleme', *Bulletin of the American Mathematical Society*, 8 (1902), 437-79.
—— (1904), 'Über die Grundlagen der Logik und der Arithmetik', *Verhandlungen des Dritten International Mathematiker-Kongress in Heidelberg vom 8. bis 13 August 1904* (Leipzig, Teubner), 174-85; tr. em Van Heijenoort (1967), 129-38.
—— (1918), 'Axiomatisched Denken', *Mathematische Annalen*, 78, 405-15; tr. como 'Axiomatic Thinking', *Philosophia Mathematica*, 7 (1970), 1-12.
—— (1922), 'Neubegrundung der Mathematik', *Abhandlungen aus dem mathematische Seminar der Hamburgischen Universitat*, 1, 155--57.
—— (1923), 'Die logischen Grundlagen der Mathematik', *Mathematische Annalen*, 88, 151-65.
—— (1925), 'Über das Unendliche', *Mathematische Annalen*, 95, 161-90; tr. como 'On the Infinite', em Van Heijenoort (1967), 369-92; e em Benacerraf e Putnam (1983), 183-201.
—— (1927), 'Die Grundlagen der Mathematik', *Abhandlungen aus dem mathematischen Seminar der Hamburgischen Universitat*, 6, 65-85; tr. como The Foundations of Mathematics', em Van Heijenoort (1967), 464-79.
—— (1935), *Gesammelte Abhandlungen, DritterBand* (Berlin, Springer).
—— e BERNAYS, P. (1934), *Grundlagen der Mathematik* (Berlin, Springer).
HINTIKKA, J. (1967), 'Kant on the Mathematical Method', *Monist*, 51, 352-75; reimpr. em Posy (1992), 21-42.
HODES, H. (1984), 'Logicism and the Ontological Commitments of Arithmetic', *Journal of Philosophy*, 81, 123-49.
JESSEPH, D. (1993), *Berkeley's Philosophy of Mathematics* (Chicago, University of Chicago Press).
KANT, I. (1966), *Critique of Pure Reason*, tr. por Werner S. Pluhar (Indianapolis, Hackett Publishing Company). Trad. port. *Crítica da Razão Pura* (Lisboa, Fundação Calouste Gulbenkian, 2001).

KITCHER, P. (1983), *The Nature of Mathematical knowledge* (New York, Oxford University Press).
—— (1998), 'Mill, Mathematics, and the Naturalist Tradition', em Skorupski (1998), 57-111.
KLEIN, J. (1968), *Greek Mathematical Thought and the Origin of Algebra* (Cambridge, Mass., MIT Press).
KRIPKE, S. (1982), *Wittgenstein on Rules and Private Language* (Cambridge, Mass., Harvard University Press).
KUHN, T. (1970), *The Structure of Scientific Revolutions*, segunda edição (Chicago, University of Chicago Press). Trad. port. *A Estrutura das Revoluções Científicas* (Lisboa, Guerra & Paz, 2009).
LAKATOS, I. (1976), *Proofs and Refutations*, ed. J. Worrall e E. Zahar (Cambridge, Cambridge University Press).
LAWVERE, W. (1966), 'The Category of Categories as a Foundation for Mathematics', em *Proceedings of the Conference on Categorical Algebra in La Jolla, 1965*, ed. S. Eilenberg *et al* (New York, Springer), 1-21.
LEAR, J. (1982), 'Aristotle's Philosophy of Mathematics', *Philosophical Review*, 4, 161-92.
LEWIS, D. (1991), *Parts of Classes*, Oxford, Basil Blackwell.
—— (1993), 'Mathematics is Megethology', *Philosophia Mathe-matica*, 3: 1, 3-23.
LUCAS, J. R. (1961), 'Minds, Machines, and Gödel', *Philosophy*, 36, 112-37; reimpr. em *Minds and Machines*, ed. A. Anderson (Englewood Cliffs, NJ, Prentice-Hall, 1964), 43-59.
LUCE, L. (1988), 'Frege on Cardinality', *Philosophy and Phenomenological Research*, 48, 415-34.
MCLARTY, C. (1993), 'Numbers Can Be Just What They Have To', *Nous*, 27, 487-98.
MADDY, P. (1980), 'Perception and Mathematical Intuition', *Philosophical Review*, 89, 163-96.
—— (1981), 'Sets and Numbers', *Nous*, 11, 495-511.
—— (1988), 'Believing the Axioms', *Journal of Symbolic Logic*, 53, 481--511, 736-64.
—— (1988a), 'Mathematical Realism', *Midwest Studies in Philosophy*, 12, 275-85.
—— (1990), *Realism in Mathematics* (Oxford, Oxford University Press).
—— (1993), 'Does V Equal U', *Journal of Symbolic Logic*, 58, 15-41.
—— (1995), 'Naturalism and Ontology', *Philosophia Mathematica*, 3: 3, 48-270.
—— (1996), 'Set Theoretic Naturalism', *Journal of Symbolic Logic*, 61, 490-514.

—— (1997), *Naturalism in Mathematics* (Oxford, Oxford University Press).
MALAMENT, D. (1982), 'Review of Hartry Field, *Science without Numbers*', *Journal of Philosophy*, 19, 523-34.
MANCOSU, P. (1996), *Philosophy of Mathematics and Mathematical Practice in the Seventeenth Century* (Oxford, Oxford University Press).
MATIJACEVIČ, Y. (1970), 'Enumerable Sets are Diophantine, *Dokl. Akad. Nauk SSSR*, 191, 279-82; also Soviet *Math. Doklady*, 11, 354-57.
MILL, JOHN STUART (1973), *A System of Logic: The Collected Works of John Stuart Mill*, Vol. 7, ed. J. M. Robson (Toronto, University of Toronto Press).
MOORE, G. H. (1982), *Zermelo's Axiom of Choice: Its Origins, Development, and Influence* (New York, Springer-Verlag).
MUELLER, I. (1970), 'Aristotle on Geometrical Objects', *Archiv fur Geschichte der Philosophic*, 52, 156-71.
—— (1992), 'Mathematical Method and Philosophical Truth', em *The Cambridge Companion to Plato*, ed. Richard Kraut (Cambridge, Cambridge University Press), 170-99.
NAGEL, E. (1939), 'The Formation of Modern Conceptions of Formal Logic in the Development of Geometry', *Osiris*, 7, 142-224.
NEURATH, O. (1932), 'Protokollsatze', *Erkenntnis*, 3, 204-14.
PARSONS, C. (1965), 'Frege's Theory of Number', em *Philosophy in America*, ed. Max Black (Ithaca, NY, Cornell University Press), 180-203; reimpr. em Parsons (1983), 150-75; e em Demopoulos (1995), 182-210.
—— (1969), 'Kant's Philosophy of Arithmetic', em *Philosophy, Science, and Method: Essays in Honor of Ernest Nagel*, ed. S. Morgenbesser, P. Suppes, e Morton White (New York, St Martin's Press), 568-94; reimpr. com novo Postscript em Parsons (1983), Essay 5; e em Posy (1992), 43-79.
—— (1979), 'Mathematical Intuition', *Proceedings of the Aristotelian Society* NS, 80, 142-68.
—— (1983), *Mathematics in Philosophy* (Ithaca, NY, Cornell University Press).
—— (1984), 'Arithmetic and the Categories', *Topoi*, 3, 109-21; reimpr. em Posy (1992), 135-58.
—— (1990), The Structuralist View of Mathematical Objects', *Synthese*, 84, 303-46.
PASCH, M. (1926), *Vorlesungen über Neuere Geometric*, Zweite Auflage (Berlin, Springer).
PENROSE, R. (1994), *Shadows of the Mind: A Search For the Missing Science of Consciousness* (Oxford, Oxford University Press).

PLATO (1961), *The Collected Dialogues of Plato*, ed. por Edith Hamilton e Huntingdon Cairns (Princeton, Princeton University Press).

POINCARÉ, H. (1903), *La Science et L'Hypothèse* (Paris, Flammarion); *Science and Hypothesis*, tr. W. J. Greenstreet (London, Scott, 1907); tr. reimpr. (New York, Dover, 1952).

—— (1906), 'Les Mathématiques et la Logique', *Revue de Metaphysique et de Morale*, 14, 294-317.

POLYA, G. (1954), *Mathematics and Plausible Reasoning* (Princeton, Princeton University Press).

—— (1977), *Mathematical Methods in Science* (Washington, DC, Mathematical Association of America).

POSY, C. (1984), 'Kant's Mathematical Realism', *The Monist*, 67, 115-34; reimpr. em Posy (1992), 293-313.

—— (1992), *Kant's Philosophy of Mathematics* (Dordrecht, Kluwer Academic Publishers).

PRAWITZ, D. (1977), 'Meaning and Proofs: On the Conflict Between Classical and Intuitionistic Logic', *Theoria*, 43, 2-40.

PROCLUS (1970), *Commentary on Euclid's Elements I*, tr. por G. Morrow (Princeton, Princeton University Press).

PUTNAM, H. (1963), 'The Analytic and the Synthetic', em *Scientific Explanation, Space, and Time*, Minnesota Studies in the Philosophy of Science 3, ed. H. Feigl e G. Maxwell (Minneapolis, University of Minnesota Press); reimpr. em *Readings in the Philosophy of Language*, ed. J. Rosenberg e C. Travis (Englewood Cliffs, NJ, Prentice-Hall, 1971), 94-126.

—— (1967), 'Mathematics without Foundations', Journal *of Philosophy*, 64, 5-22; reimpr. em Benacerraf e Putnam (1983), 295-311.

—— (1971), *Philosophy of Logic* (New York, Harper Torchbooks).

—— (1975), 'What is Mathematical Truth?' em *Mathematics, Matter and Method: Philosophical Papers*, Volume 1 (Cambridge, Cambridge University Press), 60-78.

—— (1980), 'Models and Reality', *Journal of Symbolic Logic*, 45, 464-82; reimpr. em Benacerraf e Putnam (1983), 421-44.

QUINE, W. V. O. (1936), 'Truth by Convention', em *Philosophical Essays for Alfred North Whitehead*, ed. O. H. Lee (New York, Longmans), 90-124; reimpr. em Benacerraf e Putnam (1983), 329-54.

—— (1937), 'New Foundations for Mathematical Logic', *American Mathematical Monthly*, 44, 70-80.

—— (1941), 'Whitehead and the Rise of Modern Logic', em P. A. Schilpp, *The Philosophy of Alfred North Whitehead* (New York, Tudor Publishing Co., 127-63.

—— (1948), 'On What There Is', Review *of Metaphysics*, 2, 21-38; reimpr. em W. V. O. Quine, *From a Logical Point of View*, segunda edição

(Cambridge. Mass., Harvard University Press, 1980), 1-19. Trad. port. 'Sobre o que há' in Branquinho, J. (org.) *Existência e Linguagem: Ensaios de Metafísica Analítica* (Lisboa. Editorial Presença, 1990).
—— (1951), 'Two Dogmas of Empiricism', *Philosophical Review*, 60, 20-43; reimpr. em *From a Logical Point of View*, 20-46.
—— (1960), *Word and Object* (Cambridge, Mass., MIT Press).
—— (1969), *Ontological Relativity and Other Essays* (New York, Columbia University Press).
—— (1981), *Theories and Things* (Cambridge, Mass., Harvard University Press).
—— (1984), Review of Parsons (1983), *Journal of Philosophy*, 81, 783-94.
—— (1986), *Philosophy of Logic*, segunda edição (Englewood Cliffs, NJ, Prentice-Hall).
—— (1986a), 'Reply to Geoffrey Hellman', em *The Philosophy of W. V. Quine*, ed. L. E. Hahn e P. A. Schilpp (La Salle, III, Open Court), 206-8.
—— (1992), 'Structure and Nature', *The Journal of Philosophy*, 89, 5-9.
RAMSEY, F. P. (1925), 'The Foundations of Mathematics', *Proceedings of the London Mathematical Society*, 2:25, 338-84.
RANG, B. e THOMAS, W. (1981), 'Zermelo's Discovery of the "Russell paradox"', *Historia Mathematica*, 8, 15-22.
REID, C. (1970), *Hilbert* (New York, Springer-Verlag).
RESNIK, M. (1980), *Frege and the Philosophy of Mathematics* (Ithaca, NY, Cornell University Press).
—— (1981), 'Mathematics as a Science of Patterns: Ontology and Reference', *Nous*, 15, 529-50.
—— (1982), 'Mathematics as a Science of Patterns: Epistemology', *Nous*, 16, 95-105.
—— (1985), 'How Nominalist is Hartry Field's Nominalism?', *Philosophical Studies*, 47, 163-81.
—— (1988), 'Mathematics From the Structural Point of View', *Revue Internationale de Philosophic*, 42, 400-24.
—— (1990) 'Beliefs About Mathematical Objects', em *Physicalism in Mathematics*, ed. A. D. Irvine (Dordrecht, Kluwer Academic Publishers), 41-71.
—— (1992), 'A Structuralist's Involvement with Modality' (review of Hellman 1989), *Mind*, 101, 107-22.
—— (1997), *Mathematics as a Science of Patterns* (Oxford, Oxford University Press).
ROSSER, B. (1936), 'Extensions of Some Theorems of Gödel and Church', *Journal of Symbolic Logic*, 1, 87-91.

RUSSELL, B. (1919), *Introduction to Mathematical Philosophy* (London, Allen & Unwin); reimpr. (New York, Dover, 1993). Trad. port. *Introdução à Filosofia Matemática* (Lisboa, Fundação Calouste Gulbenkian, 2008).
SHAPIRO, S. (1983), 'Conservativeness and Incompleteness', *Journal of Philosophy*, 80, 521-31.
—— (1983a), 'Mathematics and Reality', *Philosophy of Science*, 50, 523-48.
—— (1989), 'Logic, Ontology, Mathematical Practice', *Synthese*, 79, 13-50.
—— (1989a), 'Structure and Ontology', *Philosophical Topics*, 17, 145-71.
—— (1991), *Foundations Without Foundationalism: A Case for Segunda--Order logic* (Oxford, Oxford University Press).
—— (1993), 'Modality and Ontology', *Mind*, 102, 455-81.
—— (1994), 'Mathematics and Philosophy of Mathematics', *Philosophia Mathematica*, 3: 2, 148-60.
—— (1997), *Philosophy of Mathematics: Structure and Ontology* (New York, Oxford University Press).
SIEG, W. (1988), 'Hilbert's Program Sixty Years Later', *Journal of Symbolic Logic*, 53, 338-48.
—— (1990), 'Physicalism, Reductionism and Hilbert', em *Physicalism in mathematics*, ed. A. D. Irvine (Dordrecht, Kluwer Academic Publishers), 183-257.
SIMONS, P. (1987), 'Frege's Theory of Real Numbers', *History and Philosophy of Logic*, 8, 25-44; reimpr. em Demopoulos (1995), 358-85.
SIMPSON, S. (1988), 'Partial Realizations of the Hilbert Program', *Journal of Symbolic Logic*, 53, 349-63.
SKOLEM, T. (1922), 'Einige Bemerkungen zur axiomatischen Begriindung der Mengenlehre', *Matematikerkongressen i Helsingfors den* 4-7 Juli 1922 (Helsinki, Akademiska Bokhandeln), 217-32; tr. como 'Some Remarks on Axiomatized Set Theory' em Van Heijenoort (1967), 291-301.
—— (1941), 'Sur la porté du théorème de Löwenheim-Skolem', *Les Entretiens de Zurich, 6-9 decembre 1938*, ed. F. Gonseth (Zurich, Leeman, 1941), 25-52.
SKORUPSKI, J. (1989), *John Stuart Mill* (London, Routledge).
—— (1998), *The Cambridge Companion to Mill* (Cambridge, Cambridge University Press).
—— (1998a), 'Mill on Language and Logic', em Skorupski (1998), 35-56.
SMORYNSKI, C. (1977), 'The Incompleteness Theorems', em *Handbook of Mathematical Logic*, ed. J. Barwise (Amsterdam, North Holland Publishing Co.), 821-65.

STEINER, M. (1978), 'Mathematical Explanation and Scientific Knowledge', *Nous*, 12, 17-28.
—— (1995), 'The Applicabilities of Mathematics', *Philosophia Mathematica*, 3:3, 129-56.
—— (1997), *The Applicability of Mathematics as a Philosophical Problem* (Cambridge, Mass., Harvard University Press).
SULLIVAN, P. e POTTER, M. P. (1997), 'Hale on Caesar', *Philosophia Mathematica*, 3: 5, 135-52.
TAIT, W. (1981), 'Finitism', *Journal of Philosophy*, 78, 524-46.
TAKEUTI, G. (1987), *Proof Theory*, segunda edição (Amsterdam, North-Holland Publishing Co.).
TENNANT, N. (1987), *Anti-realism and Logic* (Oxford, Oxford University Press).
—— (1997), *The Taming of the True* (Oxford, Oxford University Press).
—— (1997a), 'On the Necessary Existence of Numbers', *Nous*, 3, 307-36.
THARP, L. (1975), 'Which Logic is the Right Logic?', *Synthese*, 31, 1-31.
THOMAE, J. (1898), *Elementare Theorie der analytischen Functionen einer complexen Veränderlichen*, segunda edição (Halle).
TURNBULL, R. (1998), *The Parmenides and Plato's Late Philosophy* (Toronto, University of Toronto Press).
VAN HEIJENOORT, J. (1967), From *Frege to Gödel* (Cambridge, Mass., Harvard University Press).
—— (1967a), 'Logic as Calculus and Logic as Language', *Synthese*, 17, 324-30.
VON NEUMANN, J. (1931), 'Die formalistische Grundlegung der Mathematik', *Erkentniss*, 2, 116-21; tr. em Benacerraf e Putnam (1983), 62-5.
VLASTOS, G. (1991), *Socrates: Ironist and Moral Philosopher* (Ithaca, NY, Cornell University Press).
WAGNER, S. (1987), 'The Rationalist Conception of Logic', *Notre Dame Journal of Formal Logic*, 28, 3-35.
WANG, H. (1974), *From Mathematics to Philosophy* (London, Routledge & Kegan Paul).
—— (1987), *Reflections on Kurt Gödel* (Cambridge, Mass., MIT Press).
WEBB, J. (1980), *Mechanism, Mentalism and Metamathematics: An essay on Finitism* (Dordrecht, D. Reidel).
WEDBERG, A. (1955), *Plato's Philosophy of Mathematics* (Stockholm, Almqvist & Wiksell).
WEINBERG, S. (1986), 'Lecture on the Applicability of Mathematics', *Notices of the American Mathematical Society*, 33.
WHITEHEAD, A. N. e RUSSELL, B. (1910), *Principia Mathematica 1* (Cambridge, Cambridge University Press).

WILSON, M. (1993), 'There's a hole and a bucket, dear Leibniz', *Midwest Studies in Philosophy*, 18, 202-41.

—— (1993a), 'Honorable Intensions', em *Naturalism: A Critical Appraisal*, ed. S. Wagner e R. Warner (Notre Dame, University of Notre Dame Press), 53-94.

WITTGENSTEIN, L. (1953), *Philosophical Investigations*, tr. G. E. M. Anscombe (New York, MacMillan Publishing Co.). Trad. port. *Investigações Filosóficas* (Lisboa, Fundação Calouste Gulbenkian, 1987).

—— (1978), *Remarks on the Foundations of Mathematics*, tr. G. E. M. Anscombe (Cambridge, Mass., MIT Press).

WRIGHT, C. (1983), *Frege's Conception of Numbers as Objects* (Aberdeen University Press).

—— (1997), 'On the Philosophical Significance of Frege's Theorem', em Heck (1997), 201-44.

—— (1998), 'On the Harmless Impredicativity of $N^=$ (Hume's principle)', em *The Philosophy of Mathematics Today*, ed. Mathias Schirn (Oxford, Oxford University Press), 339-68.

YABLO, S. (1993), 'Is Conceivability a Guide to Possibility', *Philosophy and Phenomenological Research*, 53, 1-42.

ÍNDICE REMISSIVO

A

abdução 396
abordagem clássica 250
abordagem intuicionista 250
abstracção 104, 105, 106, 125, 198, 199, 200, 364, 365, 366, 387, 388, 391, 395, 397
Academia de Platão 19, 23, 96, 99
álgebra 92, 114
algoritmicamente. Ver efectivamente
algoritmo 204, 220, 230, 231, 232, 239
análise clássica 256
análise complexa 72, 111, 137, 165, 212, 235
análise funcional 72, 111, 137, 200, 235, 341
análise intuicionista 256, 260, 263
análise lógica 185
análise real 69, 71, 72, 76, 111, 151, 152, 160, 165, 179, 200, 212, 228, 229, 235, 254, 295, 321, 322, 327, 334, 342, 352, 362, 363, 377, 381, 399
análise real de primeira ordem 69
analiticidade 119, 158

anti-realismo semântico 71, 278, 334
anti-realismo de Field 324
anti-realismo em ontologia 50, 59, 287, 319, 344, 383
anti-realismo em valor de verdade 54, 56
anti-revisionismo 36
aplicabilidade da matemática 63
aplicação da matemática 333
apodeixis 130
aprioridade 45, 46, 149
Aristóteles 10, 20, 83, 88, 100, 101, 103, 105, 107, 108, 109, 110, 111, 113, 115, 117, 139, 140, 143, 150, 183, 320, 369, 378
aritmética 35, 46, 59, 64, 71, 73, 74, 83, 92, 93, 94, 95, 104, 108, 110, 111, 114, 116, 118, 121, 122, 124, 126, 131, 132, 143, 144, 147, 148, 150, 152, 160, 163, 165, 166, 167, 168, 169, 174, 176, 178, 182, 185, 191, 193, 195, 196, 197, 198, 200, 203, 208, 209, 212, 213, 214, 215, 222, 226, 227, 232, 234,

235, 236, 237, 239, 240, 241,
242, 243, 245, 254, 285, 295,
297, 321, 327, 332, 341, 352,
361, 362, 364, 371, 372, 376,
377, 381, 383, 384, 402, 403
aritmética de Peano 193
aritmética de Platão 94
aritmética de primeira ordem 70
aritmética elementar 204, 291, 295
aritmética euclidiana 93
aritmética finitária 230, 232, 233, 234, 235, 236, 237, 242, 250
aritmética intuicionista 278
aritmética não-standard 135
aritmética prática 250
aritmética recursiva primitiva 232
astrologia 41
atributos 102, 294, 336, 337, 341, 342
Axioma da Escolha 28, 179, 260
axioma de completude 151
axioma do infinito 174, 176, 200, 314, 315
axiomas da aritmética 216
axiomas da lógica 289
axiomas de Dedekind-Peano 363
axiomatização
 da geometria plana 223
Ayer, A. J. 20, 187, 188, 189, 201
Azzouni, J. 351, 352, 353, 354

B

Balaguer, M. 323, 345, 354, 355, 356, 357, 358, 359, 401, 402
Benacerraf, P. 57, 58, 59, 65, 201, 245, 246, 361, 372, 373, 374, 375, 380, 386, 405
Berkeley, G. 20, 77, 107, 114, 115
Bernays, P. 25, 35, 218, 219, 241, 246
bicondicionais de Tarski 248

Bishop, E. 249, 263
bivalência 55, 248, 265
Bolzano, B. 19, 21, 181, 228
Boolos, G. 191, 195, 198, 200, 201
Bourbaki, N. 68
Brouwer, L. E. J. 26, 32, 58, 247, 250, 251, 252, 253, 254, 255, 256, 257, 258, 259, 260, 262, 263, 264, 265, 267, 268, 270, 271, 278, 279, 293, 297
Burgess, J. 325, 326, 330, 333, 334, 343, 344, 345, 346, 347, 348, 349, 350, 352

C

cálculo 210, 213, 322
cálculo aritmético. Ver logística
cálculo de predicados de Heyting 265
cálculo infinitesimal 76, 107, 114, 115, 228
cálculo lógico 216
cálculo prático 95
Cantor, G. 69, 72, 161, 228, 295, 297
 carácter tipo 388
Carnap, R. 20, 34, 139, 182, 183, 184, 185, 186, 187, 188, 189, 190, 191, 192, 199, 201, 244, 301, 304
categoricidade 400
Cauchy, A. L. 228
certeza 44, 97, 109, 114, 238, 299, 309
Chihara, C. 28, 59, 311, 317, 321, 336, 337, 338, 339, 340, 341, 342, 343, 346, 347, 348, 349, 350
Church, A. 19
ciências cognitivas 21
Círculo de Viena 20, 34, 182, 189, 301

ÍNDICE REMISSIVO | 423

classe 164, 169, 170, 171, 172, 173, 174, 175, 176, 177, 178, 179, 280, 354, 399
classes 29
classe universal 70, 281
coerência 403
coerência, princípio de 401, 402
Coffa, A. 47, 137, 153, 157, 181, 194, 222, 263, 311
compatibilidade 356, 400
completude 35, 69, 226, 259, 366
completude à Cauchy 328
completude à Dedekind 151
compromisso ontológico 338, 352
computabilidade 21
conceitos 29, 45, 47, 50, 51, 64, 70, 75, 77, 82, 92, 119, 120, 122, 123, 124, 125, 129, 130, 135, 141, 157, 158, 160, 163, 164, 165, 166, 167, 172, 180, 182, 185, 192, 195, 196, 199, 200, 224, 225, 227, 229, 251, 258, 264, 294, 297, 315, 362, 390
conceitos abstractos 106
conceitos da teoria dos conjuntos 291
conceitos fregeanos 161
conceitos geométricos 218
conceitos matemáticos 73, 76
conceitos primitivos 222
conceitos universais 128
condição de coerência 402
condição de existência 400, 401
condição de unicidade 400
condições de demonstração 265, 276
conectivas lógicas 276, 277
conhecimento 11, 114, 120
  a posteriori 45, 123, 190, 191, 209, 244, 299, 315, 400
conhecimento a priori 20, 45, 46, 51, 118, 123, 158, 182, 308, 390

conhecimento científico 290
conhecimento da ética 99
conhecimento da linguagem 53
conhecimento-de 291
conhecimento-de-que 291, 292
conhecimento empírico 138
conhecimento filosófico 139
conhecimento geométrico 87, 89, 92, 99
conhecimento imediato 123, 292
conhecimento intuitivo 313
conhecimento lógico 217
conhecimento matemático 20, 46, 52, 53, 56, 92, 99, 116, 143, 193, 206, 209, 216, 299, 300, 316, 343, 345, 357, 386, 399
conhecimento moral 99
conhecimento novo 123, 129
conhecimento racional 19
conhecimento sintético 130
conjectura de Goldbach 261
conjunto singular de 171
consequência lógica 180, 193, 252, 335, 400
consequência semântica. Ver consequência lógica
consistência 39, 225, 226, 236, 237, 239, 241, 242, 244, 245, 332, 355, 356, 357, 385, 401, 402, 403, 404
  demonstração de 264
consistência dedutiva 403
construtibilidade 342
construtivismo 262
construtivismo de Bishop 267, 270
contra-exemplo
  fraco 261
contrapartida abstracta 330
convenção 334
cortes de Dedekind 178
critério de verdade probabilístico 66

Curry, H. 242, 243, 244, 245, 246, 269, 356

D

decidibilidade efectiva 230, 231
Dedekind, R. 31, 69, 178, 201, 233, 394
   cortes de 394
dedução formal 191
dedução lógica 233
dedutivismo 216, 217, 222, 229, 236, 245, 311, 399
definição 28, 29, 117, 119, 139, 144, 163, 168, 169, 173, 175, 179, 182, 188, 196, 222, 223, 224, 258, 289, 346, 356, 401
definição funcional 398
definição implícita 224, 225, 398, 399, 400
definição impredicativa 28, 29, 30, 169, 170, 174, 186, 258, 340
definição lógica geral 160
definição matemática 62
definição ostensiva 387, 389, 391
de la Vallée-Poussin, C. J. 191
demonstrabilidade aritmética informal 74
Descartes, D. 19, 20, 113, 114, 115, 124, 139, 158
determinação numérica 307
Devir
   mundo de 84, 86, 87, 89, 93, 94, 98, 99
diagramas 91, 92, 99, 130, 134, 218, 219
dicotomia tipo-espécime 368
dilema de Benacerraf 58
dívida nacional 392
domínio do discurso 281
Dummett, M. 32, 33, 58, 59, 165, 182, 201, 214, 248, 249, 263, 266, 271, 272, 273, 274, 275, 276, 277, 278, 279, 280, 281, 311
dupla negação, princípio da 255, 256

E

efectivamente 261
efectividade 276
efectivo
sistema dedutivo 74, 191, 259
Elementos de Euclides 25, 83, 91, 93, 114, 129, 130, 131
sintéticos 326
empirismo 11, 20, 41, 47, 83, 100, 108, 111, 114, 117, 150, 152, 153, 181, 187, 189, 190, 251, 270, 301, 303, 304, 310, 311
empirismo de Mill 152, 300
empirismo de Quine 39, 40
epistemologia 9, 10, 21, 22, 23, 36, 37, 43, 58, 84, 85, 86, 89, 120, 139, 193, 285, 300, 304, 312, 313, 315, 316, 352, 390, 396
platónica 52
epistemologia de Mill 140
epistemologia de Platão 86, 92
epistemologia hipotético-dedutiva 153
epistemologia naturalista 347
equinumerosidade 160, 161, 194, 199
equipotência. Ver equinumerosidade
equivalência, relação de 199
esboroamento 252
escolha, princípio da 180, 334
espaço 60, 87, 111, 122, 123, 132, 133, 143, 167, 179, 217, 234, 241, 252, 254, 258, 314, 322, 324, 325, 337, 347, 362, 363
espaço euclidiano 92, 133, 134, 364, 370, 384

espaço físico 87, 141, 326
espaços de Hilbert 64
espaço-tempo 51, 86, 134, 217, 324, 325, 326, 327, 328, 331, 333, 334, 346, 347, 365, 367
espécime 50, 109, 368, 369, 387, 388, 390, 395, 402
Espinosa, B. 20, 114
estrutura 67, 71, 129, 138, 173, 175, 184, 185, 186, 187, 188, 191, 192, 219, 221, 224, 226, 228, 233, 244, 331, 347, 361, 362, 363, 364, 365, 366, 367, 368, 370, 373, 375, 376, 377, 379, 380, 381, 382, 384, 387, 388, 389, 393, 394, 396, 398, 399, 402, 404
estrutura *ante rem* 392
estrutura cardinal 389, 391, 392
estrutura da mente 55
estrutura descritiva 358
estrutura do mundo 149
estrutura dos números naturais 342, 363, 364, 367, 370, 371, 373, 374, 375, 377, 378, 381, 383, 384, 385, 393, 394, 402
estrutura dos números reais 342, 366, 367, 370, 378, 385, 394
estrutura linguística 184, 185, 188, 189, 191, 192, 244
estruturalismo 12, 361, 367, 368, 370, 374, 375, 376, 380, 382, 385, 390, 396, 399
estruturalismo ante rem 371, 378, 384, 401
estruturalismo eliminativo 382, 385
estruturalismo eliminativo modal 384
estruturalismo modal 336, 402
estruturalismo ontológico eliminativo 382

estrutura matemática 62, 68
expansão decimal 208, 259
explicação 63, 64, 66, 92, 101, 165, 168, 190, 197, 214, 224, 307, 308, 334, 353, 371, 382, 396
explicação científica 61, 62
explicação de Aristóteles 102
explicação de Platão 89, 91
explicação do mundo 312
explicação holística 274
explicação intrínseca 334
extensão de conceito 164, 167
extensibilidade indefinida 280, 282

F
Feynman, R. 67
fiada 387, 388, 394, 402
ficção 108, 141
ficcionalismo 321, 358, 359
Field, H. 58, 311, 320, 321, 322, 323, 324, 325, 326, 327, 328, 329, 330, 331, 332, 333, 334, 337, 346, 347, 348, 349, 350, 358, 359, 365, 366, 367
filosofia da biologia 10
filosofia da física 10, 24
filosofia da linguagem 10, 21, 33
filosofia da lógica 10
filosofia da matemática de Kant 127, 134
filosofia da psicologia 10, 24
finitismo 280
física 37, 61, 66, 105, 107, 113, 134, 136, 143, 147, 166, 189, 244, 262, 290, 294, 299, 300, 304, 305, 306, 307, 313, 322, 324, 326, 329, 332, 334, 347, 348, 367
física clássica 307
física-matemática 349

física moderna 307
física newtoniana clássica 326
física nominalista 325
física sintética 327
física teórica 309
Forma 85, 101, 109, 368
Forma do Bem 87
formalismo 11, 138, 192, 203, 204, 205, 209, 211, 212, 214, 242, 243, 245, 250, 264, 269, 274, 288, 296, 355, 356
formalismo de jogo 209, 210, 211, 212, 213, 214, 215, 216, 222, 229, 234, 235, 243, 246
formalismo de termos 205, 207, 208, 209, 229, 234, 243
formalista de termos 205, 206, 207, 208, 209, 237
forma lógica 252
Formas 51, 83, 84, 85, 87, 88, 100, 101, 102, 104, 110, 378
frase aberta 337, 339, 340, 341, 342
Frege, G. 19, 21, 59, 105, 106, 107, 126, 144, 145, 146, 147, 158, 159, 160, 161, 162, 163, 164, 165, 166, 167, 168, 169, 171, 172, 173, 174, 175, 181, 182, 183, 194, 195, 196, 197, 198, 199, 201, 205, 207, 208, 210, 211, 212, 213, 214, 215, 216, 222, 224, 225, 226, 227, 229, 233, 236, 245, 246, 254, 273, 286, 355, 371, 372, 374, 375
correspondência com Hilbert 222, 223

G

Galileu, Galilei 23
generalização 338
geometria 19, 21, 24, 25, 26, 46, 60, 83, 86, 89, 90, 92, 93, 95, 99, 103, 104, 108, 109, 111, 114, 116, 118, 127, 132, 133, 135, 140, 141, 142, 148, 150, 151, 166, 179, 188, 191, 200, 217, 218, 219, 222, 235, 250, 252, 253, 254, 300, 324, 334, 370, 377, 399
geometria analítica 221, 326
geometria de Platão 89
geometria euclidiana 46, 123, 133, 135, 136, 141, 150, 167, 188, 217, 218, 223, 252, 326, 363, 364, 382
geometria multi-dimensional 137
geometria não-euclidiana 134, 135, 136, 217, 220, 252
geometria sintética 253, 326, 367
geometria sintética a priori 136
Gödel, K. 19, 28, 31, 35, 39, 52, 57, 66, 73, 74, 186, 187, 191, 226, 239, 240, 241, 245, 280, 287, 288, 289, 290, 291, 292, 293, 294, 295, 296, 297, 298, 299, 311, 312, 313, 315, 316, 332, 344, 403
Goodman, Nicolas 60, 306

H

Hadamard, J. 191
Hale, B. 194, 196, 197, 286, 397, 405
Hand, M. 378
HC. Consulte Hipótese do Contínuo
Hebb, D. O. 313, 314
Heine, E. 207, 245
Hellman, G. 59, 60, 311, 336, 361, 384, 385, 386, 387, 396, 405
Heyting, A. 26, 27, 58, 249, 265, 267, 268, 269, 270, 271, 274, 277, 278, 279
hierarquia cumulativa. Ver hierarquia conjuntista

Hilbert
correspondência com Frege 227
Hilbert, D. 19, 21, 25, 182, 214, 218, 219, 220, 221, 223, 224, 225, 226, 228, 229, 232, 233, 234, 235, 236, 237, 238, 239, 240, 241, 242, 243, 244, 246, 250, 251, 253, 290, 296, 298, 331, 332, 355, 356, 399, 402
Hintikka, J. 124, 127, 129, 154
Hipótese do Contínuo 39, 72, 73, 295, 296, 297, 298, 316, 327, 343
holismo 40, 65, 275, 279, 303, 304, 310
holismo semântico 275, 276
homomorfismo de representação 331
Hume, D. 20, 65, 114, 116, 117, 139, 149, 161, 164, 165, 172, 173, 195, 196, 197, 198, 199, 200, 397

I
idealismo 49, 63, 257
idealismo em ontologia 58
idealismo em valor de verdade 55, 58
idealização 148, 231, 279
identidade 106, 120, 162, 164, 197, 199, 207, 208, 336, 362, 365, 372, 373, 375, 376
impredicatividade 173, 196, 340
incompletude 35, 74, 191, 192, 239, 240, 241, 242, 245, 332, 352, 403
independência epistémica 363
indispensabilidade 65, 308, 312, 317, 321, 322, 330, 344, 345, 346, 348, 350, 357, 358, 359, 395

indução 65, 144, 151, 175, 182, 190, 371
indução enumerativa 139, 140, 150, 152, 153, 300
indução matemática, princípio de 150, 151, 152, 363, 371, 399
inferência lógica 217, 227, 233, 271
inferência racional 60
infinidade 44, 122, 174, 176, 179, 180, 259, 342
infinitesimal de Leibniz 107
infinitésimos 228
infinito actual 28
instrumentalismo 212
intuição do tempo 254
intuição espacial 226
intuição kantiana 47, 121, 123, 127, 138, 158, 181, 198, 254, 293
intuição matemática 313
intuicionismo 11, 26, 132, 247, 250, 252, 257, 263, 265, 266, 270, 274, 341
intuicionismo de Dummett 278
intuicionistas 26, 39, 58, 249, 251, 252, 274, 279, 293

K
Kant, E. 46
Kant, I. 10, 11, 46, 113, 117, 118, 119, 120, 121, 122, 123, 124, 125, 126, 127, 128, 129, 130, 131, 132, 133, 134, 135, 136, 137, 138, 139, 152, 154, 157, 158, 166, 221, 232, 234, 250, 251, 252, 253, 254, 263, 293
Kitcher, P. 138, 152, 153, 154, 372, 373, 374
Klein, Jacob 95
Kreisel, G. 54
Kronecker, L. 31, 32
Kuhn, T. 82

L

Lakatos, I. 75, 76
Lear, J. 107
Lei Básica V 167, 169, 173, 195, 199, 200
Leibniz, G. 19, 20, 107, 113, 114, 115, 158, 324
leis lógicas gerais 159, 182
linguagem 24, 26, 30, 32, 48, 50, 57, 71, 72, 73, 76, 182, 183, 184, 188, 190, 191, 194, 197, 209, 210, 213, 215, 239, 245, 263, 264, 271, 272, 276, 279, 301, 304, 329, 332, 341, 343, 351, 356, 364, 381, 395
linguagem científica 349
linguagem comum 34, 48
linguagem da aritmética 295, 373, 383
linguagem da matemática 22, 23, 48, 54, 56, 263, 265
linguagem da mecânica nominalista 326
linguagem da teoria dos conjuntos 72
linguagem de Frege 162
linguagem de primeira ordem 69, 333, 403
linguagem de ZFC 296
linguagem dinâmica 25, 91, 109
linguagem dos matemáticos 87
linguagem formal 69, 281, 339, 356
linguagem intuicionista 265
linguagem kantiana 233
linguagem matemática 11, 34, 36, 55, 190, 274, 320, 321, 358
linguagem nominalista 306, 307, 323, 330, 358
linguagens
  de primeira ordem 403
linguagens da matemática 209
linguagens de segunda ordem 72
linguagens formais 21, 220, 221, 222
linha dividida de Platão 87, 88, 91, 99
Locke, J. 20
lógica 10, 11, 21, 22, 45, 48, 60, 76, 103, 139, 158, 176, 181, 187, 227, 230, 233, 271
  de ordem superior 161
  de primeira ordem 35, 137, 139, 165, 166, 196, 197, 238, 243, 244, 247, 248, 249, 276, 336, 359, 377, 400
  de segunda ordem 195, 197, 198, 255, 337, 400, 403
lógica clássica 27, 30, 33, 34, 56, 72, 238, 239, 241, 247, 248, 249, 256, 262, 263, 265, 267, 274, 277, 278, 279, 280, 281, 288, 340
lógica construtiva. Ver lógica intuicionista
lógica da confirmação 189
lógica da matemática 9, 75, 263
lógica em Kant 127
lógica filosófica 396
lógica intuicionista 27, 33, 56, 248, 249, 265, 267, 276, 277, 279, 280
lógica matemática 21, 22, 23, 68, 69, 71, 135, 181, 182, 185, 189, 191, 214, 224, 281, 285, 386, 398, 403, 405
lógica proposicional clássica 276
lógica simbólica 265
logicismo 11, 158, 166, 174, 176, 182, 198, 201, 227, 264, 342
logicismo de Russell 179, 287
logicismo fregeano 164, 165, 198, 201
lógico clássico 249
logística 94, 95

M

Maddy, P. 30, 40, 41, 42, 57, 73, 139, 147, 311, 312, 313, 314, 315, 316, 317, 343, 384, 396
Malament, D. 323
matemática clássica 26, 238, 250, 255, 256, 263, 265, 268, 271, 279, 288
matemática ideal 235, 236, 237, 240, 242, 250, 332
matemática intuicionista 26, 27, 29, 247, 248, 249, 250, 257, 258, 260, 262, 263, 266, 267, 269, 270, 274
matemática sintética a priori 138
matemático clássico 249, 257, 258, 259, 267, 271, 279
matemático intuicionista 249, 251, 255, 256, 258, 259, 261
McLarty, C. 382
mecânica clássica 323
mecânica sintética 326
mecanicismo 74
mecanismo 387
metafísica 21, 24, 34, 99
metamatemática 220, 221, 222, 224, 229, 237, 243, 245, 356, 357
método hipotético-dedutivo 38
método socrático 97, 99, 100
Mill, J. S. 10, 11, 20, 138, 139, 140, 141, 143, 144, 145, 146, 147, 148, 149, 150, 152, 153, 154, 158, 181, 183, 187, 188, 190, 270, 300, 301, 304, 311, 316
modalidade 110, 309, 335, 336, 338, 340, 384, 385, 396, 401, 402
modelos não-standard da aritmética 135
mundo do Ser 86, 87, 90, 91, 93, 94, 98, 99, 110, 290
mundos possíveis 21, 335

N

Nagel, E. 189, 218
naturalismo 37, 40, 47, 138, 139, 183, 190, 300, 313, 317
naturalismo de Quine 38, 41
natureza do número 93
navalha de Occam 39
necessidade 46, 116, 135, 137, 149, 157, 166, 181, 197, 211, 244, 245, 308, 335, 384
necessidade da matemática 51
neo-logicismo 165, 166, 179, 197, 198, 201, 214, 240
Neurath, navio de 38, 41, 43, 189
Newton, I. 107, 113, 114, 306, 307, 324
noção primitiva 253, 356
nominalismo 49, 50, 319, 328, 343, 345, 366
revolucionário 366
numeral 144, 205
número 27, 48, 75, 92, 93, 94, 101, 108, 115, 122, 125, 132, 145, 158, 161, 162, 164, 169, 172, 174, 177, 178, 182, 185, 186, 187, 191, 192, 195, 196, 205, 209, 210, 214, 216, 239, 256, 259, 362, 366, 373
natureza metafísica do 95
número cardinal 196, 197
número complexo 179
número de 94, 105, 108, 143, 146, 161, 163, 171, 172, 173, 186, 195, 196, 199, 371
número de Russell 173
número finito de operações 255
número irracional 178, 179
número natural 70, 72, 121, 126, 164, 174, 178, 197, 205, 249, 255, 259, 261, 362, 372

número primo 48, 121, 126, 165,
 185, 191, 210, 254, 255, 278,
 280, 320, 373, 377
número racional 178, 260, 375
número real 70, 178, 179, 259,
 260, 261, 342, 366, 376
números racionais negativos 178
números racionais negativos 178

O

objecto abstracto 368
objecto concreto 237
objecto infinitário 208
objectos concretos 233
objectos matemáticos 76
ontologia 22, 24, 36, 37, 71, 76,
 84, 87, 89, 146, 166, 251, 286,
 287, 328, 346, 351, 352, 353,
 361, 367, 372, 376, 381, 382,
 384, 385
 génese da 95
 relatividade da 375
ontologia de Field 326, 329
ontologia fictionalista 321
ontologia lógica 166
ontologia platonista 92
opção ontológica 382, 383, 384
operadores de limitação de variáveis 338
ostensão 388

P

padrão 64, 84, 362, 363, 364, 365,
 368, 370, 373, 388, 389, 393,
 394, 401
paradoxo de Russell 168, 228
paradoxo de Skolem 70, 71
par não ordenado 171
par ordenado 171, 179
Parsons, C. 20, 127, 131, 132, 154,
 195, 376, 380, 396, 405

Pascal, B. 19
Pasch, M. 217, 218, 253
percepção 30, 46, 102, 115, 123,
 124, 134, 137, 182, 252, 254,
 291, 292, 293, 294, 313
percepção metafísica 309
percepção sensorial 39, 51, 127,
 132, 289, 291, 313
percepção temporal 253
perspectiva
posições-são-cargos 343, 349, 376,
 377, 378, 381
posições-são-objectos 377, 379
perspectiva ante rem 379
perspectiva construtivista 31
perspectiva logicista 232
Platão 10, 20, 22, 24, 25, 26, 32,
 51, 83, 84, 85, 86, 87, 88, 89,
 90, 91, 92, 93, 94, 95, 96, 97,
 98, 99, 100, 103, 105, 108, 109,
 110, 117, 133, 143, 183, 257,
 286, 290, 368, 378
 realista em ontologia 92
 realista em valor de verdade 92
platonismo 51, 52, 83, 109, 110,
 116, 311, 312, 354, 355, 356,
 357, 359, 386, 401
 forte 354, 355
Platonismo 83
Poincaré, H. 25, 28, 32, 218, 252
positivismo lógico 181, 189, 190,
 301
possibilidade 141, 142, 335, 338
possibilidade lógica 335, 385
postulação 107, 353
Posy, C. 121, 153, 154, 278
princípio da filosofia-primeiro
 29, 31
princípio da filosofia-última 34
Princípio de Arquimedes 151
princípio de completude 178, 342
Princípio de Hume 163, 164

princípio de indução matemática 44, 163
princípio de omnisciência 258
princípio de omnisciência limitada 263
princípio do círculo vicioso 170, 172, 175, 176, 185, 287, 288, 289
princípio do supremo 178
princípios
  de escolha 179
princípios da geometria 224
problema de César 164, 199, 227, 372, 373
problema do contínuo 295
procedimento efectivo 281
Próclo 91, 94
programa de Brouwer 26
programa de Field 358
programa de Hilbert 226, 228, 229, 356
proposições independentes 73, 317
proposições-T. Ver bicondicionais de Tarski
propriedade de Bolzano-Weierstrass 151
propriedades 50, 51, 104, 106, 108, 110, 117, 126, 128, 132, 177, 179, 180, 192, 193, 213, 220, 226, 230, 241, 242, 252, 263, 294, 306, 324, 325, 326, 336, 363, 365, 369, 381, 389
  estruturais 144
propriedades geométricas 109
prova 9, 20, 27, 44, 45, 62, 73, 74, 76, 99, 126, 129, 130, 131, 159, 172, 173, 175, 183, 192, 193, 218, 232, 237, 238, 241, 242, 244, 249, 261, 264, 268, 274, 276, 278, 288, 326, 330, 341, 345, 346

prova de consistência 242, 244
prova impredicariva 174
pseudo-questões 34
psicologia 139, 305, 313, 387
psicologia cognitiva 37
psicologia empírica 313
Putnam, H. 71, 201, 245, 246, 303, 306, 307, 308, 321, 323, 330, 335, 336, 357

Q

quantidades 107, 214
  infinitamente grandes 228
  infinitamente pequenas 228
quantidades físicas 325
quantidades geométricas 325
quantificador de construtibilidade 338, 341
quantificador limitado 230
questão externa/interna 184, 186, 187, 244
Quine, W. V. O. 20, 37, 38, 39, 40, 41, 42, 47, 65, 139, 153, 164, 190, 198, 275, 300, 301, 302, 304, 305, 306, 308, 309, 310, 311, 312, 316, 321, 330, 335, 336, 337, 338, 346, 352, 354, 357, 375, 395

R

raciocínio intuicionista 267
racionalismo 11, 20, 22, 23, 46, 48, 83, 99, 114, 116, 117, 133, 309
Ramsey, F. P. 176, 185, 186, 187
realismo 29, 30, 31, 35, 50, 58, 59, 186, 249, 251, 279, 289, 298, 306, 317, 369, 372
realismo ante rem 369, 370
realismo conjuntista 313
realismo de Gödel 30, 297
realismo em ontologia 49, 50, 51, 52, 53, 56, 58, 63, 87, 105, 107,

176, 181, 194, 196, 207, 249, 256, 289, 291, 293, 305, 311, 319, 321, 322, 343, 351, 354, 357, 359, 362, 372, 386, 396
realismo em ontologia de Frege 161
realismo em valor de verdade 54, 56, 57, 59, 65, 87, 105, 107, 249, 265, 287, 305
realismo ontológico. Ver realismo em ontologia
realista em ontologia 258, 344, 371
reconhecimento de padrões 387, 388, 390, 391, 395, 397
reducionismo 302
reductio ad absurdum 96, 249, 330
redutibilidade
princípio de 176, 179, 180, 185
referência grossa/fina/ultrafina 352
relação de sucessão 162, 163, 363
relacionalismo 324
requisito de manifestação 273, 275, 276, 278
Resnik, M. 38, 57, 201, 222, 246, 325, 361, 362, 364, 365, 371, 375, 377, 385, 395, 396, 400, 401, 403, 405
revisionismo 280
rigor 100, 115, 217, 220, 227, 252, 367
rigor matemático 83
Rosen, G. 325, 330, 333, 334, 343, 344, 345, 346, 347, 348, 349, 350, 352
Rosser, J. B. 239
Russell, B. 19, 167, 168, 169, 170, 171, 172, 173, 174, 175, 176, 177, 178, 179, 180, 181, 182, 183, 184, 186, 199, 201, 287, 288, 289, 293, 294, 313, 336, 337, 342, 376

S

satisfação 337, 341, 346, 382
satisfazibilidade 221, 347, 356, 403, 404, 405
Schlick, M. 20
seguir uma regra 210
Selberg, A. 193
semântica 10, 21, 22, 48, 77
composicional 248, 275, 276
molecular 276
semântica bivalente 278
semântica da ficção 321
semântica de Heyting 265, 266, 276, 278
semântica empírica 304
semântica interpretativa 77
semântica tarskiana 275
Shapiro, S. 12, 24, 28, 57, 61, 72, 165, 167, 195, 198, 222, 224, 252, 278, 311, 327, 330, 333, 347, 361, 396, 397, 399, 400, 403, 405
símbolo de linguagem 191
sintética a priori 254
sintético a priori 136
sistema 175, 184, 185, 191, 213, 225, 236, 237, 239, 240, 241, 242, 243, 244, 245, 321, 341, 364, 366, 368, 371, 372, 374, 378, 380, 381, 382, 383, 384, 387, 389, 390, 392, 393
sistema de axiomas 219, 220
sistema de postulados 351, 352
sistema formal 210, 239, 240, 243, 244, 245, 267
sistemas dedutivos 222
sistemas de numeração 81
sistemas formais intuicionistas 267

Skolem, Th. 35, 70, 71, 135
Sócrates 83, 85, 93, 96, 97, 98
Steiner, M. 63, 64, 67
substantivalismo 324
sucessão de Cauchy 259, 394
sucessão de escolhas livres 259, 260, 262
sujeito criativo 259

T
Tarski, A. 19, 180
técnicas de cálculo 81
teia de crenças 303, 304, 305, 308, 309
tempo 124, 132, 137, 217, 221, 252, 253, 314, 322, 325, 334, 337, 367, 393
Tennant, N. 59, 60, 194, 277, 278, 279, 346
teorema da compacidade 69
teorema de completude 35, 403
teorema de Frege 173
teorema de incompletude 73, 74, 280, 297
teorema de Schröder-Bernstein 255
teoremas de Löwenheim-Skolem 69, 70, 72, 400
teoria axiomática dos conjuntos 39, 69, 111, 281
teoria causal do conhecimento 344
teoria da demonstração 232, 267, 338, 356
teoria da probabilidade 60
teoria das categorias 21, 382
teoria de primeira ordem 69
teoria dos conjuntos 21, 39, 52, 72, 73, 137, 153, 165, 180, 198, 200, 228, 235, 291, 295, 296, 297, 310, 314, 315, 316, 317, 324, 330, 331, 332, 336, 356, 372, 375, 377, 382, 383, 386, 403, 404, 405
de primeira ordem 69
teoria dos conjuntos transfinitos 291
teoria dos grupos 60
teoria dos modelos 71, 180, 216, 281, 335, 356, 382, 386, 404, 405
teoria dos nós 61
teoria dos tipos 170, 180, 341, 342
ramificada 175, 185, 186, 187
simples 341
teoria impredicativa 185
teoria sem classes 287, 294, 337
teoria sintética 329, 331, 332, 333
terceiro excluído
lei de 26, 27, 29, 30, 33, 247, 248, 249, 255, 256, 257, 258, 261, 262, 263, 266, 267, 268, 270, 274, 275, 277, 280, 286, 297
termo singular 76, 126, 143, 161, 163, 199, 337, 352
Thomae, J. 207, 213, 243, 245
tolerância
princípio de 186
topologia 165
tradição semântica 181, 182, 194, 263
transcendentalismo 138

U
último teorema de Fermat 191, 192
um-em-muitos 368, 369
universais 50, 100, 140, 143, 368, 369, 371, 378

V
variável ligada 338
verdade aritmética 74, 280

verdade lógica 195
verdade por convenção 352
verdades analíticas 119, 120, 160, 182, 184
verdades da geometria sintéticas a priori 182
viragem linguística 182, 263
$V = L$ 39
Vlastos, G. 96
Von Neumann, J. 246, 372, 374, 375, 376, 378

W
Wang, H. 35, 287
Webb, J. 75
Weierstrass, K. 228
Weinberg, S. 67
Whitehead, A. N. 19, 174, 175, 176, 180, 336

Wiles, A. 192
Wittgenstein, L. 64, 77, 181, 210, 274, 388
Wright, C. 194, 195, 196, 197, 200, 201, 286, 397

X
xadrez 68, 145, 209, 211, 212, 213, 215, 230, 364, 365, 366, 367, 370, 376, 377, 379

Z
Zermelo, E. 167, 372, 374, 375, 376, 378
Zermelo-Fraenkel 72
zero
  definição de 162
ZFC 69, 72, 73, 296, 297, 314, 316

ÍNDICE

Prefácio: Filosofia da Matemática 9

Prefácio do Tradutor 15

PARTE I
PERSPECTIVA

1. O QUE TEM A MATEMÁTICA DE TÃO
   INTERESSANTE (PARA UM FILÓSOFO)? 19
   1. Atracção – de opostos? 19
   2. Filosofia e matemática: galinha ou ovo? 24
   3. Naturalismo e Matemática 37

2. *POT-POURRI* DE QUESTÕES E RESPOSTAS
   TENTATIVAS 43
   1. Necessidade e conhecimento *a priori* 43
   2. Questões globais: objectos e objectividade 47
      2.1. *Objecto* 48
      2.2. *Verdade* 54
   3. O matemático e o físico 60
   4. Questões locais: teoremas, teorias, e conceitos 68

PARTE II
HISTÓRIA

3. O RACIONALISMO DE PLATÃO E ARISTÓTELES . 81
   1. O mundo do Ser 83
   2. Platão sobre a matemática 86
   3. Matemática sobre Platão. 96
   4. Aristóteles, o digno oponente 100
   5. Leituras recomendadas. 111

4. OPOSTOS PRÓXIMOS: KANT E MILL 113
   1. Reorientação 113
   2. Kant 117
   3. Mill 137
   4. Leituras adicionais. 153

PARTE III
AS TRÊS GRANDES

5. LOGICISMO: A MATEMÁTICA É (APENAS) LÓGICA? 157
   1. Frege 158
   2. Russell 168
   3. Carnap e o positivismo lógico. 181
   4. Pontos de vista contemporâneos 194
   5. Leituras adicionais. 201

6. FORMALISMO: AS PROPOSIÇÕES MATEMÁTICAS SIGNIFICAM ALGUMA COISA? 203
   1. Pontos de vista básicos; assalto a Frege 205
      1.1. *Termos* 205
      1.2. *Jogos*. 209
   2. Dedutivismo: os Fundamentos da Geometria de Hilbert. 214
   3. Finitismo: o programa de Hilbert 228
   4. Incompletude 239

5. Curry 242
6. Leituras adicionais. 245

7. INTUICIONISMO: ALGO ESTÁ ERRADO
   COM A NOSSA LÓGICA? 247
   1. Revendo a lógica clássica 247
   2. Brouwer, o mestre 250
   3. Heyting, o discípulo 265
   4. Dummett 271
   5. Leituras adicionais. 282

PARTE IV
A CENA CONTEMPORÂNEA

8. OS NÚMEROS EXISTEM 285
   1. Gödel 287
   2. A teia de crenças 300
   3. O realismo conjuntista 311
   4. Leituras adicionais. 317

9. NÃO EXISTEM, NÃO 319
   1. Ficcionalismo. 321
   2. A construção modal 335
   3. O que devemos pensar de tudo isto? 343
   4. Adenda: os jovens turcos. 351
   5. Leituras adicionais. 360

10. ESTRUTURALISMO. 361
    1. A ideia subjacente 362
    2. Estruturas *ante rem*, e objectos 370
    3. Estruturalismo sem estruturas 379
    4. O conhecimento das estruturas 386
       4.1. *Reconhecimento de padrões e outra abstracção* 387
       4.2. *Definição implícita* 396
    5. Leituras adicionais. 405

REFERÊNCIAS 407

ÍNDICE REMISSIVO 421

ÍNDICE 435